浙江文獻集成

李慈銘日記

第二册

咸豐八年正月初一日起
咸豐十年十二月三十日止

〔清〕李慈銘 著
盧敦基 主 編
何勇强 副主編

浙江大學出版社 ZHEJIANG UNIVERSITY PRESS · 杭州

本册目録

咸豐八年正月初一日至咸豐十年十二月三十日
（1858年2月14日—1861年2月9日）

越縵堂日記戊集上

咸豐八年正月初一日至十一月十四日（1858 年 2 月 14 日—1858 年 12 月 18 日）

咸豐八年（一八五八）

皇帝咸豐八年倉龍集戊午春王正月建甲寅元日戊寅　終日密雨，下午尤甚。蚤起祀神，拜曾王父母、王父母、先君子像。詣直河拜殿纂公、樊太君、太高祖父母及本生曾王父母、本生王父母、大伯父、二伯父像，各本家賀年。又進城拜高祖父母、生高祖母像及各房賀年，以雨不克徧。族人畢來。午赴家廟謁拜。下午嗾門聽雨。偶閱《顏氏家訓》中有『曾子七十乃學，名聞天下；荀卿五十始來遊學，猶爲碩儒；公孫弘四十餘方讀《春秋》，以此遂登丞相；朱雲亦四十始學《易》《論語》，皇甫謐二十始授《孝經》《論語》，皆終成大儒。此並早迷而晚寤也』云云，又不覺自憙矣。然此自憙之一念，又恐誤我十年耳。曾子之説恐無稽，昔人曾辨之。夜大雨。

初二日己卯　早雨，上午晴。詣宗祠，會諸宗婦。下午日景暄美，始玩歲華之麗。與家人擲盧雉爲樂。

初三日庚辰　晴。寺東村顧氏、東雙橋章氏、觀巷陳氏、草藐橋薛氏諸戚屬來。

初四日辛巳　陰。張䅇翁員外、方生秀才來，不晤。詣澄港陳氏祖姑家，下午與䅇翁同舟歸。後衙橋馬氏、日暉橋余氏、陳君實司馬、珊士庶常來，均不值。

初五日壬午　晴。詣城中各戚友家賀年。下午歸。

雨水　初六日癸未　晴，下午疾風帶雨，不數點即住，虹東見。詣快閣本家，便道詣張覊翁，不晤。午飯于閣下水軒，下午歸。遇暴風雨，轉瞬止。張純甫、楊漁蕢、孫子九、陶琴子來，均不值。夜琴子又來，遣人送之入城。

初七日甲申　晴。傅節子來，不晤。孫塹孫氏戚屬來。下午進城至倉橋書肆，借得明人張青父丑《清河書畫舫》十四册歸。閱之，其論書畫，頗不減元人，間附考證，亦多有據。又全載昔人題跋及諸評論，皆有意致可觀。丑自贅者，亦楚楚不俗，最宜於賞鑒家。昔錢思公嘗言於厠上觀雜書，未免大褻。若此者，正當携之舟中馬上耳。

初八日乙酉　晴。陸家埭倪氏、澄港陳氏、柯山沈氏諸戚屬來。叔雲、季貺來，不晤。道墟章氏、後梅沈氏兩家從姊妹及其婿來。得珊士一紙。

初九日丙戌　晴。薙短髮。買舟詣芝村，晤叔子、季況，珊士亦來。晚同舟歸。

初十日丁亥　晴。赴郭婆漊謁祭太高祖墓。午飲胙。

十一日戊子　家慈生日。晴。張氏妹婿來，午飲去。謝星橋秀才及其弟來。

十二日己丑　晴。叔子、季貺來，偕進城訪琴子、子九、節子兄弟。夜分歸。皋步屈氏姑母姑夫來，不值。連夜好月，今夕尤佳。付七弟新婦房錢二千。

十三日庚寅　晴暖。詣柯山沈氏，便道由偏門賣米于市。至瘦生家，已過午矣。晚回舟，詣梅市祁氏拜忠惠公、奕慶公、赤田公三世像。夜歸。張氏妹生子來告。夜雨。

十四日辛卯　早雨，日加辰晴，暖甚，夜大雨。

十五日壬辰　早雨，日加辰晴，燠甚，可單棉，地潮甚。遣僕婢輩至張氏爲次妹洗兒，送畫卵六百、榛果之屬稱是。瘦生來。長妹偕鄭郎來寧。晚偕鄭郎、沈瘦生、楚材弟坐舟詣路家莊看燈。遊舫麇集，然僅一花臺而已。登岸，泥濘不前，扶行，度浮橋，至神祠，則在一破屋中有燈棚兩架，與泥墻、短籬相錯，甚無足觀。初更月出艷甚。看村人迎燈。二更歸。舟中擲骰盆爲樂。

十六日癸巳　早雷雨，終日陰，燠濕如前。與鄭郎、沈瘦作牌九之戲。傅艾臣、節子兄弟來，以致季況書屬轉交。瘦生去。夜雨有雷，頓寒。

十七日甲午　早雨，有雪，終日風雨凄緊，寒復故。得季況書，言昨晚往吴門去矣。募梅上人來。夜密雨。

十八日乙未　早雨，終日陰，下午微晴。鄭郎去。俞秀才懷棠來。詣虹橋答拜謝福保秀才。夜密雨。是日祀列祖。

十九日丙申　早雪，霰雜作，終日密雨，風寒甚。鏡人房喪其冢孫來赴。

二十日丁酉　陰。作書致琴子，又作致季況滬上書，屬琴子轉致。作書致子九得復。下午坐舟往唁鏡人伯，晤王牧翁父子。

驚蟄　二十一日戊戌　晴，稍和。凡公來。得叔子書。得琴子書。子九來談半日，别去。

二十二日己亥　晴和。上午偕楚材弟進城飲于酒樓。下午至倉橋街看書，晚歸。

二十三日庚子　風雨，下午尤甚。作片致寄帆族伯，還錢七百文。買棉帽。

終日閲《北史》。竊怪周隋間大儒，如熊安生、何妥、劉炫、劉焯輩，皆無耻小人，而偏付以絶學，深所不解。然則經術足取人耶？明人張璁、程敏政輩，黜前儒馬融、戴聖，是矣。王肅、杜預亦有足罪，王弼以清談解《周易》，何休以讖緯解《春秋》，其學未醇。若賈景伯已非顯過，乃至議及鄭仲師、盧子幹、鄭康成，則妄矣。眉批：鄭衆自左馮翊遷大司農，康成亦以公車徵拜大司農，是先鄭、後鄭皆終于司農，自來獨以稱先鄭■■。劉更生風節文學，弁冕漢廷，而乃以少喜方術，嘗上言鑄黄金不成，謂之左道亂政，已爲妄誕。又貶其初以獻賦進，不幾吹毛求疵乎？篁墩嘗主會試，以關節私授唐寅等，得不謂之左道乎？荀況周秦間大儒，其言性惡，亦意見獨得之偏，未足爲累。服虔、范寧立身無道，而概斥之，皆非君子成人之美者也。

二十四日辛丑　晴。周素生夫人來。偕諸弟進城，至倉橋街，買得王復禮《四書集注補》四本。復禮號草堂，康熙間杭州人，其書皆駁朱注，而必考其説之所本，不似西河之肆詈。所訂正者，亦俱博稽衆説，最得其平。自序文亦佳。惟卷首題曰明經衛道之書，則猶是明人習氣，可厭耳。晚歸。

二十五日壬寅　薄晴。作書致開先，得開先復書。

二十六日癸卯　陰，西風作寒。是日除叔弟喪。得叔雲一紙，約明日來談。薙短髮。

二十七日甲辰　早晴，午陰，風起，下午雨。詣開先，少坐。出經楊漁莘家。晤叔雲，偕行訪節子，傍晚同舟歸，叔子別去。

二十八日乙巳　雨。終日看我書。

二十九日丙午　薄晴。爲人代作書致辰州太守某。其人以翰林爲郡者。中有『蓬瀛三宿，出鎮五溪；芸館一麾，乃探二酉。沅江芷國，流政聲之馨；瀘洞花獠，乞詩句之艷』等語。

夜與群從論詞云：詞之高渾者，太白《憶秦娥》云『西風殘照，漢家陵闕』，固見力量，然不如稼軒《菩薩蠻》云『鬱孤臺下清江水，中間多少行人淚。西北是長安，可憐無數山。青山遮不住，畢竟東流去。江晚正愁余，山深聞鷓鴣』更爲包括。狀幽景者，李中主《浣溪沙》云『細雨夢回鷄塞遠，小樓吹徹玉笙寒』，不若程正伯《摸魚兒》結韵云『但記得當初，重門鎖處，猶有夜深月』；《謁金門》云『小院重門深幾許，畫簾香一縷』，史梅溪《（探春慢）〔綺羅香〕·春雨》結語云『猶記得，門掩梨花，翦燈深夜語』，尤爲含蓄。馮延巳云『風乍起，吹縐一池春水』，語雖工而未窮形相。石湖《眼兒媚》云『溶溶曳曳，東風無力，欲皺還休』，又《謁金門》云『泥泥縠紋無氣力，東風如愛惜』，真善寫春水矣。太白《菩薩蠻》『暝色入高樓，有人樓上愁』，亦不如稼軒《滿江紅》云『滿眼不堪三月暮，舉頭已覺千山緑』，更沉警也。蓋唐與五代，此事風氣初開，雖有高意，而其辭未暢。至南宋則盡發無遺，而姜白石創僻澁之體以爲正聲，劉龍洲變粗獷之辭以爲别調，詞道亦遂凌雜矣。

二月丁未朔　微雨。步詣味經堂買書，即歸。下午小步村陂，菜烟弄黄，麥陰沍緑，看人放紙鳶，意致大佳。夜閲《齊東野語》。

春社　初二日戊申　小雨即止。叔雲來，偕過漁芉，久坐。復同訪節子。夜飲于花蔵庵。晤徐葆意、王杏泉、陶瀛臺。二鼓歸。

初三日己酉　晴，下午微陰。早飯後詣味經堂看書，即至上望坊張氏視次妹及妹壻。與純甫談。晤何叔航司馬、陳晝卿孝廉。張氏居城南清凉山下，塔影蒼然，晚尤可愛。暮歸。

初四日庚戌　晴，東風大作，寒。買舟詣柯山，晚歸。

初五日辛亥　重陰，寒甚，午後雨，入夜漸緊。曾大母忌日，懸像瞻拜畢。詣南池百家嶴，祭六世祖南池儒林公、七世祖東山上舍公兩代墓。山行五六里，遇雨，籃輿破漏，衣盡濕。山翠溪聲，因幽益寒。顧矚遠烟近靄，淺深變滅，不覺沾濡之苦，未知視王令明曲水遇雨時何如。

初六日壬子　重陰嚴寒，下午漸開霽。欲爲郊外之遊，不果。

春分　初七日癸丑　晴，早寒甚，日加巳稍和。赴家廟春祭。瘦生來。

初八日甲寅　晴和，下午東風頗勁，日曀。叔雲來。東陽程子實秀才炳暹介子九來上館，課季弟也。午飯後，子九去。

初九日乙卯　晴。得叔雲書，約十二日遊柯山，即復。孔鐵香書來，以事慁我，可厭。洗足。晚進城即返。

初十日丙辰　晴，下午東北風猛。赴謝墅祭殿纂公墓，傍晚歸。得叔雲書又復。

十一日丁巳　晴。得叔雲書。作書致瘦生。薙短髮。夜分雨。

十二日戊午　早雨，日加巳止，微陰養晴，傍晚大雨，入夜不止。是日同叔雲置酒柯山七星岩，約諸友看桃花。子九兄早至，遂同子實兄、曉峰弟買兩槳赴柯山，會叔雲、寶意、余曉芸等十四人，飲至晚，諸君各歸，余留瘦生家。是日倚聲《洞仙歌》賦即事一闋：『翠霞缺處，有柳嬌花困。青玉重門鎖芳訊。更虛亭晝掩，徑霧絲絲，流水裏，依約棋聲人影。　仙源真不遠，猿鶴將迎，也學秦人笑相問。待醉眠花下，一晌雲深，被雲外，暖笙吹醒。恁窣地，東風妒湘桃，又添得人間，素塵一寸。』眉批：此首删。

十三日己未　早微雨，終日陰靄，地潮。上午偕瘦生著屐至七星岩看花，午飯于岩室，晚歸。是日，岩中人言湖南山桃樹，去冬居人多斧作薪。今花事黯然矣，爲之悵悵。因填《祝英臺近》一解，以寄歎聲：『畫船歸，瑶笛斷，淚眼碧波凍。今歲天涯，賺盡燕鶯夢。有誰扶醉湖南？玉鉤斜路，只腸斷，夕陽相送。　倩痕重。任他芳草横陳，屐邊忍輕弄。怕有離魂，尚戀淺香冢。只恐留得愁根，東風多事，又吹生，情苗恨種。』眉批：此首删。

十四日庚申　薄陰釀晴，地潮。上午偕瘦生遊湖南山，較去年花市，十減七八，籬邊屋背，寥落相映，益覺可憐。訪蘿龕，寺僧歡迎，飲以苦茗而别。歸路徘徊舊留賞處，苔根宛然，復賦《臺城路》一闋以寫恨：『翠溪悄悄重門路，嘶春玉驄來又。山角蕪青，畦稜絮白，頓失亂紅吹繡。流鶯去後。剩燕子泥墻，清明廝守。記取籬邊，一枝曾罥寶釵溜。　人生容易感舊。疊東風萬恨，都付綠柳。流水香消，題詩人老，淚滿當前羅袖。花還怨否。看名士傾城，總難回首。一例將愁，夕烟芳草瘦。［莫管春深，暝愁扶夢瘦。］』下午復遊七星岩，遇寶衣、曉芸，夜歸。兩日清遊無美不臻，可謂不負看花眼矣。

十五日辛酉　晴，午後東風甚猛。早偕瘦生坐步船，進常禧門登岸，至蒼橋買書，午歸。爲人書嫁時扇以王建《宫詞》十六首。作片致曉雲。

十六日壬戌　濕陰小雨。還債六十千，并息九百。得季貺滬上書。夜聞雨聲。

十七日癸亥　早大雨即止，日加辰暴晴，暖甚，地潮。作書致季況。得孫蓮士書。夜四更風雨，頓凄。

十八日甲子　急雨數作，日加午漸霽。得叔雲書。張穆莊來。聞長髮賊陷福建浦城，屠焉。

十九日乙丑　早風雨寒甚，日加巳止。以少牢祀文昌神，邀親族十一人散胙。作書致節子，得節子復片。得余曉雲片，并以日記見還。瘦生來留宿。

二十日丙寅　微風淡晴，始見燕。瘦生去。鄭、張兩妹婿來。早飯後，侍家慈以舟二、行廚舟一，赴亭山拜掃王父母殯宫，回至偏門外塘埭拜掃先君子殯宫，晚歸。是日登何山。

二十一日丁卯　曉寒，晴，下午東風猛甚。族人來借廳事祀文昌，給童子入塾資。午飲胙。

清明　二十二日戊辰　上午陰，下午雨，寒。祭太高祖母陶太安人忌日。梅墅祁氏來助祭。聞髮賊駛入玉山，犯衢州、常山甚亟，以姜中丞撤去常、玉山守兵也。眉批：此浙警之始。

二十三日己巳　寒雨。得叔雲書。下午薙短髮。夜雨。

二十四日庚午　寒，重陰小雨，入晚漸密。詣釣湖祭本生曾王父墓。午泊舟鳳皇山側，飲胙。晚歸。夜雨聲潺潺，讀書困學樓，極樂。

二十五日辛未　終日濕陰。寄帆伯來，談終日，始去。叔子來。孔鐵香、沈石湖來。夜請子實切脉，爲贈一降火利濕扶脾方。

二十六日壬申　重陰，下午小雨。喫藥。得季貺滬上書即復。作書致子九兄。作片致節子，得節子復。下午偕子實冒雨閑步，至薙欒橋小眺而歸。

二十七日癸酉　晴暖。喫藥。子九兄來談，歷三時許去。下午偕子實、曉峰近遊，看菜花，至青田湖，晚歸。始聞蛙聲。得子九書。夜撰困學樓、壯改齋二記。

壯改齋記

余生十六年而孤，又如其年而壯矣。顧頑如故，勿自改。且老，將墜先業。雖然，吾之言改者久矣，未能警于心也。然并言之不改，是真勿人焉爾矣。爰取梁張充語，名其齋曰壯改。繼自今，毋多于言，毋怠于事，毋安于病，毋憎于俗，毋積書而弗讀，毋讀書而弗經。嗚呼！自責之百，不如受責于親者之一也。小子不造，過庭渺然。斯改也，可以痛矣。

昔王長史云：『劉尹知我，勝我自知。』吾以爲不然。人藏其心，不可測度，非自爲供狀，終不能針砭深際。篇中自警處，皆一生受痛最切者也。至積書弗讀二語，乃我輩通病矣。此記不過效釋氏受戒法耳。文之工拙，所不計也。

《困學樓記》文稍長，另存稿。

貓娘傳 録改舊作

貓娘者，居越城偏門外，不知其姓氏，販婦人珠翠衣襦之屬以爲生，有年矣。貌皴黑，每出城市，喜塗粉黛其面，結髮爲十餘鬟，鬟以紅棉纏之，雜插花草其上，修視齵笑，嬉遊闤闠間，往往多得錢去。余見之，葢年四五十矣。時墟市人散，湖橋夕陽中，一老醜婦顧影行，紅紫摇摇滿頭，兒童數十喧繞之争唱，以爲貓娘歸也。

論曰：甚矣，天下之大也。葢變其術以遊于世者，固窮無復之矣。若貓娘者，宜其稱焉。夫世之人，莫不好妍而惡醜，而醜之甚者，知必不可于世也，乃益假妍以自形。果以是取笑于世，而世之人不覺，已群售其醜矣。然則世之好惡，真不可恃哉！雖然，予初見貓娘，則怒以爲妖也。繼得其故，則爲之感歎而不能已。嗚呼，其感也，可思矣！

二十八日甲戌　晴，暖甚。請子實及寄帆伯同陳氏表叔、楚材、琴舫弟，赴漓渚拜掃曾王父塋并看地。以大舟一、鼓吹舟一、行廚舟一，上午登山設祭，午飲胙于山口社廟前，同泊者數舟，釵光鬟影，罨靉樹陰山翠間。下午回舟，至白革廟看戲，暮歸。是日央曉峰弟持予書詣子九，即歸。得子九書。

二十九日乙亥　陰。喫藥。得叔雲書、季況上海書。

三十日丙子　陰雨。凡公來。作書致叔雲。喫藥。作片致子九得復。得叔雲書。夜雨聲不絶。

三月丁丑朔　早雨，日加辰止，重陰靨靨，下午西風勁作，傍晚細雨。偕群從諸眷屬赴謝墅祭掃先本生王父殯宫。至南門外水天一色庵泊舟，俟屠氏姑母船。適龍舟賽集半江廟，上塚士女，青簾雀舫，觀者櫛比。傍午至謝墅山步，簫鼓閬闐，地不容楫。午謁拜畢，登舟回，泊李家漊飲胙。時遠風起萬緑中，山水草木俱作油碧色，粘天如片。舟踞野廟古渡傍，有大樟樹二，垂蔭過十畝。時見醵社人歸，瓜皮擺渡，泛泛湖光橋影間。如得夕陽細雨，當更添烟景耳。旋晤墨臣秀才，漊中人也，邀一過其家，辭之。散行不數步，得短竹一籬，水陂閑映，鵝見數十，游浴濕翠中，令人逌然自樂。日加申解纜，雨斜斜作矣。晚歸。聞英夷船至天津，名爲請和，實以兵來犯也。

初二日戊寅　晴，早寒如初春，終日可裘。喫藥。凡公來即去。得子九片。聞長髮賊陷常山、西安。戒嚴。

初三日己卯　晴，寒少減。赴木客山祭掃高王父墓。請子實同去。子實相墓，謂坐巳向亥兼巽，乾地，頗平穩，堂局亦好，惜未必得穴耳。午泊一村廟前，飲胙，喫甲魚，大佳。下午歸。比日上塚大盛，舟往往相觸，其釵鈿者，皆不惜卷簾通一顧(此處塗抹)也。傍晚叔雲來即去。髮賊於初一日陷江山縣，吾浙危矣。

初四日庚辰　晴暖。作寄陳閑谷商城書：『一别兩年，久曠候問，相望千里，定鑒無言。比來起居萬勝，不卜而券，誠欣誠慰。自丙秋七月十九日汴舟行後，想見顔色，甚於輖飢。時從君家竹報中，默稔行跡。蓋此六百日間，已嘗涉淮泗，歷河南北。以一孱書生，策疲驢，挈空囊，跋涉吴楚齊魏周趙之郊，而聞努力彊飯，意氣佚蕩，非復曩時清羸，足見伯母太夫人如天之福，而亦天之不欲終窮人也。願益自愛珍重。北地風沙苦寒，食飲肥膿，雪大如掌，朔吹既嚴，夏陽尤烈，鬱暑尤盛。不特服食宜節，即精神亦宜省嗇用之，毋使過勞，甚善。令師陳蓮峰兄，于弟中表，又有素好，以兄之品之學，羌相得懽甚無間，又無待言。弟索居深念，屢蒙賜書，計自辰冬十月至去冬十一月，凡四拜玉緘，丙辰九月初八日蘇州書，十一月十二日湯陰書，丁巳三月望日相州書，八月十六日滎澤書。得以暫慰暌隔。嗣又於臘月謁尊堂，知又税駕商丘。梁宋土風壯麗，吹臺雪苑，足資勝遊，欣羡欣羡。弟禀質遂脆，日復荒瞀，年已三十，無一足述。嗣息之耗無聞，先人之業將盡。家慈精神差勝，然自前年嫁兩妹後，思慮已竭，時亦多病，不能如往時强健。此皆弟侍奉無狀，既愧覓食之養，又乏捧檄之慰。彼蒼不仁，又奪我叔弟，盛年夭折，稚孀乳孤，行路流涕。七弟新婦，比復病瘵，殆鄰不起。嗟之此境，其何以堪。平子客况何似？音問闊絶，頗聞嗛嗛。但僕之相思，無間于兄，旅邸萍逢，亮能代辨。吾兄堂上曼福，嫂夫人、令郎皆無恙。令兄居養安順，足以勿念。故鄉諸子，蓉生無聊如昔，今歲授館傖塘，亦甚碌碌。子九比更窮約，韵珊連丁内外艱，幸課徒所入，足以糊口。吉庵前年徙居後，未及相見，當亦不改偃蹇耳。殘春雨夜，覼縷書此，意未能盡，容俟續告。東南風便，時惠德音，不勝翹首。』

初五日辛巳　清晨大雨，日加辰細雨，日加巳止，上午漸晴。作寄王平子大梁書：『平子老弟旅右：別後兩閲歲華，三枉珍翰，眉批：丙辰二月廿三日淮陰書，五月二十七日陳橋書，丁巳三月五日大梁書。未展一字之答，賈罪難數，如何如何。比維道履勝常爲慰。昔春書中，頗疑慈之荒瞀，不以念遠爲亟。嗣陳閑谷書來，亦微言弟之不釋于僕。嗚呼！宇宙大矣，吾弟涉歷千萬里，日馳騁于公卿大人間，東諸侯倒屣恐後；天涯海角眇然一窮諸生尺寸書，亦何足希異，而靳靳焉以爲深念。豈非生死舊盟、文字知己，有不可以一日無者？吾今乃知子之志矣。吾弟客中踪跡，自去年三月前有惠書，及陳珊士庶常所述，皆已得梗概。惟去夏余廉使殁後，音問杳絶。嗣晤令從弟，知仍客廉使家，旅况大減。冬初又聞就汴藩之聘，未稔確否，甚念甚念。令叔都憲，尚未返越。吾弟就試京城，當不憂居停。金華程君炳暹見館兄家，推弟寅命，謂今歲必隽，預賀預賀。慈録録家食，學無寸長，侵尋愁病，馴至三十，罷顔涇溢，難自筴厲。媮不及時，有慚張充之改過；躁不安命，徒學王融之歎寂。田園已空，著作無與。間效蚓吟，徒自憙耳。生也不辰，千秋曷望？家慈起居尚健，幸告無罪，但自隔歲連嫁兩女弟，繼覯叔弟之慘，形神頓悴。似慈之蠢頑，又何足以解親顔耶？故鄉米價日貴，入春尤踊，斗至五百。油薪鹽菜之屬，賈皆及倍。而風俗奢佚，將至極壞，殊爲深憂。蓉生、子九，忳鬱猶故。叔子銜恤歸里，奔走衣食，頗少致贏足。季況以貲中率，將佐郡閩中。珊士近寓滬上，境況亦不惡。琴子改官縣令。蓮士去冬又丁内艱。藴珊疊遭内外憂，館穀足贍。雪甌官户部，絶不相聞；弟處有信否？閑谷時相見否？子九嘗言：「羈旅之人易爲思，又所見聞者，多可爲友朋告，故書問恒數。家居者既無善可述，若惟時通寒暄、道思念，亦似無謂。」斯言得之。僕自丙辰春初别諸君，皆乏寸鱗之寄，誠欲得當以報，而吾弟至情，以爲憾憾，且疑僕通書于都中人，而獨遺弟。僕雖黔淺，當不至此。相契在夙，千里一心，大河漸江，共鑒斯語。暮春攝疴，閔嘿裁箋，言無端緒，幸垂照察。白雲南望時，尚念及蓬蒿風雨中有卧病故人。冀望消息時分，郵筒之末，感且不次。書度江淮，當及梅雨，伏惟與時節宣。不具。」

初六日壬午　晴暖。喫藥。瘦生來，下午又來。交銀屬爲報捐州同銜。作書致叔雲。洗足。薙短髮。傍晚讀少陵《朝享太清宫賦》《享太廟賦》《有事南郊賦》，皆郁厚，而《太清宫賦》尤佳，一表亦簡潔。夜偕子實兄、曉峰至雍樂橋觀劇。二更歸。

穀雨　初七日癸未　晴，暖甚。作書致陳蓮峰商丘。蓮峰與有姻誼，遊汴後，十數年不相聞，閑谷讀律師也。喫藥。始堪袷衣。寄凡伯來，爲漓渚墓田事。

初八日甲申　晴，極暖。作書致季貺滬上。子九來，并邀子實同坐舟詣芝村。訪叔雲，晤閩人楊子恂舍人仲愉。子恂工詩，自都中至閩迎眷屬，道經吾越，與叔子、雪鷗、珊士皆素好。余讀其集，已卓然有大家風力，工拙皆似其鄉鄭善夫，品當在明初十才子上。雖有落肢套處，然與無病呻吟者又不同矣。夜初更自芝村歸。子九留宿齋中，譚極樂。聞賊圍衢郡甚亟，省垣大震。又聞陷福建浦城者衆，號十萬，亦併力向浙，在衢州者亦三萬，恐其合勢盡鋭于我，雖十里瀧之險，不足恃矣。吾浙兵不盈萬，又餉不濟，疆臣無能運一籌者，正不知如何也。戚友紛紛爲避兵計，亦恐滄海横流，處處不安耳。

初九日乙酉　陰晦，下午雨，入晚漸密。子九早去。喫藥。昨日以重棉過暖，覺氣逆作懣，今猶未快。夜雨有聲。三鼓後大風，頓寒。始食鶯桃　。

初十日丙戌　陰曀，大風，下午晴，寒可裘。聞賊退兩舍，人心少安。下午手弈數局。聞行營總兵周天綬、明安泰提兵援浙。

十一日丁亥　晴，稍暖。瘦生來，屬爲杭人倪某者報捐州同銜。作書致叔子。下午偕子實兄、曉峰弟進城至九曲花園，買紫薇花一本、黄楊兩本。又就訪端木叔總于四賢講堂，晤談，以青田石二方見贈，并以尊人太鶴先生道場山歸雲庵遺像及劉文成公授經圖索題。日下春至馮博古齋裝池家，取回任渭長畫幛四軸。裝池錢八十文。又由府橋出大街買袷衣，夜歸。是日有衢郡失守之謡，又聞分竄遂昌，已將與浦城賊合矣。

十二日戊子　晴，暖甚。得叔子書，言衢郡困，鄉兵及土匪于城内放火，逃徙一空，故傳言已陷。吾浙各路援兵皆集，或可無虞。有賊已逾仙霞入閩之耗。課僕糊窗。夜風。聞初七日官軍殺賊二千。

十三日己丑　侵晨大雨，日加已又雨。喫藥，八珍湯加味。又得叔子書，言賊已解衢州圍，盡入浦城，蓋專向閩中矣，吾浙可少寬，然未免以鄰國爲壑也。爲人題《按劍倚馬圖》五律一章，又爲魯蓉生題《竹林抱書圖》五律兩章。詩録此：『此亦窮途樂，寒林一卷書。閉門幾風雨，長餓對妻孥。酒病雲都懶，詩狂石比癯。所慚群紀雅，掃徑倘嫌疏。』『知爾十年久，艱危亦屢更。相憐稀見面，始悔誤浮名。歲月嗟兄弟，烽烟重友朋。鬢華吾亦老，對此話平生。』入夜雨止，乙夜風起，稍寒。

十四日庚寅　晴，有風。七弟新婦挈僧慧歸寧于沈氏。作書致瘦生。喫藥。瘦生偕一單姓者來，交銀即去。傍晚，偕子實、楚材至寄帆伯家，出詣酒樓小飲，踏月歸。是日郡城決盜一人，去冬劫殺偏門米肆人者。付僧慧乳媪米二斗五升，工錢一千算。

十五日辛卯　晴暖。作書致叔子。叔子來，與弈兩局，談至午後去。下午偕子實、曉峰進城，道經武勳坊言子祠，修築方始，讀壁間碑記，乃乾隆間德州盧雅雨都轉所作，言子七十二代孫諸生世永始謀建祠，其費皆鳩之淮商者。并言丹陽公祠墓在常熟，而子孫大宗在越，自宋兵部侍郎雲居汴，至宋敷文閣直學士知紹興府，遂家山陰；而居常熟者，乃雲弟山民之後也。康熙間，按事在康熙五十年。湯文正公疏請録言子後，有詔世襲翰林院五經博士，吴人以常熟支應詔，越争之，世永之父然乃赴部具疏，援曲阜孔氏守墓例，讓之常熟支，天下高之云云。蓋自宋南渡時，衍聖公孔端友從龍家衢州，世襲爵，而孔氏支子居曲阜者，亦受封爵于金。元初平天下，召端友六世孫洙于衢，將封之，而洙以居曲阜者有守祠墓功，讓不受。越四百年而言氏復有此事。嗚呼！　真先聖先賢之嫡嗣哉！　然吾越能爲之争世官于朝，而俎豆之所，乃使鹺賈輩專其美，豈當時士大夫智反出鹽筴錐刀下耶？　抑言氏未嘗謀之鄉人耶？　昔吴逸民徐枋之死也，吾鄉戴冠斂貲葬之，彼中人士以吴中第一義舉被越人做去爲大耻。今淮人所爲者，抑又甚矣。此役之興，不亦爲吾鄉雪一大恨耶？　書以志快。復至吴氏花園，以青蚨二千買得紫薇兩本、桂樹一本、小黄楊兩本。至軒亭前肆中付袷衣價錢五千七百文。晚歸。夜初更後，月皎甚。

十六日壬辰　晴，更暖。叔子來，于廳事中立談許久，去。喫藥。夜月甚好。聞天津兵潰夷人，奪踞礮臺。

十七日癸巳　晴，暖甚。得叔子書，言新得省垣信，賊營離衢郡僅三十里，分兵竄處州，陷慶元等三縣。洗足。再得叔子書。穆莊孝廉來。子九來。夜月更媚，滅燭排窗，卧短榻上觀之，亦足人生一世矣。

十八日甲午　暖如前。作書致瘦生。薙短髮。午鬱熱不可堪，傍晚風南起，入夜東轉，狂甚。

十九日乙未　早日出，旋曀，傍午雨，至夜。是日外傳衢郡又陷，人言藉藉，闔境皇然矣。聞廷計有重兵併守浙江之旨。又聞張國梁提戎已移營臨西安，或者長城可恃也。子九兄來。始喫蠶豆。夜喫鶯桃，大佳。是日本與叔子期，子九兄再四邀，予以疲倦不去，悵悵。

二十日丙申　晴，微曀，傍晚忽雨，數點即止。子九兄來，以叔子書見交。早飯後同進城，詣寄帆伯家，午歸。下午頗鬱悶。比日常忽忽若病，今日尤似中熱者，然自思無受病處，任之而已。買木甖一具，直錢一千六十文。爲人書屏幛數事。甲夜風起，乙夜雨，丙夜風雨更甚。

廿一日丁酉　雨。僧慧出痘，沈氏姑母携以歸。下午仍去。是日頗寒，可重棉。下午風東來，尤淒絶，大似連陰秋雨時也。夜，雨聲尤苦，三鼓後不復聞矣。比夜寐中時驚覺，又時若不適。子實言是濕熱爲患，蓋濕乃下滯之物，濕重則血不能守其舍而下陷斯，心火炎上，有驚痦之患，而氣亦不和矣。榮衛不調，又焉所取適乎？余不解醫學，然此固可以理推者也。

廿二日戊戌　早微雨如塵，日加辰止，加巳漸霽，午晴，下午景采大發，稍和，午後暖。家慈詣梅山下方玉屏山諸寺燒香。是日高王父生忌，已肅衣冠，將赴祭矣，以客沓至，不能去，悵然。瘦生來。子九來，即去。下午又來，談至晚去。聞昨晚有入城者，蹤跡頗異，郡中嚴兵爲備。日來屢苦疲倦，又時覺胸塞不快，頭涔涔然重。今晚初晴，大有爽氣，耳目爲之一新，便覺胸襟灑然，神情頓上。吾人虚弱之質，中氣久虧，乃與天地呼吸更靈，息息相通，如是如是。聞捻匪南竄，犯六合，甚急。張殿臣提戎已往援，不能來浙矣。

立夏　廿三日己亥　晴暖。曬敝裘。日間盡出篋笥中故人簡牘料理之，便逐一披讀，事事可憶。計自庚戌來，與孟調往復最數，癸丑後，又與季況爲多，皆至百十紙。余凡得人寸縑尺紙，無不咸棄，惟間有信筆亂墨無謂者、事有交涉者、不檢訛錯者，始焚棄，或濃墨抹去之。今出其所存，諸君常有不能自辨筆跡者。梵志謂吾猶昔人作昔人，山谷深愛其語，今以舉似諸君矣。聞季況亦如此。孟調則五年前曾詢以向所寄詩，云已歸無何有之鄉矣。況草草短札，本不足存者乎？此固不可以定交誼，亦足驗性情所寄爾。下午風東南起，日加未稍晦，微有雨影。日加申，夕景艷開，萬緑拭媚。欲一作近遊，苦不得侣，求泉明酒客，孝綽騶卒，亦如空谷足音矣。立門前久之，興不可遏，因默然意行。至荷花塘，度村橋，看夕陽中諸山，遠近蒼碧，足厭餓眼。復循野田細路，至一村落，流水曲折入竹籬，瓦屋間又老樹前後遮隔之，低蔭數畝，游鱗皆緑。時東風轉勁，晚曛稍淡，夾徑茭麥，葉葉飛舞。又顧見蠶豆滿畦，皆離離飽矣。憶廿一日柯山人送此物一籃來，雨夜煮食之，風味大佳，猶在齒舌間，不覺津咽而歸。晚風更甚。夜大風。四鼓大雨，徹曉有聲。又聞官軍奏捷。

廿四日庚子　早密雨，上午更甚，午稍止，晚晴。秋舫叔家娶新婦，不往賀，送錢禮去。新婦來拜見，陸家埭倪氏女，余曾王母外姪曾孫女也。高王父忌日，偕群從詣寄帆伯家祭奠散胙，下午歸。子九兄來，云自芝村回棹過此，誦其舟中新作一絶云：『紫嬰桃熟雨如絲，村店村橋入畫時。忽忽夢回船過市，半江凉水打鸕鷀。』（此處塗抹）絶似帶經堂作也。子九將避兵僧塘，與余來謀結鄰。余以其地多富人，又去東關近，恐非全計，未能决耳。晚送子九出門，見初漲灔灔，傍岸生暝；片雲菲菲，黏樹猶濕。漁者三兩舟，設大網網魚。遠村近郭人物，皆在緑景中，一洗盡塵市氣，頓忘所居之陋。

廿五日辛丑　上午曦陰蒸鬱，午後小雨，地微潮。太高王母祁安人生忌，偕族人祭奠散胙。傍晚至雍樂橋閑眺。時微雨乍停，烟靄嫩甚，遠近村落，俱在濕翠霧淞間。又看小舟，行新漲上，緑净生滑，甚樂之，恨不即一試耳。晚飲于村店小樓。夜雨。

廿六日壬寅　薄景鬱噎，地潮稍甚。是日忽有賊陷龍游之謡，城中富人四出避賊矣。上午方坐困學樓，適有客來候子實，余亦頗相識，以此人富而有勢，不欲見之，因掩户看書，而客久不去。忽芸舫同其中表丁汝賢秀才、陶梅史上舍過予，徑登樓，欲排闥入。予故不應，（此處塗抹）而諸君皆嘿坐若相待者。頃許，余惟自聞翻紙聲，恐其達外室也，乃并掩卷枯坐。歷二時，始各散去。比帷中新婦，閉置尤苦，亦一可嗤事殹！下午悶甚，登榻卧讀杜詩，不數首睡去。比醒尤昏倦。噫！天地蒼黄，生理盡矣。方溝壑爲鄰，而偃蹇如是，尚求負母亂離，草間偷活，不其危乎？傍晚，偕子實、曉峰復遊荷花塘。至塘南人家，緣墻多蘼蕪，花開如雪，香遠益韵。按：蘼蕪即芎藭，《爾雅》謂之蘄茝，或云此是墻蘼，乃《爾雅》所言吁虺床也。歷慈雲庵而歸，晚蛙閣閣矣。余以體小極，足軟眼花，已若疲于津梁者，行自歎也。夜飲于酒樓。三十六。是日成《寇亟》五律一首，存集中。

廿七日癸卯　晴。早飯後買舟進城，詣月池坊鄭氏妹家。詣子九，并晤令兄馥生。留飯暢談，多及亂離事。蓋賊已分三隊，一回竄常山，堵江西官軍；一由衢郡城外過草鞋嶺竄龍游；一取金華湯溪路犯蘭溪。兩路皆有窺吾越意，而龍游尤逼。我師自廿一日小捷後，衢城外賊營虛若無人，省中探報有不知去向之語，乃詭計潛出他道矣。吾越人心浮怯，又無兵食，斷不能自守。門户所恃，惟在諸暨。聞彼中人亦無效死意，其大姓又多自相仇，已有乘外釁爲報復者。越中居人，多潛行出城，十室九空。子九兄弟家本餘姚，濱海，居有所城。城中有三四里，民俗强悍，財物殷盛，其戚族皆巨富可依。又去姚江孔道四十里外，賊必不至。而子九欲且移倉塘爲後圖，余力勸其從姚江爲得，因彼此嘅然。蒼凉身世，正不知若何耳。下午詣觀巷陳氏，又詣上望坊張氏妹家。晤純甫父子，又晤陳晝卿。亦甚憂賊也。夜歸。

廿八日甲辰　上午陰晦，午後雨，傍晚風雨更甚，終夜有聲，頓寒。聞賊陷蘭溪，官兵捷于龍游。

廿九日乙巳　終日風雨凄緊，寒侵重棉。作片致子九兄、致節子，得子九復、節子復。夜作書致後梅村沈銓從妹倩，又作書致叔雲。徹夜大雨，繼曉無停聲。兩日爲硯香伯母請商略後梅事。硯香伯次女嫁後梅沈氏，伉儷甚篤，而時以相責難致事。伯母將興問罪之師，余力解之。又作書婉告沈郎。

四月丙午朔　侵晨大雨，日加巳漸微，午稍止，下午薄霽。得沈妹倩復書，又作書致之。夜又雨，買舟赴柯山，艙中燃燭讀書，聽船窗外水聲蛙聲，又甚樂也。夜半抵沈宅見姑母，即登舟，卧看杜詩，未幾睡去。

初二日丁未　早陰，上午雨，午後陰，地潮。昧爽自柯山解纜，舟人推篷驚醒，微見天色黶碧，樹潤猶滴瀝作聲。已復就寐，枕邊惟聞水流甚駛而已，曉抵家。聞賊退出龍游，入開化。湯溪亦宿重兵，不得過。按察使段公光清駐扎蘭溪，前傳已陷者，妄也，人心稍安。得叔雲書，即復。傍晚出遊村口看水，夕望頗美，以體小極，不久耐風前，遂返。是日硯香伯母以余書迎妹歸。得妹倩復書，中有云『今妹肯安馬相如之貧，却願爲陳季常之事』，不覺失笑。

初三日戊申　上午晴燠，午後薄雷小雨，已入梅天矣，地潮甚。凡公來。芸舫來。作片致瘦生催銀。下午薙短髮。夜雷雨，二鼓大雨如注，達旦有聲。是日譜《梅子黄時雨》一闋，有懷湖塘山水。

梅子黄時雨梅雨枯坐，小窗無俚，念吾鄉西偏山水湖塘州山諸處，新緑正濃，烟草入夢，安得釣筒茶具，搖漾蕢絲葦霧間也，因賦此解。

餖飣陰晴，乍中酒醒時，愁味如許。剪倦柳絲絲，做成烟雨。不信天涯今日裏，昏昏都是垂簾遇。鳩啼苦。竹粉翠樓，斜照猶駐。爲語傷春舊侶。恁薇壺練帶，消得朝暮。看村瀑如潮，林霏疑霧。好借一蓑湖上去，短蓬緑罨鷗波路。山無數。冷光潑青詩句。

又爲子實跋石谷子畫册，信筆起稿于此：『僕生無濟勝具，顧有田處士烟霞之疾，常思從事佳山水，性又不耐雜，間爲卧游，祇略觀大意，于畫家南宗北派，都不求甚解。歲戊午春日，子實三兄出石谷子畫幀十二事，雨窗讀之，覺游浪萬里，春羸秋榜之樂，指顧取備，不但魚鳥躍躍自來親人耳。噫！世故方殷，此中大有佳處，安得與子實犢猿挂後，追從作雲霄勝賓，他時踞石梁、倚長林，相對披是圖一爲印證，不知畫耶境耶人耶我耶。且當呼耕烟散人遥酹之也。至若識別真贋，或有以涪皤所謂隔簾聽琵琶誚予者，則謹謝之而已。』

初四日己酉　早雨，上午稍止，午後晴，地潮如故，門前水及岸。得叔雲書言昨得廿九日省局探報云，賊自撲龍游，爲明鎮擊退後，便由靈山竄遂昌，并犯松陽，處郡連告急。明鎮進兵尾追，周鎮駐軍湯溪接應，蘭溪士夫請段廉訪移駐縣城，境内並無一賊。前數日紛傳被陷，因縣官先期避去所致。衢郡相持如故，饒鎮防禦極嚴，並連梟賊渠田、楊二人，賊勢轉向温、處，吾紹冀可無虞云云。又以芝村近議團練，招余卜居其地，即作復書謝之。是日再譜前調有寄：『甚處傳牋，看春事頓消，流水難準。又乳燕重簾，熟梅風信。漠漠倦雷烟柳外，和愁旋轉終無定。凉催暝。幽夢枕邊，低度雲影。誰認紅樓消損。過愔愔暮雨，猶自耽病。可淺試慵妝，染花奩潤。待證紫蕉衫上事，玉啼點點從頭問。天涯近。霧絲漾成疏鬢。』

初五日庚戌　晴。芸舫來。下午芸舫復來，邀至其家，見硯香伯母及過沈氏妹。

初六日辛亥　晴陰相間，早晚頗晦。是日青田湖黄神出遊，看龍船競渡。鄭郎來。叔雲偕寄雲和上、汪見山秀才世金來邀，至其舟同遊，泊霞頭橋，叔子訪友去，余步歸。午飯後，買小舟至小雲栖，晤寺僧嘯雲。叔雲、子實、緘三、凡公繼至，嚼茗清談。逾時登舟，至青田湖，已遊檝星散矣。出霞頭橋，復换小舟歸家。夜微雨。

初七日壬子　早微雨，終日陰，傍晚雨。爲人代撰送葬輓聯并書聯語爲『瑶臺降芬，晨軒栖景；素旐渺泣，珩佩徂音』十六字，挽婦人套語也。下午進城，有所詣。晚歸，夜雨。聞賊陷處郡。是日以早起受寒不快，飯遂大減。浙撫晏端書以防守疏虞奉旨降兩級留任。

初八日癸丑　重陰，小雨。早飯後詣硯香伯母家，同芸舫坐舟至快閣，午歸。傍晚偕群從坐舟至後梅村沈氏，晤妹倩及其兄弟，夜歸。聞賊陷縉雲，永康戒嚴。作書致叔雲。

小滿　初九日甲寅　晴。得琴子片即復。子實來館。凡公偕至。得叔雲書。瘦生來。閱《牡丹亭》《紫釵記》曲譜。子九兄第三郎君來。步詣霞川，晚歸。納南米于縣官。

初十日乙卯　雨聲頗苦。新營影堂成，請子實兄擇于今日卯時奉曾王父以下九主安于新寢，三代同龕異室，辰時設祭。後梅村沈妹倩來，偕過硯香伯家見伯母及適沈氏妹。談至晚，妹倩别去。與祭六世祖妣樊太安人忌日。晚雨尤密，終夜有聲。梅市祁媪以是日用付千百。

十一日丙辰　早陰，上午晴，午風起，下午陰，微雨。得叔雲書，言自前月廿七日賊陷處州，初二日官兵敗于開化之馬金嶺，夏竇慶不知所之，遂安危甚。周、明二鎮合兵往剿，段廉訪請移防諸、嵊小路。張國梁提督因江南六合告急，不能赴援。吾浙兵不及四萬，以二萬守衢城，餘爲周、明、江三鎮分統，皆老且餓。賊又分竄宣平，我兵疲于奔命，省垣之危立見云云。作書致叔子。芸舫來。夜二鼓，雨，徹曙不止，麥甚可憂。

十二日丁巳　陰，下午有晴色。比日薄霉，倦甚若病，無憀，過群從兄弟家，輒復惘惘而歸。日下舂，偕曉峰弟遊家廟竹園，看新篁翠粉如抹，節匀若畫，令人愛不忍釋。昔孟襄陽不知竹有幾節，蓋眼前景色，未領略者，正復多耳。

十三日戊午　陰曀如前。睡起甚遲。子九兄來，談終日去。比日舊疾稍發，體小極，讀書對客，輒欠伸欲睡。又患温火上攻，口吻乾燥，食飲大覺無味，胸中時復作惡，亦霉天潮氣有以致之耳。夜雨聲斷續。是日有賊陷永康之謡，縉雲以初八日失守。

十四日己未　梅雨。雜閲宋元人詞遣悶。夜不寐。

十五日庚申　薄陰。下午偕子實、楚材詣藥皇廟觀劇，傍晚飲于酒樓，微醉，晚登西門城上，薄眺而歸。是日，有賊犯浦江之謡，蓋桃花嶺已失也。有《寇迹》五律一首。付阿八工直六百六十，以是日止。

十六日辛酉　巳刻小雨，申刻又雨，入晚漸密有聲。午後子實詣芝村，書一紙附致叔雲。夜雨，二鼓後，大雨徹曉。麥事大減，窮民皇皇矣。聞桃花嶺未陷。前以民變，擊傷援剿兩總兵周天綬、明安泰，故有此言。作七律一首紀事。

十七日壬戌　淫雨終日，有雷。比日寒霖爲虐，麥熟不能收，露朽田間。又聞賊陷壽昌，内外攘擾，朝不保夕。吾越自丙辰以來，米價日貴，今歲斗至五六百文，細民困極，籍籍思逞。我生不辰，伊于胡底。危哉！聞提督銜行營總兵周天培提粤兵千四百人來浙，總統諸軍，以今日過杭。下午薙短髮。雨聲徹晝夜不休，水暴漲。

十八日癸亥　雨少疏，傍晚又漸密。作片致子九，致節子。得季况書，言已於昨日歸矣。得節子復言，近得確報，賊於十三日由永康退回縉雲，因饒鎮援兵至也。賊近於縉雲築城云云。夜雨聲不絕。

十九日甲子　早微雨，上午稍有霽色，午後雨，下午稍稀。開先續娶，以故事送陌錢爲禮，不往賀。作書致季况，送素燭一對、楮鏹數陌，以令母夫人明日權葬富盛也。買舟赴柯山，午抵沈宅，視僧慧痘痂已落，見余嘻笑，躍入懷中，頗可人意。下午返棹。是日舟中往來，讀昌黎集甚樂。傍晚歸。得子九書。夜雨至曉不歇。付僧慧乳媪工錢千。

二十日乙丑　清晨雨聲棉棉，上午略霽，下午陰。寄帆伯來。晚晴，夜始見星，幾如景慶矣，地潮漸收。

閱邸鈔，起故相耆英，以副都統銜赴天津會議夷務。時諸王大臣請許英夷和，故有是命。付雙林工錢千五百六十，以是日止。召用思良。

二十一日丙寅　晴。長妹以將避亂來寧，即日歸去。改舊作《唐宣宗論》，十衹存二三，凡三易稿始定。終日勞勞，幾不省人事。自歎痴絶也。文多不載。阿八復用。付柯山買燕窩洋一元。付漆工洋一元。

二十二日丁卯　晴，大熱，地復作潮。自初十日來，淫雨害菜麥，村氓往往什佰爲群，丐于市郡中，鯱兀甚。今得兩日晴，復雲容容然，墋欲變色，田高下皆在漲中，不能事刈斂，深可憂也。艾臣、節子兄弟來。季眖來。夜初更後，大雨達旦。有賊陷武義之耗。

二十三日戊辰　早狂霖漂瓦，終日苦雨，下午略稀，地潮甚。永書讀韓文。夜半後，雨聲如初，伏枕憂甚，至不能寐。聞大營鄧紹良提督以兵千二百人來浙，已駐東陽矣。

二十四日己巳　早沱雨，日加辰稍疏，有曦景，加巳漸霽。季眖來，以近作詞八闋見示，皆自海上回舟作者，内多佳唱。有『鬟雲鄉裏春眠穩』七字，尤旖旎。

芒種　二十五日庚午　晴，熱可單衣，午後熱甚，始袒。有賊至東陽之謡。晚洗足澡身。聞永康陷以十二日，武義陷以十四日。皆官兵先逃一空，縣民迎賊入城，争獻錢米，故被殺甚少。今賊已回屯永康，尚未及東陽也。黄昏小雨，有電，熱尚不能衣。夜雨。

二十六日辛未　密雨，稍凉。次妹來寧，即日歸去。下午偕子實坐舟詣芝村，訪叔雲、季況，并晤何峴山縣丞。徹夜沱雨。偕叔子談至曉，季况先寢。

二十七日壬申　早雨少止。偕子實歸。湖曉清甚，令人氣爽。竹樹油碧，潤我茵裀。上午梅雨數作。下午有惡客來，幸不久去。送子實洋錢兩元，以明日返東陽也。

二十八日癸酉　薄陰，晚景澄霽，地收潮。張純甫以片介其鄰李愛泉來。瘦生來。作書致子九、作片致節子，得子九復、節子復。夜凉甚。聞賊敗于處州。蓋周總統兵也。眉批：浙事自此戰之捷，始漸得解。此後復婺、括諸郡縣，皆賊自退，未嘗交兵，實由此戰之力。周天培，蜀人，天受弟也。在江南大營，夙有威名。浙東之平，其功爲多。其次饒廷選守衢州，亦稱努力。若天受及江長貴、明安泰諸鎮，皆不足用，安泰尤僨事云。又永康、武義、處郡之復，皆各邑鄉團奮力殺賊，官軍未嘗與也。安泰旋于五月間病殁軍中。六月二十七日奉上諭：巴里坤鎮總兵明安泰帶兵由廣西至江南，久歷行陣，迭著戰功，兹以赴援浙江，積勞病故，殊堪憫惜，著照總兵軍營病故例，從優議恤。甘肅巴里坤鎮總兵，著張玉良補授。

二十九日甲戌　晴。凡公來。作書致叔子、季況。寄帆伯來。與祭本王生父忌日，散胙畢，晚矣。夜作兩烈婦傳，録此。

二李烈婦合傳

林烈婦李氏，山陰人。父鳳祥，貧窶，早喪妻，以烈婦適郡中林氏子，待年未成禮。林氏故賤不齒，其姑柯又故倡也。諸惡少年日踪跡其家。柯性姣而賊，虐烈婦于幼。及烈婦長，有色，姑自視無以當諸少年，諸少年復脅之。姑與翁謀，乃且飾烈婦，逼侍不識者飲酒。烈婦不肯，則益縱群不逞戲辱之。烈婦號哭欲死，則大怒，日予烈婦鞭馴，絶其食，必獨從乃已。烈婦哀鄰嫗夜導歸其父。父先賣餅于杭州，走匿所戚家。數日，林偵知之，徑前，要劫百端，而好語烈婦令還。烈婦慨然謂所戚曰：『吾無家，出將安歸？雖然，不可以累，吾知死所矣。』遂從林歸。歸則閉烈婦室，棘楚益毒，無全膚。稍復勸之。唏曰：『是可以猛乎？速死耳。』翁嫗憤甚，夜以帛絞烈婦，足擊地，震震有聲，鼻血出如縷，無一語哀免，遂死。時咸豐二年壬子九月十九日也，蓋烈婦年十六矣。次日，所戚者致鳳祥于杭，鳳祥鳴之官，讞未得實。越明年八月二十日，而金烈婦李氏又死於慈溪。

金烈婦者，象山人。年十七，嫁慈溪城中捕魚者金某，爲繼妻，凡三年。金爲人漁，久不歸。

金母龔與典肆湯某者故昵。湯艷烈婦，貨龔番銀百餅，屬誘婦再三。婦泣，斷左手中指視姑曰：『如此指矣。』龔怒，裸而抶絶肢不已。乃潛掘地牢，薦以礫，赤婦體，下之，儲不潔食其旁，使手可攫，更日夕燒鐵鉗，灼灼然焠其身盡糜。自五月至八月，終不屈。前中秋一日，計殺以沸湯。有婦人覓傭寓其家，爲哀之。會天墋然，雷填填作，懼而止。姑乃蹷之死。婦人密語其鄰，鄰諜龔出，集里中嫗闖而入，視婦宛轉窖中，蛆遍體蠕動矣。問所苦，喘而言曰：『吾期不負吾夫，而至是，命也。』鄰滌而衣之，舁以板扉，詣邑令。令臨視，婦一呻死。遂論龔絞，而旌婦于朝。至咸豐之七年，山陰令始結林氏獄，姑瘐死，治翁如律，官葬林婦于西郊外，官道旁建祠祀之，請表以貞烈。詔曰可。

論曰：死生之際，難矣。乃若計窮勢竭，取决俄頃，强忍者夫能爲之。至以身爲糜，越月歷時，而飴之不悔者，豈血性之勇使然哉！彼兩烈婦者，抗其至尊且親之人，以必行其志，九阽于死而不悔，或以方之忠臣若楊忠愍、左忠毅爲比。嗚呼！朝廷方死之，雖變節亦不可得生。兩烈婦固輾轉阱獄，然其家千金之寶不啻也。苟出一言自免，立袵席之，靡不媮食，惟恐其不悦矣，乃寧忍生人之至慘，而全節以没。嗚呼！偉歟！可謂奇女子矣！吾獨異兩人相望不一年，而皆出于吾越，其殆聞風而起者與？然則生其地者之士大夫宜何如耶？嗚呼！彼兩烈婦者，豈嘗學問哉！

聞嘆夷要求五十六事，多不可行。耆英以陛辭日有作第二步辦法之諭，先洩其言于外，又不能得夷人心，進退無所據矣。粤督黄宗漢力主戰，奏言毋許和，且禁粤民與夷人互市，御史尹耕雲亦率同官二十七人請戰，與怡親王力争于朝房云。

五月乙亥朔　晴，熱甚，復單衣。午前倦甚，多睡。終日爲俗子所嬲，起居飲食，亦事事不如意。此輩又若更迭互進，一言及耳，輒覺怫人，都不解其何故也。

初二日丙子　微陰。付還寄帆伯代購櫬材洋錢九元、參燕兩元四角。改舊作雜文。

初三日丁丑　微陰。上午薙短髮。分遣僕婢以角黍、食物、牲果之屬遺兩妹。傍午進城，有所詣，即歸。夜閱吳梅村《秣陵春》院本。聞賊渠石達開死。此言殊無據，且此賊未必在浙，然人心稍安。

初四日戊寅　午後小雨。本生曾大父忌日，飲胙。兩日還諸肆節帳，計用番銀五十一餅，錢十千有奇。公二百三十六兩。遣僕詣柯山視僧慧。歸得瘦生一紙，招賞山中綠陰，不覺欣然神往矣。夜雨有聲。

初五日己卯　早微雨即霽，上午老晴。是日索債者盡去。率意成端午帖子數聯，書榜諸門。廳事：大酺蒲酒三杯綠，新綵萊衣百索紅；桃版年年換蓬户，太平萬歲字當中。用王建句。中堂：香熏萱幄千齡藥，紅綴荆釵九樹符；三十年前張鷟事，文章五色鳳皇雛。家慈寢門：雄黄求女几，砂赤乞麻姑；何物同持獻，天中五瑞圖。家慈寢室楹聯：愛日又逢端，看絳紗艾羽，朱户榴霞，尊酒此千秋上壽；慈雲常蔭夏，但白紵懷蘭，青鞋采朮，熏絃歌八節長歡。宅左扉：前驅澌耳，後馳鍾葵。左拒神荼，右翼鬱雷；五窮掃迹，六疾不胎。積善之家，和風往來。卧室楹聯：暴席亦無嫌，吾道非耶，猶留詩句能驅鬼；佩繒還效俗，臣之壯也，但望生民盡辟兵。昔歐陽文忠以端午帖子受知于仁宗，今載全集中，讀之了不異人。越俗是日家家必書『五日午時天中節，白舌赤口盡消滅』十四字，于門墻皆遍，又床上插艾旗、蒲劍，即以二物作聯語帖其上。余以其不雅馴，信手書此。蓋處堂之燕，暫以點綴太平云爾。午飲微醉，飯畢甚早，復拉雜書小勝數枚。時初晴，尚不甚熱，天氣清甚。越人多以此日登高，郡中若卧龍、清凉二山，裙袷殆遍，而卧龍尤盛。余意夏緑初濃，眺望必美，欲一問蓬萊閣，苦無侣者。又昨夜小恙，足力疲軟，遂悵然中止。案頭適有《柳柳州集》，取其諸小記閲之，已覺蒼翠滿目矣。

初六日庚辰　晴，大熱。困學樓不可居矣，移書數部于壯改齋。是日，郡中官紳給粥票于鄉之餓者，約九門齊進，男子以試院，婦人以義倉，限辰時始，午時止。至者數萬，擁擠街巷不得行。門啓，僵仆踏死者數人，人大噪，兩縣令遽走，丞尉吏役盡逃。票卒不給，晚猶呼聲洶洶也。芸舫來。傍晚偕芸舫、楚材、曉峰諸弟飲于酒樓。

初七日辛巳　晴，更熱，始袒。與祭太高祖母祁安人忌日，午飲胙。晤趙仙舟從姊夫。是日升米至大錢五十六文，西郭市中無米，居民持錢往來，求龠合不得，人心皇皇，輒喚奈何。昨午後閲歐陽集，忽忽覺憊甚，夜後疾發，今日鹿鹿與俗人作周旋，至夜則不能支持矣。比歸寢，足幾不能行。生逢亂世，而柔脆如此，其能免乎？

初八日壬午　晴，熱如前。諸弟來作弈戲。是日石米至六千餘，市中聲言將七十文一升。上午有人數百自郡中來，擊毁各米肆殆遍，且恐猲之將次及富家，官吏不敢誰何，時勢可知矣。昨夜又疾發，今日幾懨懨綿惙矣，乃至看書喫飯，俱不可片刻，性又惡睡，坐卧無以自持。外間風鶴屢警，戒心頻煩，惟有日飲亡何，而復不能杯勺。苦也苦也！

初九日癸未　晴，熱甚，下午尤酷，始裸。與祭本生曾王父忌日，午飲胙。下午澡身。晚露身坐庭中，猶汗不止。入夜裸卧，交扇不暇，無異酷暑矣。

閲邸鈔，雲南巡撫桑春榮來京候旨，以去年冬桑署總督時，苗猺激變，連陷郡縣，致省城被困，迄今未定也。桑，宛平籍，山陰人，居鄉之柔瀆，其先世甚微，徹族皆業漁云。

初十日甲申　稍陰，悶甚，酷熱如前。鄰村婦女數百更迭來，强索錢米，浩浩呼洶，逼擾不堪。夜始席，盡去襯褥之絮者，猶覺熱氣蒸蒸也。

十一日乙酉　晴。比日暴暑不可堪，又苦沉疴爲累，幾無生人之樂。午後强起，讀柳文《晉問》一篇，未數行，覺甚勞，欲輟，力竟讀之，覺胸襟頓開，灑然自喜。仰視窗外，夕陽西頹矣。毛髮間便翕翕有凉風來，乃知《七發》起病，洵非虛語。而學人隨地振作，總能見功，不可以病自棄。古人雖廢疾中讀書不輟，良有以也。晚悶甚，凡三澡身，猶不快。昌黎謂漫膚多汗固所宜，似余之癯然骨立者，又何説耶？夜眠，鬱蒸特甚，達旦不得寐，苦甚。

夏至　十二日丙戌　上午微陰，午微雨，晦，下午大雨，稍凉。祭自曾王父以下。午前晦悶如前，得雨大快，農者之喜，更何如耶！唤吴氏園奴二人來種花，課僕兩人挑泥，雨中觀之樂甚，但不知若輩沾濡之苦耳。村人來議團練。夜就席微凉，病骨頓蘇，四更可薄棉衾矣。是日洗足。

十三日丁亥　晴，微陰，熱稍差。開先來謝。作書致秋舫叔。夜少凉。是日薙短髮。

十四日戊子　晴，熱如前，下午尤甚。與群從手弈于鄰之花東雪北軒。秋舫叔來。瘦生來。復聚群從，或博或棋。余與芸舫談古文大略，至晚方罷。夜，風月殊佳。比初更，方坐凉中庭，忽狂飆驟起，捲地撼屋迭動，急走入室，少時止。小雨頗凉，可眠，四更後可薄被。

十五日己丑　晴，熱少差。下午作弈戲。瘦生遁去。傍晚小步市中。余久不出門首矣，緩衣逡巡，風翛翛逆之，頗亦不惡。

十六日庚寅　陰，傍晚大雨，有雷，頓凉。俞錫齡秀才介小帆來，略酬之，去。作書致叔雲、季況，得季貺書。夜凉，燈下可讀書。作書致季貺。

十七日辛卯　早凉，可重袷，上午微陰，下午烈日如前。早飯後偕楚材、曉峰兩弟進城遍歷諸肆買雜物。午飲于酒樓，微醉。以畏日故，至陽明祠久坐，待旰方歸。三百九十三。得艾臣片。得叔雲書。夜早眠，以日間稍患暍，體復小極，頗不能寐。

十八日壬辰　陰。早醒，頗眩瞀，胸張似欲嘔逆。上午卧閲《南華經》，香爐茗碗，稍覺安適。旋以事起，與俗人言俗事，未數語，輒憊甚，作惡終日，忽忽若中暑，服正氣丸五錢，食飲殊不常。下午腹時痛。節子來。黄昏微雨，稍凉。

十九日癸巳　梅雨。胸膈尚覺氣塞，又時若勞甚，作眩。夜雨有聲，五更狂甚。

二十日甲午　早大雨，歷兩時許稍止，旋復雨，下午漸密，凉可棉衣。家慈詣柯山，即日歸。夜雨達旦，凉甚。

二十一日乙未　早沱雨，至日加巳稍止，可重棉，夜淋雨徹曉。

二十二日丙申　終日沱雨。閣谷母夫人于昨夜病卒來赴，仲弟往唁。夜雨聲淋浪，攪不能寐。

二十三日丁酉　淫霖不止，午後尤陰慘，水驟長四五尺，夜雨，地作潮。

二十四日戊戌　密雨如前，傍晚稍稀。以少牢祭關漢壽，邀親族十一人散胙。五日來，雨晝夜如綆，秧田漂没殆盡，人心更危。今晚始稍睹薄雲，幾如似烟非烟之瑞，檐霤間猶滴聲不絶也。地潮甚，夜晴見星。

二十五日己亥　雨復數作，地潮濕，幾無容足處。又苦穿漏，茵席垢膩，室中惟黕氣逼人，不堪讀書。水滿衢巷，故人不來，奴僕又半以事乞假去，躬執薪水之役，至不能出門一步。細民無還者，復乘淫潦，千百群至，强索洶洶，心緒殊惡。轉思前日酷熱中篷篳之樂矣。夜又雨。思良斥去。

二十六日庚子　稍熱，雨時作。□□來談頗久，傍晚忽如中惡者，幾不能支。今日見□□，積痗稍豁。下午又有晴色，夕陽一痕逗屋角，艷甚，頓覺光明洞胸府，穢滓漸消，方忻忻有生人之樂。適有病者來耳語，微聞其口氣，頗不快。而此人又自言其病近乎疫，遂大疑之，此人去而病作矣。其或杯蛇弓影之續乎？

小暑　二十七日辛丑　復熱，午後悶甚，早卧復聞雨聲，巳刻霽，終日烈景時發。早起甚不快，終日憊甚。

二十八日壬寅　晴，熱如前。小愈，晚復不快。作書致季貺。是日始浴。皆覺胸中隔閡，食不能下。仰馭來，阿八斥去。

二十九日癸卯　晴，酷熱。早又小愈，晚忽頭張大眩，胸氣逆作嘔。得季貺書。

三十日甲辰　晴，酷熱。早小痊可，午後忽發寒戰，頃許身大熱，氣塞悶甚，遍體疼不可忍，丙夜後稍差。作書致季况。

六月乙巳朔　酷熱如前。以舟迎兩妹來。午後復發瘧。得季况書。

初二日丙午　晴，酷暑。是日稍愈，早起一餐。凡公來。作書致季况。子九兄來。午後微發寒熱，即止。移榻壯改齋後。

初三日丁未　晴。是日復三餐。料理書籍于困學樓，微覺勞倦。弈棋一局。

初四日戊申　晴。比日起頗早，時登樓位置圖籍，雖病未已。然今日地分，自宜勉强振作，不得藉口養生，致委靡日甚，亦昔人運甓習勤之意耳。

邸報：大學士裕誠、太傅銜杜堮先後卒，上皆臨奠。皆賜謚文端。

初五日己酉　晴，暑極。不可讀書，甚悶悶。

初伏　初六日庚戌　晴。上午薙短髮。

初七日辛亥　晴。雜題畫幀數事。俞秀才錫齡來。仰鳦去。

周密《齊東野語》言漢租最輕，雖三代亦所不及。自高、惠以來，十五税一；文帝再行賜半租之令，二年、十二年至十三年，乃盡除而不收。景帝元年亦嘗賜半租，至明年乃三十而税一，即所謂半租耳。自是之後，守之不易。故光武詔曰：『頃者師旅未解，故行什一之税，今糧儲差積，其令三十税一如舊制。』是知三十税一，漢家經常之制也。以武帝之奢靡無度，大司農告竭，當時言利者析秋毫，至于賣爵、更幣、算車船、租六畜、告緡、均輸、鹽鐵、権酤，凡可以佐用者，一孔不遺，獨於田租不敢增益。田有災害，吏趣其租，于定國以是報罷。用度不足，奏請增賦，翟方進以是受責。重之以災傷免租，始元二、本始三、建始元、元康二、初元元、鴻嘉四。初郡無税，《食貨志》。行軍勞苦者給復，高二年。陂湖園池假貧民者勿租賦。初元元年。又至于即位免，祥瑞免，行幸免，文帝三，武帝元封元、四年、五年，永始四，天漢三，宣帝神爵元，元帝初元。民貲不滿三萬免，平帝元始二年。而逋租之民又時貸焉，何與民之多耶。此三代而下享國所以獨久者，蓋有以也云云。考核詳悉，可謂名論不刊。余按宋世法最寬而賦極重，《真德秀傳》言借民間税，至預征至六七年後。然則密之言，其有慨而發者邪！

初八日壬子　晴。比日苦熱，爲數年來所無。喘處小室中，不敢窺窗外寸尺地，真昌黎所謂如坐甑釜遭蒸炊者。生復多病，坐卧無以自適。宋人詩云：『讀書已覺眉棱重，就枕方欣骨節和。』此本爲老人習懶者言耳。予年始壯，乃已漸厭讀書，頗知『眉棱重』三字之確。惟素躁，不喜睡。今日偶閲《齊東野語》，有引陳希夷詩云：『花竹出窗午夢長，此中與世暫相忘。華山處士如容見，不覓仙方覓睡方。』然則睡亦有方耶？《遺教經》乃有『煩惱毒蛇，睡在汝心，睡蛇既出，乃可安眠』之語。近世西山蔡季通有睡訣云：『睡側兩屈，覺正而伸，早晚以時，先睡心，後睡眼。』晦庵以爲此古今未發之妙。然睡心睡眼之語，本出《千金方》云云，乃黑甜滋味，終不能强作解人。每至晨冬旭早，午夏茶餘，輒欲嘗試，而胸中常若有事，匪但景光可惜，亦自嫌非盛年所宜也。然今年暑夕尤苦，卧室向西，頹陽暴枕席，烈烈焰發。床又隘甚，繩俱穿破，草薦又隘床之半，思買一竹簟不能得。今午有小偷入室，持茶壺及汗衫去，盜亦不仁甚矣。下午浴。遣人以食物至柯山視僧慧，并作書致瘦生，得復。

閲邸鈔，都統銜故相耆英賜死。耆英初奉命赴天津，未幾潛歸京師，所議又失旨，故上責其負恩云。

初九日癸丑　早陰，微凉，上午薄陽，午後熱如故。早飯後進城詣博古齋裝池家，詣衣莊買紗衣。午歸，暍甚，不敢食。作片致子九，得復。陳蕺石兩以書來問疾。夜悶甚。

初十日甲寅　陰，下午雨，旋止，頗凉。鄭郎來。作書致季况。紫薇花開。聞賊解衢州圍。

十一日乙卯　上午薄陽，下午雨，有雷，又凉。終日與鄭郎及群季爲棋博諸戲。夜雨，睡甚遲。

十二日丙辰　早陰，上午微晴，午雷雨，即止，下午又雨，有秋意矣。早飯後偕鄭郎、群季詣柯山遊七星岩，予先至沈家晤瘦生，邀之同遊。時已薄午，曦景頗烈，抵岩暍甚。得蔭，凉快倍常。岩中客軒外新添竹籬，夾以花草雜樹，佈置頗佳。未幾雨作，梧竹黶黶，人影俱緑。下午返舟，側風做秋，益以霡霂大有蓮榜菱謳之想。傍晚歸。是日柯山人言，昨日雷擊，死湖南山甿者三人。又傳言城鄉間被殛者共至十六人，亦怪矣。

大暑　十三日丁巳　晴，下午雨，傍晚大雨。是日瓜咸廟黄神出迎。張妹倩來。夜侍家慈及兩妹倩至永樂橋觀劇，四更歸。兩日下午虹見。

十四日戊午　晴，下午小雨。與兩妹倩作棋博之戲。夜甚雨。聞賊敗于武義，遂合永康賊，盡却入縉雲。

十五日己未　晴，晡時陰。凡公來，以季貺書見交。鄭郎回去。下午偕張郎及群從詣小雲栖訪凡公于募梅精舍，即作致季况書，屬轉交。昏黄小雨。歸。丁韵琴來，以畫扇二柄見贈。廣華來。

中伏　十六日庚申　薄晴，午後小雨，即止。凡公來，即去。先王父側室節孝張太太生忌設祭。下午韵琴來，即去。昨日韵琴以伊梅石司馬念曾《萬梅花裏坐詩人圖》手卷見示，乃僧明儉所寫，用石谷子法，頗可喜。題者甚夥，半爲吾浙大名士，古文、駢體、詩詞悉備，皆極惡劣；餘多司馬浙中同僚，内惟閩人陳頌南侍御慶鏞、仁和馮文介公光禄二公，則又以人傳者也。梅石以善隸及畫梅稱于時，其祖墨卿光禄秉綬乾嘉間有名。夜與張郎、曉峰弟爲牌九之戲，三更止。

十七日辛酉　陰，上午雨，旋止。家慈詣觀巷吊陳伯母，送奠儀洋錢兩元，楮箔一副。張郎來。叔弟生忌設祭。夜分雨。聞賊退縉雲，入處郡。

十八日壬戌　早雨，巳初晦黑如夜，旋大雷雨，未刻又晦如前，復大雨，終日雷雨不絶聲，凉需裌衣。得季貺書，并畫《越縵堂圖》見贈，筆法高秀，林樾間瑟瑟生秋氣，惜不早寄十日，可令人滅暑暍之苦也。以書謝之。付廣華千五百文。付和嫗千二百文。

終日閲《齊東野語》，其間辨證疑義，如宰予晝寢作畫寢，以下有朽木糞墻之語。乃出隋人侯白即著《啓顔録》者。《論語注》；孟子『三宿出晝』作畫，當讀作獲，亦非胡卦切，乃高郵黄彦和之説，引《史記·田單傳》晝邑人王蠋賢爲證。皆新。他若辨黄金臺緣起，四皓名姓，李廣數奇之數當作命數解，引宋景文言江南本《漢書》乃所具切，角乃具之訛耳。不必從注音所角切；魏收文章逋峭難爲之語，逋峭字見《木經》，乃梁上小柱名，取其有折勢之義，而《集韵》庯字下云『庩，屋不平也』，庯、逋二字相近；眉批：詩章易作，庯峭難爲，二語見《魏書・温子昇傳》，王西莊《十七史商榷》譏其誤以子昇語爲魏收語，但《魏書》係收所作，庯峭二字殆出收之潤飾，公謹不誤也。辨古今左右之輕重；辨《史記》《通鑑綱目》之誤，皆確鑿。至所載南宋事，如張魏公富平之敗、淮西之變、符離之潰三案；曲壯閔始末；紹熙内禪趙忠定取禍之由；韓侂胄函首畀金之失；端平時趙文仲、全子才入洛之未爲全失；開禧用兵之議由于孝宗；濟王之冤成于理宗，皆詳書情事，曲得其平。至如李全之亂；淳紹歲幣之增；趙范襄州之變；倪思昆命元龜之辨，皆紀之甚悉，有裨史學。近時趙翼《陔餘叢考》言公謹曾爲賈似道客，故此書頗有回護處。今按其書，于侂胄、彌遠尚似未減，獨至似道專盗陷害事，言之不一，何嘗有掩諱迹耶？

《野語》謂古字禄與角通用，故《樂書》作觮，鄭康成注《禮書》角皆作禄，是矣。而謂角里先生當作角，不當從刀下用。不知古字有角無角。明人楊升庵嘗笑宋人崔偓佺對太宗言角里字云：『刀下用爲榷音，兩點下用爲鹿音，用上一撇一點，俱不成字，爲盲人之論。』焦弱侯亦言之。嗣後方密之以爲孫愐《唐韵》載角于沃韵，云『又音覺』，而郭恕先《佩觿》乃改辯角、角爲兩字，因而王伯厚之博洽，作《姓氏急就》，亦分角、角而不知其誤云云。公謹亦引偓佺語，而不能知角之當作角，且不知兩點一點下用之俱不成字。近時畢秋帆尚書《經典文字辨證》于角部云：『角正、角通、角俗，尤爲明顯。』

《莊子》『越鷄不能伏鵠卵』，伏，音扶富切，鳥抱卵也。《後漢書》『大丈夫當雄飛，安能雌伏』之伏皆同，亦見《野語》。

夜雷雨達旦。

十九日癸亥　早雷，辰末日出，上午晴熱，下午驟雨，晚晴。清晨凡公來，以新作五古一首相示，頗清切穩妥。即作致季况書，屬轉交。午後浴。是日倦甚若病，午、晚俱不飯。晚凉，早寢，地作潮。

二十日甲子　晴，酷熱。早起疲甚，午始飯，然頗不可口。得季况書即復。是日薙短髮。下午雷雨，晚晴，稍凉。村人修迎恩橋，出錢十千。

二十一日乙丑　晴，午後陰，竟不雨。疾粗愈。

王觀國《學林》一書，余深喜之，其論字學尤精確，惟論史及古人，亦不能無小舛。如『開元通寶』一條下，引《唐書・食貨志》云武德四年鑄此錢，有司進錢模，太穆皇后誤以手掐之，遂有指甲痕云云。按太穆皇后卒於涿郡，時高祖尚爲太守，後十餘年登祚，至武德四年，則后殂已久矣。且《唐志》亦無此語也。眉批：此記出唐人一小説，以爲楊貴妃事，亦謬。開元通寶乃鑄於高祖時，開元係錢名，非年號，安得以爲玄宗時楊妃掐指痕乎？

同姓名一條下云，唐代宗時武威郡王李光進顯矣，憲宗時又有振武節度使李光進。不知憲宗時之李光進，本姓阿跌，乃河曲奚人也，主鎮振武時，憲宗以其功，特賜國姓。《學林》乃云惡知其非本宗，誤矣。

其論唐太宗，以爲帝作《晉武帝論》，譏其不能廢惠帝，而不自知高宗之不君更甚于惠帝；譏其不能除劉元海，而不自知女武之禍更甚于元海，則更迂謬。夫高宗爲太子時，仁孝賢明，固儼然令主，較惠帝昏愚，奚啻霄壤？即以後日言，高宗初政，亦有可觀，自武后册立，始漸庸妄，然其智尚足以保身，且終其世内外肅然，威加夷狄。即受制武曌，亦不過干朝政，稱二聖耳。其諸淫酷惡迹，俱至高宗没後，始肆行無忌，不比賈南風之于惠帝也。至謂太宗不能除女武之禍，則尤可笑。夫武后在太宗時，一后宫才人耳，年稚位卑，豈顧慮及此？即朱子《綱目》于太宗年大書以武氏爲才人，意謂著亂萌，戒人君之不能遠色，爲紫陽特筆深識所寓，不知書此事以甚高宗之罪則可，若欲歸獄太宗，則唐制才人位不過正五品，初非尊寵之命。眉批：唐初制四妃正一品，九嬪正二品，婕妤正三品，美人正四品，才人正五品，至開元時省婕妤，遂升美人爲正三品，才人爲正四品。而胡三省《通鑑注》以爲正六品，不知何據。武氏當時亦全無見幸之迹。且武氏乃士彠之女，士彠爲唐初舊臣，故納其女後宫，並非專以色召者，而可因高宗之不肖致亂，歸咎前人乎？此宋儒刻而無當之論也。觀國以劉元海爲比，誤矣！

其論藝事一條，引閻立本伏池左，吮丹粉，望坐中賦詩者，慚汗歸告其子，以繪事爲戒。觀國固推説之，以爲士君子不可使藝勝德，而引晉王羲之、王獻之、劉伶、嵇康、石崇，唐虞世南、褚遂良、歐陽詢、薛稷、顔真卿、柳公權，諸人皆當時之賢，而王氏父子以書，劉以酒，嵇以琴，石以富，虞、褚六公皆以書，俱爲以藝勝德；且引戴逵之不爲王門伶人，殷羡之不爲寄書郵，二子可謂先識云云。夫酒與富豈亦藝乎？劉乃隱于酒者，石崇亦無可賢者，嵇康固不以琴傳，獻之自能書外亦鮮可稱。至于歐、柳，謂以藝掩，是矣；而永興之重德，河南之直節，魯公之忠烈，豈藝勝德者乎？薛稷一生惟學書，至晚年官位已重，乃以知竇懷貞逆謀，伏國法死，豈猶足爲賢？而與虞、褚、顔三公並稱，何其史學之疏也！至殷洪喬爲人致書，豈亦是一藝，恐其將來以此掩德耶？尤令人失笑矣。

大抵宋人論史及古人是非，無不可笑。以蘇子瞻之通達而不取孔明，温公之賢而不取李文饒納悉怛謀事，他無論矣。日間閲《齊東野語》，譏唐高祖少恩，謂其太原起事時，不能少忍須臾，待諸子之至，致楚哀王智雲死于東都，爲墮世民之計，亦屬夢語。當高祖起義時，副留守王威、高君雅已密圖殺害，煬帝又有逮捕之命，事機之會，間不容髮，豈得從容顧戀，萬全而後動哉！且未發之先，遣人召建成、元吉、智雲于河東，建成、元吉皆已間道奔歸，太宗豈特欲陷一幼弟而速之哉！而云墮其計，又謬之謬者也。

梁玉繩《瞥記》載乾隆丁酉十月上諭，四庫全書館進呈李鷹《濟南集》，其《詠鳳凰臺》詩有『漢徹方秦政』句，因檢《北史·文苑傳》敘亦有『頡頏漢徹，跨躡曹丕』之語。始皇酷虐無道，自可顯斥其名；曹丕躬爲篡逆，稱名亦宜。若漢武帝尚爲振作有爲之主，黷武惑仙，乃其小疵，豈得直書其名。著交武英殿將《北史·文苑傳》敘改爲漢武，其李鷹集亦一體改正云云。大哉王言，可謂千古獨出之識，昔人無道及者。往年有人以毛稚黄《巽書》求售。稚黄名先舒，錢唐人，國初有盛名。因取觀之，其首卷論唐高祖、太宗及宋太祖、太宗倫紀事，稱宋以來太祖、太宗，而稱唐二帝皆以名。余舉謂友人曰：『前代帝王，自非商辛、楊廣，皆不應斥名，況唐高祖創業之君，太宗古今推令主，尤後代所宜尊崇，稚黄又與宋二帝同論，乃一以名，一以廟號，兩兩相形，又非以此寓褒貶，而稱謂淆亂，匪惟無識，且亦不知文章體裁，無論其文之拙也。』遂還其書。今日偶憶之，漫記于此。

二十二日丙寅　晴，酷炎，午雨，下午晦甚，大風雨雷。凡公來，得季貺書。夜小雨，凉。

二十三日丁卯　早日出頗嫩，上午小雨即止，下午雷雨。早買舟進城，至新河買一物不成，至馮博古齋裝池家，即歸。季貺來，暢談至午後去。傍晚復來即去。夜凉。

二十四日戊辰　上午晴，下午晦，大風，旋雨，傍晚雷震。辰起倦甚，上午昏睡。比覺，甚不快。午不食。下午身熱微喘。夜復不食。喫藥。

二十五日己巳　上午晴，午陰，微雨。早起憊甚，不食。午稍飯，猶不快。今夏無三日不病，可謂極人生之苦矣。下午强起，看雜曲，覺背痛不可坐，恨未得據槁梧自適耳。喫藥。聞賊自處郡退至松陽，將窺閩。眉批：浙警自此息矣。

二十六日庚午　上午晴，下午又陰。稍愈。

二十七日辛未　晴，下午陰，是日又酷熱。芸舫來問疾。午後浴。始喫西瓜，今年此物殊少。

二十八日壬申　上午晴，午後小雨，下午又雨，晚晴。得季贶書，并寄竹冠來，即復。今晚雨過，涼爽，念困學樓中復可居，即往開窗掃塵，就據案翻雜書。自入暑天，避此若逃鼎鑊，今日坐之，甚卷然有情。又望遠處有破樓，著夕陽淡淡，便覺天際遐情收拾不盡，今日又得一受用處也。比日看書甚無緒，晚間取詩數册閲之，差可人意。聞賊陷建寧府，仍令周天受、周天培進剿。付祁嫗工直錢四百文。

立秋　二十九日癸酉　晴。是日卯初立秋。蚤起復坐困學看書，甚適，因譜《虞美人》一闋，録之：『花頭月墮涼烟白，斷夢輕于蝶。一分秋恰上心頭，剛合半分兒病半分愁。　早風窣地窺簾隙，簾内桃笙滑。芭蕉貪做一窗陰，次第看他葉葉起秋聲。』眉批：『兒』字，宋元人習氣，不好。

閲邸鈔，大學士桂良，尚書花沙納，侍郎基溥，明善奉命馳驛至上海，與江督何桂清合議夷務。

七月甲戌朔　晴，酷熱。早起進城，至倉橋書肆閲書，途遇陳珊士，即歸。作書致珊士，得珊士復書，并以所著《青芙芰詞》三卷寄閲。夜喫西瓜，頗佳，惜已非時矣。

初二日乙亥　晴，晡時陰，酷暑。夜買舟詣朱翁子祠觀劇。舟出東西大灘，遇雨，抵岸晴。看至三更歸。

邸鈔：直隸總督譚廷襄革職逮問。以僧王劾其天津之戰坐轎先遁，致緑營兵潰。上諭有『恇怯無能』『大負委任』之語。譚，山陰人，由刑部主事至今職。

初三日丙子　上午晴，下午大雨，入夜未已。凡公來。夜凉，得《醉花陰》一闋：『藥銚絲絲烟一暈。攙得爐香嫩。移燭枕函邊，六六燈屏，著個相思影。剗襪怯侵瑶沓冷。銀箭捱更永。個樣可憐宵，斗帳低垂，人共鶼鶼醒。』聞賊盡入閩，連陷邵武、延平二府。

初四日丁丑　終日凉雨疏蕭，併力做秋矣，夜雨滴瀝可聽。薄被忍凉，幾不成寐，賦《南鄉子》一解：『水樣夢初醒，半穟燈花瘦不青。索性起吹燈燼落，愔愔。緑映虛檐屋角星。　病骨忒伶俜，一吟魂熨繡衾。門外又聽疏雨過，泠泠。秋滿風前九子鈴。』

初五日戊寅　終日陰，下午疏雨數作，凉甚，始裌衣。夜雨聲達旦，秋寒擁絮衾矣。五更不寐，枕畔填詞兩解。

減蘭

明朝初七，風雨可憐吹竟夕。後會分明，早已離愁一半生。　聲聲咽露，秋在牽牛花上語。莫愁今秋，那見鴛鴦會白頭。

南哥子

蓮子星前碧，蕉心雨裏紅。天涯不礙五更風，可是凄凉一樣到伊儂。　淚漬偎凉摜，愁多替夢重。便成睡去也匆匆，索性疏鐘斜月各惺忪。

初六日己卯　早風雨，上午陰，下午薄霽，凉甚，可重棉，下午稍暖。午後初晴，甚喜，方欲出門，適陳珊士來談詞，至晚去。茹子薌來。夜偕仲弟坐舟至朱翁子祠觀劇，三鼓歸。

末伏　初七日庚辰　上午嫩晴，午微雨，下午晴，午後熱。先君子生日設祭，鄭、張兩妹婿、詩舫、楚材弟來與祭。蒙師杜秀才來，午飯後去。夜偕鄭郎、詩舫坐舟至朱翁子祠觀劇，即歸。弱風弄涼矣。是夜，沈表姑母送七弟新婦歸。

初八日辛巳　晴，熱甚。終日倦甚多睡。下午鄭郎去。夜涼，宿困學樓。廣華以是日止。

初九日壬午　晴，酷熱。腮下數日作痛。今早捫之，有物如塊，附耳根而起。以鏡照之，不墳亦不紅，豈即瘰癧耶？身兼百病，貧無一錢，殊覺俯仰俱窮已。夜稍熱，二鼓後仍涼。得王杏泉廣文片。

初十日癸未　晴，酷熱，下午風雨來，作涼。作書致珊士。下午浴後坐風庭中。珊士書來，即作復。晚風頗勁，須裌衣矣。

十一日甲申　蚤陰，上午陰晴相間，午驟雨，下午又雨，晚晴。家慈詣東嶽廟燒香，并爲七弟新婦禱也。柯山沈表姑母來。午獲一小偷，縛之，晚逸去。夜涼無一蚊，看書大佳。初更大風，三更後，快雨數作。（此處塗抹）

十二日乙酉　蚤大雨，終日風雨淒甚。殊起悲懷，幸書爲可親，終覺秋情不薄耳。下午同人過余，談不多時，覺神情頓上，爽氣可掬。余嘗謂同人中，見平子令人温克，見子九令人恬和，見雪甌令人豪率，見蓮士令人簡貴，見曉雲令人絶倒，見素人令人亘遠，見叔子（此處塗抹）如與劉穎舊兄弟語，使人神思清發，（此處塗抹）見寶意如長松下語，故當有清風，令人呼爽絶也。夜雨作寒，短夢依衾，激楚達旦，得《眼兒媚》小令一闋：『一絲疏夢濕紅樓。闍住幾多愁。者般涼夜，恁者般風雨，怎過今秋？

更更慣把孤衾絮，欲睡又還休。啼蛩遠起，疏燈半減，事上心頭。』眉批：『者般』『恁般』兩語，南宋套語，不好。

寧郡東鄉民變，殺團兵二百餘。賊首史致棻。

十三日丙戌　早細雨，終日陰。

日間閲《唐六典》，參證以《通典》、新舊《唐書・職官志》。其最不可解者，唐制上州刺史從三品，中下州刺史正四品，諸司員外郎僅從六品，而自員外出爲下州刺史者爲極貶，以上州刺史入爲員外郎者爲優遷，雖重内輕外，亦不至如此懸絶。况唐中葉以後，京官俸入甚微，而在外藩鎮之權，重於宰相，乃終唐世刺史之輕如此，何也？又安史亂後，其節度使偏裨，封王及加開府特進者，車載斗量，甚有仍執廝僕之役者，然一歸京師，則授秩高下懸殊。如李晟在鳳翔，已爲開府儀同三司，封合川郡王，官金吾衛大將軍，散官及爵皆從一品，官正三品矣。及入朝，乃授神策都將，後以功加兼御史中丞，則僅五品也。蓋唐時官自宰相外，最重翰林，次則尚書；尚書以吏部爲重，侍郎、郎中、員外亦然。次則御史大夫及中丞。中丞本正五品上，會昌時升從四品。五品以下官，首重中書舍人，次吏部諸司郎中，次侍御史，次補闕，次拾遺，監察御史。其最輕者將作匠、少府監、殿中監，官皆〈從〉三品，而多以處勳臣子弟。次則太府卿、司農卿，文人亦鮮爲之。九卿清望官，以太常寺爲首，每以待耆德舊輔，其屬博士，尤爲儒臣華選。若國子監、秘書監，亦稱清曹，長官秩皆從三品，而閑散多不樂居。眉批：唐《兩京記》以秘書監爲宰相病坊。太子詹事，唐初頗重，中世以後亦漸輕。其三品中最閑者，左右散騎常侍及親王傅也。常侍本金蟬珥貂，處省中，備侍奉顧問之職；而朝士以其閑冷，號曰貂却，見孫光憲《北夢瑣言》。此其輕重之大略也。韓昌黎爲中書舍人，時相惡之，左授左庶子。按唐制左右庶子秩正四品上，而反爲左授，蓋中書舍人往往有入相者也。李紳爲御史中丞，以被言改兵部侍郎，時當敬宗時，中丞尚止五品，侍郎正四品上也。

唐宋時，職官、散官、勳、爵多參差不可解。唐制開國男從五品，而宰相有不得爵者，有首輔僅得男爵者，如裴休封河東縣男，李珏封贊皇縣男，齊映封河間縣男，楊收封晉陽縣男是也。上柱國正二品，而長安、河南諸京縣令，有加上柱國者，唐人元、白、杜牧等文集制誥中屢見。眉批：宋制宰臣食邑滿萬始封國公，見孔平仲《談苑》，蓋唐制亦如此。又按《唐書・常衮傳》，衮以門下侍郎弘文崇文館大學士代楊綰當國，而散官終朝議，無封爵。郭子儀言於帝，遂加銀青光禄大夫，封河内郡公，是唐宰相有不得封爵之證也。宋代如蘇子瞻，官至兵部、禮部尚書，爲從二品；又兼端明、翰林兩學士，爲正三品；爵武功縣伯，勳上輕車都尉，皆正四品；而階止朝奉郎，爲正七品。其墓誌及本傳皆謂公自元祐以來，未嘗以歲課乞遷，故官止于是。蓋所歷者是職，而階未及换，故官仍止七品耳。然何至懸絶如此，且必待自乞，而所司者不一爲檢核耶？眉批：王介甫《廣西轉運使蘇安世墓誌銘》謂君以進士起家，三十二年爲廣西轉運使，而官止於屯田員外郎者，以君十五年不求磨勘也云云。然則爾時不以歲課乞磨勘者，并官與階皆不轉矣。

十四日丁亥　薄陰，稍熱，下午晴。夜月甚佳，偕曉峰弟坐舟至朱翁子祠觀劇，燈火頗繁。晤金樹、南鼎秀才父子。鼎素究岐黄術，因問以腮下物，云確是瘰癧，乃氣血耗極，助以肝火所致，非急服地黄劑七八十裹不能見效，尤須省思慮，早寢，寡讀書。然則造物不情，果將成吾懶耶？三鼓後歸。

處暑　十五日戊子　晴，熱極。中元節，祭列祖。此日之祭，古無是禮，乃由僧徒附會《目連經》作盂蘭會、施地獄而起，通人極呰之。徐健庵尚書《讀禮通考》痛詆人之以冥因視其親，而世家儒生行之爲大悖云云。然今行之久矣，自循禮祭者，皆不能齊肅，而敢藉口淫祀侈然廣之乎？此亦習俗之不得已者也。先君子忌日設祭。是日七弟新婦疾轉篤，家人皇皇待屬纊，新婦請余入，以僧慧爲託。下午，以舟至柯山沈氏迓姑母及瘦生來。

十六日己丑　晴，酷熱。孫蓮士來謝吊，不見而去。薙短髮。得珊士片并近詞四闋見示，即復。夜極熱。屬曉峰弟書一藥方。用連翹消毒飲加減鼠粘子湯。

十七日庚寅　晴，酷熱如前。喫藥。夜尤苦。亥刻七弟新婦歿，即起料理畢，四鼓後眠。新婦以道光庚寅十二月生，得年二十九。

十八日辛卯　晴，炎威稍減。夜分後，視七弟新婦斂，訖事客散，已次日加辰矣。

十九日壬辰　晴。上午高卧，夜移宿味水樓，晚凉。自十四日後，夜月轉佳，惜懷抱殊惡耳。

二十日癸巳　晴。作片致珊士，知昨日已西渡矣。鄭郎來。子九兄來。得程子實書。喫藥。

二十一日甲午　早陰，上午薄晴有風，下午大雨，至晚晴。凡公來。徐小池副車來。作片致王杏泉。買舟訪季眖于芝村，談至晚歸。舟出大樹港，快雨初過，湖氣甚清，緣岸綠陰，畹畹明潤。偶展《唐書》讀之，卷帙皆碧曛。暮至家。比夜舊疾大發。

二十二日乙未　陰曀微雨，午晴，西風狂甚，下午雨。上午買舟進城訪王杏泉求醫。杏泉云頸瘰不大妨，惟脉大虚，心腎尤甚，而中有痰濕，又不宜補。爲書一方見贈：炒生曬朮一錢五分、遠志去心。六分、橘紅一錢、白茯苓三錢、炒棗仁勿研。一錢五分、川貝去心粗研。一錢、炒牡蠣搗。四錢、廣鬱金一錢、海藻三錢、米仁四錢、玫瑰花五朵。又傳抹藥三方：製川烏頭及嫩黄檗等分研末，用米醋調稠温敷腫處，每日一换。瓦粉、即定粉。莪朮、酒浸炒乾。昆布、酒洗。京三棱、酒浸炒乾。龍泉粉即磨刀石上粉。各五錢，共研細末，滚水調敷，消堅極速。生山藥及蓖麻子肉各五錢搗匀攤帖之。午歸，爲七弟新婦撰輓聯并書：『屬纊託遺孤，憐一生所寄，惟在此兒，用《晉書·謝朗傳》語。所慚伯道先衰，祇飴弄慈親，膝前日望重規長；入門賀祥女，喜六載承歡，獨先諸姒，用《唐書·太穆皇后傳》事。詎料季江纔殁，竟菑纏病婦，地下應添奉倩傷。』夜大風雜雨，凉甚。

二十三日丙申　早風雨不止，上午薄晴，午微雨，下午陰，晚雨。晨起爲七弟新婦書栗主，謚之以懿懷。召道士十人爲七弟新婦禮懺。瘦生來。得子九兄書，并惠灸頸瘰藥方及七弟新婦褚燭，即作書謝。午祭七弟新婦，偕瘦生、詩舫、楚材、曉峰諸弟喫午齋。夜雨凄冷，疾復發。

二十四日丁酉　晴，稍熱。凡公來。喫杏泉方。清理七弟新婦喪事諸賬目。共三十九千。買數珠一串。今晨梳我頭。

二十五日戊戌　晴熱。與祭太高祖司馬府君忌日，午飲胙。喫藥。

二十六日己亥　晴，微陰，鬱熱。子實來館。喫藥。

二十七日庚子　晴，極熱。芝軒叔來。與祭六世祖殿纂府君忌日，午飲胙。請子實診脉，乞寫一藥方：北沙參三錢、川貝母三錢、當歸二錢、潞黨參三錢、橘紅八分、酒白芍二錢、炒苡仁三錢、麥冬二錢、熟玉竹三錢、茯神三錢、炒棗仁三錢、炙甘草五分。下午浴。夜凉。

二十八日辛丑　晴，早凉，終日熱意稍減。早飯後坐槳舫詣柯山沈宅，見姑母及瘦生。送姑母火腩一蹄，收；新栗三斤，却回。任姑嫁錢一千，鴨子四十枚，收；糖二斤，却回。下午歸。舟至青田湖，日始没。推篷四望，遠山近村，處處烟起，大湖晚色，緑如古鏡，照人毛髮俱碧。曛暮至家。

二十九日壬寅　晴，熱甚。上午薙短髮。與祭大伯父生日，午飲胙。喫子實方。

聞五月初一日上諭：前譚廷襄等告知該夷，限四月内繳還廣東省城，一交五月，即興兵攻打，並絶咈嘆兩夷沿海貿易云云。自去年冬，嘆夷攻陷廣東省城，執總督相國葉名琛以去，未幾，即爭傳粵民克復，且傷夷人甚衆。蓋彼中人素著義勇，夷人甚畏之，因以爲此必復之仇也，豈知粵民僅能所在練兵與戰而已，夷之屯守會城自若也。嗚呼！髮賊居安徽、江南會城將六年，粵人劉禮川以千餘亂民據上海亦幾三年，又奚譏于粵東耶！

八月癸卯朔　晴。芸舫來。得季貺書，即復。喫藥。比日攝疴，不看書。夜眠甚遲。仰虬來。

白露　初二日甲辰　晨大霧，上午晴。閱姜宸英《湛園日記》。喫藥。夜卧頗熱，思簟。

初三日乙巳　晴，酷熱。凡公來，以近作詩三首見商。上午有客來，坐困學樓窗下與談，頗覺中熱。祭殿纂公生日，午飲胙。殊不快。硯香伯母送道墟官棗一合子來。夜去褥。

初四日丙午　晴，酷熱。乞子實兄换方。

邸鈔：浙撫晏端書被命來京候旨，以胡興仁代之。胡，湖南人，以選貢起家。

初五日丁未　上午晴陰相間，午雨數作，下午風。

早起閲趙翼《廿二史劄記》。其書惟取歷史事跡之稍新、制度之稍異者，分條連貫，多摘其舛誤，于它書罕所徵引，然殊便讀史者之記誦，亦案頭之一助也。其所記已遍及廿四史，而云廿二者，蓋仍合新、舊《唐書》及新、舊《五代史》爲一耳。

喫藥。傍午方雨過，有客來，彊出酧應，甚畏溽氣。下午偕子實詣寄帆伯家，晚歸。作書致子九，得復。

初六日戊申　早陰，晨後小雨即止，上午微晴，終日大風，下午雨凄淅作凉。日家以春戊寅、夏甲午、秋戊申、冬甲子四日爲天赦日。喫藥。鄭郎來。夜東南風狂甚，有雨。

初七日己酉　上午雨凄緊，午後稍止。鄭郎去。是日鬱熱不堪，地作潮。喫藥。得叔雲書，知已歸自滬上矣。夜雨。

初八日庚戌　早雨，上午微晴，午驟雨即止，下午薄霽，地潮甚，俗謂木犀黕也。祭曾王父生日，有戚屬來助祭。傍晚單衣立門首稍久，覺已受凉深矣。感病既易，攝生復疏。奈何！

初九日辛亥　晴。晨起忽暴下，終日十餘溲，已成痢矣。屬子實兄寫兩方，連服兩劑。夜痢更劇，比曉不得眠。作書致叔雲。剃頭。

初十日壬子　小雨。痢更甚。復屬子實兄換方，服之，又吞青麟丸三錢，以蜜湯一碗送下。午遂不能食。下午卧不能起矣。夜移宿家慈寢室，痢更劇。自此絶飲食，所下皆赤如血。仰匙去。

十一日癸丑　雨。晨起力疾登樓。屬子實兄換方。喫柴胡湯。痢更甚，計一晝夜三十餘次，殆不堪人矣。得傅節子書。長妹返婿家。騰雨來。

十二日甲寅　陰，上午晴熱。坐舟至昌安門外就醫生王春泉診脉，午歸。是日出入猶能力疾行。上午痢亦稍止，歸家後强坐少時，作矣。取舊遣一婢歸，覺憊甚，不能支矣。喫大黄銀花湯。下午至夜盡，約下溲三四十次，腹痛大作。自此卧不能起，登厠轉側，須扶掖矣。

十三日乙卯　晴熱。病如前。喫大黄銀花湯。

十四日丙辰　陰。病如前。請子實兄換方。喫葛根、麻仁、銀花湯。

十五日丁巳　陰晴相間，凉。病如前。夜小雨。請子實兄換方。喫銀花、查肉、當歸、芩芍湯，又服青麟丸二錢。是日始進米汁，又飲蓮子汁數匙，覺停膈不下。聞浙撫胡興仁奏請十月鄉試，于昨日拜疏。

社　十六日戊午　小雨。請王杏泉兄來診脉，言濕熱已無多，惟元氣大虧，肝胃俱受病，須理濕兼扶脾滋胃矣。喫藿香梗、霍石斛、生玉竹、米仁、查肉、穀芽、枳殼、陳皮湯。是日病如前，所下皆紅白色，如遺精然。喫乾菜土步魚羹。

秋分　十七日己未　雨。痢略差，計晝夜漸減至二十次而稀矣。始喫稀粥。再喫杏泉兄方。

十八日庚申　終日風雨淒苦。再請杏泉兄來診脉。喫生玉竹、霍石斛、穀芽、茯苓、米仁、銀花、省頭草湯。是日病如昨，所下有黑者，惟白如髓者尚多耳。季貺書來問疾，且薦醫。

十九日辛酉　陰。病如前。喫杏泉方。夜半喫粥，稍厚，覺停膈，不快。飲枳殼湯。

二十日壬戌　晴。病復稍減，通晝夜下痢僅及十次。是夜聞有彗星見西北方，光甚長而赤。

二十一日癸亥　晴。始稍進糕粑之屬。喫糜粥。瘦生來。下午復請杏泉來診脉，强起與談。夜喫桂花栗半杯。

二十二日甲子　晴。先王父生日，不能祭。得丁藍叔書，并以詩箋見惠。魯蓉生來，不能見。喫生朮、米仁、白芍、歸身、茯苓、半夏湯。始喫飯半器，佐以鴨脯、鴨肫及羹湯，亦能受也。付僧慧乳嫗錢二百，總計今年付去錢六千文。

二十三日乙丑　晴。始梳頭。是日强起坐，作書致杏泉，乞改方。得杏泉復書并方。夜半喝甚，喫藕汁。腹痛甚，喫生朮、米仁、宣木瓜、丹參、苓芍、益智、半夏湯。

二十四日丙寅　晴。覺胸腹間寒甚，腸時時作鳴。喫蘿蔔、胡椒湯。喫杏酪。

二十五日丁卯　薄陰。是日庭中桂始花，香甚。始强起出户坐廊下，覺此身復生清涼世界矣。人生不死，其樂如何！復請杏泉來診脉。始嘗新菱。喫杏酪。始開書卷，觀數行即止。

二十六日戊辰　晴。始坐廡下看《莊子》。瘦生來，以食物數種見餉。喫生地、茯神、棗仁、遠志、米仁、扁豆湯。始喫熟菱四五枚。比日大溲始下糞，日不過二三次，唯尚不暢，又腹痛耳。下午力疾至困學樓檢書，足猶不能舉，扶摇而行，甚疲苦。夜寐尚甚鼿兀，望天明如望歲，聞鷄三號，灑然而樂矣。五更喫燕窩湯。

二十七日己巳　晴。再服杏泉方。喫飯始盡兩器。下午復至困學樓取《元遺山集》觀之，覺虚火炎上，眼微痛。五更喫燕窩湯。

二十八日庚午　陰，下午雨。上午登樓屬子實兄、曉峰弟診脉。是日苦眼痛，下午尤甚，喉間又作熱痛，舉體不快，似微感風寒，復憊，卧。夜半忽發舊疾，夢中覺精出熱如火，大痛而醒。喫燕窩湯。騰雨乞假去，付工直六百八十文。又仰䶵工直二百文。

二十九日辛未　雨。病目，嗓間尤不快，小便大痛。喫生地、丹皮、夏枯草、車前子、黑山梔、霜桑葉湯。是日常昏卧，以喉物作梗故也。下午喫栗子湯及杏仁，俱不佳。夜半喫嫩菱湯，又喫栗子湯，覺胸中微滯。

三十日壬申　微晴，稍熱。病目更甚。咽喉覺稍平復，小便痛愈劇。喫蓮子湯。乙夜喫燕窩湯後大溲，覺所下物熱甚，小便痛遂差，蓋餘熱已自大腸落矣。是日午飯佐以鱸魚羹，覺胃間猶格格，蓋鱸魚性寒，余脾胃血氣虚寒尤甚，又胃弱不能受腥，故不可耳。

九月癸酉朔　晴。蚤起坐庭中桂樹下看秋色，頗樂。凡公來。眼痛稍差，又可看書矣。至壯改齋取《周易注疏》觀之。請子實兄診脉。喫北沙參、大生地、釵石斛、歸尾、薄荷、荆芥、黑山梔、粉甘草湯。始食猪肚。喫蓮子湯。（此處塗抹）五更喫燕窩湯。是日始至門首，舉足如千鈞矣。

寒露　初二日甲戌　晴。蚤起坐中庭看《周易》。再服子實方。是日追寫病後日記，目疾猶未平，殊苦眩瞀。人皆以余眼痛爲看書所致，余亦知此固病後所最忌，然終日飽食甘飲，又不能出門一步，使并禁書不觀，昏昏度日，將何以爲生耶？老鼠搬薑，固明知無益，而不能絶耳。夜頗苦嗽，五更喫蓮子。

初三日乙亥　薄晴，小雨。清晨薙短髮。作書致杏泉。致子九。傍晚喫熟菱，頗佳。夜雨，嗽更甚。三更飲蓮汁，始稍止。

初四日丙子　終日苦雨。嗽不止，喫麥冬、川貝、桑皮、老蔻、桔梗、蘇梗、茯苓、橘紅、生地、歸身湯。長妹所生女周晬，送禮：金繡各樣緞鞋十六副，金繡布鞋六副，金繡綢襪十副，布襪八副，繡花各色繡綢、綾、羅、紗、布衣裳共六十領，繡花袴四事，金繡珠帽兩頂，鵝一對，魚一對，豚五斤，饅頭百二十枚，麵十斤，燭一對，福紙一方，藥爆兩封。鄭氏犒我錢二千文。晚喫熟菱。芸舫喪婦來告。

是日成《病起雜感》五古三首，録存于此。心思散亂，未能擇詞，不自計其言之不文也：『入夏叢百祟，日食僅一匕。綿惙盼及秋，衆病庶漸理。詎云草木質，零落猶未已。鷄肋人盡舍，鬼伯顧之喜。男兒學未成，天意肯輕死？得非警玩延，浮生固難恃。三十不努力，期頤亦可耻。炊熟悲古人，九原竟誰起。』其一。『病榻蒙短衾，呻吟夢中語。阿母年六旬，晝夜不停撫。闔家歎斷炊，醫禱復百舉。破窗風泠泠，藥烟散青縷。枯宵熒一燈，暗蛩啼近户。輾轉神魂驚，憯慄中懷苦。貧賤恒自憐，胡令造物怒？豈翳違天和，百鏄無一補。疏防貽親憂，遑能謀仰俯。交遊稀過存，婢僕漸肆侮。人生貴自立，好惡隨所取。寶兹千金軀，道在氣勿沮。』其二。『今晨聞鵲噪，强起臨南榮。凉颸扇（除除）〔徐徐〕，曉氣吹更清。燁燁桂樹華，遠對朝霞生。秋色日已鮮，庭卉争敷英。扶行學散步，心曠覺體輕。景光亦無奇，不死乃可矜。造化豈予偏，吾寧徒自攖。芳華匪有惜，不許貪夫營。幸得今日閑，怡兹嘉樹情。』其三。

夜嗽少差。飲杏酪。五更舊疾復發。

初五日丁丑　早陰，上午微雨即止，下午晴。得丁韵琴書，即復。季旣、艾臣來。夜至雍樂橋看所謂彗星者，星不甚明，芒白色，長數丈，而有曲勢，在西方稍偏，殆蚩尤旗也。天其將弭亂乎？至静安公祠觀劇，少頃而回。是日始稍稍近遊，亦不甚疲也。聞欽命順天鄉試題『吾未見剛者』一句，『敬其所尊』一句，『敢問夫子之不動心』一節，『萬竿烟雨緑相招得丞字』。日間微有潮氣，夜氣頗清。借錢廿千。

初六日戊寅　曉氣甚爽，薄雲襯晴，午後澄霽，是高秋佳日也。遣騰雨至皋步送屠氏表妹出嫁禮洋四元；送草藐橋薛氏表女姨出嫁禮四包，帳飾流蘇一對，繡花籠襪一雙，荷瓣肩披一領，匙袋一副；送鄰家楊氏女嫁禮錢一千文，繡花襯袖一雙，鏡韜一枚，粉絮一對。晚喫熟菱頗多。昨日借得錢二十貫，今日送人事三分，所費幾盡，餘者乃以買菱，不過七十青銅錢，已得十斤，喫一頓飽，亦可喜也。明日無米，且不暇計耳。張梅岩學博喪其妻來赴。

初七日己卯　晴。寄帆伯來談終日去。屨頭之飾曰絇，鄭康成以爲狀如刀衣鼻，孔穎達謂今見有屨鼻如刀衣鼻者，蓋漢制也云云。然云屨鼻，則又似今之屨梁矣。屨之繫曰綦，二字皆出于《儀禮》，絇有其俱、其遇兩音；綦有渠之、渠記兩音。綦，古文作⿱亓糸，《説文》引《詩》『縞衣綦巾』作綥，又誤爲綥。此綦字解作蒼艾色，爲未嫁女所服。得子九書。

初八日庚辰　蚤晴，上午微陰，傍午小雨，下午雨，傍晚稍止。遣人送燭楮至梅岩家，以病未愈不往吊。洗足。（此處塗抹）病起出門小遊有作：『蕭蕭風日一憑樓，原野蒼黃入暮愁。過雁荒村銜細雨，戍旗孤郭映寒流。中年兄弟多傷別，病客光陰易感秋。把酒不堪頻北望，近聞青犢滿揚州。時江南捻匪南竄，清江浦告警云。』傍晚偕子實坐舟詣寄帆伯家，即歸。夜病肺頗劇，嗽不止。微雨。付祁媪工直錢四百文。

初九日辛巳　蚤起，風露清甚，朝霞朗人，佳節令辰，不禁狂喜，終日晴和，下午有風自南。子九來。凡公送菱廿斤來。早餐後偕子實、子九同舟詣賞祊村，訪叔雲、季貺。先是，予與子九、叔子皆病，而予最劇，子九最先起，叔子雖未愈，而精神較予强數倍。主賓澹然，不能多譚，惟看叔子作畫而已。叔子以日記見示，内有《海上得歸寄季貺》五律兩章最佳。晚偕實兄歸。是日雖自禁不劇談，然不免稍作酬應，又坐小舟往返，體甚不適，氣下滯，腹痛甚，歸復小極矣。夜嗽不止，腹脹。

初十日壬午　終日凄陰，辰刻微雨。芸舫來，請爲其婦書栗主，力疾應之。凡公來，以新鈔成詩稿一册見示，不晤而去。晚風甚寒。

十一日癸未　辰刻陰雨，午漸止。凡公來。晚喫熟菱，味不甚佳。自昨夜分嗽大劇，今日不止，請子實定方，喫北沙參、麥冬、川貝、杏仁、霜桑葉、冬花、旋覆花、橘紅湯。夜嗽更劇，覺喉間微痛。

十二日甲申　早微雨即止，終日陰。以辛亥後詩稿屬子實兄鈔集之，改定頗苦。得子九書，言初九日余行後，偕叔雲、季貺限九字韵作詩紀事，各成七古一章，以詩録示，叔、季二子亦皆以所作寄予。其詩各擅勝場。叔子似蘇而特謹嚴；季况似韓甚雄厚，微嫌霸氣；子九似李而稍率，然皆可傳之作也。夜雨。

十三日乙酉　早雨，辰刻漸密，巳刻稍止，下午陰晦，晚晴。蚤起用九字韵作九日紀事詩寄子九、叔雲、季况：『今年蛾賊擾浙右，烽烟滿郊扶母走。驚魂甫定入疫劫，日日布衾卧蒙首。故人亂離已無幾，病鬼縱横迭相守。呻吟忽過秋風期，紫蟹黄花坐成負。一年佳賞太寥落，造物憐才起枯朽。重陽令節雨忽晴，人生此日豈多有。朝來孫五刺船至，招予滿酌東浦酒。周家兄弟夙好客，花前擁書傾一斗。相驚瘦質更凋衺，坐使名山侶衰醜。文章未必畦俗駭，意氣肯落昔人後。才高乃爲人駕馭，金印纍纍吾無取。繞屋笑看稻大熟，何不終身事農畝。有秔可煮奉我母，有秫可釀速我友。但今溝壑逃餘生，遑能飢寒恤八口。赤手殺賊分無覬，累危不死福良厚。安得下潠各占耕，歲歲村中作重九。』題爲《重九日偕孫五過芝村兄弟賦詩同限九字韵時予與子九叔子皆新病起者》。早飯苦無菜，賒羊肉一斤，分食之，大佳。傍午過芸舫談。下午有賣菱者來，復賒得六斤，煮之。夜微月。台郡寧海縣民變，戕縣官。賊首爲何、王二姓。

十四日丙戌　晴寒，蚤起霧氣甚凉，雲光尤麗。至門前湖際，眺矚久之，覺肺腑間朗朗清澈。復賒羊肉半斤。以食物數種餉柯山。喫熟地八錢，驢皮膠、茯苓、麥冬、款冬、桑皮、貝母、天冬、半夏、陳皮、五味子湯。自病起後，以藥餌無節，訖未復常。今日始服熟地八錢，然此物性濕，雖以益智仁製之，終恐不化耳。杏泉來，復請診脉定方。據之脉甚蒙混而滯，是五中濕氣復盛，未可遽補，而陰涸又甚，祇宜滋潤導引之。爲定玉竹、麥冬、甜杏仁、川貝、米仁、白茯苓、益智仁、遠志売、砂仁、新會皮一方。夜月殊佳，步至雍樂橋，一望而回。

夜坐閲《歐陽文忠集》中《濮議》及《或問》數篇，以《儀禮・喪服》『齊衰不杖期』章『爲人後者爲其父母報』一句爲主，謂降其服，不降其稱，乃聖王之制，仁義並用。因援漢宣帝稱其父史王孫爲悼考，光武稱其父南頓君爲皇考故事，而謂濮王宜但稱親，不追崇封爵，因塋爲園，即園爲廟，令王子孫世承其祀云云。議論甚正而當。至謂先王以父子天性之親最重，生我者不可降，惟降其外物而已。而里巷鄙俗之人，乃謂人不可以貳父，遂絶其所生者之親，至以爲諱，此兩制禮官、臺官議之所本也；則辭意未免强執過當。且痛詆當時諫官若范純仁、吕誨、吕大防、趙瞻等之庸愚狂妄，借此洩平日之怨，肆行誣詆，對君悖慢，求得罪爲名高云云。而其後英宗榜朝堂詔，遂明揭誨等及傅堯俞諸人營私誣罔之罪。歐公又謂臺官與兩制相爲表裏，意氣愈盛，無所畏忌，英宗日後每語及此，未嘗不擊案痛憤。是公于當時諸君子幾欲得甘心矣。吕、范輩皆一代名臣，公作此議已在神宗時，諸公皆迭進用，名位日盛，而公下筆時乃不爲少留地步如是耶！

按：濮議之興，公與韓魏公在政府，祇執皇伯二字之無稽，原未嘗稍及尊崇之典。英宗一見皇太后責政府手書，遂急詔罷議，自是久不言及。而吕、范諸公執其一得之見，遂豫以漢哀、桓待其君，而指歐公爲首議之人，比于董宏、朱博，言一不行，遂空臺求去。宋時待臣子最寬，朝廷愈留之，則求去愈力。甚至趙瞻、堯俞等以奉使契丹，不及同貶，乃力請出外。歐公謂趙瞻至對人言官家留我只少下拜。司馬温公及韓持國以請留誨等不聽，亦力請偕去；此最儒者習氣可厭處。且以當日魏公之定策國老，而臺官劾其交通宦官，熒惑太后。嘻，何其甚也！然歐公言當日儒官知禮者，如太常博士孫固，上疏亦主《儀禮》以稱親置園爲是，而閧然群詆爲奸邪，自是識者亦箝口不敢言。而歐公以蔣之奇議相合，遂援引爲御史，此則未免各以意氣行事矣。明代張文忠、桂文襄、霍文敏、席文襄諸人議興獻禮，援據較明，本可不煩言而解。而内閣及外廷百僚皆力主一議。明之諸帝，皆草芥其臣，世宗一怒，遂至竄戮略盡，天下遂群以奸邪坐張、桂諸人，而諸人議論雖正，實皆以此希驟進，心術本與歐公懸殊；所貶者又皆老成俊乂，故張、桂尤爲衆惡所歸。此雖所遭之有幸不幸，亦可以觀君子小人之得失矣。

夜分嗽更劇。小雨。

十五日丁亥　早陰，上午微雨即止，午晴。喫麥冬、白茯苓、款冬、天冬、貝母、桑皮、半夏、陳皮湯，加熟地五錢。還羊肉錢。賒市上米一石，不得。下午，遣人至一優婆尼家借得五斗，可感也。

十六日戊子　早雨，終日陰晦，晚晴。得叔雲書，招予至芝村攝痾，作書復之。傍晚夕陽忽開，偕一二人近遊至荷花塘。循塘南行，稻熟覆野，不覺心喜。出畦間，得一小橋小坐，看晚色，甚苦不足，以水氣漸涼遽歸。吃杏泉方。

十七日己丑　早陰，辰刻微晴，傍午微雨，下午漸密，入夜，晨起寒甚。

閲《高季迪集》中《避亂》五古數十首，愈覺蒼老可愛。昔人于顛沛中，不輟所業如此。故青丘死時，年僅三十九，而所作大全集詩至一千七百餘首，散失者不與焉。人之成名，無不以勤者，書之以誌愧也。

凡公來，又以續鈔成詩稿一卷見示，爲略商定而去。得叔雲書，以予昨書中有不赴秋試語，力爲勸駕，至謂邇年貴宗門祚稍薄，家食必不能久，非經營一第，不足以動流俗。且登賢書後，則升斗之養，爲途較寬。以一身爲全家之盛衰所系，不當任情高尚，薄此不爲云云。抑何言之深切耶！噫！僕非隱者，而爲此言，自分門衰福薄，視一第如天上，重以病軀爲親憂，醫藥未已，典質一空，秋賦之貲，徒累八口。又屢擯有司，東野刀劍之傷，怦怦猶痛；高蟾芙蓉之詠，栖栖自憐。所以眼中拔釘，疾視流輩，脚間夾筆，痛詆朝官。寧爲上竿之鮎魚，不逐入行之騾馬爾。喫杏泉方。作書致叔雲。晚喫熟菱，頗佳。數日來往往因菱思酒，雖所飲不及半勺，然頗得酒中趣。

霜降　十八日庚寅　晴。爲張姓者題照。作片致杏泉。午後薙短髮。寄帆伯來。夜偕子實至雍樂橋步月。天宇薄雲，如鏡上拭痕，時復隱滅。坐石欄頃許，人語漸寂，露氣未深，而景色寒碧，有冬意矣。

十九日辛卯　晴。（此處塗抹）

二十日壬辰　上午陰，微雨，下午薄霽。作片致杏泉，遺以酒兩罌、臘鴨兩隻、龍眼一合。得杏泉復，以臘鴨、龍眼見還。下午偕子實坐舟訪杏泉，予復至月池坊鄭氏視妹，傍晚歸。借得番錢廿元。每元一千二百零九，合計錢二萬四千一百八十。聞餘姚大姓邵氏、謝氏以徵租啓釁，各鄉佃人拒捕，益聚衆焚掠富家。

二十一日癸巳　薄晴。蓉生來。鄭郎及其從兄行九者來，此人乃余姑薛氏之婿也。鄭郎饋金腿、龍眼。

二十二日甲午　晴。屬子實兄診脉定方。

二十三日乙未　早微雨，終日陰。喫炒熟地、淮山藥、炒米仁、當歸、棗仁、白茯苓、酒芍、益智仁、陳皮、砂仁壳湯。

二十四日丙申　晴。叔雲、季况來。下午蓉生來。夜初更，偕蓉生及芸舫弟買舟赴西興，叔雲兄弟送至霞川橋別去。卧舟中頗寒。聞順天府丞蔣達爲鄉闈提調，以公事與監臨府尹梁同新忿争，徑先出闈，自請議處，參劾府尹以下官。詔以監試官給事中毛昶熙接任提調事。此亦科場創見也。

二十五日丁酉　晴。早抵西陵。上午渡錢唐江，江流甚狹，輿夫行水沙中，水幾及腹。午抵杭城井字巷寓所。眉批：井字樓在衆安橋，側橋即施全刺秦檜處也。橋故有廟，今燬于火。下午偕蓉生、芸舫出遊，途遇張葵生孝廉。至皮市廟中看戲，地窄人衆，不得入而返。詣忠孝園喫茶。夫容花盛開，秋色猶艷。復至按察司獄署觀精忠柏。傍晚歸。付船錢三百文，輿錢五百文，擔錢百六十六文，零用錢百四十文。

邸鈔：順天府府丞蔣達奏因病出闈，自請嚴議。並參府尹梁同新庇護屬員，治中蔣大鏞辦理草率，通判蕭鼎禧託病規避，知縣等偷減供給，各委員等遇事疲玩各情。得旨：覽奏實堪詫異，蔣達、梁同新等俱交部議處。

二十六日戊戌　晴和。早起作家書，付許龍回去。鹽橋回回樓喫早飯。上午，偕蓉生、芸舫出錢塘門遊西湖，見㖟夷五人，其二爲夷女。過一湖莊樓下，有垂髫而憑欄者，三四倚肩而立。釵梁錯韵，粉暈互光，笑重妝慵，鬟低香近。其尤粲者，輕胭拭花，稚犀隱雪，秋波所流，山水黯豔，平生眼底第一人也。即樓下唤湖船，至蘇公祠，坐右室，觀文忠諸石刻，及杭人周澍觀察所臨文忠書。守祠人供茶極佳。復謁白文公像。登望湖樓，秋眺殊美，徘徊久之。出經水仙王祠、陸宣公祠，復茗于平湖秋月軒，喫餅數枚。謁聖因寺，觀石幢上十八阿羅漢象。返步至段家橋，席地坐看夕陽，不覺入晚，遊人盡散，鞭楫之影，蒼莽湖烟疏柳間而已。昏暮抵寓。付許龍回去錢三百文。又早飯錢廿五文。付回回樓酒飯錢百五十五文。付湖船錢六十文三分。付餅錢卅文三分。

二十七日己亥　晴和。回回樓喫早飯。梳頭。下午復偕蓉兄、芸弟遊西湖。時夕陽已頹，未及西泠橋而返，至一酒家小飲，進城已餔矣。聞餘姚佃匪漸盛，郡官往撫未敢進。台州賊亦未平，殊可憂也。

二十八日庚子　晴和。上午至駐防旗營，遊菩提講寺。下午至浙一處酒家小飲。夜偕芸舫至清河街喫蟹，小飲頗醉。

二十九日辛丑　微陰，下午晴。復偕蓉、芸兩子遊西湖。坐瓜皮船，至平湖秋月軒小飲。復詣蘇公祠，謁後室秦學士像，茗于一半勾留軒，談笑甚樂。惜檻外枯荷已盡，少添秋語耳。遊孤山，歷林處士祠、放鶴亭。老木夾峙，寒陰轉幽，裏湖山水，明瑟更勝。出經范忠貞公祠、附祀嵇公永仁。嵇公，無錫相國文穆公之父，以諸生佐閩督范忠貞公幕，同殉耿逆之難，恤贈國子助教，後文穆以大學士撫浙云。四賢祠，祀李鄴侯、白香山、蘇子瞻、林和靖。皆極荒圮。故浙撫滇西趙公士麟祠，其禁扁楹聯，丹漆甚新，多浙省大吏新撰，若趙公光、何公桂清、蔡公瓊，皆滇人也。傍晚步歸，見隔湖紅樹已漸多矣。暮抵寓，燈下作詩文劇語數則，甚樂。

三十日壬寅　晴。上午讀韓文。午後偕芸舫出買什物，至李博士橋而回。眉批：李博士橋，按《萬曆杭州府志》，宋李性傳，字成之，宗正寺主簿李舜臣之子，寧宗嘉定四年進士，嘗進對，有崇尚道學之言，稱旨，遷武學博士，以修武志，故名其巷曰武志坊橋，曰博士橋。作字數百。夜四更起，坐肩輿赴學政署。霜天溺地，坐守轅下，戲作諧詩二絶以自遣。聞王平子北闈落解。（此處塗抹）付寓主人錢一千。

十月癸卯朔　早陰，微雨，旋晴。在學政署中，對察吏策，幾千餘言。歷引前代故事，以行議論，大意歸本於郡縣官之宜久任，而尤須如漢制，以名家子弟及有學行者爲從事功曹督郵之屬，以次開三公府，爲朝廷大官，斯人知自愛，吏不爲非，而守宰亦相與其成矣云云。此雖空言，然實有感于世故，試場中亦從無此等作，亦自爲我之學而已，不計爲草楦麒麟見也。晚與芸舫小飲，竟醉。燈下作家書。晤同寓沈春生。付解元埠轎錢三百廿文。

初二日甲辰　晴。清晨芸舫回去，作家書及致叔雲、季貺書，屬其携去。午後偕蓉生至教場，觀滿兵習操。眉批：演武場在錢唐門内之北，乃南宋景靈宫故址。寒飈卷沙，夕照圍漠，旌旗獵獵，可寓羈目。罷操後，出錢唐門遊西湖，至錢忠獻王妃保叔塔山下，回遊昭慶寺，遊人漸稀。梧竹橋榭，轉洽幽趣。進城茗于忠孝園，觀銀瓶井，古緑不波，秋紅自薛，眉批：好「自」字。照影數髮，寒芷凛然。此井自道光乙未前總督汶上劉韵珂尚書爲浙臬時，芟榛甃石，蓋亭翼欄，又樹碑刻詩以表之，向封錮甚密，今不知何人開之。其外又爲茶沽所，得毋褻貞魄而渫靈泉耶？當爲言之當事者。其鄰即忠武王祠，壁間有祥符周之琦中丞及劉公兩記。周記乃道光七年按浙時所作，其記言臬署與廟皆忠武故宅。今按察司司獄署，乃宋之大理寺，風波亭在其獄中。而劉記以臬署爲宋之大理司，考據殊舛。按宋時忠武宅没官後，以其處爲太學，故理宗時封王爲太學土地，其佐神張憲等六人封侯，皆加文字，此廟祀之所由來也。獨疑其廟無銀瓶像，惟栖霞嶺王墓旁之廟有之，其入祀在元至正時。又按國朝《宋琬集》及《王猷定集》，皆載琬爲浙臬副使時，曾毁風波亭，禁羈罪人。又言國初某臬使以涖任時，不拜銀瓶像，忽見空中有女子手弓射之，即疽發背死。則此地固有銀瓶祀所，其孰敢去之？而今又瀆露其井，官此者能無惕然與？張竹舫至寓。付狀元樓早飯錢二百文。

立冬　初三日乙巳　晴。薙短髮。下午偕蓉生、竹舫至溝兒巷茶沽家談茗。地有土山，幾數十層，種秋花甚盛，蓋積河泥爲山者。有乾隆中浙撫富勒渾重濬會城河道碑，杭人呼爲溝兒山也。晤曹烺齋、李亞白。是日浙江主考至會城，爲竇鋆侍郎、馬佩瑶檢討也。付虚白齋廣卷錢三百文。

初四日丙午　晴。下午偕蓉生、春生及春生之徒潘上舍者同遊西湖，至晚歸。

初五日丁未　晴。下午偕竹舫至溝兒巷漱芳園鬥茶説餅。群嘈漸息，偶談轉清。茶畢登土山，眺西湖夕山之秀，縱目俱盡，湖光捲烟，返照如雪，回望越山，惟秦望、鸜哥尖諸峰，隱隱東際耳。晚由李博士橋而歸。以錢百文買得張參《五經文字》、唐天度《九經字樣》及《王儉集》，可喜也。又以十四文買黄梨洲《南雷文定》四卷。是日午暖换袒衣，自八月病後服之今矣，嵇叔夜、陰子春之懶，亦無以過也。

初六日戊申　晴。作家書。聞台郡被圍。

初七日己酉　晴和。詩舫、芸舫來寓。得家書，太夫人寄衣物來。付買考果洋壹元。付寓主人洋一元，朱升來。

邸鈔：順天府尹梁同新降三級調用。府丞蔣達、治中蔣大鏞、糧馬通判蕭鼎禧俱革職。

初八日庚戌　晴和。黎明起偕諸子坐肩輿至貢院，巳刻入闈，坐發字號。

初九日辛亥　晴和。五更得題，爲『子曰苟志于仁矣』一節，『凡爲天下國家有九經所以行之者一也』二句，『故天將降大任于是人也』一節，『吏部文章日月光得唐字』。首題不宜看得太深，蓋當時必有以仁蒙惡名者，夫子故辨白之，曰仁者之或有可議，其過也，非惡也。人苟心志于仁，其心已必無惡，其事或近于惡，而終不至于惡，故《集注》楊氏曰：『苟志于仁，未必無過舉也，然而爲惡則無矣。』場中主此意作文，密詠恬吟，頗油然有得于心也。午刻脱稿，酉刻成《庸》《孟》兩藝。燃燭謄真，二鼓俱畢，即寢。

初十日壬子　晴和，下午風西作，頗勁。辰刻出闈，坐輿抵寓。作家書寄去。鹽橋回回樓午飯。午刻，步出錢唐門，獨遊湖邊。晴景滿堤，人影寥落，至蘇公祠，坐堂之右室，垂簾喫茶兩碗，灑然而返。時風起山際，松槲萬株，捲聲入水，歸帆沙鳥，側拍競飛，過段家橋，帽落數回矣。有詩二首紀遊。晡時歸寓。夜風愈勁，月色微晦，稍寒。

十一日癸丑　晴。辰刻入闈，坐讓字號，與徐寶意同舍。是日偶出文草示人，見者譽不容口，沈春生尤喜極欲狂，推爲數十年來未見之作。有桐廬建德人來乞借抄去，亦無謂中之快事也。夜寒甚。

十二日甲寅　晴，霜濃甚。黎明起，見題紙爲『履信思手順』三句，『無稽之言勿聽』兩句，『十月穫稻』三句，『春郯子來朝』一句，『是月也乃命水虞漁師收水泉池澤之賦』一句。是日五更微受寒，晨復不食，作文至《書經》藝，忽神散不自持，旋覺中惡作逆，大懼，即擱筆久坐。稍平復，喫飯，始復能運思。逮暮，五藝皆成，《易》《書》《詩》三藝尤自憙。徹夜録完，昧爽出場。

十三日乙卯　晴。出闈後熟睡，至巳刻起，偕諸子近遊，至一嫁女家小歇。傍晚偕蓉生、芸舫至浙一處酒家小飲，頗醉。薙短髮。付學胥陳五送考洋一元。

十四日丙辰　微陰。辰刻入闈，坐龍字號，終日看書。

十五日丁巳　晴。黎明起，見題紙第一道策問經學，第二道問《史記》舛誤，第三道問歷代田政，第四道問歷代兵制，第五道問歷代雜税。場中信筆直書，每條皆切實對之，通五策不過三四事稍含糊耳。至晚脱稿，洋洋灑灑五千餘言，頗自負平日讀書之功也。酉刻出闈，輿夫失于應候，因覓一擔負者，踏月而歸。

十六日戊午　晴和。下午風西作。午飯後偕蓉生、芸舫、詩舫、竹舫至演武場後火神廟觀劇，演公孫瓚、袁紹大戰界橋事。傍晚歸。付解元步轎錢七百文。

小雪　十七日己未　晴。早偕蓉生、詩舫回回樓喫飯。至青雲街買得閻百詩《尚書今古文疏證》一部、《漢魏二十一家易注》一部、盧抱經校《家語》一部、《李空同全集》一部、汲板《酉陽雜俎》一部，價洋一元，錢一千。賒之沈氏文聚堂，期回紹時還。下午，偕諸子遊西湖，至蘇公祠喫茗而回。將入城，暮色罨罨矣，因倚樹看全湖晚烟淡翠無著，回望湖樓隱隱有憑肩立者，朦朧語笑聲也。聞寧郡官兵爲史賊所敗，臬使段光清移疾求去。

十八日庚申　晴。上午偕蓉生、詩舫出錢唐門，至昭慶寺買小兒玩物。過一人家名『飲緑莊』，徑入其廳事，有王夢樓書『天鏡如磨』一扁，其跋謂用采老詞帖語，主人本王姓，今孫氏居焉。眉批：《范石湖集》：『李輩作亭西湖，予用東坡語名曰飲緑，爲勝概。』史達祖《梅溪詞·飲緑亭作》有『柳户清明，燕簾寒食』之句。今此蓋襲其名，或即其故地，未可知也。下午偕竹舫復遊西湖，小飲酒家，擘橘食之，頗佳。湖樓書所見，譜《洞仙歌》一闋：『湖光四處，恰翠樓天半。楊柳疏疏倚窗扇。驀迴欄，低亞釵影纔分，剛省識，簾底驀然人面。　横塘曾幾過，道是無情，怎得含嬌遞餳眼。淺笑暈梨渦，略要回身，又壓臂、羞擡雙釧。怕生小、重門未知愁，指一抹眉山，夕陽天遠。』是（此處塗抹）付寓主人洋一元。又錢一千一百文。付賞俞桂錢二百文。付買回貨錢三千文。付詩記代買千三百文。

十九日辛酉　晴。偕蓉生諸子坐肩輿渡錢江，已過午矣。飯于西興驛。晚登舟至蕭山縣西門，已昏黑矣。初更寢。付轎擔錢一千文。付船錢五百文。阿四來。

二十日壬戌　晴。早抵家。聞台郡爲何、王二賊所陷。宿味水樓。付朱升洋一元。

二十一日癸亥　晴。凡公來，不晤去。叔雲、季䚯來，同訪陶琴子，琴子將赴京師引見也。暮歸。

二十二日甲子　晴。子九來。傍晚過芸舫談。夜子九來，留宿齋頭，談至三鼓，甚昶。梳頭。

二十三日乙丑　晴。子九蚤去。辰後西南風大作，日色稍晦。薙短髮。偕子實詣寄帆伯家送葬，又餉以杭州食物數種。訪王杏泉不值，留一紙而歸。傍晚偕子實過芸舫書齋。晚與群從飲于村店。夜風稍止，寒甚。聞捻匪陷六合、溧水，守六合布政使銜温觀察紹原死之。温前以鹽大使署令六合，禦賊有奇功。公死于城，有詩紀之。付菜洋一元。

二十四日丙寅　晴，寒甚，始冰，西風尚勁。凡公來催詩序。晨後奉家慈命詣隱修庵禮佛。自昨日來，精神稍好，又晴晝多風，正宜掩户讀書，乃浮揚矜躁，頗喜逐遊談廢務之徒，不能端坐片刻，始知心之易放，而明窗净几之福，正不可多得者也。三日來湖北鄉兵絡繹過境，其旗色多以黑，而以紅字綴首領者之姓及官銜于其上，亦軍制之一變矣。下午偕子實、曉峰小飲村店。夜聞軍過掌號聲，皆往援台州者。三鼓時，郡城火發，延燒大街二百餘家。

二十五日丁卯　晴，霜積數寸，嚴寒。作凡公詩序。拜本生祖母忌日。杏泉來，不晤。

釋澈凡募梅精舍詩序

浮屠氏之於詩，其難工乎！蓋彼之爲教者，一以清凈虚無爲宗，舉人世憂樂愛惡之境，掃而空之，以歸于至寂。而詩之爲道，非得于憂樂愛惡之深，則所作必不工。兩者既格不相入，無怪彼中人之稱詩者，率荒忽鄙俚，入于宗門語録而不知返也。乃今觀凡公之詩則不然。凡公，越之某氏子，幼皈浮屠教，今年五十餘矣，持戒律益苦，而偏嗜詩，其所作不下千首，皆棄之，不肯示人。今所録者，率近十年中作，又痛芟之，得兩卷，付諸梓。

余受而讀之，如置身幽泉叢篁、孤花瘦石之間，獨鶴與飛，清磬時發，令人意得神悦，杳然而不知所止。是其境亦未始不出于憂樂愛惡，而泊然無以嬰其寧，蓋其得于詩與禪之間者深矣，若此者固足以傳也。雖然，詩之工者無不窮。

凡公所居曰興教寺，嘉慶、道光之際有宏公者，以詩名越中，越中賢士大夫多與之遊，以其寺爲壇坫地，裙屐觴匏，無日不集，遠近道俗，遂益震宏公之名，爭檀施之，而宏公因得以增崇其寺，名之曰小雲栖，爲城市間一勝境。凡公蓋親得宏公之指授，及見當時所謂賢士大夫者。而今復喜與吾輩遊，顧老而貧益甚，詩益工，名亦終不著，吾輩亦無以振之，此固朝野盛衰治亂之不同，而詩能窮人之説，亦至此益信已。然浮屠氏之詩之工，終亦無加于凡公者也。凡公行移錫南池之某寺，世故方殷，其亦作者之一歟？蓋至白雲空谷，跫然足音，而凡公之詩益遠矣。

成此不及炊許，字句間多有率爾者，以機調尚圓熟，存之。晡後城中斜橋復火燒百餘家，三鼓後始熄。

二十六日戊辰　晴，微和。早聞杏泉、穆莊家俱被灾，飯後偕子實往視之，則廬舍無存矣。經明禮部侍郎董文簡公學士牌坊，岌甚欲墜，趨而過。晤王小谷部郎及鄞人廖香珊。午飯于妹婿鄭郎家。下午訪子九。晚歸。是日城鄉間復火起三四處，皆不爲灾。

二十七日己巳　晴和，下午稍陰。叔雲、季貺來。瘦生來。進城與祭生高祖母傅太君忌日，飲胙歸。餘姚匪民宣布文、黄春生等劫犯圍城，署知府韓君及副將帶兵往剿。

二十八日庚午　陰。丁韵琴來。陶梅史來。傍晚偕群從近遊，至虹橋而回。夜飲于酒家，復飲于鄰之花東雪北軒，頗醉。是日始開困學樓書廚，課傭人糊味水樓紗窗及更换書畫幀額。

二十九日辛未　晴。上午進城，唁杏泉、穆莊。過江橋觀劇一齣，晚歸。夜偕芸舫復飲于曉峰花東雪北軒，復醉。今之牙行，起于戰國。《吕氏春秋》：『段干木，晉國之駔。』《説文》曰：『駔，會也。謂合兩家之賣買，如今之度市也。』會館，兩漢時已有之。《後漢書·史弼傳》弼受誣事，當棄市，前孝廉魏劭與同郡人賣郡邸，行賂于侯覽是也。又《前書》朱買臣常從會稽守邸者寄居飯食，及拜太守，出歸郡邸，直上計時，會稽吏方相與群飲，不視買臣云云。蓋漢時州郡舉秀孝者及公車徵者，皆偕計吏入都，處於郡邸。故今赴會試者，猶稱計偕耳。今州縣私羈人于班房，起于漢初。《漢書·惠帝紀》『有罪當盜械者，皆頌繫』，注曰：『頌者，容也，言見寬容，但處曹吏舍，不入狴牢也。』

子曰苟志於仁矣無惡也闈藝

聖人懼仁者之蒙惡名，故爲志仁者辨其無焉。夫因仁而蒙惡名，則世將以仁爲諱矣。夫子原仁者之心，而決其無惡，不誠望世之人日志於仁哉！　且天下不難寬以待不仁，而每刻以繩仁者。　蓋仁者之心不可知，而仁者之事或可議。　於是議其事并議其心，而世之求仁者，以仁之不免于議也。　或將避仁者之名，而漸汩仁者之性，聖人有憂之，故爲論仁者決其疑，亦爲求仁者祛其惑，曰今特患無仁者耳。　夫論仁不於其事，當於其志，斯民同此秉彝，而寤寐所甘，若偏契此天良之獨。　蓋學問之先，性情定之。　故即孝也，而愚忠也，而愚苦志伸，而仁意彌昭，千古猶留其歌泣。

至理常存天壤，而肫誠自愛，若偶成其一行之奇。　蓋本原之地氣數争之故，即言無足異行，無足異素志，志貞而仁聲自著，萬物不害其神明，是特患無仁者耳。　苟志于仁，而豈有爲惡者哉？　雖然，難言之矣。　其或求仁太過，而是非之際，率然以身爲先，强諫疑脅，君急公疑，背親訐直，疑口賣友。　甚且建非常之策，而意見過偏，老成憂其病民，清議斥其誤國，而若人處之泰然，謂此志苟可終明，不難爲國受惡也。　卒之事後論定，朝野暇迹而原心，史册録功而掩過，而有志者肯自慰矣。

其或求仁不及，而疑似之間，迫焉避之若浼。　廉潔疑絶物，簡易疑慢世，栖隱疑盗名。　甚且值可爲之時，而肥遯愈堅。　忌嫉者言抗命非恭，汲引者歎失時非智。　而若人居之不疑，謂此志苟堪自信，不惜以身蒙惡也，卒之人往風微，名士師仰其典型，末俗維持其禮義，而所志者固不誣矣。　嗚呼！　吾誠不敢望古之安乎仁者，其任天而動，自無纖芥之可疵，而尚幸有志于此者，不過精神未裕，踐履未純，雖衆謗群疑，吾將護持之不暇矣，處晚近而猶有斯人，即惡有可指，吾且不忍明言也。　遥遥三代，幾人得造純念，所願爲志仁者分其過爾。　吾亦不敢謂世無貌爲仁者，其設心欺世，不無幽隱之可誅，而如實有志于此者，果能涵養日深，操持日熟，雖微瑕纖滓，吾且陶鑄之不遑矣，苟一眚而掩其全德，即志本不渝，吾且懼其漸懈也。落落吾徒，此事誰盟？清夜尤望夫爲惡者知所返哉！

從外注立說，正是聖人心坎中語。看題既獨得驪珠，其行文言言真切，字字精深，洵令人百讀不厭。吾尊客前科乙卯闈藝，膾炙士林，然竟不售。此文精實相等，而色致差減，蓋前科以神采勝，此科以骨韵勝，恐賞音者更希矣。竊爲吾道危之。孫子九。

一縷血誠，幡天際地，乃得成此一篇文字。真實力量，真實心思。倒地百拜。徐葆衣。

筆補造化，氣含沆瀣，中二比豎義如鐵鑄成，後二宣聖肺腑欲語矣。魯蓉生。

真力彌滿，行神如空，其下語字字从秤子上量過來。絶無僅有之作。沈春生。

才定就範。（房官批此四字，不知何語。）

十一月壬申朔　小雨，入晚稍密。郡守以亢晴斷屠。族叔梅坡來。閱閻百詩《尚書今古文疏證》，其末有議孔門從祀一條，援嘉靖中黜荀子例，欲退象山、陽明；又以王弇州説，欲退歐陽文忠而進范文正。范公入祀固無愧，而歐公事業亦不相下，文章經術則更遠出其上。欲進彼而退此，可爲無謂。至議及陸、王，則尤妄矣。

初二日癸酉　晴和。凡公來。上午偕曉峰、芸舫進城，飲于草藐橋酒店及大路賣麵家，皆醉。傍晚訪魯蓉生，夜歸。今晨梳我頭。

大雪　初三日甲戌　晴。凡公來。晨請子實兄卜秋榜得失，筮得火山旅，之火地晉。今日爲子月戌日，申子辰會成官局，財爻動而生官，世爻戌辰暗動，其占爲文與官俱見云。雖然，做秀才者，場前炷香，心擬題文，滿口臭腐，津津不厭。場後求珓問卜，街市間昏昏皆七百之乎者也字穢氣。此最地獄中苦事，余深痛之，乃今日亦不免此。人之自遠于俗，固自難哉！

初四日乙亥　陰，午刻微晴。偕子實、曉峰、芸舫坐舟至柯山，遊七星岩。邀瘦生同至容山相地。天色微黝，寒氣未深，疏林密雲，晻晻相映，此山水極静時矣。申刻泊舟村下，偕芸舫小遊籬落間，聞竹樹鳥雀聲，令人墨然自寂。天機之應和，正不可名言耳。初更歸家。借人金約指二枚，質得錢五千文。

初五日丙子　晨陰，上午小雨，旋霽，下午微陰，晚晴。薙短髮。夜雨有聲。騰雨來。夜閲《後漢書》，劄記一二則：

母有呼子以字者。張劭母呼劭曰元伯，趙苞母呼苞曰威豪是也。

袁安之玄孫閎，以奉高之字稱于世，見《郭泰傳》及《黄憲傳》。而閎傳但云字夏甫，不言奉高，然則東漢人已有二字者矣。眉批：袁閎字夏甫，袁閬字奉高，乃別一人。今范書于黄憲、郭林宗傳閬字皆誤作閎，後人遂沿其訛，予已考正之。然東漢人却有二字者，隗囂將王元字惠孟，見囂傳注引《三輔决録》，而《馬援傳》稱之曰王游翁。王延壽字文考，而注引《博物志》稱之曰王子山。蓴客自記。

韓融與荀爽、鄭玄同以高隱名，見申屠蟠等傳；而融附見其父韶傳，乃僅言其官終太僕，餘無一事可紀。陳重、雷義之交誼，與張劭、范式並稱；而《袁敞傳》乃載雷、陳二人爲人請託，此史家微文見意處。陳、雷事錢竹汀《廿二史考異》中亦言之。

初六日丁丑　晨密雨，上午晴，下午微風，稍作寒。次妹返婿家。樊畏齋來，不見去。俞秀才錫齡來。偕芸舫、詩舫進城飲于酒家。付還文聚堂書債一番金。

初七日戊寅　蚤陰，巳刻晴，午微曀，下午大晴，風西作。晨起作片致杏泉，還洋錢四元，錢六百十五文。以七弟新婦遺像付裝池，還舊債錢六百八十文。早飯後偕子實、芸舫坐舟至鐘堰前，相先君子殯屋。步行里許，遊快閣。復坐舟至亭山，相先王父殯屋。未刻歸。是日湖濱尚見紅樹一二，皆已蕉萃作紫色矣。前日魯墟道上，脱木槎枒中，獨一樹猩艷，孤映村落，甚可愛也。寄帆伯來，不值。午飲微醉。夜偕子實、芸舫飲于鄰之花東雪北軒，大醉。

初八日己卯　晨晴，上午雨，至晚止。張梅岩來謝，不見去。作書致叔雲。仲弟復舉一子。改舊詩，約數十字。黄昏小雨。夜偕子實及群從小酌困學樓。

初九日庚辰　陰曀，稍寒。凡公來。下午晴朗。偕群從進城薄遊一僧庵。晚歸。

初十日辛巳　晴。早飯後偕子實坐舟至龍門橋登岸，行里許，邀子九同詣心馥庵晤蓮士，午飯于禪室。下午偕子九、子實遊花藏庵，小坐，喫苦茗一鍾。出訪艾臣。晚偕子實歸。晚風西起，夜更勁，頓寒。坐味水樓看書至二鼓，足冷甚，始爐。

十一日壬午　霜，晴寒。早作片致張方生。作書致蓮士，得蓮士復。洗足。子九來，同坐舟詣賞村，訪叔子、季貺并晤叔子從兄崇之大令治潤。讀叔、季兩君日記及季貺用弇州詩韵諸詩。晚歸。子九回去。夜招群從陪子實飲困學樓。自前月廿三日以來至今日，遍飲村店，幾于無日不醉，口占一絶識之。

十二日癸未　晴，寒甚。是日秋試揭曉，余又落解。山、會捷者十九人，沈春生與焉。丁吉庵來，蓮士來，均不晤。蓮士復來，談逾兩時許去。晚稍和，夜雨。

十三日甲申　小雨，和。借錢五百五十文，買雙雉，烹之。夜雨聲達旦，數月來不聞此聲矣。

十四日乙酉　終日風雨凄楚，寒。得叔子書，以余落解故，甚爲侘傺不平，所以慰藉之者良厚，且勉以貲郎自效，不禁復誦涕零矣，眉批：豎子欺心欺天一至於此，自恨目中無瞳耳。即作報書謝之。作片致楊漁莘，爲凡公刻詩事。作片致陳珊士，爲瘦生乞書事。作致開先小札。下午寄帆伯來，談至夜去，夜風雨尤甚。

東漢人最尚名節，然如荀淑、黄憲，名最著，竟無一事可紀，郭泰亦以游談得名，不及陳寔也。經生家如鄭少贛父子，乃俱有將才，司農更比節蘇武，顧皆以儒學掩矣。司農之孫泰，欲以豪俠圖董卓，事雖不成，而能脱虎口，亦奇材哉。

補録：

一月以來與東陽程子實秀才及群從兄弟遍飲村店無日不醉占此示諸弟

日日腰間插手巾，舊家風調酒懷新。誰知十里紅橋市，膩帢單衣大有人。

初冬旬日獨遊湖上晚自蘇公祠取段家橋歸二首

山外曾祠挹翠空，湖樓十月正多風。暮楊無限蕭蕭意，都付秋雲晚磬中。

夕陽依約段橋邊，回首長堤遠似烟。塔影寒波葑十丈，更無秋色著湖船。

越縵堂日記戊集下

咸豐八年十一月十五日至十二月三十日（1858年12月19日—1859年2月2日）

戊午十一月丙戌望　雨。寶意來。始遣人徵穀租于單港，收十之九五。先冬至三日，祭自曾王父以下。夜雨聲淒沓至曉。

十六日丁亥　小雨。至琴臺溇徵租。晚歸。珊士來，不值。夜飯于芸舫家，晤從妹倩沈長蘅。糶穀三千八百斤于市儈，斤得錢十六文有半。

十七日戊子　雨，正午稍止，有曦影，地作潮，天氣和甚，似春中。王母倪太君生忌，懸像設祭。得季貺書。書累數千言，勸予決計入貲爲郎。大兵敗于皖之三河鎮，浙江布政使李續賓死之。十月初十日事也，同死者有曾侍郎國藩之弟候選同知曾國華。

冬至　十八日己丑　終日陰霾，下午稍寒，有霽色。收穀錢十二千文，番銀四元，買瑣屑物數事，還小債負一二處，已耗去幾半。夜及芸舫閑話至更餘，覺漸寒慄，明日可望晴喜得出門也。是日薙短髮。夜讀《後漢書》李固、杜喬等傳，怦怦不能自已，成五古一章，復拉雜成詠史小絶六章，始就寢。四鼓後雨作，五鼓轉甚。

冬夜讀後漢書李固杜喬傳感賦

嚴冬夜氣肅，坐讀李杜傳。二公志匡國，豈計死捍難。忠言留史書，寸心與不爛。開編對正色，金石立可貫。中流危一壺，萬古竟長旦。回復涕泗下，孤憤觸羈賤。悲風起中宵，靜聽萬物戰。吾心出光明，短檠一燈斂。奇節在天地，讀書兆憂患。名士固不祥，慘惻迫世亂。殺身以成仁，卑末無自見。紞紞更鼓闌，掩卷起三歎。

雜詠後漢事七絶句

蔡倫造書紙，李巡定經文。咄哉兩宦豎，首策儒林勳。

［媚賊奏李固，忌者刺鄭去。千古馬南郡，名儒乃巨奸。］眉批：季長刺康成事，事出劉臨川《世説》，恐不足信，故删去。

鮑氏漢名臣，三世拜司隸。白髮鹿車人，及見好孫子。

竇武起力學，秉政志扶漢。滅門遺一孫，卒飲涼西箭。

楊政劫馬武，趙壹哭羊陟。處士干公卿，求名亦何亟。

袁氏有陰德，四世得五公。一旦覆卿族，乃生兩梟雄。

本初既虎視，公路亦猘吼。土室有賢兄，僵卧獲中壽。

西園盛賣爵，名士不蒙宥。可憐崔司徒，低頭拜銅臭。

予最愛《後漢書》，昕夕不去手，每讀至范式、姜肱、范滂及李文姬等事，尤不覺涕之交頤也。吁，自命文人者，安所得此等事而傳之，則後世亦必有觀感如某者矣。

十九日庚寅　曉，雨聲尤緊，至巳刻稍稀，終日晦冥。仰䯻來。

雲郎行《雲郎行》者，贈周東漚子雲牧也。雲牧名紹晉，年十一能賦詩，嘗作對月懷余七律，楚楚可誦，余喜其意，爲作此詩贈之。

雲郎十歲能賦詩，英英秀茁瓊田芝。玉雪可念捧書立，王文開乃生此兒。阿翁謫仙世無偶，阿叔書癡亦僅有。千秋付託將在兹，始信詩人今有後。君家好客日詩酒，見郎往往呼小友。匪惟清談敘床下，篇章一覽皆上口。贈郎愧乏金圖黎，郎乃念我投我詩。造門會有請君賦，行看壓倒東園籬。願郎自愛天廟器，小時了了成就易。名門之寶邦家光，何當拜汝童子郎。

二十日辛卯　早有霽色，終日陰，晚雨，入夜漸緊，微和。作書致季況。買鵝一隻，錢五百三十文。終日讀書甚忙，下第秀才作如此舉動，家人之笑當有甚于歐陽九之忙過兒時者。夜讀唐詩至二鼓，聞雨聲轉緊，凄然有懷，作五絶句，寄王平子汴中、陳閑谷梁園。

寒夜坐雨懷孟調汴中

寒雨瀟瀟戍柝長，今宵有夢到君旁。知君夢我天涯遠，一枕河聲繞大梁。

等是文章誤此身，念君比我倍傷神。危城風雪朱門閉，萬里孤寒落第人。

寄陳閑谷商丘閑谷于今夏遭銜恤之慘并以慰唁

［送別當年互舉杯，豫期相聘落城隈。故人有母長貧賤，毛義何時捧檄來。］

念爾勞勞爲養親，倚閭難待百年身。傭書近得天涯信，凄絶靈床薦一縃。

客館添衣夜不眠，縫痕綻處淚都穿。要知針綫高堂意，莫爲奇温竟卸棉。

三鼓後就寢，雨潺潺達旦。付祁嫗傭錢六百文。

二十一日壬辰　曉，雨稍止。辰後復霢霂以風。下午轉密。得硯香從伯南昌書，并惠茗碗十枚，夏布一匹。太高祖母陶太君忌日與祭，飲胙。在芸舫家喫乳酪，大有風味。夜雨雪兼作，點滴有聲。付阿四傭錢一千文。

二十二日癸巳　密雨終日。入市賒鷄卵餤十四兩，白麻餳一斤。夜雨。閲明相國嘉善錢士升《南宋書》，至鷄鳴方罷。錢公爲崇禎朝賢相，亦以文名。而此書蕪穢疏冗，甚無端緒，敘事往往入鄙俗語，其論多以駢儷行之，亦有卑陋可笑者，而佳者尚可節取。於張浚傳頗致貶辭，朱子與唐仲友互訐事，見仲友本傳及王淮傳，亦具有斟酌，是亦少有所見者也。大兵敗于寧國之灣沚，浙江提督鄧紹良及兩總兵皆死。是月十一日事也。

二十三日甲午　曉霧雨，上午重陰不散，下午密雨，入晚轉甚。改舊詩三首。是日覺小極。得季貺書。言秦金鑑觀察有納貲數萬金，急欲轉售，勸予速定捐納計。夜雨聲凄聒，天氣轉和，地稍作潮。二鼓後，雨止風作。

二十四日乙未　風不止，上午微晴，下午陰。得季貺書并慰予落解詩，沉雄樸厚，逼真老杜，録之于左：『會稽李子氣豪邁，弱冠聲名動江海。危時學殖志經濟，窮鄉婦孺欽文采。宣皇末造斯道昌，鄉國群彦承休光。取睽比興溯甫白，祓飾雅頌輕齊梁。詒也少年最晚出，挽執鞭珥從疆場。稚駒出櫪矜顧視，奇氣直欲無八荒。諸公落落不足齒，眼底千秋見吾子。含納經史厚根柢，發爲文章規正始。致君堯舜豈無術，許身稷契良有恃。今年有詔校群士，白袍翩然赴省試。制義纔出萬口傳，竊喜摶風一日起。昨者榜發又被斥，書來告我感我耳。涕泣爲子痛時命，心之紛亂誰能理。一第于子豈重輕，嗟哉三十拙治生。有弟差賢去年死，匡飭門祚惟一身。頻年旱潦收屢歉，稻田五十常廢耕。藜藿自甘文舉餓，詞賦不濟相如貧。進子一言奉子酒，苟有令德寧終朽。昭華高價沽有時，太阿奇光發每後。自從海宇苦戰争，大河南北無完城。中原厲魄日號怨，三江戰骨霜縱横。外夷乘釁復蠢動，要索歲幣窺神京。天王愛民恤民力，姑以寬大宏皇仁。條刺狂悖悉報可，不忍征討勞民生。廟謨有待乃始發，舍本就末非聖心。先靖内亂後外寇，次第撻伐清烟塵。側聞求治急賢俊，數以手詔諮公卿。朝看奏名夕起發，草野往往來干旌。村官隸臣悉召對，如子豈得長沉淪。圭璋之器世所重，眼前默毁終難動。閟宫清廟要琴瑟，明堂大廈需梁棟。願子慎保千金軀，努力清時爲大用。』（此處塗抹）上午坐舟由王城寺溯東浦，訪叔子、季貺于芝村，并晤其館師汪緘三，今年舉人也。讀叔、季兩君日記，眉批：二豎賣予至此，恨不生食其肉！　甚（此處塗抹）憤惋予之不得一第，言之傷心，不特過于骨肉，并有非僕所能自言者，甚至其閨人孺子，亦形憤歎之聲，此白傅所謂他人尚不可聞，況僕者也。（此處塗抹）黄昏歸家，夜過芸舫齋頭，談至二鼓。

二十五日丙申　終日風雨凄密，上午微雪。季貺來，同進城訪任友薌廣文棻、秦鏡珊郎中曾熙，爲予捐納事也。晚偕季貺至姚老賓家，夜歸。夜雨聲不絶，至三鼓雪。寶意令弟來，得寶意書。

二十六日丁酉　曉雪，辰後雨雪雜作。再得寶意書，即復。芸舫來談。季貺來。

邸鈔：御史孟傳金疏劾大學士柏葰今年主順天鄉試（此處塗抹），私中其妾之兄平齡。房官編修鄒石麟爲改竄試卷列名第七，又工部主事羅鴻繹屬託兵部主事李鶴齡與房官編修浦安交通關節，得中第二百名。奉旨令王大臣會刑部嚴訊。

雨又連夜。

二十七日戊戌　上午陰慘，下午密雨入夜。晨起作書致張方生，得乃尊礪翁復。方生來談，至半日，始去。張妹倩來，止宿味水樓。作書致季貺。屬程實兄至紹府學署與唐雪航師言予開缺事。

夜雪。

二十八日己亥　晴。凡公來。張妹倩去。得季貺書，即復。得蓮士書，招看冶城桃葉，即偕實兄、芸弟買舟至寶珠橋，邀蓮士同至拜王橋小懷清臺，携燭平視，兩次方罷。夜歸。

二十九日庚子　晴有風，寒甚。叔雲、季貺來。同進城至姚老寶家，晤珊士及其館師余文燦秀才，自言是前明忠節公季弟名□□者之後，從余詩稿中録《渡東橋吊忠節公》詩去。下午，偕季貺、珊士至倉橋買書，書肆主人沈鶴書，素庭秀才之弟也，縣試新拔第一，意得甚。出其『赤也束帶』四字題文求閲。文頗整潔，有書卷，亦童試中之秀者。其兄素庭，名玉書，年十五入庠，能讀書，喜詩，所作殊富，亦有佳者。爲時文，下筆頗捷，氣體亦清澈。歲科試屢冠其曹。予嘗見其駢文《霍光論》，能以書卷行議論，句調亦有六朝家法，雖諸體俱未窺堂奥，然時下秀才中真所謂鐵中錚錚、雄中佼佼者矣。今年以瘵疾殁，予曾爲叔子言，亦歎惜之。珊士，其弟子也。偕叔子、季貺晚飯于姚氏。更餘歸。

三十日辛丑　晴，有風，嚴寒。作片致艾臣、致子九。偕曉峰、芸舫進城買雁玉嘴烟管一根，錢四百四十。京毛皮馬褂一領，洋八元。錫十斤，錢一千八百十九文。紫銅手爐一枚，錢二百八十文。夜歸。鄭郎來，不值。

十二月壬寅朔　晴，嚴寒，冰始壯。瘦生來。與芸舫坐味水樓夜話。

初二日癸卯　晴，下午有風。薙短髮。下午進城即歸，以洋廿二元買湔甘夾套子一件。季貺來，不值。夜與群從小飲。以銀百兩借季貺。

小寒　初三日甲辰　晴。季貺來，同進城至頭陀庵前晤秦鏡珊、任友薌、傅節之、何硯霖。二鼓歸。是日鬻田三十畝于秦氏，畝得錢五十六千文，皆單港腴壤，爲予報捐故，屏當湊數，猶缺數百金。斂賦已盡，再無逼處矣。仰屋長歎，奈何奈何！予五歲識字數千，時祖母愛予甚，禁不許多識，予每牽先君子衣求之，予之則喜，輒又求益，見者皆以爲此子不凡也。乃今年三十矣，潦倒名場，貧病相繼，六七年前早有仕宦志，而薄産不及中人，八口饘粥之外，無有所贏。比歲家累日重，又昏喪洊臻，故益落，迄未有策以自振。今年落解，周叔子兄弟敦勸入貲爲郎，俛他日得一郡自效。予曾作書致叔子，有云『十年來竭盡心力，欲得一隨計吏車，尚如筴跛鼈追騄駬，萬不能及，何敢望獐頭鼠目、儼然專城作麒麟楦耶』云云。顧念生性偃蹇，不能僶隨時俗，若溷跡簿尉，趨拜塵土間，必不可以一日居。嗚呼！古人養親不擇禄，若僕者，既不能謀升斗之養，復不能厠廝卒之伍，匪但爲毛少節、孔仲山輩所不齒，亦銅臭司徒之罪人矣。讀書末路，猥冒貲郎，未卜長安索米人，何日得爲翳桑之遺耳。寒宵耿念，曷勝茫然。凡公來，不值。

初四日乙巳　晴陰相間，下午風甚寒洌，夜尤瑟縮，有貧士歎矣。仲弟赴府試。付買秫錢四千弍百文。付僧慧乳嫗工直錢弍千八百文。

初五日丙午　晴。下午進城至新司前，夜歸。

初六日丁未　晴。作片致任友薌。作書致鏡人伯。下午進城至大街，夜歸。夜稍和，地微潮。

初七日戊申　晴和。子九來。得叔子書。上午進城至會稽縣城隍廟觀劇，復至倉橋。夜歸，月霧濛濛矣。是日以洋廿元又錢一緡，買二毛深緺襖一領。

初八日己酉　晴和。得叔子書。得季睨書。下午進城至倉橋。晚歸，夜月甚佳，如春宵也。

初九日庚戌　晴。曉霧作寒。子九來。得季況書，即復。得任友薌片。上午詣友薌談。與祭生高祖妣傅太君生忌，飲胙歸。傍晚偕子實及群從行遊社壇及荷花塘而回。

初十日辛亥　晴和。晚詣觀巷陳氏，送閑谷母夫人之喪。惡客滿堂，甚不可耐。携有譚景昇《化書》一册，兀坐閲之。唯鷄犬嘈聒而已。予與閑谷姻誼本甚疏，而有兄弟之盟。其母孫夫人者，又與太夫人甚相契。夫人性伉爽，黄山谷所謂有權智如士大夫者，而精于女工，所製冠履帨葆之屬，皆妙絶人。予家娶兩弟婦，嫁兩妹，太夫人皆迎之來，諸事倚以辦。夫人不恤勤劬，無大小必躬親，所措置皆儉而有則，如其家事，視予兄弟輩有恩而甚文。予以從母呼之，太夫人則甚憙也。夫人之父孫人傑者，以貲雄于鄉，夫人家習豪侈，而所適陳氏，則世儒而貧，比歲益日落。閑谷兄弟又皆不克振，夫人遂以積勞歿，可哀也已。夫人之歿也，赴于予，予以疾不能往，自含斂以及百日之祭皆不至，心甚歉之。及其葬也，閑谷之兄來告，則此行固不得已者也。而其家以貧故，待客甚薄，予僕怒欲有言，予目禁之而止。二鼓衣而寢，四鼓起，登舟送至亭山。

十一日壬子　昧爽，小雨，黎明晴，巳刻復小雨，陰晦，午微晴，晡時雨止。曉襄事畢，即坐小舟歸。連得季貺兩書。晡時卧至甲夜，脱衣復寢。夜大風，有雨聲。付梓匠阿建製欄檻洋錢一元，計前付過洋一元、錢二百文，尚須給錢六百四十文。廿一日補記。

十二日癸丑　晴寒。作片致友薌。作書致季貺。得季貺書。聞餘姚事亟，署寧紹台道麟趾、候補道胡元博等往諭解之。

十三日甲寅　晴，巳後陰。季貺來。得友薌片，以義烏新刻《黄文獻公全集》見惠。詣間壁胡姓賀娶婦。詣王杏泉廣文賀其郎根仙秀才娶婦。晤楊漁苹、徐寶意。詣陳君實賀其郎娶婦。晤陳珊士。午歸，夜月甚好。比鄰胡子美邀喫酒，鬧新房。晤周勤甫，今年舉人也。更餘歸。

十四日乙卯　晴寒。送子實代合洋壹元，金頂一枚。坐舟至倉橋街，以洋一元買得明人葛鼐所選《唐宋元二十二家文》一部。唐四家：顔魯公、陸宣公、李衛公、杜樊川。宋十六家：韓魏公、范文正、司馬温公、范忠宣、鄒道鄉、二程、合爲一家。李盱江、張文潛、黄山谷、楊龜山、王梅溪、朱文公、陸象山、陳龍川、真西山、文文山。元二家：劉静修、虞道園。其去取殊未善。前有錢牧齋序文，深詆當時吾越孫氏之評《經》、楚鍾氏之評《左傳》爲僭妄之尤，其論甚美。又有楊維斗序。其書共廿二本，板多訛舛。眉批：王漁洋嘗欲選陸宣公、李衛公、劉賓客、皇甫湜、杜牧、孫樵、皮日休、陸龜蒙之文爲八家，予欲以劉、皇甫、杜、孫、皮、陸，更合元次山、獨孤及、李習之、李觀、歐陽詹、劉蜕爲十二家文，而以陸宣公、李衛公合王子安、楊盈川、張燕公、權文公爲六家，蓋皆以駢體見長也。惜諸家集多未備，所見者惟《唐文粹》中數篇耳，姑誌此以俟異日。次日越縵又記。國朝焦氏袁熹《春秋闕如編》一部，《四庫提要》極稱之，其書止成公七年，乃未完之作也。花齋本《春秋繁露》一部。吴正子注《李長吉集》一部，乃四庫所收之本。予向有其書，而缺外集一卷，今此爲全書，惜塗抹已遍耳。《南宋雜事詩》一部。還張竹舫洋一元。詣上望坊張氏視次妹及妹婿。晚歸。

十五日丙辰　晴，午稍和，傍晚霎霴，夜晴。瘦生來。季貺及陳麗生來。薙短髮。詣秋舫叔。至月池坊鄭氏視長妹。詣試院前期季況，不至。晤曹烺齋明經、屠子疇秀才。夜歸，月出甚淡。初更後霜華相薄，瑩澈無際矣。

十六日丁巳　晴和。體中小極。校《後漢書》。

大寒　十七日戊午　終日陰，天氣温甚，體猶不適。閱《南宋雜事詩》。夜暖如春宵，閱王文簡《香祖筆記》。四鼓雨作。付買年糕錢三千八百文，計百卅五斤。

十八日己未　早雨綿連，至午稍稀，温和如前。洗足。芸舫來，邀過其家，晤丁汝賢秀才。得素人書，惠筆墨、食物，受筆墨，作書復之。作書致季貺。紅梵庵尼餉臘梅花數枝并食物，犒以錢一千。地作潮，夜小雨。付買過年食物洋錢六元。

十九日庚申　陰。瘦生來。拜本生王父生忌。七弟新婦出殯荷花塘，與芸舫之婦羅孺人同宮，五更送之去。是日跋《春秋闕如》各編及《黄文獻集》。

二十日辛酉　昧爽雨作，晨大雪，至下午稍疏。黎明在荷花塘遇雨，草祭而歸。上午高卧。程子實解館歸去，以端研石一方見贈。瘦生去。子九來。黄昏季貺來，借《李空同全集》去。夜理《困學紀聞》，畢七卷。付僧慧乳嫗米二斗。

二十一日壬戌　寒雨。季貺來。得丁吉庵書，即復。閲朱弁《曲洧舊聞》。夜雨，看東坡詩。祖妣余太君生忌。

二十二日癸亥　早陰，巳刻雨至夜。至單港打魚處徵租，不得，晚歸。夜作書致任友薌得復。看東坡詩至三鼓，雨稍歇，風作。

二十三日甲子　風雨寒冽，午夜雪霰雜作，傍晚稍止，風轉勁，入夜尤怒。得季況書。夜祭竈。夜大風雪。五更起，祀歲神。床前雪積盈寸矣。

二十四日乙丑　晴，嚴寒。叔子、季貺來。夜寒甚。坐床頭擁衾，燃燭看白石道人詩，清絶如啖冰雪也。白石以詞名當家，律吕甚諧，不失分寸，而語意疏拙，其盛傳者《暗香》《疏影》二詞，讀之似幽咽可聽，而情味索然，又多率句。予嘗謂可與張玉田《春水詞》並置不論。予初學倚聲，頗似白石，人亦多以相擬，十年來屏不一觀矣。然其詩頗可誦，《江湖小集》中之最佳者。五七古殊飄飄有逸氣，所謂語帶烟霞者也。律體則殊不足觀，蓋排比聲韵，固非所能耳。

二十五日丙寅　晴，寒甚，冰終日不解。作片致友薌。得季貺書。張穆莊來。作書致季貺。自昨日來，積雪滿地，夕陽映之，艷徹人寰，意山水間尤有可觀。欲至近村如荷花塘諸處一試遊賞，兩日俱以俗事不得去，爲之悵悵。

博士及郎中皆秦官。東漢以前，凡《易》、《書》、《詩》、《春秋》三《傳》、三《禮》諸經博士，皆隸太常，通謂之太常博士。至魏文帝始别置太常博士四人，掌禮儀謚議事。然諸經博士猶隸太常。晉以後，因武帝泰寧四年始立國子學，别置國子博士一人，而太常與國子始分矣。秦有郎中令，以掌宿衛宫殿門户。漢因之，其屬有五官中郎將，左、右中郎將三署。武帝以後，更名光禄勳，而所統三署，各有中郎、侍郎、郎中，皆更直執戟宿衛，通謂之三署郎，亦曰執戟郎。其稱侍郎者，謂其更直侍衛也。稱郎中者，謂其宿衛居中也。其職入則直宫門，出則充車騎，乃今世侍衛之職。唯成帝置五曹尚書，又置郎四人，分掌曹事，爲如今之曹郎。至東漢光武，始置三十六司曹郎。又重尚書之職，掌議政事及出納命令，而以郎官爲之屬，始有尚書諸曹郎之官。其人皆由三署郎及孝廉年未五十者，試以牋奏，以次選補，初稱郎中，後稱侍郎，五歲授大縣令。後以賞薄，乃授刺史二千石，此明帝所謂郎官上應列宿，出宰百里者是也。馬氏《文獻通考》謂明帝此語仍指三署郎者，非是。三署郎無出宰百里之事。眉批：辛酉附識：《後漢書·鄭弘傳》：舊制尚書郎限滿，補縣長令史丞尉。弘爲尚書令，奏以爲臺職雖尊，而酬賞甚薄，至於開選，多無樂者，請使郎補千石令史爲長，帝從其議。按漢制，縣萬户以上爲令，不滿爲長。令千石，長四百石，小者三百石。是建初以前郎官但補縣長，自漢始乃補縣令。建初者，章帝年號也。又《續漢書·志》引蔡質《漢儀》曰：尚書郎三十六人，惟客曹郎主治羌胡事，劇遷二千石或刺史。是以終漢世尚書郎得授二千石刺史者少也。若員外郎，則起于隋文帝開皇三年，諸曹各置員外郎一人，以貳曹事。煬帝又改爲承務郎，唐高祖復改爲員外郎。至六朝有稱員外郎者，乃員外散騎侍郎耳。

今稱都水司爲都官者，非也。都官郎始于魏明帝青龍三年，因漢司隸校尉下有都官從事一人，掌中都官不法事，故立此一曹，以掌京師百官非違得失。至隋開皇時，乃專掌配没奴隸簿録俘囚及良賤訴競之事。唐、宋因之，乃刑法官也。自劉宋時置都官尚書，即今刑部尚書也。眉批：改都官尚書爲刑部尚書，始于隋開皇三年。今刑部各司下猶分憲比都官司門四科。若都水司，乃昔之水部郎，亦起于曹魏者。

今稱户部爲農部，非也。農部郎亦始于曹魏，因漢成帝置郎四人，其一主户民墾田，如汜勝之爲郎，教田三輔之類，故魏立此曹。晉改爲屯田郎，亦曰田曹。東晉及宋、齊皆以左民曹郎中兼屯田事，陳亦以左民尚書領之，至隋始屬工部，是今之工部屯田司乃農部也。又按郎中之名，雖由來舊矣，然自漢迄六朝，凡史傳及文集所載，皆單稱某部郎或某曹郎，無中字，至唐以來始稱郎中耳。

侍郎實始于隋煬帝，自漢以來，不過有其名耳。漢之侍郎，三署郎也。東漢之侍郎，三署郎、諸曹郎及黄門侍郎也。魏、晉、宋、齊、北魏、北齊之侍郎，黄門及散騎侍郎也。梁、陳、隋初之侍郎，諸曹郎也。六朝又有王公侯國侍郎，名位尤卑，皆非今侍郎之職。至煬帝，始於六曹尚書下置侍郎各一人以爲之貳，乃今侍郎矣。唐遂以中書門下侍郎爲宰相矣。宋元豐更官制，亦以左右僕射兼中書門下侍郎者爲宰相，其但爲中書門下侍郎者，亦宰相之亞也。眉批：元豐改參知政事爲中書門下侍郎，而升尚書左右丞並爲執政官。

夜坐無事，偶憶唐代官制，得札記三事：

唐自開元二十六年改翰林供奉爲學士，以張垍爲之，别置學士院，專掌内命，稱曰内職。肅、代以後大重，號爲内相。然無定品，自諸曹尚書，下及畿縣尉、校書郎，皆可充其選，其立班各依本官，惟内宴在宰相之下，一品之上。學士院與翰林院本屬兩署，翰林院設于玄宗初，凡書畫棋琴醫筮之流皆可居之，名曰待詔。學士院惟學士草詔寓直，其稱翰林學士者，以別于弘文、集賢諸學士耳。

唐最重進士，然登第後不過得遠小縣簿尉，并多不謁選者，必再登宏詞及制策諸科，如賢良方正、直言極諫、才識兼茂諸科，皆名制科。或試書判拔萃，乃得拜畿縣尉及校書郎、集賢校理等官，最高者得擢左右拾遺，否則爲節度觀察使辟掌書記及推官、巡官等職。由使府入者，多拜監察御史，始可望通顯，其實監察御史不過正八品官，拾遺從八品官也。宋代進士，亦須更試制策及宏詞，方得改官。眉批：唐許士人兼應數科，有兩舉制科者，蕭昕再中博學宏辭科，授壽安尉。柳公綽舉賢良方正、直言極諫科，補校書郎，間一年再登其科。有兼舉宏辭、賢良者，裴度擢進士第，中宏辭科，補校書郎，舉賢良異等，調河陰尉。開元以後重進士，而明經之科漸輕，李珏舉明經，李絳勸其改舉進士。而亦有既舉進士再舉明經者，許孟容擢進士異等，又第明經，調校書郎。

唐兩省本以中書居右，門下居左，而政事常先中書，如狄仁傑以內史總機務，姚崇以紫微令總機務是也。自元和以後，宰相先拜中書侍郎，後轉門下侍郎，首相繫銜，皆以門下侍郎。宋元豐更官制亦如之。又唐首相多兼太清宫使。侍中長門下省，中書令長中書省。唐初因隋舊制改侍中爲納言，中書令爲內史令。未幾，復爲侍中、中書令。高宗時改門下省爲東臺，侍中爲左相，改中書省爲西臺，中書令爲右相，旋復故。武后改門下省爲鸞臺，侍中爲納言，中書省爲鳳閣，中書令爲內史。睿宗復舊。玄宗改門下爲黄門省，侍中爲黄門監，中書爲紫微省，中書令爲紫書令。自天寶以後，門下中書侍郎皆爲正相，侍中與中書令不常置，如郭子儀爲中書令，李光弼、馬燧爲侍中，皆以優崇元勳，不復豫政事也。眉批：王厚齋《困學紀聞》引李文簡《歷代宰相表》云，中書門下班序，各因其時。代宗以前，中書在上。憲宗以後，門下在上。大曆十四年，崔祐甫與楊炎皆自門下遷中書，不知何時升改。元豐定官制，亦以門下侍郎居中書侍郎之上。慈又按：《唐書·趙憬傳》，憬進中書侍郎，與陸贄同輔政，贄于裁決少所讓，又徙憬門下侍郎，繇是不平。是在貞元時猶以政事先中書也。

二十六日丁卯　昧爽雪，至晨後稍稀。偶與客論國朝從祀之典，記之于此。自康熙五十四年以宋臣范仲淹從祀文廟，雍正二年以縣亶、牧皮、樂正子、公都子、萬章、公孫丑，漢諸葛亮，宋尹焞、魏了翁、黄幹、陳淳、何基、王柏，元趙復、金履祥、許謙、陳澔，明羅欽順、蔡清，本朝陸隴其二十人從祀，其戴聖、何休、鄭衆、盧植、服虔、范寧、六人皆係明嘉靖時張孚敬議去者，鄭、盧、服、范各祀于其鄉，戴、何諸人悉罷黜。陸贄、韓琦八人，禮部皆議從祀。奉諭旨：戴聖、何休未爲純儒，鄭衆、盧植、服虔、范寧謹守一家言，轉相傳述，視鄭康成之淳質深通，似乎有間。至陸贄、韓琦，勳業昭垂史策，自是千古名臣。著再議。

二十七日戊辰　午後小雨，晡時雪作。是日予三十初度，張妹倩來，送禮四包，饅頭百，麵十斤，肉四斤半，魚一對。燭一對。瘦生來，送禮洋一元，收；燭一對，却。鄭妹倩送禮酒兩壇、燭一對。詩舫弟送禮兩包。饅頭百，粢糕百。楚材弟送禮金繡搭連一枚，收；燭一對，却。馬圻外姪送禮洋一元、燭兩對，收；代茶禮兩封，却。洪梵庵尼送禮四包。饅頭六十，收；麵六斤，收；花生果二斤，收；橘一合，却。經堂大嫂送禮錢兩陌，却。季既來。夜大雪。

二十八日己巳　大雪終日。看東坡先生《和陶詩》。以金飾頭笄二入質庫。薙短髮。夜雪。付阿四洋一元。

二十九日庚午　上午大雪，午後雨。終日還各店賒債，甚若紛冗。作書致季既。閱《文獻通考·職官志》大略俱遍。懸自曾祖以下像。

三十日辛未　陰。季既來。請自曾祖以下主下影堂。接竈神，設祭，祭曾祖考妣、祖考妣、先祖側室節孝張太太、先君子七弟及四弟新婦、七弟新婦。索逋者至夜未畢。家中無一文錢，然計出錢已及百五十貫矣，尚負其半，不知所出。屠蘇筵上，尊俎蕭然，惟有閉門匿影耳。夜對燭看近時鄞人劉星燦所著《嚴氏詩輯補義》，多正朱子《集傳》及嚴氏之説，徵引頗富，而取裁亦當，其心力亦云勤矣。燭再見跋，倦而就寢，殊有裴晉公撥商陸火之感也。用東坡《除夜病中贈段屯田》詩韵寄叔雲、季既：

『南人易爲衰，百年罕得半。我今已三十，撫座每長歎。今日又歲除，豈復供愒玩。風雪積破屋，層陰慘不散。入夜縕火微，束書淡相伴。一綫持殘更，妄冀竟不旦。自念景光誤，空名耗短案。此身迫飢寒，讀書輒紛亂。有時或憤發，匝旬忘梳盥。老大一無成，所得僅迂緩。同嗜得二昆，古義共研貫。辨命期安貧，勵志要起懦。此心推四海，立可化冰炭。想見今宵飲，歌呼動高館。頗亦憶僵卧，粃盆待分暖。及今各努力，白首覬一粲。』

越縵堂日記己集

咸豐九年正月初一日至十二月三十日(1859年2月3日—1860年1月22日)

咸豐九年(一八五九)

皇帝咸豐九年龍集己未春王正月建丙寅元日壬申　晨小雨雪，旋止。蚤起接歲神。拜曾王考妣、王考妣、張太太、先君子像。詣直河拜高王考妣、本生王考妣、大伯父、二伯父像。叩賀大伯母、二伯母及師周從叔祖母、笑梅族伯母、硯香族伯母年。族人來賀年，概不見。芸舫來，坐壯改齋談瑣事半日。午赴家廟拜列祖。下午微雨，即止。送歲神。

立春　初二日癸酉　曉雪，旋止，終日薄陰，稍見曦影。送七弟新婦栗主入祠。早在芸舫家喫牛乳。詣家廟會諸宗婦，午歸。下午芸舫來茶話。

初三日甲戌　晴。薛氏、章氏、陳氏諸戚屬來。閱韓詩。傍晚，近遊村中。太恭人詣隱修庵齋宿，爲予禮長生懺也。夜閱《文獻通考·郊社志》。

初四日乙亥　穆莊來，不晤。季貺來。進城至任友薌教諭、王杏泉司訓、張魯封員外、鄭氏妹倩、徐小池副車、孫子九秀才、秦鏡珊郎中、傅艾臣大令、節子司馬、陶春洲封君、瀛臺藩掾、馬氏戚屬、徐寶意副車、張氏妹倩等家賀年。午飯于子九，夜飯于鏡珊。三鼓，坐季貺舟歸。季況別去。余氏、馬氏、張氏諸戚屬來，均不晤。是日以肩輿鹿鹿，又飲食不時，夜歸寒甚，觸風歸家，甚委頓，大吐，始漸平復。

初五日丙子　晴。杏泉來，不晤。進城至姚老賓家、日暉橋余氏祖母家、張穆莊孝廉、魯蓉生秀才、陳戴石、咸歡河王氏從妹家、觀音橋孫氏從姊家、草藐橋薛氏長姑家賀年。午飯于孫氏。晚歸。姚賓卿來，陳君實來，均不晤。嘯岩來。松林薛君來。了新年，送神。

初六日丁丑　晴。徐小池來。王小谷郎中來。夜詣隱修庵禮佛。終日閱黄晉卿詩，五古學陶，而雜以《選》體，頗多神似，乃元人中之傑出者，他體殊未稱耳。得丁吉庵書，即復之。以名片回拜陳君實。

初七日戊寅　陰。子九來。友薌來。偕子九、友薌詣芝村晤叔雲、季況。夜歸。陶春洲來，秦鏡珊來，均不晤。夜雨。

初八日己卯　曉雨，旋止，午後晴。沈瘦生來。陳麗生來。陳戴石來。王小谷來請酒。

初九日庚辰　曉晴，終日陰寒。道墟章氏族姊倩來。詣半楚塘答拜王小谷，留飲終日，惡客滿座，殊不耐與此等人作周旋，以主人情重，不得逃席，遂盡歡而散。陳港陳氏祖姑家、馬山倪氏曾祖母家、祖母家、太恭人家俱來，不及晤。屯頭村王郎煒來，不值。煒，芸舫第三妹倩也，妹名薌。予家自高祖以下姑姊妹，若兩人才色，以妹爲第一。此郎（此處塗抹）納徵有日矣，故先來謁。家人言郎頗温雅，有風貌，不愧快婿。如能加以學問，當不致天壤王郎之感也。

初十日辛巳　晴。晏起，偕芸舫坐舟詣柯山，順途至虹橋訪謝福保秀才。至梅墅祁氏太高祖母家，拜忠惠公、奕慶公、赤田公三代像。至柯山，已日下舂矣，見姑母及瘦生。夜歸。

十一日壬午　晴。太恭人生日。丁吉庵來。謝星橋來。鄭妹倩來。張妹倩及妹來。道墟章氏從姊倩來。陳存齋兄弟來，不見。陶堰陶梅史兄弟來。張妹倩留宿。夜作牌九之戲。

十二日癸未　曉晴和，上午陰翳至夜。與芸舫、張妹倩作牌九之戲。楊漁薲署正來，柬廿四日娶子婦請酒。夜與妹倩、芸舫小作火戲，磂黄之息，重騰鼻觀，不僅兒時滋味也。夜半雨作。

十三日甲申　曉雨，巳後陰，傍晚小雨。偕妹倩、芸舫、季弟詣陶堰訪錦樓、梅史兄弟。不知姓名之客八九人，坐不容席，皆王夷甫所謂白眼兒也。夜至百家廟看燈，星火頗繁，而欄檻之下，亦無可留賞者。初夜優場演劇，以主人堅挽，小作勾留，不覺至四鼓矣。更餘小雨，迨解纜，月色甚佳，至繞門山，推篷看夜色，大好。五鼓歸家。艾臣、節子兄弟來，不晤。族妹倩、沈長蘅來，不晤。季貺書來，招明日夜飲。次妹返婿鄉，并送容甥周歲晬盤冠履衣服去。

邸鈔：副都御史程庭桂主試北闈，其子工部郎中程炳采交通關節，奉旨刑訊。

十四日乙酉　晴陰相錯。睡至午，始起。季況復書使來速，辭之。下午復與妹倩、群從作牌九之戲，至夜止。夜雜閱陳龍川《酌古論》、高新鄭《本語》。復閱陳于鼎所輯《歷代職官沿革志》及所作《資治通鑑》序文，甚拖沓，不足觀。

十五日丙戌　上午後陰。陶瀛臺來。終日與妹倩、芸舫戲牌九。午飲微醉。夜復作火戲。上元拜曾祖考妣、祖考妣、先君子像。夜月殊佳，偕妹倩、群從步雍樂橋觀之，放火爆數枚。

十六日丁亥　晴陰相間。張妹倩去。坐舟詣漓渚山謁曾祖考妣墓。舟中看杜詩，時時睡去，自歎精神之劣也。暮（此處塗抹）歸。魯蓉生來，不值。夜飲于芸舫家，晤一陶姓者，二鼓歸，微醉。

雨水　十七日戊子　曉微雪，旋晴，上午風西作，寒甚，陰。閱王偁《東都事略》。夜雪。

十八日己丑　大雪。拜曾祖以下主，上影堂設祭。終日閱《東都事略》。寒甚，僵手。

十九日庚寅　陰寒。閲《東都事略》畢。

二十日辛卯　雪霽。下午夕陽尤艷。閲錢相國《南宋書》。下午，至芸舫家，偕群從作骰盆、牌九諸戲。夜復戲牌九，至二鼓歸。

二十一日壬辰　陰晴得半。漓渚山人送蘭花數本來。洗足。秦鏡珊郎中遣紀來還穀四袋。下午至芸舫家，偕群從及比鄰胡上舍賭博。夜復聚博，至二鼓罷。

二十二日癸巳　晴暖，春意盎然，可樂。太恭人詣馬山外家。上午薙短髮。終日閲宋俊《柳亭詩話》。俊，山陰人，國初諸生，著有《岸舫集》。詩學晚唐，頗有佳者。是時蕭山毛西河方主越中風雅，故俊詩頗似之。《詩話》引徵群書，雖間傷細碎，然雜博終有可取。其論詩亦瑕瑜互見，大致得者爲多也。謝星橋來，不晤。

二十三日甲午　雨數作，下午風起欲霽，是日春陰靉靉，覺風雨都温潤矣。坐舟至芝村訪叔雲、季況兄弟，談竟日，歸。夜雨，地作潮。

二十四日乙未　陰，小雨間作，晚雨，入夜稍密。坐舟至楊漁蕢家，賀其子娶婦。晤陳君實、王杏泉、王小谷、繆雲舫、趙老德、朱魯庵，即出昌安門，至馬山賀倪氏内弟娶婦。下午，侍太恭人返舟，至馬山市中防風祠觀劇，夜歸。夜雨，地潮甚。

二十五日丙申　密雨數作，偶一二著日影，天氣暄燠，如梅天矣。寄帆伯來，談竟日，群從多在。地潮至不能駐足，頗復思樓居矣。聞有旨，今秋各省舉行鄉試，以明年上三十萬壽也。真曠古未有之恩，爲士者當知所報矣。黄昏大雨，旋止。偕胡子美及群從坐舟至雍樂橋觀劇。鄰舟偶值，有女相窺，綃裳不華，寶鈿微晃，露鬟碧重，星靨紅輕，淡月疏燈，與爲嫵媚，鷁首錯並，坐席幾連，微息相聞，清影不隔，羼韵静拍，衣香暗生，間通殷勤，益謹顧眄。逮乎絃管漸闌，歌舞將歇，妝慵益整，語低轉嬌，削腰强持，倦睫猶睇，真欲逃幼輿之梭、釘虎頭之棘矣。予因物色其里居，乃知洛陽對門，城南尺五，特柳枝年少，未曾向玉溪乞詩耳。予雖入市甚稀，而枇杷花下，從無闖門之面，何怪非司空見慣者乎？是夜戲殊不佳，以此事遂至徹曉，昔東坡不能忘情于惠州女子，良可自咍也。王杏泉、陳君實、王小谷、繆芸舫諸君下柬，廿七日餞行。

二十六日丁酉　晴，陰，潮濕可苦。曉寢，至巳刻起。得季貺書。偕子美、芸舫至净瓶庵看戲，即歸。作書致叔雲、季貺。夜偕子美、芸舫小酌村居。袁術謂生年以來，不聞天下有劉備；王導謂昔在洛下與群公遊戲，何處聞有蔡克兒；予謂國有顔子而不知者多矣。公路不足道，茂弘亦爲此言耶，而徐禧遂至以朝廷用我作御史中丞，豈容不知，直詰曾子固矣。聞餘姚佃匪屢殺兵勇，事不得解。餘姚濱海民獷，而巨家徵租，素困其民。至去年鄉民相約赴報灾，請減租額，縣令崔家蔭聽之，遂糾社立局，更置斗斛以待徵租者。大姓邵氏、洪氏、謝氏不從，遂相争鬥。會新令來，邵氏等脅令募勇，捕諸佃人，且更增租額，立碑設局，急令輸納。鄉民大怒，匪人宣布文、黄春生等遂煽爲亂，圍燒富人家，夜犯縣城，劫所捕人。署紹興府韓培聯、海防通判劉書田往撫，懼不敢進。洪氏、謝氏、邵氏亦練兵勇，與相持，久不决。巡撫胡興仁遣道員胡元博、麟趾等解散之，不服，乃互相殺傷。此等愚頑，特迫于一時之忿，非有他志。守令稍示以威信，事可立解，而遷延觀望，將成巨患。深可歎也！

二十七日戊戌　雨數作，下午有曦影，暖不可裘。瘦生來。子美及群從來作博戲。叔雲、季貺來。午前坐肩輿至半野塘王小谷家赴飲，與叔、季兩子、徐寶意同席，夜二鼓歸。風雨疏陰，瞑行十餘里，此酒食之累也。三更後大風，其聲甚猛，徹曉不息，頓寒。

二十八日己亥　曉大風，巳後稍止，終日風雨凄密，傍晚略止，地收潮。下午復偕子美、芸舫、季弟坐小舟至浄瓶庵看戲。庵爲西郭第一坊社廟，其神爲宋右僕射朱勝非。勝非嘗守越，故祀之。

按：南宋建炎時，朱勝非、吕頤浩二相皆有才略。苗、劉之難，朱周旋于内，吕戮力于外，高宗復辟，皆二人之功。徒以皆嘗劾李綱，遂爲清議所貶。然張魏公亦嘗劾忠定者，魏何獨以朱、吕爲罪也？魏公以黄潛善客，朱以張邦昌僚婿，固皆各爲其私，而胡康侯之劾吕，則又以吕與秦檜不叶，而胡爲秦檜所薦故。然則當時之號稱大儒者，尚不免黨邪害正，而朱、吕又烏可深罪耶？况二人自罷政守藩後，歷著勳績，今忠靖廟食于此，而忠穆祠又適與對鄰，其亦有是非之公存于人心者乎？予嘗論南宋初將相人物，宗忠簡、李忠定、岳忠武、劉武穆四人，第一流也；趙忠簡、李莊簡、虞忠肅、韓忠武、吴武安、武順兄弟，第二流也；朱忠靖、吕忠穆、史文惠、陳文正、魏武靖、李忠襄、王端節庶、曲壯愍，第三流也；至若張魏公、楊和王、劉鄜王，皆當擠之第四流矣。高宗時有上萬言書者，歷詆命相之失，曰惟沈與求有大臣才，而不久于位。按：與求，德清人，謚忠敏，官參政，其名未顯，故不及。眉批：其時執政若許翰、許景衡、沈與求、張燾、辛次膺，兼將相者若張守、胡世將、鄭剛中，爲將者若王剛中、大將若王考、王德，皆人物之傑，而其設施不大，顯名亦不著，兹姑舉世所共知者論之耳。

二十九日庚子　曉霰，上午雷，終日雨，寒甚。賣床一具，得錢十七千文。終日噤坐閲書。夜大風雪。

三十日辛丑　曉雪霽，上午復陰，微雪。

予欲作《古今南人宰相表》一書，采自漢起迄明，仿班氏《古今人表》，分九等，其入國朝者，不敢論定，亦班氏例也。春秋末，如越之文種、范蠡、計然等皆不及，以侯國不得例也。若楚雖南服，以今日而論，湖廣居天下之中，非偏于南，故自漢以來楚人之爲相者，皆不列也。若彭城，若沛，若淮南，若淮西，今雖皆屬南省，然地居中原，又風氣偏于北，故自蕭何、曹參以下，皆不列也。西漢時，南人宰相無一焉。東漢若江夏，若蘄，若廬江，若舒，若壽春，皆有矣，而會稽、吴國、豫章諸郡，則惟吾鄉鄭公弘、朱公儁兩人焉。顧鄭公以清慎稱，無大功業，朱公討賊立勳，而爲台司，則逼于逆臣，無可展者。至孫氏立國江左，而顧雍、陸遜始號名相矣。然則風會固有時而開歟？晉亦惟顧和、陸玩數人。齊高帝嘗欲相張緒，而王儉以南士少居此職止之。武帝又嘗謂沈文季曰：『南士無僕射，多歷年所。』文季曰：『南風不競，非復一日。』故六朝迄隋，罕可稱述。至有唐而褚遂良、張九齡、陸象先、陸贄始大顯矣，然終寥寥可數也。宋真宗欲相王欽若，以祖宗秘讖南人不可作相爲疑，而卒用之，顧欽若終以不賢稱。繼用丁謂，謂吴人，力祖南，而謂身陷奸邪之目。然自是以後，晏殊、杜衍、范仲淹父子，乃蔚然繼興矣。遞乎前明中葉，復有斥南之論，王濟之作論力辨之。要之宋以後，則名臣固南産爲多也。聖帝明王，立賢無方，惟在人之自爲耳。予輯是書，將欲以會得失之源，集法戒之益。其書倘成，不可謂非有用者也。

梳頭。夜偕芸舫小飲村居。夕餔後，偕芸舫、季弟步至青田湖邊瓜咸廟觀劇，即返。

二月壬寅朔　陰。閲《秦淮海集》。鄭妹倩來。夜偕群從共作牌九之戲。

驚蟄　初二日癸卯　細雨終日。起甚遲。拜本生祖妣顧太安人生忌。午飲微醉。下午偕芸舫坐小舟入城，至紅蓮庵觀劇，即返。夜雨稍密。閲《三國志・蜀志》，終先主傳、關壯繆、張飛、馬超、趙雲、黄忠傳；《吴志》，終孫登、孫和、顧雍諸傳。

初三日甲辰　終日密雨，天氣稍和，地作潮。長妹次女彌月，送禮去。鄭妹倩去。得子九片，催作其詩集序文，即復。

閲《吴志》大略畢。承祚固稱良史，然其意務簡潔，故裁制有餘，文采不足。當時人物，不減秦漢之際，乃子長作《史記》，聲色百倍。承祚此書，闇然無華，范蔚宗《後漢書》較爲勝矣。《晉書》《南》《北》諸史又專務文藻，而筆力不及，宜馬、班之高視千古也。

三國時，魏既屢興大獄。吴孫皓之殘刑以逞，所誅名臣，如賀邵、王蕃、樓玄等尤多。少帝之誅諸葛恪、滕胤，皆逆臣專制，又當别論。惟大帝號稱賢主，而太子和被廢之際，群臣以直諫受誅者，如吾粲、朱據、張休、屈晃、張純等十數人，被流者顧譚、顧承、姚信等又數人，而陳正、陳象至加族誅。吁，何其酷哉！自古宫闈之釁，未有至此者也。獨劉氏立國四十三年，僅一黄皓以弄權聞，然亦無所陷害。昭烈惟誅劉封、彭羕，後主時惟誅劉琰、楊儀，四人皆以罪死。其夷族者惟魏延，則以楊儀等文致其反狀也。然則先主、孔明之治蜀，有萬非魏、吴所及者。作法于厚，而國祚不延，天厭漢德久矣。論古者于此有深喟耳！

裴松之注博采異聞，而多所折衷，在諸史注中爲最善，注家亦絶少此體。朱弁《曲洧舊聞》稱蘇子瞻嘗謂劉壯輿曰：『《三國志》注中好事甚多，道原欲修之而不果，君不可辭也。』壯輿曰：『端明何不爲之？』東坡曰：『某雖工于語言，也不是當行家。』後南宋人蕭常撰《後漢書》，以蜀爲正統，其所采事皆不出注中也。

夜雨聲甚苦。

初四日乙巳　終朝風雨凄密，寒甚。閲《世説新語》。此書遭劉辰翁、王世懋兩次删補，殊堪痛恨。劉孝標之注更零落不全。予購求善本有年，竟未得也。夜雨雪雜作。

初五日丙午　曉雪，辰刻雨，巳刻復雪，午止。午刻設祭，有戚屬來助祭。夜過芸舫家聚博，三鼓歸。眉批：曾祖妣倪太君忌日。

初六日丁未　微晴。楊漁莘之子介慈來謝。季貺來，約十七日同赴京師。子九來。薙短髮。坐小舟訪張䎘翁并晤厚齋兄，晚歸，爲託其轉借行資也。

初七日戊申　曉陰，晨刻微雨如塵，巳後薄晴，稍和。楚材、芸舫弟移酒食過齋頭小飲。予念北轅將動，皇皇爲束裝計，以後需次京都，未卜税駕何日，此樂亦不可多得矣。他日得侏儒餘粟，早遂歸田，群從兄弟，復能以一尊爲我洗塵，乃真可賀也。予素無宦情，徒以貧，且屢落第，遂激而出此。顧念身世茫茫，不盡天涯之感。季貺嘗謂浮生只辦十年官，若予者，但得衣食粗足，即當築一畝之宫于湖山佳處，終身爲布衣矣，何復以十年爲期哉！東坡云『有田不歸如江水』，予嘗笑此語滑稽，未識其所謂有田者，爲張禹之上田四百頃，元載之别墅數十區乎？抑顔子之郭外五十畝、陳平之有田三十畝乎？予固無吾家司空地廨，亦不望千絹橘林，但得泉明下潠之貲，則拾橡賣褥，無不可耳。得叔雲書，堅十七日之約，予固匆匆，無以應也，即作復。

初八日己酉　早晴，上午風東作，陰。傍晚小雨。得張䎘翁書，言借錢事不妥。凡公來，以近作詩十餘首見商。折簡招叔子、季貺、友薌、子九、王杏泉、秦鏡珊、王小谷諸君，以初十日會飲小雲栖凡公僧房。叔子來。進城有所詣，不值，順訪鮑謙、鮑臨秀才兄弟，爲姻事也。午歸。作書致王小谷，爲芸舫姻事。下午，過芸舫家，至夜三鼓返。夜雨聲凄密，夜半後尤騷屑不堪聽也。

初九日庚戌　雨。作片致友薌。作書致秋舫叔。

閨情詩，唐人最善翻案，然亦多重複者。王右丞云『不省出門行，沙塲知近遠』，意佳矣。張仲素云『夢裏分明見關塞，不知何路向金微』，乃更翻進一層。聶夷中云『生在綺羅下，豈識漁陽道。良人自戍來，夜夜夢中到。漁陽萬里遠，近于中門限。中門逾有時，漁陽常在眼』，則又自出新意。而于濆《遼陽行》詩曰『遼陽在何處？妾欲隨君去。義欲齊死生，本不誇機杼。誰能守空閨？虚問遼陽路』，語尤悲而决絶。此皆本于沈休文之『夢中不識路，何以慰相思』，而各能自出機杼，歷久常新。國朝黄仲則《焦節婦行》末云『妾聞瀚海風沙一萬里，郎兮幾時飛渡此。妾死尚欲隨郎行，看郎白骨沙場裏』，則又從唐人翻進一層，而語尤加痛也。曹鄴云『青天無停雲，滄海無停津。遣妾空床夢，夜夜隨車輪』，語工矣。聶夷中云『君淚濕羅巾，妾淚滴路塵。羅巾今在手，日得隨妾身。路塵如烟飛，得上君車輪』，同一用車輪也，而語意俱變。邵謁云『若作轍中泥，不放郎車轉』，則變而益新。韓偓云『醒來情緒惡，簾外正黄昏』，李中云『海燕歸來門半掩，悠悠花落又黄昏』，韋莊云『落花寂寂黄昏雨，深院無人獨倚門』，則詞意都同，而皆不害爲佳，此俱翻案之工者。若王昌齡云『忽見陌頭楊柳色，悔教夫婿覓封侯』，而李頻復云『自怨愁容長照鏡，悔教征戍覓封侯』，則直襲其詞，而意味頓盡矣。今日偶閲唐詩，姑舉一二，論之如此。

作書致叔子。夜雨。

初十日辛亥　早雨，午後陰，有風。子九來，偕坐舟至小雲栖訪凡公募梅精舍，友薌、鏡珊、叔雲、季貺、王杏泉、王小谷皆至，晚歸。是日稍暖，始有春雨之賞。秋舫叔來，不值。夜雨，過芸舫家喫聚香團。

十一日壬子　雨。偕芸舫、曉峰小飲酒樓。入夜雨聲尤苦。

十二日癸丑　雨，午後稍歇，有風。子九來，邀至芝村，爲叔雲、季貺及予餞行。晤寶意、艾臣、節子、姚寶卿、楊漁莘、王杏泉、根仙父子。夜風雨。偕叔季兩子、艾節昆弟、子九、寶意談徹曉，甚樂。叔雲力勸同行，言甚切至，子九、寶意亦慫恿之。眉批：介禍始於此矣，可恨可痛！

十三日甲寅　侵晨雨，旋止，西風吹晴，始見韶景。曉偕子九、艾臣、寶意坐舟歸，諸君别去。鏡珊來。下午進城詣秋舫叔，又訪鮑氏兄弟。晚歸。夜偕群從飲村店，月甚佳，今春第一宵也。

十四日乙卯　晴，稍暖。作書致叔雲，約其遲至廿六日同行。下午坐舟進城，至月池坊鄭氏視長妹，晤妹倩及翁，復訪張鬍翁，并晤厚齋、方生。夜歸。

十五日丙辰　晴，漸暖。凡公來，以詩贈行。得叔雲書，催二十三日行。陶梅史來。作書致叔雲。爲隱修庵書戒單。爲梅史題畫。

十六日丁巳　晴暖。薙短髮。季貺來。日下春過芸舫家，惠妹生日，喫麵。得叔雲書。

春分　十七日戊午　晴。早進城詣秋舫叔、任友薌、寄帆伯。上午赴家廟春祭。

十八日己未　晴，暖甚。偕群從遊禹廟南鎮，晤何硯霖及鮑氏兄弟。晚歸。子九來，不值。

十九日庚申　晴。詣漓渚金釵山曾王父母墓拜掃，夜歸。是日用客舟一，鼓吹舟一。始見菜花。

二十日辛酉　晴。鄭妹倩來。眉批：先王父忌日，節孝張太太忌日。以客舟一、鼓吹舟一，行廚舟一，偕妹倩、芸舫、楚材及仲弟、季弟，詣亭山先王父母殯宫拜掃，又詣塘埭先君子殯宫拜掃。午至小雲栖訪凡公，飯于募梅精舍，凡公復以三絶句送别，因同遊寺後竹圃，不覺愴然言愁。予性愛閑素，不以塵務嬰心，乃以仰俯屢空，遂坐物累，一官相慁，貿貿出山，此行也，正未卜税駕之所。昨日黄昏過此寺，見佛燈出竹屋間，慨然思東坡『客遊萬里半天下，僧卧一庵初白頭』二語，有無限深情矣。傍晚歸。叔雲來，不值，留書而去。得季貺書，以外間傳予將買妾，不入都也，故季貺力陳五不可之説，其言甚直諒可感，然予殊無此事。眉批：此豎包藏禍心，而外爲切直，是口蜜腹劍之罪人也。得孫蓮士書。夜作書致季貺，約數千言，辨此事致謗之由。

二十一日壬戌　晴，大風。坐舟訪寄帆伯，不值。復出西郭門，訪柯山，見姑母語别，下午歸。小舟風簸，甚苦欹側，傍晚抵鍾家灣，途遇瘦生，遂邀之至家。凡公來。夜雨。

二十二日癸亥　晴陰相間，稍寒。寄帆伯來。得叔雲書。下午詣快閣見柏塍伯話别。得季貺書。丁韵琴來，不值，以筆數枚、捻佛兩匣見贈。是日上午詣東嶽廟拈香。夜楚材、芸舫兩弟邀至大路斜角酒家設餞，二鼓歸。

二十三日甲子　晴。鮑益甫秀才來。肩輿進城至各戚友家辭行，午飯于上望坊張氏，與次妹及妹婿話别。妹婿今年十七，甚秀懦，喜讀書，素依依于予，今日因勉以勤學惜身數語，殊覺增人懷抱也。下午歸。夜理味水樓書籍，扃之匱中，予四五年來獨居此樓，寢興，手一編不釋。昔人以書爲良友，予直以爲妻孥，今并挈置，可謂無人心者。然致予貧窶，實惟此君，夫復誰怨！

二十四日乙丑　晴暖。季貺來。陳君實來。復進城辭行。午飯于月池坊鄭氏，與長妹、妹婿話别。予家三妹皆柔順，而妹尤習操作。未嫁時，予飲食衣服，一以委之。比過鄭氏，與婿頗相得，而姑待之嚴，甚少恩，居常涕淚，然歸寧時未嘗以爲言。太夫人微知之，頗不懌，嘗以責予，蓋擇婿時，太夫人命予往相攸也。予惟古人若東坡之于程氏姊、山谷之于李氏妹、荆公之于吴氏女，皆以嫌隙致終身之憾，况妹頗知禮義，能安命，婿亦不惡，但與之委蛇，則婦道可全，故常慰勉之，妹亦唯唯無恨色也。今日往别，妹泣不能仰視，愁筵别酒，欷歔而起，因匆匆辭出，回車黯然，殆不自勝矣。下午歸。有戚倪姓者，以貧甚，謀營小生計于杭州，來告行。予以破産得一官，連日奔走戚好，不能得一文錢，復何能爲他人謀耶？贈以錢四百，遣之。傍晚詣隱修庵禮佛。寄帆伯來。季貺來。長隨王福來，每月許給錢五百文，隨予至京。

二十五日丙寅　晴。偕芸舫理困學樓書籍，寫清單三紙。瘦生來。張純甫來。姚寶卿來。作書致季貺。薙短髮。

二十六日丁卯　晴，暖甚。子九來，不晤。凡公來。族人來借廳事祀文昌神及給童子春季入塾資。張鶡翁來。鏡人伯來。秋舫叔來。鄭妹倩來，留之信宿。傅節子、姚寶卿來。訪硯香二伯母話別。以三百金契券交任友薌。

二十七日戊辰　晴，下午微陰。凡公來。予去歲入貲，非太夫人意。及北行有日，言及輒淚下，慈每以他詞亂之。自惟不肖，無以副期望于萬一，讀書不第，乃鬻先世銖積菽水之産，以博一官，上痛在天之靈，下貽八口之累。太夫人年已五十有五，辛苦操作，積勞成疾，終月未嘗施一縑之裳，享一器之肉。而我兄弟四人，仲者廢疾，叔者夭，季者幼而嬉，慈中年早衰，頑劣嬌惰，家中錢穀簿籍出入，皆未嘗任一日之責，分一事之勞。而復歆羨銅臭，餒親爲之，生平不知馬足，又長安中令仆如驢，開府似狗，而妄思爲狗尾之續，必至臣飢欲死，是真吾家之萬世罪人也。今日早起，念遠役生離，即在頃刻，如醉如夢，忽忽不覺涕泗交頤矣。居常起時，必食粥一盂，寒具二枚，家慈復命具此，予對之如見龍鸞鳳蔵，而哽不能咽，殊覺寸心如焚，不可遏已。上午理衣箱被襆，皆太夫人一一檢視。予家三世無作客者，行李結束，皆非經見，倉黃辦行，事事新製，多借錢質物供之。雖不盈一車，而親心家力竭盡于此。予固目不忍睹，亦不一問盈歉，惟有黯然自傷耳。予生墮地，不離膝下，尋常姻戚往來，未有出門過十日者。然每出，無不告，臨出，必往復數四，若不勝依依者。而終日在家，則或獨坐看書，或覓人與談，未嘗片刻侍語笑奉食飲。若吟詠談諧方適，時聞呼召，輒佛然形于辭色。比日長行在頃，猶依然故態。春暉寸草，罪積丘山，今日始覺盡失常度，蓋平時瞀亂，無怪臨行惘然耳。曉峰、芸舫見予悲甚，携酒食至壯改齋相勸，乃欣然爲盡三勺，繼各互詞慰解，不覺祇覺我心，遂至午不能食，酒入愁腸都化淚，信然。

下午拜辭影堂，痛念先大夫生時，憂慈不能出門一步，嘗語慈，予惟望汝得一衿，終身讀書教子弟足矣，至棘闈九日，非汝所堪也。然則今日先子若在，斷不令慈有此行矣。熒熒燭淚，對之泫然。詣絳跗閣佛龕前及竈神前拈香，閣乃祖母倪太恭人所建。祖母初以先大夫未有子，營一樓供觀音像，長齋虔禱，及慈生，乃一意焚修益切，每日昧爽起持誦禮拜，家中非急事不得關白。（此處塗抹）自歲壬寅，祖母棄養，謹扃鑰之，朔望，太恭人一啓視，拈香唯謹。歲乙卯，有族嫂吴氏者，無子嫠居十餘年，乞居此樓奉香火，予遂以嫌不一至。今日瞻禮，因卜珓問宦途利鈍及何日得歸，神許以明冬爲期，殊覺私心自慰已。至直河念詒堂拜辭本生王父司馬公影堂。司馬公望慈登第甚切，嘗謂慈曰，汝他日計偕，余雖老，必同入都，否則不放心汝去也。己酉、辛亥兩科榜發時，先三日輒不睡。及得耗，擊案歎憤，浹旬月不止，顧見慈，未嘗訶責，反慰藉之。迄今十載，五試不收，乃違棄先訓，翻然以貲郎遠役，一身孤露，萬里依人，亮在天之靈，當怒之而亦憐之也。叩辭笑梅族伯母、研香族伯母、大伯母、二伯母。此行雖萬不得已，然俗情大率歆羡一官，又得二三知己同遊覽之樂，較之傭書貿利，自爲差勝，况歸田之期，素志不遠。太夫人精神素健，年未垂白，僕亦自分非徇禄忘親者，但得稻田五十雙，茅屋八九椽之貲，即當投檄御輿，怡然山水。且擬此去，稍得一囊粟，足以辦往來舟事，明歲即乞數月假，一謀省覲。固知離别不久者，而臨訣之際，諸伯叔母無不涕泣嗚咽。予家世久析爨，又相尚以禮文，群從子姓，稀復還往，見則酬酢，幾同生客。今日話別，亦不過一盡人事，乃猶感觸如此，況倚閭垂老卅年膝下兒耶？

傍晚拜辭太恭人，哀戀號泣，殆不自勝。惟期此行，枕戈卧薪，毋負家國，得早遂色養，以贖前愆而已。跪請訓畢，即登舟。群從兄弟及妹倩等十餘人送至四皇廟，口占兩律以寓怨懷：『此廟何年始？多勞管別離。人烟依古驛，淚雨黯靈旗。孤棹長河涘，征衫落照時。可憐釣遊地，今日始知悲。』『滿眼天涯路，相看幾弟兄。無多門户事，不盡去留情。病骨一身在，危時萬里行。下舟偷掩淚，望斷暮雲横。』廟向祀明封宋末殉節諸生金龍四大王謝公緒，歲久傳訛，遂以爲四王廟，一龕中塑四像。越人行役者必禱于神，送别者皆至此而止，去吾家僅百餘武。予自門首登舟，送者皆步至廟相待。予匆匆下舟，入廟拈香畢，握手數語，倉黄而别。方未至廟時，一若此一見，不知當作幾千萬語，又不知當幾時别去。及臨訣，仲弟泣不自勝，諸人皆黯然無色，覺方寸棼亂，不能出一辭矣。解維長行，望諸兄弟去漸遠，乃入艙坐，黄昏至鍾家灣陞官殿。殿不知所自及祀何神，凡越之仕官者必往拈香，因復攏舟，叩扉入，禮拜而出，時離家已十里矣。返舟遽卧，復得兩絶：『暮山迢遞入春城，墟市船歸未斷行。老屋漸遮人漸遠，却嫌村樹最無情。』『霞川十里月痕新，横笛江樓聽倍親。曲裏剛傳春事好，忽驚身是遠遊人。』是日復有别家五古五章，存詩集中。

二十八日己巳　晴熱。早抵蕭山，叔雲、季貺兄弟以前日至此，相待于王嘯篁大令錫齡家，遂徑至西河下訪嘯篁，叔、季尚卧舟中，因拉季貺起談，晤丁韵琴及黄稼軒刺史茂、常州謝䖸亭吏目昌燕。僕周桂、騰雨回去，作致仲弟書、芸舫書、楚材書、瘦生書付之。與叔子夜談達旦。餘姚賊宣布文等攻殺紳富數人，新觀察仲孫懋帶勇往剿。

二十九日庚午　晴，下午大風。在嘯篁家爲亡友陳荃譜删定詩集。回拜蕭山縣丞謝蘭生。夜與叔子同閲荃譜詩竟。季貺先渡江。

三月辛未朔　晴，曉寒，午暖如初。早偕叔子、嘯篁同渡江。叔子携其姬人許令芬女史入都。嘯篁以試縣湖南入覲也。得《渡錢江書感》七律一章：『漸江突兀眼中來，對此茫茫事可哀。吴樹遠隨滄海没，越山晴放白雲開。烽烟擊檝須今日，割據當年惜霸才。零亂落花飛絮地，東風肯勒馬頭回。』上午進省城。至横河橋，登無錫船，季貺先在，余與嘯篁共一舟，叔子與眷屬同舟，季貺獨處一舟。下午，黄稼軒來附船，晤秦鏡珊，亦同行至蘇者。（此處塗抹）倪曉芸明經來話别。傍晚偕嘯篁、季貺、鏡珊上岸，意行里許而返。得仲弟書、芸舫書、陳蓮峰考城書。

初二日壬申　晴。曉自杭州解維出關。兩岸桑疇平曠，桃李漸繁。至半山，密林如織。時風日暄美，花事正盛，鋪錦散雪。約十餘里，至臨平山，翠秀特起，映帶尤絶。賦七古一章，存詩集中。又譜《賀新郎》詞一闋，寄故園兄弟，存《絳跗閣庵詞賸》中。出臨平關，花漸稀，而高柳短竹，往往成林，曲港小橋中，瓦屋數椽，輒有綺桃一二樹，倚門弄色，村落都艷。與諸君坐船脣，顧而樂之，深歎江南風景固秀過浙東也。是日行一百二十里，至海寧州長安鎮，過垻，泊倉前，偕諸子登岸，行一里餘始還。叔雲、季貺來，談至五鼓始寢，復偕嘯篁談家事，不覺有感。予生三十，未有子，娶婦馬已十八年，（此處塗抹）鵾弦不調，翻譜影雉；鵜帳無侶，若懸鰥魚。長齋莫窺，行唱乏和。德謝許允，久絶桓郎之言；癡如文將，偏儷阿恒之僻。太夫人每憂之，爲謀置簉者屢。而入夏侯之簾，選乏雙髻；侍司空之座，價高十環。至今年，予有遠行，太夫人益廑此慮，會有以同里史氏女來言者，即正月二十四日舟中所見人也，太夫人稔甚。清門淑媛，且慣習勤苦，命予媒定之。予以其家故不窶，十餘年前嘗僦先司馬公外舍以居，司馬公與爲往來者，恐不得當，乃請之太夫人，許稍重其禮，且屬友人與鄰者致意焉。其家甚喜，議擇日結好，諸同人知之，鬨然排詆。（此處塗抹）有（此處塗抹）諸生某者，故無籍，客其戚（此處塗抹）幕中，稍得貲，歸而賃居史氏之對衡，忮險喜事，乃爲蜚語聞史氏，史氏信之，遂不諧。太夫人滋不懌。慈臨行時，猶謂慈當再圖之，勿買妾京師及吴中，且怒慈謀不密，而故與某爲友也。噫！安東之聘絡秀，定于過門，處冲之求郝媛，窺以汲井。僕于彼姝，未能遣此者，固以沸埸終夕，不見其惰容。露舸促席，難接以遊語。思卜良篴，冀同昔賢。至稍變其禮文，頗見争于良友。然金釵餉杜，錦繖歸韓，惟不分賜誥之榮，亦足當裁綃之媚。而若某君之翻覆雨雲，變亂黑白，則誠不可解已。

清明　初三日癸酉　晴。昧爽開船過石門縣城，其地有賽神者，鑼鼓雜作，遂不得寐。至秀水，過雙橋，賽會尤盛，士女擁觀兩岸，頗觸嬉春景物之思。下午至嘉興，過本覺寺，寺門有碑，書『蘇東坡先生三過題詩處』。過三塔灣、茶禪寺，晚泊嘉興城外。嘉興一郡，少山而多水，村落皆種水楊柳，屋舍結構皆不俗，臨水多作窗槅欄檻，女子皆潔白有風致。又數里輒有一塔，城郭間亦蔚然深秀，望之紅亭翠樹隱隱起伏者，故宋岳鄂侯金陀圃也。惜時已曛暮，不及至鴛鴦湖一登烟雨樓耳。念是日清明兼上巳，爲有生未逢之佳節，又旅宿名區，不得一肆遊覽，不覺流連光景，轉益思家矣。是日舟行一百里，得六絶句：『客舫新添縠水痕，征途心事不堪論。桑畦未緑春蔬長，看盡桃花到石門。』『賽神簫管盡春聲，小舸村村打鼓行。最是雙橋人影裏，輕衫團扇度清明。』『三塔灣頭春水鮮，客程芳草共綿綿。流鶯啼到茶禪寺，花影斜陽不計年。』『載道吴歈未忍聽，語兒橋外麥青青。浣紗人去春無著，越客來尋檇李亭。』『燕子來時柳作絲，故園風物最堪思。而今老作天涯客，露葉船頭插一枝。』『野店春旗晚未收，人家多住水邊樓。緑楊盡處城如畫，烟影疏疏泊秀州。』夜薙短髮。秦鏡珊别去。

初四日甲戌　晴，微陰，有風。午過嘉善縣城外小泊，偕嘯篁步入城。行里許，街市頗隘，而平橋曲巷中，往往有小桃雛柳，臨水弄姿，入望彌秀。歸舟，覺體小不適，似中惡者。晚抵楓涇泊。是日逆風舟緩，僅行六十里，偕諸君登岸小步至村橋略眺。楓涇地屬松江華亭縣。入江南界矣。

初五日乙亥　早微雨，終日陰，午後風起，雨稍甚，作寒。舟入吴淞江，行八十里，泊牛車浜。

初六日丙子　晴，大風。行數十里，守風江汊中，至日下舂，風稍定，復行十許里，泊上海對岸。日間與嘯篁、季況坐船脣閑眺，得五古一首。

舟行黄歇浦有作

征帆亦何爲？送客入遥浦。沙鷗溯歸風，亭牛歇春雨。垂楊帶籬落，田家自掩户。江潮朝暮來，春申在何許。估檣各西東，相結就烟渚。似聞林薄中，濛濛墮人語。田事亦已繁，何心獨行旅。

附録初二日所作詩詞各一首：

臨平山下看桃花有感

臨平山色修眉織，臨平湖水開鏡奩。桃花萬樹倚鏡笑，錦毹步步施香幨。花下客程幾千里，雀舫青山行未已。花開有約背流鶯，花落無書寄雙鯉。鯉魚風起故園思，花落花開能幾時。鴛鴦渡口春如霧，鸚鵡尖頭雨似絲。平生枉説題詩跡，看花到此成愁絶。柔情縱解悦征人，顏色何如在鄉國。拂檻縈簾作意親，檣燕呢喃向誰説。惆悵尋春未便闌，天涯遊子幾時還。斜陽過盡西泠路，莫問花邊更有山。

賀新郎 清明日臨平道中寄故園兄弟

三月臨平路，趁濛濛，好風十里，吹成香霧。山裏花光三百頃，山外一帆人去，更多少，夕陽洲渚。無賴碧波回眼看，恁多情，不解留儂住。旖旎煞，數聲櫓。故園節物誰堪語，正清明，鶯歌巷陌，燕泥庭户。料得花前同上壽，細數行程何處。説客裏，風光偏苦。手把柳枝從頭記，歎何曾，此物供羈旅。者離別，忒無緒。

夜微雨，有雷，逾頃即霽。過季貺舟中談。

初七日丁丑　晴，有風。晨抵上海，泊小東門外。偕嘯篁登岸遊洋涇浜。夷房方圓幾至十里，無復中華風景矣。至天后宫看戲，逾頃即返。午後諧諸君肩輿入城，至蘭春堂，滬上北里第一家也。鬟影錯霧，釵聲滿簾，屑紛滴胭，光彩極致。取次平視，略無當意，幾疑玉臺無花，金錢少樹。瞥見一稚而纖者，初勝上頭，已施盛鬋，弱稱單綺，嬌怯情鬟，纔豆蔻之過梢，及櫻桃之問價，不覺綺恨都觸，旅懷轉濃。詢之，則汪媪小女，名靈茗者，玉簫再世，杜牧三生，借卿風塵，破我禪寂矣。叔子邀予過雲卿校書房。雲卿名冠一時，叔子所眷者，予意殊不屬，略作酬應而出。看演帽兒戲，靈茗唱《玉簪記》偷詩一齣畢。復偕諸子過三多堂，訪叔子所眷雙娘，不值，偕季貺至西倉橋，訪所眷蘭娘，風致似出靈茗上，而憨態可憐不及也。夜飯後，偕過雙秀堂，胭脂隊裏，盡屬自鄶以下。二鼓後至蘭春堂，就繡寶房宿，季況別去。靈茗年十五，去歲以前無問名者，叔子兄弟屢客海上，曲中諸妓，按籍知數，獨未嘗及靈茗。今予一見定情，諸君亦遂加寵飾，謂相賞不謬，而靈茗自客冬香名亦漸噪，蓋姿首既媚，聲韵復嫻，慣歌阿鵲之鹽，善舞叉鴉之玉，宜乎評泊能工，端相增麗矣。以故屏護金鵝，門深玳燕，紅珠絡帳，夜月隔愁，碧瑠作枕，春風替夢，眉様初畫，争憐鏡痕，面脂未收，自散奩馥，顧亦當筵解笑，倚醉能痴，繡𧇊窗低，花都辨恨。翠鴛堂小玉亦緘情，未敢必莫愁之年，不解寄阿灼之淚也。僕本恨人，未能遺此，中年以後，世事相牽，遂復色眼無花，酒腸易熱。元相公之留滯，送采春以七年，陶學士之聲名，償蒻蘭于一夕。不傷風雅，無疑醉眠云爾。三鼓，靈苕被呼出局去。予先就枕，甫交睫而君歸。方並卧，忽有粤客四五人來，强嬲侍飲，君不肯，則怒，出惡聲。不得已，辭予起，愁容恨黛，若不勝情。逾時始至，曰：『妾固不能待夫己氏之去矣。』乃憤憤復卧。予握其手，纖玉不温，意甚憐之。嗚呼！散花天界，何處無阿修羅達耶！是日晚感微寒。夜腹痛時作。

初八日戊寅　晴。清晨季貺來，遂起同至蘭娘家。季况昨亦爲粤客所苦，終夜不得寢，遂同卧蘭娘别榻上，酣睡至巳刻，坐肩輿歸舟。申刻，復偕諸子至蘭娘家，時熱甚，幾不堪單縑。晚過蘭春堂，與苕娘閑話，復至蘭娘家赴季貺、嘯篁醵飲之約。叔子招雙娘，予招苕娘爲觥録事。鈿車初下，步屧猶生，珊簾緩擡，繡襟微澀，倚座怯影，背燭隱嬌，側帽依依，捉裾默默，若不勝其憨稚欲就者。須臾，櫻筵上酒，蓉屏列燈，互揚清歌，緩赴輕拍，羞睥時睇，嬌鬟屢低，軟脚甫闌，部頭遽召，君泥不肯行，予再四促之，始起去。二鼓席散，叔子赴宿雙娘家，予偕稼軒至蘭春堂。稼軒眷雛伎繡鳳者，苕娘妹也。會有客呼帽兒戲，苕娘出演齣，予獨坐苕娘房，簫鼓聒沸，不得寐，無俚，與曲中巧雲、鳳英及繡鳳諸姬談，歷兩時許。罷戲，始就寢。倉浪漸狎，幬烟自甜。即枕畔叩君籍姓，言是蘇州人，臧姓，養母高媪，年十三鬻身于此，縷述其入門哭泣之狀，殊爲傷心，因略慰撫之，君請委身于予。予憐其柳枝未長，蓮性本潔，弱不自主，癡漸通愁，方温歧之狎遊，值雲英之未嫁，貽我彤管，還君明珠，客囊久空，樂籍誰脱，感念漂墮，益愴旅寥，雖設鴛鴦之盟，終負媯鵲之債。而君扶倦昵人，倚嬌絮夢，肌玉微汗，鬟香益清，送恨墜歡，漸宜入抱矣。是日感冒小極，終日不食，夜微發熱，不能安枕。作家書，寄去。

閲邸鈔，二月十三日，大學士柏葰以科場事正法，房官翰林溥安及兵部主事李鶴齡、舉人羅鴻譯同斬决，副主考尚書朱鳳標革職，房官編修鄒石麟、徐桐均革職，鄒永不敘用。李鶴齡與普安同年進士，爲刑部主事，羅鴻譯通關節，故同誅。鄒石麟以薦平齡，且改闈藝，徐桐以他薦卷有疑誤，俱革職。

初九日己卯　晴。巳刻起，偕稼軒過蘭娘家，季貺猶未起，乃邀嘯篁同歸。薙短髮。傍晚，偕季貺入城，過蘭娘家小坐，即至蘭春堂訪苕娘。又過三多堂雙娘茶話。一鼓復詣苕娘，苕娘演劇未終，偕季貺坐談一時許。戲畢，季貺别去，雙秀堂復呼苕娘去。予無憀，出漢魏詩一帙閲竟，和衣睡以待之。四鼓，苕娘歸，始就寐。

初十日庚辰　晴。午自蘭春堂坐輿歸舟。夜偕叔雲、季貺、嘯篁、稼軒步入城，先過雙娘，復過雙秀堂，茶話一時許，嘯篁眷妓添才，稼軒眷受福，（此處塗抹）予至蘭春堂訪苕娘。情親轉疏，態濃故淡。密地倚膝，廣坐拂裾。附耳即嗔，妒女伴之竊語；迎面若避，憎生客之笑人。予益憐而重之，以爲有閨閣氣，無風塵色也。夜分後，叔子就雲卿房去，季貺至蘭娘家去，獨嘯篁、稼軒在。君倦眸相惜，若不自持。予無計遣客，惟捱身並坐，與爲偎接。蘭息微妥，杏渦漸醒。方綣昵時，季貺復來，爲麾諸君去，予始就寢。甫交枕，（此處塗抹）已黄鷄初唱矣。是日早間叩苕娘八字，爲乙巳己卯癸卯癸亥，因屬叔子推之，言現交巳運，洩傷官之氣，明助偏官，爲一生最佳境，正應選婿之時。然宦海羈身，未必能爲花請命，章臺弱柳，無心折枝；湖州嫩陰，轉眼結子。紅橋三宿，不過雪泥鴻爪，爲後日惆悵資耳。婉婉相對，不禁慨然。

十一日辛巳　晴。巳刻起，予與諸子定議明日解維。妝臺側畔，若爲依依，一晌留歡，千里相憶。臨别之際，君生小未知，惟再四訂重來期。予念紅簾一桁，即是天涯，未免對此茫茫矣。呼輿返舟，諸君俱未出城，深悔别離太遽也。下午行期復改，叔子擬設飲雲卿房中，邀予等同去與諸姬話别。予以重門已辭，孤檝將駕，再尋枇杷之約，益添蘼蕪之愁，因堅辭不去，諸君亦遂罷。（此處塗抹）然回望紅樓天際，能無悵一宵鑄錯耶？付局賬十五元，下賞兩元。

十二日壬午　上午陰晴相間，午後雨作，晚稍止，微寒。稼軒返越。傍晚偕諸子坐輿先至三多堂，復至寶和堂，即雙秀堂。嘯篁設宴添才室中，予招茗娘，叔子招雙娘爲觥録事。燭圍骰來，暈月都紅，觥船泛波，映星皆緑，纂絲亂席，絓熏簇筵，縷管飛雲，錦槽急雨，往往懷中鈿落，袖裏鞋香。予顧茗娘惟俯首拈帶不語，時簾外愔愔雨作，因低叩以輿來耶，抑步也？亦不答。觸之以膝，則遽曰：『步耳。』予曰：『然則若何歸？』君復低頭，久之曰：『君今夜固不一過妾耶？』即回面坐，嬌嗔贈别，薄怒酬憐，稚色新驕，離筵短寵。此中情味，益復可憐。酒闌，君辭去，予爲雙秀鴇妓所嬲，久始得脱，乃覓輿至蘭春堂，就君宿。翠櫳就暝，紫棧不温，蕙鑪罷烟，蓮漏續水，君假寐榻上，和衣裏愁，擁髻覓夢，予呼之不應，强起之，與戲笑作劇，君亦嘻嘻相從也。三鼓就寢。已分飄蓬，重尋墜絮，一宵蕩子，千里倡家，益我老顛，贏卿薄倖，雖占裙帶之解，終非鞋夢之諧耳。

十三日癸未　巳刻起，盥洗未畢，季貺來促行，即去。予與茗娘話别。君許剪髮爲贈，且堅囑晚間再一過别。予諾之，乃招嘯篁來，同坐輿歸舟。下午欲赴約，以足疲，且恐難爲别，乃以鷹洋七元屬嘯篁代還局賬，且致殷勤，領信物焉。至晚，嘯篁歸，言茗娘不肯付髮，亦不受錢，要予必親往始可。嘯篁乃以洋交他人而出。予聞之，甚懊怏，而高城已暝，重門上鑰，不能往矣。魂神飛越，抱恨莫涯，因占即事四律，以寫我心，不計其詞之工拙也。

即事五首

生小平康早妒名，個中風絮我憐卿。低頭乍見如相識，著眼無多便有情。羞客豈應輕撩撥？動人偏在未分明。柔奴心事狂奴態，多恐逢君是再生。

未罷當筵舞柘枝，泥人小立不多時。花前倦倚嬌猶喘，簾外頻催出故遲。淺笑不禁連日醉，薄愁贏得一分癡。橫陳嚼蠟嘗都慣，又向天涯感鬢絲。

争報油車降夜來，扶鈿欲入又徘徊。酒邊歌動低遮扇，燭下妝明怯舉杯。捉戲自憐纖腕弱，狂言常得倦眸開。臨行密約宵分至，私語丁寧莫待催。

見時羞澀背時憐，衆裏相逢轉恝然。密語未曾通廣坐，憨情難諱到人前。香生錦韤慵支膝，伶怯銀屏慣倚肩。欲懺此生真作樂，鬘雲春裏送流年。

半日相抛帶恨看，一宵情比一宵歡。讕言此去無多别，未信重來大是難。緑浦愁中波渺渺，紅樓天際路漫漫。客中剩有思親淚，不敢緣卿一再彈。

十四日甲申　晴。卯刻醒，聞舟人鳴鑼，解纜。念征帆一去，從此美人天末矣。孤枕江流，與愁俱渺，又别家後重添一恨事也。行七十里，傍晚泊嘉定縣黄渡，與諸子登岸，至平橋小眺。疏楊古寺，夾岸人家，炊烟四起，大有故鄉之思，遂悒悒而返。晚作書寄苕娘，并七古一首。

夜泊黄渡看月追感滬上舊遊有寄

練江春水明于染，波心零亂桃花點。錦帆破曉逐人來，夢裏尋君門尚掩。重門側側春寒輕，可堪孤榜翦江行。酒醒楊柳疏烟岸，已是相違百里程。月波灧灧人何處，日暮春衫黯芳樹。多事吴淞早晚潮，送人不解將歸去。歸路從教日更遥，紅橋弦索暮雲高。玉窗對影愁吹燭，鈿枕支鬟學倚簫。起捲湘簾遲海燕，櫻桃花落可憐宵。

夜飯後復偕諸子至市橋步月，寒甚，即返。與叔子賦紀遊聯句五排，各存集中。

十五日乙酉　晴。早行四十里，泊嘉定西門外。下午偕嘯篁遊嘉定城隍祠後園水石頗勝，臨水紫藤一樹，垂花甚繁，殊足幽賞。晚歸。

十六日丙戌　微陰。下午復同嘯篁遊城隍祠後園，至花神廟，迴步至一廣廳，頗軒敞，前臨荷池，對岸竹石層疊。偕嘯篁坐石欄觀魚，顧謂此地頗宜夏夕，捲簾移几，極招凉之樂。廳中奉觴上壽，終身娱親，斯願足矣。安得早遂宦成，畢此素志乎？嘯篁以聖善抱恨，聞予言，遂至戚戚，因即散步返舟。夜月甚好，偕嘯篁登岸小步，度板橋，冥行里許而返，得五律一首。

嘉定城外月夜偕王嘯篁大令散步即景

忽入蒼茫感，江城萬瓦冥。林霏結高岸，橋影兀孤亭。荒柝寒敲月，疏檣遠帶星。相看共羈旅，望斷故山青。自過杭州，至此不見一山。

十七日丁亥　上午薄陰，午後微雨數作，晚雨，入夜漸密。早起偕嘯篁至縣署拜叔子令兄文之刺史沐潤。文之爲從伯芸圃觀察公甲午典試河南所取士，時方攝宰嘉定，予以世誼，故投刺訪之，并及其令弟復之吏部悦修、幕客許太眉徵君。太眉名棫，陽湖人，予同社友，年六十矣，今日始見之。充悦如少壯，出近作詩數十首見示，少坐而歸。薙短髮。同嘯篁登岸，至海王祠看牡丹，在小室矮墻中，一本作數十花，皆淺紅色，明艷可愛。室中扁曰『長樂我净』，乃明太倉相國王文肅所題者。吟賞逾頃而返。文之來答拜，并招看清凉寺牡丹。下午文翁以輿來迓，偕嘯篁、叔子、季貺昆季同至縣署，邀許太眉赴清凉宫。去市里許，平疇野屋，秀逾鄉僻，長籬數十園隔之，映帶絶勝。遠望紅墻矗立衆緑中，則關帝祠也。祠側小橋，曲徑環樹而入，則清凉宫也。宫之正殿祀天后，殿後小室，室外牡丹兩本，高七八尺，花幾二百，大如盎，皆玉樓春種。文翁設飲花下，即席成七古一首。飲畢，坐寺之側軒，憑欄野望，時已薄暮，雨濛濛作，林際一塔，烟色可繪，諸子皆有故鄉之思，不覺對景言愁，悒悒而散。夜歸。

周文之刺史沐潤**招看清凉寺牡丹設宴花下歸後賦贈文翁並許太眉徵君**棫**文翁前宰是邑今復攝令也**

客中不覺春光殘，瞟城古寺看牡丹。牡丹作花大如斗，風吹一丈高壓闌。闌外花光百十步，綺叢散綵不知數。曉色常暈千重霞，夕香倒捲三里霧。此花托地數百年，井邑新破花依然。尋常薄植難自立，兵火所至能矜全？遂令亂後逞顔色，頓覺旅况生清妍。風塵豈期倦眼識，把酒一賞寧非天。汝南老令號彊項，十五年前作花長。城郭重來人半非，惟與此花相俯仰。回首當筵賓客稀，許詢垂老尚相依。我今幸預花裀末，落魄天涯何日歸。

十八日戊子　晴。昨夜與諸君談徹曉，始各就寢，過午方起。許太眉來答拜，不晤而去。午後小極，坐艙中看書，諸子皆登岸去，欹枕孤悶，顧視窗外，夾岸緑陰晝静，人家閉門，殊黯然不自聊也。夜進城，至一茶店，聽土娼兩人唱曲，更餘返舟。

十九日己丑　晴。上午復偕嘯篁至海王祠看牡丹。側有紫色一本，作花四五朵，掩映倍佳。下午偕諸子至署齋，晤太眉，略談，即偕嘯篁、季貺出遊城隍祠。園廳後簃牡丹十數本，紅紫黄白悉備，皆佳種也，惜新栽，作花未大耳。復至彭家庵遊秦氏園。秦氏富甲吴中，園名小山堂，前明王烟客太常所題者，創始蓋在萬曆時。竹樹蔚碧，水石明秀，洞房曲室，飛閣修廊，皆極幽邃。有因樹起樓，開户面野，坐攬秀勝，兼資蒼凉；亦有瑣窗低檻，玲瓏隔花。時正薄陰，增人綺抱，欲賦詩紀之，不成。

（此處塗抹）傍晚獨行歸舟。夜與諸君談至曙始散。

二十日庚寅　薄晴。文之送禮四包，偕嘯篁受其三。夜飯後復之吏部來答拜兼送行，小坐而去。與諸子夜譚達旦。

二十一日辛卯　陰有風，傍晚雨止。曉偕季貺登岸野步，復至海王祠看牡丹。風露鬅鬙，倍覺娟好，折一枝以歸，賦三截句紀之。晨刻開船，復赴滬上，偕叔子、季貺立船唇看之，曉日江城，人烟樹色，不覺亦生離别之感。出市橋，始各就艙寢。行六十里泊油車頭。夜雨。

嚠城旅次曉起行田間口占

破曉東風趁客程，竹鷄滿路掩柴荆。征人自是農桑客，來聽他鄉田水聲。

偕季貺晨至練江城外海王祠看牡丹時將重尋中江舊遊漫成二絶

古瓦藤陰倚女蘿，破扉蛛網罥塵多。謝家别夢何時醒，來問司花聾道婆。祠住道姑。

琳宫啼鳥曙光寒，取次花頭睡未闌。折得一枝好風露，明朝安與鬢邊看。

二十二日壬辰　雨，至下午稍止。行七十里，午後抵滬。梳頭。傍晚偕諸君僱輿入城，先至三多堂訪雙娘，茶話久之。詣蘭春堂訪茗娘。入其室，繡鳳、金鳳、鳳英、巧雲諸姬皆在，獨不見茗娘。屢呼始至。與之語，不應。問以前所寄書及詩，則茫然如失。疑而視其面，掩燭低鬟，百計相避。强端相之，則嬌龐略似，意態頓非，殊不類昔日眼中人矣。駭甚，遍詢諸姬，始囈胡言，茗娘數日前爲有力者取去，不知所之矣。此乃其妹，名靈芬，年十四，比茗娘稍稚而貌極類者也，以鴇妓恐予怏悵，飾此以迎，冀風塵眯眼，不能辨真耳。予不勝懊恨，又念人世滄桑之變、風波之苦，轉瞬不測，大抵皆然，固不止花前一慟也。顧既見柳枝，益憐桃葉，遂復强作歡語，重聯夢緣，倔强風情，急止淚眼，即令置酒室中，招叔子、季貺、嘯篁同飲，嘯篁挾添才來爲觥録事。絲竹迸作，哀樂互至，即席成七律一章。三鼓席散。靈芬出演戲，嘯篁、季貺各就所眷去，予偕叔子至雲卿樓中。久之戲畢，叔子遂送予下樓。靈芬醉卧他室，不肯出見，繡鳳、雲卿來侍。兩姬皆年長，聲價甚低，含怨側訴，予與叔子慰解之。感其淪落，相對蒼凉，兩姬遂淒然淚下。叔子顧謂我輩奔走一官，每傷憔悴，然較琵琶座側，終歲盼車馬音者，得毋雲泥之判，又當爲青衫司馬下一轉語矣。因慨唏累時，復偕至雲卿房，靈芬遣婢及繡鳳相繼促予寢，遂復下樓。則靈芬坐寐榻上，花性甚拗，絮語不温，新歡鮮然，舊恨沓至。追尋影事，遂如隔生。時已曉色曈曨，因起盥洗，即僱輿返舟。始食櫻桃。

春暮重客滬上携妓至紅橋置酒感賦

海國錢刀日夜嘩，一城斗大幻蟲沙。潢池出没曾三載，花月滄桑又萬家。酒後壯懷添客淚，燈邊詩鬢感年華。不堪暮雨瀟瀟裏，重聽吴娘訴琵琶。

二十三日癸巳　陰，地潮甚。作書告叔子，即睡。下午叔子招飲三多堂，偕諸君赴之。嘯篁招添才，予招蘭春堂妓梅仙爲觥録事，席散醉甚。嘯篁送予就梅仙室中宿，終夜瞢騰，不復知燭花屏影間有並枕人矣。夜分後雨，達曉尤甚。酩枕淒聲，如載鄉愁十斛來也。

二十四日甲午　早大雨，辰後稍止。季貺來促予起，同至寶和堂呼嘯篁，遂偕嘯篁返舟中。作書致叔子于雙娘房。下午天晴，坐輿至蘭春堂晤梅仙、雲卿、繡鳳、小寶諸姬，傍晚歸。夜復至蘭春，就梅仙宿，聞蛙聲漸鬧矣。

二十五日乙未　晴。昧爽起，别梅仙，出城登舟，復睡至午始起。下午開船，行三十里，泊周太廟。

二十六日丙申　風雨時作。行四十里，泊青浦縣牌樓浜窄港，小橋籬落深邃，偕嘯篁登岸小步。

二十七日丁酉　晴。午過崑山縣。自過臨平，至此始見崑山。一眉林際，表日孤塔，覺秀絶人寰，以饜溪山一巒矣。行九十六里，泊唯亭。晴江晚黛，遥山暮烟，殊有故鄉之賞。

二十八日戊戌　夜雨，終日陰。早行三十六里至蘇州，泊閶門外中水弄。夜雨。偕諸子至丁家巷鴨檀弄訪朱家曲院，晤錦玲、月卿姊娣。室宇精潔，較滬上爲勝，人物亦都雅。比日風雨作寒，孤篷蕭寂，窮途旅況，頗難爲懷，今夜畫簾微雨，燭影銅鋪，置酒聽吴歈曼歌，又暫開塵顔蕉萃矣。三鼓冒雨歸舟。是日薙短髮。

二十九日己亥　陰。移泊胥門。偕季貺進城，至書肆閲書，以錢二百文買得錢儼《吴越備史》一部。聞髮賊自天長竄六合，陷儀徵，官民盡逃，頗有道梗之慮。

邸鈔：會試總裁爲大學士衛吏部尚書賈楨，刑部尚書趙光、副都御史成琦，户部侍郎沈兆霖。

三十日庚子　晴，傍晚風雨即止。晤何叔航別駕。下午偕嘯篁進城，行里許至茶肆小憩，冒雨而返。夜放舟至接官亭，步至朱氏曲院茗話，復至圓藻弄黄氏曲院小坐，返舟已三鼓矣。

姑蘇道中雜詩

生長烟霞不厭貧，故鄉岩壑秀無倫。今朝塔影崑山路，一抹船頭看煞人。自杭州至此始見崑山。

唯亭燈火近黄昏，一夕江潮長舊痕。睡起耳中滿吴語，緑楊烟曉泊胥門。

夜夜金閶載酒遊，家家明月水邊樓。畫船漸近簫聲細，小隊銀燈下虎丘。

燭影金鋪掩小門，鬟香低唱泥金尊。紅樓暮雨瀟瀟裏，值得離人一斷魂。

豆緑櫻紅驟暖天，時新節物上初筵。故園祇是尋常味，客裏嘗來總黯然。

贈策常思孫子荆，臨歧相左倍傷神。江南好片吟詩地，山水清閑夢故人。友人孫子九擬行時來送，不值，比夜數夢見之，君嘗客吴中，故云。

馬頭零亂柳毿毿，芳草遊絲跡久淹。我自送春春送我，各留心事與江南。

四月辛丑朔　晴。是日欽差大學士桂良、吏部尚書花沙納、五品卿銜刑部郎段成實及布、按兩司，自蘇赴上海與夷酋會議和務。舟從之盛，擁蔽江岸。築室道謀，徒擾民力。况平凉之劫，好水之敗，皆在意中。誰秉國成，當自有老謀深識者。漆室嫠緯，不過自廑杞憂耳。午後偕嘯篁遊玄妙觀，復至錦鳳樓茗館小飲，晚歸。

初二日壬寅　晴。夜偕諸子放船至朱氏曲院赴飲。酒畢已三鼓，遂留宿。是日喫櫻桃，大佳。

初三日癸卯　晴，熱甚。巳刻坐輿返舟。始食豆，甚思故園也。薙短髮。洗足。

立夏　初四日甲辰　晴。杭人錢介甫大令柬招明日會飲。坐輿至僧寺拜錢介甫。夜赴朱氏飲，喫鰣魚，甚佳。留宿。至天明始就寢。是日以洋六元買單衣一領。

初五日乙巳　陰雨。午刻返舟。作家書及致芸舫書，致任友薌書。錢介甫送酒席來。

初六日丙午　陰，小雨。復泊閶門外南水弄。夜偕諸子赴朱氏曲院，强留飲，遂宿焉。是夜聞人囈語，皆詆予者，殊可笑。

初七日丁未　小雨。巳刻返舟。午晴。登船脊觀劇。

初八日戊申　晴。早開船，行一百里，至無錫縣，泊錫山驛。夕陽中望惠山，層青軟翠，塔踞其顛，極似吾鄉西偏諸山也。梳頭。夜人定後，大風雨，有雷。自抵吴門，胸中時時作惡，終日泊萬年橋下，人物繁擾，俱刺心。自今見慧山，覺眷眷有故人情，殊不作謝宣明面柳句也，惟恨貿貿然出山，無顔對岩壑耳。

初九日己酉　晴，傍晚小雨即止。移泊慧山下。午後偕嘯篁、叔雲、季貺登岸，謁高忠憲祠。荒庭亂蕪，緑陰滿地，庭側石榴一株，紅已吐萼，不勝異鄉逝景之嗟。堂上有熊文端、張清恪諸公楹聯，壁間刻先生臨命遺疏及别友人手跡，字畫嚴正，而從容如平時。又有吾鄉劉忠介、倪文貞二公碑記。徘徊而出，遂遊惠山。歷李忠定公祠、蕭孝子祠至漪瀾堂，觀第二泉。老樹接天，下蔭寒碧，赤鯉廿頭，不翳一藻，流泉滄滄，隨爲泳游。其上又石圓甃爲二泓，其一覆以亭，高宗御書『淙雲』二字，乃泉渟舊處也。兩旁各有石刻『天下第二泉』五大字。右爲趙吴興書，左乃國朝王箬林所書。由飛廊而上，境與步矗，心以趣幽。壁間鐫『印心石屋』四字，乃宣宗御書賜陶文毅宫保者。洞壑疏峭，松樟挺峙，陟巘蘿澀，憩磬苔温。掬泉爲嗽，爽沁心脾。遂移几小閣上，説餅品泉。見賣茗者一雛姬，布衣靚首，掩映有姿，未免綽約新嬌經眼底，侵尋舊恨上眉尖矣。未幾雨作，徙倚暮欄，畹畹緑膩。俟雨過下山，復歷顧端文祠、邵文莊祠而歸。晚偕季貺循岸行樹陰中，至山口石橋眺望，萬緑壓谿，一虹控岸，出没九峰，烟蓄無際，橋外平疇積水，明滅百里，隱隱猶見姑蘇、石湖諸山。唐人詩云『扁舟明日毗陵道，回望姑蘇是白雲』，其景狀可想也。復循下岸，謁孫少宰志臯祠。夜月出，復偕季貺至橋上看月，逾頃而回。飯後偕諸子至映山庵訪叔子所眷女冠文珠，遂同季貺踏月，至山徑口。夾道高木，陰森無上，疏柯之隙，微露星色，覺幽幽有鬼氣。過惠山寺，稍疏敞，遂歷尤文簡祠，循秦氏寄暢園垣，登惠山頂，縱眺樂甚。下山，坐李忠定祠前小橋。寂久忘趣，暝極作凉，乃返舟添衣，更挈一童復往。至漪瀾堂，門已扃，側足而入。虚館閟雲，曲徑拗月，樛木蟠互，交光接陰。坐石上，聽細泉琤琤，萬籟爲息。

瞑跌久之，方出，復遊惠山寺。山扉夜開，廣庭數十畝，上植高宗御碑。接級而上，高柏對立，層殿翼然。碑側爲兩池，皆數畝，中亘石橋，橋陰入水，倒見樹杪。月影隔樹，上下碎金。忽聞怪鴟聲嗷然，不覺蒼茫感生，遂緩步歸。平生此遊，可謂窮幽極致矣。有惠山紀遊諸詩，存集中。是日午前過别人船，頗遭詬詆，與前夕吴閶所聞囈語殊相符合。自分窮途戢影，不解何以致此。幸賴惠泉一勺，洗胸中惡耳。

初十日庚戌　晴。開船，逆風行六十里，泊横林。晚偕嘯篁登岸，小步村落間。濃樹疏錯，野色頗秀，而墟市窪陋，人物黔樸，漸異江南風景矣。夜宿，有戒心。水流漸濁。

十一日辛亥　晴陰相間。午抵常州西門，泊毗陵驛前。聞賊圍揚州，德星使兵屢敗，江不通旅，北上諸舟相率避歸。與諸子議進退未決，遂艤舟以待。午後偕嘯篁入城，小步而還。

十二日壬子　晴陰如前，曉，微雨即止。是日探賊耗，有言已陷廣陵，或言進踞邵伯者，皆無的報。叔子議回蘇州，仍不決，再宿驛前。夜同季貺步月沙岸，旅船燈火，數里相比，轉益黯然。

十三日癸丑　微陰，傍晚澄霽。聞廣陵未破，張總統以兵渡江赴援，又聞盂河、月河皆可行，唯鎮江不通耳。客舟頗有北去者。諸子議迂道以上。不能決，仍泊常州。薙短髮。偕季貺入城近遊，無俚而返。晚偕嘯篁、季貺散步，抵一野寺，僧課初罷，蒼柏翛然。出寺，復入一村落，曲汊漸澄，短籬自緑，泥墻瓦屋數十家，皆晚飯樹下，怡然相得。比日阻兵念家，心緒惡甚，稽滯江驛，甚囂塵上，亂愁叢生。睹此風景，雖不及鄉居十分之一，已覺稍滌塵土，還我好懷。然則故園之可樂，行旅之可怨，果何如耶？夜偕季貺至市橋看月。桅燈岸樹，與爲明滅，隔岸村落烟互，蒼茫入静，天涯客感，轉復浩然。叔子書來，借《全唐詩録》。兩日不看書矣，因此開篋，稍觸吟興，遂取劉文房諸家詩閲之，四鼓方罷。

十四日甲寅　雨，午刻止。客自江北來者，皆言賊已退歸六合，旅途通順，乃定議，明日解維。夜作家書，即題詩書後。

毗陵阻兵數日聞賊退廣陵復決前進題家書後

離家五旬餘，孤舟天涯客。麥熟南風狂，吹我晉陵驛。賊氛忽鴟張，烽火照江北。征帆盡皇皇，遷延不能發。病軀剩飢寒，走險亦何擇。麻鞋辦穿壘，豺虎赦不食。徒以高堂心，進退未知決。奮往分無覬，却歸又失業。昨夜江月好，照我夢鄉國。顔色雖暫慰，行止愧難説。貧賤幻别離，骨肉如我迫。城頭角聲哀，千里曙光白。似聞廣陵濤，金鼓漸復息。大帥軍政嚴，行旅安枕席。坐兹又奔走，間道向京闕。長年促解維，僮僕喜動色。顛倒欲言歸，借端竟無術。聊寄平安書，裁完淚沾臆。

十五日乙卯　晴。開船風利，晨抵犇牛鎮，有社友沈寄帆者，以縣尉奉檄駐此抽釐。偕叔子、季貺訪之，遂留午飯。下午寄帆過舟中，爲予刻石章一方。傍晚同諸君登岸。行平野間，麥熟蛙鳴，村樹掩翳，差不減越中田居，而黄沙草舍，已似北地。至靈官廟殿前，大銀杏樹三本，其一已枯，紛拏奇矯，古黛逼天，傳是北宋時物。殿后樓廡爽塏，道人十餘輩誦經甚虔，小憩而返。寄帆留夜飯。夜同季貺步月，塘上奇采，射江浩景，積野戍旗，岸樹與爲明滅。征思鄉愁，對此交集矣。寄帆至舟中劇談，達旦始别去。今日在寄帆坐，有何都司者，言捻匪自李朝壽就撫後，其黨皆有降意，惟部衆數十萬，無所仰食，朝旨聽各以貿易自贍。然既不能散，又不能養，而任其擇利自便，且爲之縱弛關禁，究非長策也。

十六日丙辰　晴。昧爽開船，午過丹陽縣，晚泊丹徒新豐鎮。是日行八十里。自抵犇牛，岸漸高，河漸狹，至丹陽則岸高船丈許，望如立山。荒城茇舍，點綴蒼凉，不特兵燹孑遺，舉目寥落，而車聲傖語，迥異見聞。叔子謂此地去吴門僅三百里，風俗竟判若秦越，不可解也。聞瓜州以北，寇氛未靖，鎮江不能對渡。乃議明日由丹徒閘行。終日讀《古詩》《木蘭詞》《孔雀東南飛》《陌上桑》諸詩。夜看叔子近作《楊花篇》《夜雨飲朱氏閣》諸詩。

十七日丁巳　陰。辰刻順風至丹徒鎮，待潮久之，進抵江口，風逆，遂泊。午前同嘯篁、季貺觀江。傍晚復登岸小步。夜月甚皎，聞江聲浩然。與諸君劇談徹曙。

十八日戊午　雨。卯刻渡江，風色快利。偕叔子、季貺坐船唇顧盼。（此處塗抹）極樂，雨作而止。（此處塗抹）過舟中談。（此處塗抹）眉批：此等姓名存之集中，究傷忠厚，且瑣瑣行露之流，何足紀乎！塗之可也。俄聞風浪漸起。（此處塗抹）返舟去。予倚枕讀太白詩不數葉，睡去。夢中覺耳際聲震，掀簸甚危，驚醒，則層濤洶涌，舟人驚呼，蓋已抵江中流矣。掩艙復寐一時，起。傍晚抵揚州二道橋泊。夜寒，須重棉。風水聲終夕聒甚。是日得七言長句一章。

風雨曉渡揚子江次前渡錢江詩韵

烽烟如此渡江來，春草王孫祗自哀。吴楚波濤終古壯，金焦睥睨向人開。危疆天險思良將，亂世途窮感散材。浩蕩一身何處著，倚閶相望日千回。

十九日己未　陰。過邵伯埭，列營相錯。時賊初解去，居人盡空，墟市間大半閉户，沿塘流民襁負，紛紛南下，皆六合避兵者。遭罹百六，民生之慘，可爲蒿目。循途見鄉民築土城畚鍤不絶，人言數日前賊艘至，隔湖而退，故爲捍禦計甚力云。暮抵露筋祠泊。高柳數百株圍繞村舍，中結祠宇，古垣朱扉，烟水寒碧，鳥雀之聲，窅然深際。思一往遊謁，以曛黑止。自邵伯至此，夾岸高堤，堤外爲邵伯、甓社諸大湖，直接洪澤，彌望一白。湖中多茭蓮鳧鷗之屬，點綴殊佳。吾鄉亦號澤國，而山水得半，較此遠勝。其水鄉佳處，雲物之態，正復不減。今日睹此，更怦怦動鄉情矣。終日讀太白及東川、達夫、嘉州三家七古。得七古一篇，七絶二首。

由潤州至廣陵途中書感

北府之兵天下雄，蕪城仕女驕春風。誰令蛾賊忽變幻，江南江北烽火紅。十年轉戰事益急，官軍屢復賊屢得。長江天塹連潢池，直與黄巾作衽席。嗟予間道犯宵霧，輕身乞食致天怒。虎口倖逃又魚腹，日暮風横不得渡。戰骨高過芙蓉樓，戍旗明滅鸕鷀州。桓王死後無年少，杜牧前生憶舊遊。花月滄桑不可説，殘黎築城把鍬橛。倘教擊檝非後時，未必横流果無術。可憐索米向天涯，含淚東風聽暮鴉。爲問竹西歌吹路，至今楊柳怨誰家。眉批：此首稿中自「桓王」以後全改。

晚望邵伯甓社諸湖至露筋祠泊舟

霞邊湖氣白絲絲，極目鷗鳧點遠漪。忽憶故鄉千頃水，疏疏梅雨長官祠。鄉居宅後有大湖，曰官瀆，其北接大樹港，旁有松楊長官祠。

甓社湖光淡不收，人烟起處暮楊愁。客裏風懷情似水，露筋祠畔木蘭舟。

二十日庚申　微晴。晨過高郵城。夜抵界首驛泊。（此處塗抹）

二十一日辛酉　晴。午過寶應縣，水流澄碧，不減鑑湖，見之色喜。夜泊淮安。是日風極利。（此處塗抹）與諸君夜話達旦。予與叔雲皆無意進取，以貧故，不得已而謀微禄。家室山水之戀，無一刻去懷。（此處塗抹）今日携明人李長蘅《南歸詩》，共讀之。清淳質實，字字皆如我意中所欲言。爲之相對感歎不置。時篷背瀟瀟雨作，故園燈影檐花益復入夢，惟相約早爲歸計，以解北山之嘲。淮江白水實鑒之已。眉批：存于名品，不妨東坡集中不去章惇，魑魅伎倆，彼自有之，奚能污我。是日道中復得七絶一首。

寶應道中

苕舍騾車映碧疇，居人多驅騾旋桔槔灌田。淮山依約畫眉修。分秧割麥平生夢，烟水悠悠向楚州。

二十二日壬戌　微陰，片雨。晨過淮關，巳刻抵清江浦泊舟，自此舍而陸矣。梅雨首塗，小車鹿鹿，高堂垂念，當復何如。（此處塗抹）見軍官數人拾燼骨，置櫝十數，負之歸，皆川兵死賊者。一將功成萬骨枯，爲之慘然。（此處塗抹）

二十三日癸亥　早微雨，終日薄晴。自清江坐露頂小車過黄河，僅窪然一杯耳。向來此處爲南北之界，闊幾里許。自今上咸豐元年河決豐北口，修之不成，此地遂爲絶流，亦古今一變局也。十里抵王營，止湯吉升行，僱車北發，每輛銀十二兩。作家書。聞捻匪犯郯城，踞臺兒莊，河帥方發標兵往剿，北上者多南轅避之，遂留王營待秏。是日得渡河聞警詩兩章。

（五）〔四〕月二十三日至清江渡河聞警詩兩章

驅車言渡河，沙淺狹如帶。伊昔號清口，塹絶南北界。淮流相表裏，地險鞏徐沛。自從元二交，豐北忽崩壞。河流竟改道，汴渠受其害。朝廷竭金錢，外繇莫著最。棄地一千里，反壤決愈大。遂使神禹力，南服竟弗徠。此地成絶流，長堤反爲贅。形勝既坐失，全淮亦被累。徒令迷津人，無從識源委。河徙古凡五，此變復南潰。伊今正多事，扼河策所賴。舟楫成軌塗，神州混中外。平生利涉志，來此發深喟。陸谷有至戒，淮徐四塞地，安得反經瀆，影宗永來會。

我行抵逆旅，道逢防河卒。使者下軍符，繹騷遍閭邑。喧傳齊楚交，銅馬滿千百。轂城當孔道，壓壘勢且岌。警報接踵至，待救在旦夕。此輩新市衆，所惑五斗術。中原數千里，蔓延遍尺籍。亂世誰爲驅，一變盡劇賊。芟夷豈能盡？分別復難擇。得毋天所厭，種族待剿絶。群聚厚之毒，崇朝餍誅殛。亦或有司過？剥喪致失業。世運丁中衰，亂資假羿浞。一發不可制，民氣遂以竭。萬一斷淮古，吭喉爲所扼。粤寇相連衡，國事將無及。我生復何營，棄家赴微秩。中途屢邅迴，天意固難測。事危輕百憂，身贅判一擲。上覬國家福，下念老親食。明朝脂我車，攬轡氣無懾。

二十四日甲子　晴。止袁浦。傍晚偕季貺意行里許，至河瀕，清流一灣，遠映霞際，隔岸樹緑，晚色愈明，惟極望風塵草舍，殊覺天地黯晦。校之南中，幾非人境耳。

二十五日乙丑　晴。止袁浦。下午偕季貺、嘯篁騎驢近遊，至一土娼家。導者云淮上平康甲舍也，娼者十餘人。引至一草屋坐，羅綺之隊，變盡地獄相矣。晚歸。

二十六日丙寅　晴。止袁浦。讀劉青田《感懷》五古，老成蒼厚，真傑作也。

二十七日丁卯　微晴。止袁浦。閲《列朝詩選》。聞賊已退，相約後日開車。命僕人脂轄做車檐飾布幃，自此與輪蹄周旋矣。不覺依依有愛好之思。

二十八日戊辰　晴。止袁浦。命奴子結束行李，看裝車。

二十九日己巳　早大雨，至上午稍止，不能開車，待明日行。

聞餘姚事定。是月初九日已見上諭：胡興仁奏擒捕餘姚縣匪徒一律肅清，並查明肇衅玩誤之紳富、縣令分别參辦一摺。浙江餘姚縣匪徒，因紳富平日收租苛刻，業佃乘機煽惑，劫犯圍城。經該撫派令委用道胡元博、署寧紹台道麟趾前往曉諭，解散脅從，並派游擊黄金友帶兵相機剿辦。首匪宣布文等膽敢糾衆圍燒村莊，殺斃紳富，胡元博等分兵進攻，追至餘姚、上虞交界地方，將宣布文擒獲，其盤踞裏山賊首徐六耀，亦經兵勇攻破木卡，立時拏獲，並生擒匪首多名，奪獲槍炮旗幟多件，各犯均就地正法，城鄉一律肅清，黄春生一犯仍著嚴拏務獲。紳士邵元照等把持官府，立碑縣堂，復僱勇拏人，以致釀成事端，候選光禄寺署正邵元照，著即革職。舉人張文翰、生員洪宗敏俱著斥革，一併交地方官員嚴加管束。前任内閣學士朱蘭，雖不知有設局刊碑等事，惟在籍大員，當鄉愚滋事時，輒自避居府城，以致釀成巨案，著交部嚴加議處。署餘姚縣知縣崔家蔭，不親往勘驗成灾分數，擅斷妄爲。餘姚縣知縣賈樹勳復輕聽紳士之言，僱勇拏人，均交部議處。所有在事出力員弁兵勇及捐貲出力各紳勇，均著胡興仁擇尤保奏，以示獎勵。欽此。

五月庚午朔　早晴。發王營，行三里，過河。二十七里至漁溝，饘。四十里至衆興，宿。是日初登車，顛頓特甚。極望黄沙土舍，回憶鄉居，如在天上。唯楊柳夾路，往往成村，對之不勝依依耳。終日昏睡，竟不成夢。

初二日辛未　晴熱。曉發，行五十里至桃源縣仰花集，饘。六十里至順河集，宿。始食杏，甘脆勝故鄉也。薙短髮。

初三日壬申　微陰，午後雨，即止。曉行六十里至峒峿，饘。客舍稍潔，可駐足。六十里至紅花埠，宿。入山東界。自來南人入都，皆由桃源經宿遷、邳州入山東，取道嶧縣、陰平、滕縣、鄒縣、兗州、滋陽、汶上、東阿、東平舊縣、茌平、高唐、平原至恩縣，名曰湖路，較爲坦夷。自河決徐、豐，又賊陷高唐，兵火阻絶，北行者遂取徑山站。自今日分歧，驛程崎仄，艱苦萬狀，亦旅人之厄也。聞山東自正月後無雨，麥種暵壞，河流皆絶。今日發順河集，舊有河，以長橋扼之。橋圮後，車者遂須問渡。今過之，唯平沙迤邐而已。

初四日癸酉　上午晴，熱甚。午後微陰，即晴。曉行五十里，過郯城。縣城外有碑，曰漢東海孝婦故里。行十里，過傾蓋亭。至十里鋪，饍。六十里至蘭山縣李家店，宿。是日至逆旅，尚未下舂。梳頭後小步村中，見人家有一二盆卉，心賞不置，風塵倦眼，爲之一開矣。

初五日甲戌　晴熱如前。曉渡沂河，狹僅溝許，可車而涉。河干榆柳萬樹，接翠無際。行四十五里，過沂州府，沙路駝𧿛。四十五里至半城，饍。漸入山徑，石骨坌起。四十五里至蒙陰縣青駝驛，宿。驛前巉岩劈翠，岩側古寺横橋，橋左右二碑書『青駝寺』，筆法秀逸。比日塵沙噴涌，蒸暑可畏，因兼程而進。壁間見湖州停科舉子史互箴《掃花遊》詞，雅飭可取。

初六日乙亥　上午微陰，午小雨即止。曉發，行百里至沂水縣龔家城，饍。午後微雨，跨轅看敖、蒙諸山。行五十五里至嶅陽，宿。途中見棗花漸落。

初七日丙子　晴熱如前。曉發，行九十里至羊流店，饍。晉羊太傅故里也。四十五里至泰安縣崔家莊，宿。旅舍墻外，樹陰蓊然，禽語甚樂。墻外榴花一樹，綺妍尤絶。偕嘯篁遊莊中地藏廟。梳頭。

初八日丁丑　陰。曉行五十五里至泰安府城外。市廛鱗比，屋後層巒映翠，皆岱嶽也。經一人家，見門裏夾竹桃一樹，鮮媚可愛。跨轅看嶽峰，殊不甚高而秀削雄厚，虚蘊萬狀。五十里至塾臺，饍。五十里至長清縣章夏鎮，宿。數日來山徑崎斜，轂石相擊，車行甚苦。今日自岱安至塾臺五十里，夾路高壟陂陀，碎石散布，不得旋轂，跌撲顛翻，摧折尤甚。蠶叢鳥道，當無逾此。

初九日戊寅　晴，酷熱。行七十五里至齊河橋。大風。渡河。自此山路盡矣。過齊安縣。行二十五里至晏城，館。遇余曉雲孝廉、陶琴子大令自都中歸，停車小話，始知周雪甌户部中進士，改庶常，陳珊士散主事。山會中者六人：馬春暘員外傳煦中會元，孫蓀湖郎中念祖得榜眼，其三人爲謝鉞、戴堯臣、趙一林也。是日因天暑塵漲，遂止宿。有土娼十餘人，抱琵琶來，揮之去。

附北行雜詩：

曉發桃源

僕人催夙駕，頭面垢不沐。泥店鷄初鳴，依稀辨平陸。沙平塵未起，烟霽樹難蓄。漸覺馬首高，陂陀入林麓。曙色川上來，露光開茅屋。客程亦何爲，逶迤自相屬。眷念山居時，幽夢正初熟。長貧乃得閑，睡味一家足。有時亦早起，空庭往來獨。小樓著清暉，翻書映深竹。胡然樂遠遊，蘆鞭苦相逐。朝曦亦可愛，流光殊接目。我家不可望，鄉思莽空曲。

晨涉沂河經琅琊入山䭾至蒙陰宿青駝寺三首

昨見穀城山，今發沂河涘。褰帷竟揭涉，波淺不没軌。川光入馬腹，微茫辨州沚。人影雜馬影，零亂在烟水。榆柳指河干，團團互接峙。窅映晨霞明，林暉閟青紫。對景誰與言？藉此滌塵滓。

我經琅琊郡，巍巍仰重城。此邦盛文獻，懷古耿難平。諸葛不可作，賢相推茂弘。此老實陰譎，史策蒙嘉聲。東渡竊政柄，周戴皆國英。自量才不逮，作賊仗阿兄。外挾虎狼重，據位莫敢争。夙憾既盡報，賊勢垂無成。更假滅親義，迫險乃及兵。討峻志養賊，避庾圖暗傾。坐受天子拜，侈媲夷吾名。豐碑記故里，千載傷我情。

征轅苦轣轆，漸入沙路仄。磦磦大弁山，石骨不可轍。踦䟫强之前，及寸却已尺。身輕付顛撲，馬足鍥山跡。維時正歊蒸，復苦赤日炙。岩邑指蒙陰，纚連盡巀嶭。青駝尤磑磳，神斧落巨劈。地力注一卷，奇氣争絶壁。誰能傳烟翠，疑是太古積。石罅結危寺，山勢故不窄。眯塵醒目睛，箕踵换骨節。頳陽息僕痛，五日宿荒驛。是日重五。

微雨過東蒙敖陽諸山

四山圍合翠重重，來向顓臾問舊封。蓑笠平生好風調，一鞭殘雨指東蒙。征途犖确幾時閑，暫喜塵清一解顔。馬首濕雲剛過盡，短鞍落日看敖山。

羊流店謁羊太傅祠

我經太傅里，瞻謁起遐慕。名德猶在人，輕裘仰風度。亂國識王衍，平吴薦杜預。豫窺君志荒，先戒煩聖慮。後儒持苛議，謂公作計誤。曷不竟釋吴，俾以爲外懼。此言誠謬悠，公見蓋有素。及身不早取，後嗣必多故。皓死更立君，江南豈可覬。侵尋及惠帝，堪此强敵樹。八王既内亂，鄰國益肆侮。公故早定謀，功成已身去。悲歎留峴山，性情如欲語。逮丁懷愍衰，藉地得東渡。千古社稷臣，如公洵難遇。才識與德量，一身乃兼數。泰山公故鄉，荒祠尚歌舞。是日居人方演劇。風景亦可懷，魂魄倘來駐。再拜登車行，九原吾誰與。

泰安道中望嶽

岱宗比峻德，瞻望肅高深。元氣塞天地，清暉無古今。峰分齊魯望，雲接海沂陰。未有東封草，徒爲梁父吟。

平原懷古

荒郊黯黯客中過，澆酒心期近若何。知是古人銜感地，孤城回首淚痕多。

濁世翩翩未可期，千秋猶恨不同時。年年遍地垂楊緑，多爲君侯作繡絲。

國士囊中莫漫論，長安乞食尚無門。平生肝膽誰能識，不敢人前説感恩。

留智廟題壁

齊魯蒼茫接翠微，風沙和淚滿征衣。疏楊馬首荒村近，落日鴉聲過客稀。自笑出山真小草，傷心奉母寄當歸。燕陲此去平如掌，排日郵籤入帝畿。

景州道中

驛吏催程報曉籌，燕南風露似清秋。搴簾忽憶姑蘇道，一塔城頭表景州。江浙間多塔，蘇州蟠門上者尤爲佳觀。景州頗似之。北地惟此一塔耳。

交河聞蟬

落日交河聽早蟬，行人立馬晚風前。分明夢到山陰道，竹徑繅車五月天。

河間二十里鋪題旅店二律

征車迢遞入河間，赤日長途未得閑。禽語林深知有店，馬頭塵起遠疑山。頗聞桴鼓連三輔，漸覺屏藩壯九關。爲指故鄉何處是，夕陽東際白雲還。

三十勞勞一第難，文章賣盡剩飢寒。藏書寂寞千秋事，舊業艱辛八口餐。未必貲郎真辱國，敢因虚譽耻求官。傷心南北瘡痍遍，孟博徒聞攬轡看。

晚次雄縣過十二連橋作

驅車出任丘，宛宛層城阿。人影亂低葦，馬蹄澀晴莎。修堤界夕陽，連橋匯微波。凉翠無遠近，隱隱聞漁歌。頽霞捲高柳，驚風掠圓荷。烟水亦未杳，好懷忽以多。農事及兹閑，平疇交新禾。僶仰慨流景，田園今如何。

五月十七日入都作

軑蕩九門開，皇居固壯哉。塞形遼海控，山勢太行迴。郡國今多事，風塵我又來。至尊方側席，誰是濟時才？

夏夜歌宴即席有作

小隊吴裝舞乍慵，水筵璧月鬥玲瓏。六街燈影金尊織，三瓦歌聲玉笛通。香語花前文簟碧，晚風扇底畫簾紅。座中誰是何戡舊，白紵翻成已惱公。

附録亡友王孟調明經詩《西皛草》百首：

孟調，初名于邁，改名章，復改名星諴，浙江山陰人。父學厚，舉人，以制藝名于時，亦能爲歌詩，爲予族父青田先生高第弟子，故孟調少以丈人行呼予。予自年十八，與孟調以舉業相競，稱於里塾，繼同補博士弟子，益訂交，結社爲文課，一時名輩皆下之，後稍爲詩相贈遺。至癸丑，予二十五歲，孟調二十三歲，始通家爲兄弟。是年余與孫子九等舉言社于里，（此處塗抹）孟調亦注名，嗣益切劘爲古學，越中稱王、李，或并陳珊士稱三少。每一篇出，互吹索之，必悉當乃已。洎丙辰，孟調遊汴，聯唱之樂，遂以寖邈。己未，予以（此處塗抹）入貲得官，至京師，珊士已由翰林官刑部，孟調亦來赴京兆試。三人者復相聚，顧皆有風塵憔悴之憂，未嘗競新詠馳雋翰，如向時脱帽推酒案持箋叫呼以爲樂。未幾，孟調病，病十餘日死。蓋相聚未得三月，而君以明經終矣。予與珊士至邑邸視其斂畢，流涕相謂曰：『孟調死已矣，顧不可使其詩弗傳。弗傳，使後世謂無我兩人。奈何！』乃搜其篋，得殘草一帙，皆遊汴後所作詩及詞。字跡漫漶，卒不可句讀。而丙辰以前作不可得。汴人有知之者，曰在大梁，寄一董姓家，顧急不能致也。夫文字之傳不傳有命焉，孟調既以文促其命，而謂身後之命，天又阨之，且將奪其命之所憑藉，是必不然者矣。吴縣潘學士伯寅謀梓其詩于都中。孟調有戚某云，見其汴中所自定詩，手寫完好，將并取以刻之，而予先鈔集其近作如左。相知之深，後死之責，如予數人者，其定孟調之文，當不戾所志趣，是即謂孟調之自定焉可矣。李慈銘序。

珧宫秋扇曲

銅仙却露流珠曉，夢狎瓊人泥蘭笑。翡幃生绿侵繡檀，粟粟鈿蟲燭房悄。珍珠絡帳牽帖犀，鉤羅茜捻温纖荑。腰襦尺六結梔子，墨花卷空湘雨啼。鏡屜雙鸞展瑶訊，泥金小卓青芙暈。鬟雲膩押象牙梳，顫起釵茸咽春韵。水奩凉雪研指星，睡蛾眉葉江蘼青。花題小印約苑翠，嬌樹一枝摇水晶。綃宫背人叩箱玉，紫海圓波染成绿。纈雲淺摺栖桂塵，凍死鴛央三十六。麝姬選帳銀荷凉，素烟亭亭來練香。葱珮微松怯蓮液，璇房避幸題粉薔。阿郎艷謌掩妝夕，捉搦紅心臂紗窄。蕉魂桂魄不長圓，吹樹團香抱孤月。燕支瑶甃生夕波，抹麗風軟愁虹拖。凉簪敲竹戛珧蹋，簇簏瘦璚螢火多。早紅梅雨丁星墜，繅作冰絲藕腸脆。嬌痕點點沾髓珊，廿四蒲萄泣遥吹。綺疏隔霧調雌絃，玫瑰七柱琅霞妍。玉晨牢騷寫秋恨，蘭颸不到緋羅天。绿綈冷搵鵝梨澀，拐髮何因織鸞翼。子夜香臺迴燭龍，花宫無限相思碧。

龍山道士法場歌

紅螺吹月夜霧開，龍山道士朝天回。銀旛金笈肅鸞隊，神仙怳惚空中來。笙匏鏗鏘雜金石，犀真叫嗷玉靈聾。紙灰卷空吹復低，冰花綷縩□[一]法衣。夜深上座展瓊秘，書燭屏風笑聲閉。有昌黎『雲窗霧閣事恍惚』之妙。

臨平

上河新雨上蘆凫，小墅春烟叫鵓鴣。莫向睡虹橋上望，好山青處是西湖。

杭州北關外泊舟

小市午時閑，春簾勸客船。城陰連野竹，江色上晴天。別意浮梁迥，羈愁短驛先。越山渾不隔，祇是莽寒烟。似劉文房。

道傍見春柳漸長

千絲膩緑不勝梳，卧水眠沙態有餘。好似雛鬟新覆額，亭亭裊裊十三餘。

道中雜詩

蒲帆影裏白蘋香，一味思家夜易長。叵耐虎丘花舫子，六更絃索做凄凉。

春半荒村尚試燈，春歌踏臂月三更。孤帆已是凄凉甚，禁得吴娘擫笛聲。

大堤登遠書感

萬里新寒接塞陰，平沙盡處見明星。漁燈凉孕鵁鶄碧，馬骨秋圍苜蓿青。故絮壓肩風更入，短靴扶力酒初醒。窮途感觸真無謂，終古河流去不扃。

[一] 校《兩浙輶軒續録》，闕字處應爲『綴』。

奉侍叔父中丞公持節巡河馬上口號

滚滚長河繞節樓，趨陪旌仗得閑遊。清門子弟闕人事，亂世文章畏濁流。瘦馬嘶寒先報曙，餘粱閣雨不能秋。瘡痍滿眼誰應起，枉費儒巾發古愁。腰聯未稱，結語陋。

枕上聞車鈴聲

凄風高館夜聞鈴，單枕惺忪别緒生。憶得年時妝鏡側，兩三檐馬打簾聲。

過鞏縣杜子美先生故里

生未入蜀浮三湘，十年哦詩筆力僵。短鞭瘦馬今日始，來經鞏洛公故鄉。鞏當千山萬山秀，俯瞰大河低可肘。洞房土室迥清奇，居者直疑皇古壽。公胡年少輕此丘，荆棘萬里貪豪遊。一官間道奔行在，九死餘生哀暮秋。可憐數年住同谷，拾橡採梠日不足。醉中罵坐豈初心，祗以長歌當號哭。當筵倘遂捋虎鬚，或者成都萬姓焦勞蘇。老嫗何物强解事，扁舟一夜歸江湖。西風勞勞鬱林道，舊夢溪堂無復到。自古詩人阨命多，當時幕府憐才少。獨將幽憤過一生，耳聞克捷心猶驚。兵戈未息公已没，蠻烟瘴雨魂難寧。吁嗟！天子蒙塵臣客死，臣有詩歌見臣志。直是離騷一片心，恨魄相望隔秋水。我詩未工身已窮，時非天寶憂則同。沄沄黄流美人杳，思在洞庭湘水東。通首渾老，起結尤嶄絶，中用《新唐書》本傳中事，有誤。嚴武事本不足信，宋子京作傳，好采小説，昔人辨之明矣。作詩借作波瀾固無妨，孟調又似誤會其意也。

洛川道中

一别青山倏半年，詩情畫意忽争妍。此間大有江鄉思，祗欠滄浪著釣船。

一川新水拖藍嫩，千里平林淺絳殷。好似故人團扇畫，祗疑歸夢到柯山。自注：越縵子嘗有柯山紅樹畫扇，光景絶似此間。

洛陽吊明福恭王

不是深宮寵遇隆，頭顱寧值當作直。陷元戎。空傳雉后憐如意，真個鴻門殺太公。拱手中原殊草草，當頭春月更匆匆。還留一塊官家肉，衹與田雄録首功。用意深曲，固是詠古高手，章法亦一氣相生，惟頸聯用事殊舛，鴻門句尤嫌不倫，結語巧而不刻。足以傳矣。

曉晴走馬河陽道中

卅里郊原結隊行，眼中風物媚新晴。平巒過雨青歸樹，寒草拖烟緑上城。隔水稻香禽語妥，當風人影馬蹄輕。天涯但得長如此，便倚鞭絲過一生。大河南北郡縣多被蝗，而河陽獨無，農事方盛，可以知長官之賢矣。

與汪暾少尉李嘉時貳尹約遊龍門伊闕阻雨不果柬汪暾

昔者李客過汴河，訪我來堅看山約。風塵骯髒行路難，昨者鞭絲指伊雒。入門下馬逢汪倫，器宇不數瑶璧琨。語言豪氣震屋瓦，爲我歷歷談龍門。自云遊跡經再宿，摩崖題詩遍山谷。浩歌平納四山秋，雪老雲頑動心目。斷冰十丈絡瘦藤，危石孤撐吐神木。逶迤百級叩樵徑，翠磴盤空互紆曲。賓陽洞名。路險境尤闢，附棘攀松敝僮僕。洞中古佛一萬尊，大者如山小如粟。鬼工鑿鑿無俗痕，醜入鬚眉道心足。潛幽韜隱相最真，百怪千獰後難續。山心佛性兩有會，斗覺神氣蠲穢濁。身輕矯捷淩絶頂，夜聽痴虬抱烟哭。天明散髮下雙闕，至今體健頭不沐。我聞此語神觀馳，汪生汪生真導師。相逢定欲把君臂，此間何可無吾詩。回頭更呼李客坐，看取名山終屬我。亟脂我車芻我馬，飽飯黄昏掩齋卧。不知天公所妒人好奇，人意欲速天能稽。老晴十日忽狂雨，一夜滂沱三尺泥。洛水湛湛那得渡，上山泥滑難容步。山鬼虚含翡翠愁，水仙不喜瑶瑠賦。仰視大野天沉沉，西風吹雨沾我襟。豈是幽靈厭塵俗，不容半日污山林。廿年會稽禹王穴，剔蘚尋碑犯風雪。此生早與山有素，肯令當前歎遼絶。對客長歌行自哀，中年腰脚漸衰頽。天涯馬足寧知路，何日擔糧决計歸？直起直落，學蘇極純之作。

三山

安坐四月餘，漸若骨節死。朅來侍旌從，勞轂復當治。河津軌途息，崖側馬足始。入山方菌縮，下阪忽弩駛。谷暄被晨衣，岩果悦塵齒。松櫪森四壁，嵐光照人紫。百轉無一同，峰峰出奇恣。局束緣蛇徑，陰風泠激矢。行人互高下，在後失前趾。尋聲諦言説，索景昧往視。讓道喜近古，叱馭慚未仕。獨愛岩左村，蓬茅契幽旨。窟室樹作門，低泉馬擔水。木棉交小麥，耕織都有恃。吾心苟志隱，勝境即在是。惜哉靈府液，重爲利名煑。山居静氣多，境外人事起。白雲自留客，投鞭已城市。在東野、山谷之間。

首陽驛

至性不可敝，秋風薇蕨新。空山窮餓日，垂老弟兄身。直諫存吾道，陰符惜故人。予方懷仲氏，何以吊遺民？起聯超，頸聯渾，腰聯未稱，結聯大方。

緱山

立馬緱山晚照昏，諸天笙鶴杳無存。披榛獨下荒祠拜，我是仙人百葉孫。小致取勝，不嫌遥遥華胄也。

大風孟津渡河

對酒復當歌，西風卷大河。浪頭争岸上，篷背得秋多。一雨水聲闊，千山馬影過。敢云豪意盡，古井有時波。篷背五字，未能稱題。收聯無謂。

河朔

斷徑荒蹊耐客尋，草長石瘦少人行。牽蘿掃碣雨浮字，踏葉下山霜有聲。世味劣如村酒薄，詩懷莽似野蘆生。也知此念終無託，每到深秋百感并。極似許丁卯，末聯率。

孟縣阻雨

漲霧浮烟舉眼愁，寥寥虚館怕淹留。山城木葉敲殘夢，夜雨河聲入暮秋。庾信早成枯樹賦，阮咸空預竹林遊。可憐半日逃羈紲，懶煞桑邊病牯牛。

客有詢鑑南春事之勝者長句答之

二月南塘鏡樣圓，水容山態儘人憐。一湖魚氣白浮樹，十户笋租青上船。酒幔嫩陰楊柳海，餳簫寒食鷓鴣天。年時半幅鷗邊席，葛帔單裙望若仙。明人似徐昌穀，國朝似厲太鴻，收句率。

曉晴散步

一宵苦雨過殘醉，破曉新晴得放閑。敗葉眷秋還著樹，濕雲争旭漸離山。無端眼淚狂難蓄，太瘦詩心愛未删。莫道獨吟餘獨賞，路旁渾已笑癡頑。第二聯清雋，結語劣。

陳珊士庶常壽祺登第假歸間道出大梁過訪席上送别

讀書廿年争此日，射策金門未三十。西風千里錦袍秋，獻壽高堂健猶昔。悲君少孤奉母居，穗燈蘿屋傳遺書。春官數謁良苦别，賴有燕婉能娱姑。三日芙蓉鏡中曉，看君親製泥金報。上有百拜加餐飯，下言兒貴歸來早。藍子花落槐花黄，摩訶一曲冰絲凉。衫巾連臂踏春月，毬仗扶頭過夕陽。花光上酒春心熱，爛醉直須三萬日。平生一試丈夫豪，亂世可憐名士拙。長年冷粥山廚寒，一朝意氣教平。人看。文章有用寧獨是，富貴逼人如此難。我從别君向西走，已分雲泥終古剖。不道天涯落葉堆，尚有今宵一尊酒。老母倚户妻停機，行矣馬蹄無再遲。卧龍山北早梅發，堂上康强報我知。高適、岑參之遺，明人高啓、國朝陳其年維崧雅擅此勝。

重九日與陶森貳尹中表登大堤眺遠

天末作重九，擔花及訪陶。嶽雲盤大野，河影落秋壕。露犬争寒吠，霜鴻礫凍毛。無嫌風景惡，有酒尚能豪。嶽雲十字，大曆七子佳境，後半首劣。

自輯數年來所作成小卷題句其上

擁褐磨磚歲月窮，牢騷風雨伴秋蟲。讀書太少才難傑，感事方多悟易通。未欲嗜奇終苦寂，敢因諧俗遽求工。相思欲寄盟漚社，多恐詩歌近更雄。甘苦自得深矣。據此，則孟調詩有自定本可信，吾知在在當有神物護持之也。

雜憶

素月銀霞淡處工，蘭芽生小不禁風。繡雲山下楊花老，零落東州盛小叢。此首本事，予知之，繡雲者，其人名也。

冬郎慣賦懊儂歌，梅尉詞邊酒債多。記得春船扶醉别，一燈花雨渡曹娥。

竹粉莼絲二月天，真娘墳上草如烟。思量何事干卿處，腸斷楊娃未嫁年。

四垂羅帳掩春愁，美玉從來出世羞。略記年時修笛處，柳絲前面小紅樓。

月子新詞半格傳，娥娥争唱想夫憐。江湖十載填詞筆，斷句飄零到酒邊。五詩風調，極似厲太鴻。

題姚近韓觀察愛怖圖觀察自言前身爲潤州蓮性庵僧，幼時夢中時遊其地，故繪此圖。

琴女瓶花任自過，定中真力走天魔。即令小朅兵刀苦，願爲蒼生掌一摩。

法喜吹成出世曲，莊嚴看作净名經。茫茫廿六年前事，我亦焦山退院僧。自注：誠墮地時，先君子曾夢焦山退院僧某來謁，寤而生誠。孟調嘗爲予言玆事甚悉。茫茫大千，何其返初地之速乎？顧恨予不能如文度七重见法深也。

不寐學東野體

擁褐中宵卧，惺惺斷夢痕。鈍驢齧樹動，飢鼠蹋燈翻。道氣扶秋敝，禪心拓夜昏。蕭寥聞雁後，此意共誰論？頷聯十字，貞曜先生忻然把臂矣。

冬夜孤坐憶陳延年

自憐枯影見孤棱，坐守爐灰剩欲冰。酒外薄寒栖畫幰，梅邊殘雪款詩燈。天侵歲墓艱爲客，人到中年静愛僧。却憶擁衾過夜永，愛閑惟有季方能。酒外一聯，松圍得意句。

中和節奉陪陳延年延益兩公子黄廷贊別駕試馬東郊至張家園林二首

勝序偕幽好，餘情不可羈。客中閑日少，貧裏酒名低。落日鴉争樹，荒村犬候扉。似聞過小劫，風物近凄迷。

調鶴留茅徑，延鴻敞水廊。蘚陰藏畫佛，花氣閉虚堂。話喜村儒拙，茶分灌叟忙。下階還悵立，人境正蒼茫。

後六日再陪同兩公子陶森遊孝嚴寺

並馬荒城曲，沙陰路不塵。地偏多日永，寺寂見時貧。倦鵲從僧夕，孱柯待雨春。故人虞殯處，捫腹一傷神。自注：憶去年送婁沅通判殯，曾一至寺。撫今懷昔，黯然久之。

山居秋思圖爲昌題

六月火雲蒸大河，埋頭喘汗卷如螺。阿昌示我一尺畫，滿紙但覺秋風多。昌汝江南舊名族，葑溪藏書上連屋。家餘五畝種花田，天與十年讀書福。自從隨宦來大梁，天馬苦被凡塵韁。夢中千里劍池月，舉眼影落長河黄。天生大才必軒舉，不見寒宵飢啖芋。從來吾道薄文章，豈獨狂歌動風雨。麥場牛角猶著書，誰謂至業須田居。知汝素心託山水，不肯憖棄先人廬。我家竹堂卧龍北，破筒窮氈黯無色。蕭寥猿鶴怨離人，席帽天涯歸未得。安得名成共遂初，却從越絶下姑蘇。相逢一笑頭如雪，更畫名山老友圖。

呈周容齋丈

弧南一星光北辰，左倚蒼玉昂虯身。黄河下天斗牛側，一笑獨遣人間春。朝廷夙聞郭有道，苦戀詩書致身早。文章已看獅鷹尊，光采猶矜鳳皇老。皮膚涷作乾梨紅，小兒飲啖無如公。暮年精意託毫末，磨頭濺水爲英雄。五十年中學書力，生氣不受十指抑。惟將寥落契道心，風雨高天叩新得。知君爲人觀君書，謹嚴簡貴今所無。羽衣仙官肅環珮，叩齒下走通天狐。河南褚公最簡妙，煤尾蛛絲得者少。涪翁學褚亦凡骨，仰嗅餘香逞妖好。君書瘦硬乃見真，要人紙背窺精神。即今京師鉅公盡傾倒，鯫生何物能儗倫。昨日新晴好春旭，爲君手注蒲萄緑。先輩高談久不耳，直當循疏古書讀。君不見城中貴遊日高車，儇薄紛紛無與徒。安得江東比鄰住，長願命作磨墨奴。觀察素以文學名，孟調在汴與酬答甚歡。孟調又有與觀察書論作詩之道，有『古之學者學而後詩，今之詩人以詩爲學』語，真名言也。其中頗言廣東徐先生榮，及叔子、蓮士、子九、雪甌、素人、季貺與僕之稱詩爲近代卓卓，而以得相師友爲幸。其書首尾不甚可辨，故不録。

丁巳除夕泌陽縣齋守歲

舊年曹縣臘，今歲舞陰春。遠道窮難擇，中年感漸真。安危偏視賊，意氣失依人。鬱鬱終何極，時艱惜此身。

懷人詩

當代張威伯，輪囷表歲寒，和平得友廣，貧賤著書難。短髮年年白，清詩字字安。麻衣墓旁淚，今日儻應乾。孫垓秀才

四子微言在，今看氣象新。高歌長戾俗，元論肯窮人。老友知心淚，空齋卧病身。幹南花樹發，不見兩年春。陳潤孝廉　閏齋已於丙辰歲歿，孟調時尚未知此耗也。

落落稱通隱，城南第幾人，糊頤悲母老，捉鼻受妻嗔。舊約禽慶在，長年馬肆貧。向來飛動意，應恨鬢毛新。魯燮元秀才　容生最篤伉儷，又好自重飾，年已五十，有搔頭弄姿之風，捉鼻句寫照宛然。

相如好詞賦，辛苦得貲郎。綸布衣初緑，官錢酒不黄。詩成必横絶，貧裏獨軒昂。幸謝他途進，於今脱碗傷。周光祖户部

雲阿老從事，五載卧旌旄。豪健依人拙，文章覓食勞。骨奇知愛馬，淚熱欲磨刀。何日手文露，因成長揖高。周灝孫大令

懷人詩，獨不及僕。又於芝村諸子，但述素人，而遺叔子、季貺，蓋未成之作也。

伏晚雨歇書齋甚涼讀書久之起步屋後小池看月二首

索妙匪自遠，多悦趣斯迥。高軒微雨過，新爽及裾領。攤書坐忘劬，展簟卧猶靳。獨賞未形寂，思與孤月靚。夜抱豁疏葛，吟味入苦茗。琴上秋氣早，爐中香意静。邈兹近取勝，俗遺予所景。此間但是家，所好或愈永。貧來肯知足，當歡每深省。睠言懷征人，馳驅正傳警。領會在韋孟之間，此間二語，尤善言情。孟調詩善作幽語，往往苦蕭槭太至，同人嘗私謂其非福壽之徵，然其悟入處，無人能及也。此兩詩理趣獨勝，下一章尤静以深。

夜中露愈下，冷風載其清。餘素曠難盡，行眺池月晴。星辰浸寒碧，迴照墻陰明。樓臺不可色，淡與烟靄平。尺水知有魚，跳沫微聞聲。瑩然一泓雨，逌爾百體輕。窺影得兩我，真覺寂不生。豈無廣川富，多好妨專情。何如舉眼處，遠想江湖并。持此叩秋夢，了了證涼盟。

子夜歌

顏色博人歡，恩誼那不乖。上床是鄉里，下床是天涯。

壽俞蔭園書記四十

神馬達千里，及半不污足。人生至四十，流品定賢俗。俞八精勤迥無匹，少小奇窮借書讀。十年挾策走河洛，苦志居然富收蓄。文章得力聞識多，就中尤勝推詩歌。骨幹開張氣淳古，格律嚴正心平和。吾鄉能者數漚縵，周東漚、李越縵。未知角勝當如何。我從辭家久無和，迂拙常受人譙訶。頽流抱柱勢日迮，議論遑敢專從苛。豈知兩奇合一耦，與君意見同臼科。君如古柯苦無色，我若折枝尤少力。小技終爲壯夫笑，時事寧無布衣責。君年方强學且成，况復佐幕知刑名。杜陵避地蜀州富，韓子從事淮西平。歌成豈但抒感喟，要在著述關民生。北風蕭蕭晚吹雪，樽酒荒燈共斯夕。英雄敢信君與我，不朽誰云今異昔。願君少除案牘苦，手爲人間定詩律。百年尚有一甲子，努力讀書完至業。

汝墳道中

日暮胡笳急，寒郊白骨多。壞雲圍大野，戰氣接三河。荒戍知誰在，浮生奈汝何？青袍塵土滿，揮涕賊中過。

睬旗店

荒鷄喔喔鳴，客子作晡食。驅車入寒楸，村落慘無色。廛肆鮮完舍，瓦石紛揭礫。焦土漸成軌，已復長荆棘。叩門索旅飯，傭保走逃賊。道逢擁衲翁，相將土銼側。無人念翁老，來往頗躃躠。墻頭呼老嫗，燧火久始得。兹幼隨嫗至，見客顔貌慴。老嫗跽剉蔫，老翁行煮麥。再三謝粗糲，春耕廢廣陌。兒郎應團兵，老人苦無力。太息甲丙來，荒亂少寧息。就如門前路，百年聚都邑。六月燒東村，糜爛及魂魄。炊爨二千屋，摇落不滿百。屋中無丁壯，丁壯均被役。稍稍逮細弱，鷄豚等驅迫。所餘眼中在，後死終一轍。日暮風蕭條，天陰夜寥寂。飢魂與敝鬼，嗚咽啼向壁。少長高宗朝，鋒鏑目未識。艱難及星鬢，蒙此長命阨。我來兵火地，悲慘已凄惻。又聞老翁語，淚落更填臆。揮杯勸之醉，舉醑有餘渴。破涕重致辭，雀躍棄杖策。戒我行勿留，少留賊將出。流離愧高意，浩歌以爲别。嗟彼衰朽年，吾生復何極！ 原本老杜而參以次山、香山諸家，敘述哀痛，布置老成，然視東漚高郵道中書事二首，又有厚薄疏緊之别矣。宋元以來善言喪亂者，遺山之老蒼，青丘之警爽，梅村之委婉，此皆得之。

南道

開冬二日風怒號，排墻倒樹狂如潮。乾坤晦黯失真相，我發南道當斯朝。黃沙之中別親舊，握手不辨言嘈嘵。引衣蒙頭出門去，四顧漭瀁心煩忉。行路艱難易短氣，得勢惟有塵壗高。眼中萬景全失託，身世百感悲兵囂。即今南方苦群盜，妖腰亂領填四郊。旄頭火光照千里，指顧村落來灰焦。縣官□□保境内，將軍總統翠尾貂。黃金斗大亦何事，天弧一星騎招摇。蒙古兒郎好眉骨，安得躍馬從而曹。左手雕弓大羽箭，右手七寶千牛刀。三十六人擁馬後，殺氣所向窮犇逃。人生有此亦足豪，世間儒術輕于毛。可惜三尺不我操，骯髒塵骨埋青袍。幕僚上坐飽一粟，議論以外無功勞。吁嗟！從軍所貴惟殺賊，萬里何能惜離别。仲宣登樓空復悲，漢家黄巾滿梁益。輪蹄無謂年復年，散髮風前長太息。瀏漓渾脱，字字飛騰，長歌傑出之製。

七陵

洛水湛湛晚欲澂，虎牢秋色尚崚嶒。年前一掬冬青淚，又整殘衫過七陵。

邯鄲旅店

滿衣塵土晚停車，洗脚升堂一碗茶。自檢松條蒸粟飯，不知清夢落天涯。

贈登封王丹麓縣令並柬洛下汪東初

伯樂一顧萬馬喑，鹽車骯髒乃有真。即看俗吏浩如海，我能于畫深知君。吾家山水維與宰，本朝奕奕尤有人。麓臺荆川太崛强，後來幾輩傳芳芬。畫山所貴得山性，必有身造方能神。聞君放衙對二室，床屋末屑收凡雲。觀香積翠半奴走，天風玉女來比鄰。癯龍顒顒踞其肘，下筆寧顧造化嗔。吾家禹穴頗神秀，十年跂脚凌秋氛。石氣到骨心計拙，山風吹衣皮膚皴。出門短策走汴泗，披髮仰笑誰將倫。中朝人物過江盡，韓陵片石今無存。山河污濁誓一洗，小夫撟舌疑金根。黄沙茫茫眼睛死，猶能爲子開浮塵。丹青雖好亦小技，願君手挽蒼生春。墨池涓滴蓊霖雨，壽民當與名山均。乾坤清氣本吾有，毋厠齷齪凡兒群。此意人間會者鮮，爲誠問訊窮汪倫。有超秀處，有老横處，聞君數句，極似東坡學李山河數語，復似山谷學杜。能者固無所不可也。

自題畫二首

細檢涼秋滕老饕，菊花宜粉蟹宜糟。西風一夕將霜至，東浦航船酒價高。

故屋西頭枕若耶，當門一樹密梅花。何年得向傳燈院，更乞山僧夜煮茶。

補遺：

丙辰人日同人雪宴芝村寓園送叔子入都

江村十里風雪昏，春船燈火催送人。敝裘上座半酒客，各有萬感叢一身。越山蒼蒼鬱清氣，前輩風流久凋敝。漚堂主人真好事，獨以淳文洗寒鄙。曲江一醉宫花新，翻然歸卧南湖春。著書自足娱老母，乞米不肯鬧比鄰。素箏濁酒選佳勝，睥睨名流足豪横。同時孫李亦詩傑，謂退宜、越縵。折軸汗駒不能騁。側身頫瞰横流高，洪鐘所應無聾瞽。抗懷已覺古人少，入俗未免群兒逃。何况烽烟迫飢凍，極目關河託哀諷。蒼生會待斯人蘇，文章豈直名山重。嗟余落拓輕故鄉，行且短劍走大梁。君今幸假尺寸柄，正與天驥資騰驤。願君功名蓋當世，肘下黄金眼中事。十年種學道在兹，毋爲區區昌其詩。

傷都督向公病歿軍中

夜帳星辰隕，東南哭素旃。出身經百戰，授鉞感衰年。聞道樓船返，翻愁鐵甕堅。壺頭師未捷，悁悵馬文淵。僕亦有此題七律兩首，頗爲同人推服。又有五律一首，已删去。尚記二語云『積閥艱黥卒，登壇恃重名』，足與此詩第二聯相發明。後半首史筆深嚴，詩人忠厚，俱得之矣。

孟縣謁漢漢壽亭侯墓

百戰纔分鼎，吞吴恨未銷。讀書知國賊，愛士過群僚。所向無中夏，爲靈壯本朝。至今尊奉意，宫闕閟蕭寥。過字原作下字，以與本傳不合改。然此句終欠嚴重，病在群僚二字也。腰聯簡括。

聞江南軍聲大捷喜而不寐作此 四首

夜火落星旄，江聲走賊壕。力窮名將出，恩重戰功高。酒瀝匈奴血，花明日本刀。九重深望捷，庶以慰憂勞。

反正亦何害，雲臺畫李忠。酸辛謝妻子，慷慨赴奇功。屬國尊都護，殊恩拜總戎。亟須嚴賞罰，東國酒漿空。

揮淚喜心極，浮生意氣增。將軍新受命，小寇爾何能。飛檄滿淮浦，連兵下秣陵。商量江路近，歸計詎無憑。

廢壘黄山暮，寒烽赤壁秋。瘴深宛馬死，幕冷楚烏愁。及此收天險，猶能剪國仇。無爲效楊僕，頭白始封侯。四詩雄厚渾雅，章法都稱，可以上逼老杜。

春分後二日陪諸貴客登吹臺用李獻吉登繁臺韻

旅情荒落掩蒿萊，强逐豪遊上吹臺。盜賊積年春事晚，河山無際亂愁來。蕪城過馬塵逾上，花墅無人雨自開。薄酒不堪懷瘦杜，高歌青眼有餘哀。

贈陳延益則效其體並送其遊孟縣

靈和濯濯柳絲新，艷雪聰明自解塵。老輩早□□□□，小詩能和管夫人。紅羅冷落商量夢，緑酒酸寒報答春。聞説河陽好風景，故應宜稱淡吟身。

送客歸山

三月夷門雪，黄河凍不流，看君驅瘦馬，破帽下徐州。酒洌楊梅紫，田收橡栗秋，終年玩雲氣，世事此悠悠。

戊午元日書懷

藺足天涯又一年，壯懷鄉思兩茫然，無多好尚猶妨俗，有數才名莫問天。得意幾曾鬭馬足，置身空欲競鷄先，誰能久事官傭筆，坐使窮途羨介鶱。

湘夫人歌

秋雨江湖帝鄉隔，湘竹叢叢楚天色。朝雲一角靈旗風，山鬼伶俜蹋空碧。冰絲五十湖南歌，刺船欲往愁横波。山中桂樹晚花落，烟外月明何處多。

附詞：

望江南 念西鼂山居作也　讀十六闋，如食吾鄉大洪山笋，飲東浦釀酒，令人鄉味足十日醉絶。

山居好，十里鏡湖南。鶯塢剩雲栖舊竈，岊山飛雨落虚潭。餘翠掩松杉。

山居好，門外野梅春。縛筧讓根流水路，折枝横髻過年人。香意隔溪新。

山居好，寒雨破春烟。百道溪喧魚網重，一犁泥滑燕翎偏。贏得酒杯閑。

山居好，風景晚春天。花裏夕陽西子社，柳邊涼篷上河船。嬌煞小青帘。

山居好，兒女慣蠶忙。束笋工夫才入市，焙茶天氣又分綱。還待剪春桑。

山居好，時節又梅黄。醉覡解談鍾進士，水村多唱蔡中郎。蹋月下前岡。

山居好，縛個小茅亭。藤几教安多竹處，苧衫來卧古松陰。汲水浸雲根。

山居好，涼月夢回時。自捉書燈尋蟋蟀，偶携漁艇訪鸕鷀。水際最相思。

山居好，清話夜初長。芋白栗黄山酒熟，藕絲菱角月臺涼。風逗竹釵香。

山居好，斗米納新租。破甑香紅炊晚稻，壓船殘緑賣秋蘇。生計不曾疏。

山居好，木落小樓高。涼思著衣琴語歇，烟情如水畫禪遥。風雨更蕭蕭。

山居好，新醡酒香微。暖窨花如嬌女瘦，春盤橘似粉奴肥。燒葉閉寒扉。

山居好，深雪訪精廬。斷竹聲中孤鶴醒，蜜梅香裏一僧癯。借讀寺樓書。

山居好，幾處負暄同。矮屋書聲開小學，地爐閑話就村翁。餘味耐冬烘。

山居好，新曆報宜春。花勝看粘蓬户小，松明自撥粃盆匀。又過一年貧。

山居好，幽賞四時宜。略比神仙多眷屬，便忘年代也期頤。因甚判輕離。

醜奴兒 冬閨

蜜梅花外天將雪，劃襪黄昏。人似爐熏。祇得春情一晌温。　寒宵偏是無心曙，半睡還醒。暗淚無痕。涼做繚綾一角冰。

四和香夏日雨後

準擬輕紗籠薄暑，忽做纖纖雨。雨後隔墻聞笑語，夜來秋幾許。　一樹嫩陰無著處，燕子凉邊絮。簾静不教香散去，點書閑過午。其境清以幽，其趣静以永，結韵尤有妙會。

霜葉飛書感有寄

江淮楚豫。干戈地，疲驢何日歸去。連營燈火笛聲中，千里關山雨。寫尺素，留君且住。黄河木落秋聲苦。來共此窮酸，脱帽向楓天，唱我一秋詩句。　何况慘緑西風，艱難行李，早霜晚雪欺汝。江東無我誰能酒，更恐歸無主。好珍重，萍絲柳絮。牛毛富貴曾何與。常侍貂，儀同狗，落日愁邊，乾坤如許。

月華清冬夜宿河上金司馬水亭

一桁凉陰，半壚初月，好個水邊亭子。誰判到今宵，著個練裙秋思。壚眼處，暗柳冥濛，料有夢，和烟渡水。無睡。聽西風打屋，楞楞窗紙。　更倚危闌遥睇。憐十畝冷香，荷柄都死。野蔚平窪，人道黄巾曾至。費幾許，小刧魚龍，算做得，夜凉如此。空付與。荒城殘角，訴當年事。亭前池子，傳是李闖灌汴所積。

卜算子秋閨

墜葉打簾衣，閃得秋燈碧。寂寂房櫳小膽寒，斷雁來時節。　薄倦反惺忪，錯怨羅衾窄。孤負西風度玉門，有夢來今夕。

蝶戀花

蓬山只在傷春處。不隔天涯，但隔梨花雨。多分日長無意緒。紅樓一角斜陽暮。　今日鞭絲慵再駐。簾底分明，强道匆匆去。擡眼畫橋楊柳樹。年時拍扇兜香絮。

摸魚兒戲柬陳菊莊別駕

餓書生，但求飽耳，其他非所知也。相逢小恣屠門嚼，食肉健猶如昨。叶。君莫詫。君不見，杜陵醉死牛心炙。酒杯誰借？剩飽喜飢嗔，貪眠白地，横被灌夫罵。笑公等，坐享太官廚者。安知大庇天下。飢來何不餐乾腊，幾輩傷心此話，君解麽？便麥飯，荒涼也待春衣貰。等閑腰胯。算不若從今，一肩破裼，同唱寶坊化。宋玉《招魂》中列食饌一段，知播間乞士，千古傷心。

百字令六月晦日至黑堈金司馬聽事觀荷

平堤廿四，暫偷閑存訪，菰烟蔣雨。秋近水鄉纔幾日，凉得晚荷如許。露暈疏紅，風摇亂碧，花氣愔愔午。葛衫人影，鷺絲來共秋語。休問環珮當年，畫船吹笛，寂寞横塘路。一屋冷香團作暝，簾幕悄無人住。斫藕論錢，拗蓮佐饌，狼藉憑誰訴？瘦魂飛盡，夕陽衰柳知否。

金縷曲薄遊宛南感賦

又踏黄塵去。笑年年，馬蹄無賴，苦禁人住。三十許人成底事，孤負麻鞋肘露。算有甚，此中佳處。局促諸侯賓客坐，詎隨緣粥飯堪終古。南國恨，况兵火。江城水落書歸否？倘傳聞，平林盜賊，應愁慈母。小屋梅花茅店月，殘夢一般悽楚。更休道，青衫遲暮。兒未成名親漸老，便眼前菽水何時補。只贏得，一千路。

補録二首，從予甲寅、乙卯日記中録得：

甲寅秋初自姚江歸柬季貺並寄蒓客

昨從李白來，爲言山居日。卧病剛兩旬，讀書已一尺。其時春暮我暫歸，花落雲深望難即。多君屢問元晏苦，慚予未款崔儦室。出門莽莽江流渾，春寒筌冞衕齋昏。遠聞故人半羸卧，我亦布被呻羈魂。十年苦學饑寒力，鬼妒難平例灾疾。一身百罅已莫補，滿地干戈更何術。秋風牢騷哦楚辭，願君强起張羸師。山河枯燥奇見骨，世事鬱怫形爲詩。蘿庵詩人病不死，吾道堪行卜於此。會須同上叉魚船，來向斜陽話烟水。蒓客今春以病居柯山蘿庵，時予旋里，數日即行，匆匆未及一訪。今予歸，而蒓客已還郡城，故云。

蕭山寄懷李大

忽忽已成三月别，故人道爾苦吟詩。傷時涕淚狂猶昔，倚樹光陰病倘支。下潠有田供著述，上春多雨足相思。商量載酒湖南路，擘脯彈箏定幾時。

附録：

夜與東甌論文聯句用韓孟同宿聯句韵

孤生叢飢寒，寂處謝謗譖。芬。風禽拙嬉敖，淵魚悦沉浸。誠。味道匪擇腴，飲俗况中鴆。芬。矜野趣敦微行，癯情愜累枕。誠。迹迂世所宥，性懶天亦任。芬。癖古甘墨慵，痟中觸酒禁。誠。花僭初韶，斥葉戀餘蔭。芬。澄宇梟曜翕，凍野百吠噤。誠。眵燈怯霜威，癖琴愬雨讖。芬。種學言方萁，蓄隱志已賃。誠。識洞金石敝，語烈冰雪滲。芬。交鉤競創獲，猶驥汗赴飲。誠。淬鋒刊枝詞，猶日破氛祲。芬。畸論耦兩奇，塵縛脱一闖。誠。名礬愧獨躓，學緶喜共沁。芬。物妙鎪蟣蚊，天心橐聾喑。誠。及爾勤著書，至業出耕紝。芬。

冬日泊雨西嵬山下再疊前韵寄越縵乙卯

萬木喧高秋，一雨返其嘿。接葉屯來雲，霜華閃寒色。山意在混茫，烟靄匪所惜。謖謖風吹瞑，沉沉晦疑夕。渾沌入奇想，幽渺拓近識。石氣冷上衣，陰崖動魂魄。獨憐造物窮，百想創一得。元氣不忍敝，艱難起枯寂。荒寒使之悲，流光乃成别。舒慘豈有常，寄妙偶遺跡。孤夢不可餉，兹賞定予納。造景得所悟，鄉情待君説。命意稟詞，俱在韓、孟間。荒寒二語曠莽尤絶。孟調與余往還詩札極多，頃客中衹得此作，亟録之。君祖父皆葬西嵬山，故常以自號云。

咸豐庚申正月二十四日手寫于京師宣北邸舍，畢一卷。共爲詩七十五首，詞二十五首。

三代忌日記

古者忌日，哀而已，無所謂祭。祭非禮，祭而益及先世之生日，尤非禮。雖然，禮者，先王之所以繫薄俗也。古人報本終其身，忌日不必爲禮，而遇之怵然感其心。今人親死不數日，而宴笑揚如平時。忌日不祭，將并其日忘之矣，故攝以冠服，肅以几筵，禮之所不得已也。予生育于祖母，十四年而祖母棄養，又三年遭先君子憂，又七年本生先大父母相繼殁。其所以教養愛護之者，皆不肖一生日日椎心泣血而不足酬也。顧僅舉其忌日者，自責於孝不足也。予家祭及九世，而斷自曾祖者，自量以上追遠之誠不能及也。嗚呼！貧家歲時，烹藜饌菽，草草設一觴一豆，具敝衣冠，鋪席而拜，已云悲矣。乃復一身遠役，賃廡索米，不能具醨糟之奠，瞻望天涯，不得侍老母，率弱弟，與奉炙之列，乃轉援古之哀而不祭，以自附于撤縣去琴瑟之義而已。嗚呼，其可傷與！　己未五月慈銘記。

曾祖孝廉公：八月初八日誕辰，十月十七日諱辰。

曾祖母倪孺人：十月初七日誕辰，二月初五日諱辰。

祖考茂材公：八月廿二日誕辰，二月二十日諱辰。

祖妣余孺人：十二月廿一日誕辰，十月初六日諱辰。

祖妣倪孺人：十一月十七日誕辰，十月初二日諱辰。

本生祖考司馬公：十二月十九日誕辰，四月三十日諱辰。

本生祖母顧安人：二月初二日誕辰，十月廿五日諱辰。

先祖側室張節母：六月十六日誕辰，二月二十日諱辰。

先考朝議公：七月初七日誕辰，七月十四日諱辰。

叔弟勉齋：十二月廿六日忌日。

外王父茂材仁甫倪公諱振麟：十一月初五日誕辰，初四日諱辰。

外王母節孝孫太孺人：五月二十日誕辰，十一月初八日諱辰。

太恭人八字：乙丑　戊寅　丙申　丁酉　正月十一日。

仲弟：辛卯　丙申　甲戌　甲子。

季弟：乙巳　庚辰　戊寅　庚申。

壽姪：甲寅　甲戌　戊午　壬子。

僧慧：丙辰　丙申　己卯　甲子。
馬宜人：甲申　乙亥　丁未　丙午　九月十八日午時。
長妹：丙申　癸巳　乙丑　乙酉。
次妹：己亥　甲戌　癸亥　癸亥。
三妹：壬寅　甲辰　辛未　甲午。
鄭妹婿：辛丑　乙未　丁亥　癸卯。
張妹婿：癸卯　癸亥　丁酉　癸卯。
容甥：戊午　甲寅　庚寅　己卯。

由廩生捐貢百八兩。由廩貢捐太常寺博士銜七百五十兩。
右共八百五十八兩，于江蘇上海絲茶局報捐實銀壹百廿九兩，咸豐八年二月上兑。九年六月廿五日奉旨。
由捐職常博捐常博壹千壹百柒拾兩，由候選常博捐主事壹千弍百五十一兩。
由候選主事捐員外弍千四百叁拾兩，由候選員外捐郎中壹千壹百五十二兩，捐足三班壹千七百廿八兩。捐分發八百兩。捐免保舉壹千兩。
右共玖千伍百叁拾壹兩，于福建票本例報捐。

咸豐九年新例：貢監補交四成銀數。

廪貢二十四兩。增貢三十二兩。

附貢三十六兩。監生四十三兩。

單港南崦阪南岸　調字弍千一百四十八號田，叁畝玖分捌厘柒毫，土名羊五畝。原租一千〇卅斤，佃户單佳章。

南港　天字四百六十二號田，叁畝柒分一厘三毫五絲，土名南港四畝。原租一千〇六十斤，佃户金大德。

南港南岸　調字弍千一百六十二號田，叁畝捌分五厘，土名窄底。原租一千弍百十七斤，佃户李大榮。

鷄頭港　天字四百卅五號田，叁畝〇弍厘〇〇四忽，土名且角。原租一千弍百斤，佃户樊阿桂。

鵝池漊南岸　天字五百五十一、二號田，弍畝九分六厘柒毫、弍畝八分三厘四毫。土名壽裁縫。原租一千七百一十斤，佃户賀仁德、仁祺。

南港南岸　調字弍千乙百四十四號田，肆畝正，土名黄四畝。原租一千弍百斤，佃户韓國瑞。

石家漊　天字六百卅八、卅七、四十一號田，四分弍厘六毫、壹分、弍分五厘。土名石家漊八分。原租弍百五十斤，佃户賀家齊。

鵝池漊　天字五百五十七號，中田伍畝五分陸厘，土名羮田。原租一千七百一十斤，佃户單光金。

已上共田叁拾畝零柒分〇柒毫五絲四忽。除鷄頭港田叁畝〇弍厘〇〇四忽。净得念柒畝陸分捌厘柒毫五絲。每畝五十六千。得錢一千五百五十千零五百文。計銀捌百柒拾伍兩。每兩一千六百四十四。核錢一千四百三十五千零八百，應找錢一千一百四十七百。

九年己未冬十月丁酉朔在京師　晴。是日皇上頒明歲《庚申時憲書》于天下。予自五月初十日抵山東德州後，車轍迍邅，僕馬都倦，又苦炎赫，不復能事觚翰，遂輟日記，今日始復記之。珊士來。顧壽楨孝廉來拜，不見而去。

夜閲錢氏大昕《十駕齋養新録》，乃隨時劄記之作，不及《日知録》《蛾術編》諸書之賅博，而考證古義，搜輯佚文，亦卓卓可傳。其論古人若好惡等字，皆無虚實動静之分，乃後人强别以音聲者，因引《大學》『國治』及『治其國』兩治字，陸德明一音直吏反，一云當讀平聲，而齊修正誠格字皆不聞有兩音，何獨於一治字辨之？爲尤可笑。論甚新確，足破千載之蔽。餘論古字通用，若曰與聿通，勉與俛通，嬙與墻通。斫無坎音，今俗作斫固非，作砍亦俗字。『予尾翛翛』之翛當作脩，古無翛字。『上帝板板』之板當作版，《説文》無板字。贄字當作摯，贄乃俗字。《大學》『新民』當依舊文作『親民』。皆有至義。其論史學亦細密。論雜學頗多采掇它書，罕所推發，因爲作兩跋，大略論之如左。案：『板板』之板，畔之假借字也，畔者反也。

初二日戊戌　晴，大風。都中自秋末多厲風，揚塵漲天，几案皆滿，南人至此，心目爲昏。潘紱翁侍讀來。紱翁名曾綬，太傅文恭公子也，以四品卿秩居京師，工詩好士。自予入都，陳珊士稱之于令子伯寅學士，學士侍直海淀，見吾鄉人，數詢及予。未幾，紱翁忽來訪予，以他出未得見。次日書來，索予詩及叔子兄弟詩去，旋各題詩見還，推獎甚，至題予詩有『才如之子少，海内孰知音』之句。數日復來訪，又不值。予始往答。頃索予自丙辰來日記觀之，謂當今無兩者。今日來談詩文甚久。予戇拙，不能事貴游，又素偃蹇，懶酬應，平時未嘗以文字語人，故問名者絶少，亦不以此爲意。然紱翁愛才之雅，不可忘也。傍晚偕叔子、嘯篁微步里中。夜飲五興和酒家。歸後，復被嘯篁、秋江苦拉至倡家飲。戚施籧篨，連臂接肩，號叫紛呶，奇醜百出，殆不可耐，真如入羅刹鬼國矣。三鼓歸。

初三日己亥　晴，又風。洪秋江太守招同叔子、仲彥飲毓興合酒家，夜歸。舉人杜五樓者來，爲予評（此處空白），僧慧造爲丙辰、丙申、己卯、甲子。五樓謂係土金獨傷官格，當主清貴，勝于前人。則予家積善百年，曠僚五世，我生有命，天道寧論，後起之望，不敢覬也。

初四日庚子　晴。偕季貺至三慶園聽三慶部戲。都中梨園之盛，冠絶天下。其部之最著者，四喜、三慶、雙奎。予五月入都時，四喜最噪，新妝出簾，廣場絶倒，結纓接裾，坐不容席。雙奎次之，而三慶幾屏不齒。旬日來，復群趨之，一伶發聲，萬衆噤視，坐者交股，立者踏肩，回視四喜，幾落寞矣。一演劇耳，尚盛衰轉轂如是，人心之好惡，寧可恃耶？晚歸。秋江邀同仲彥、季貺至如松館小酌。

邸鈔：前總督譚廷襄以三品頂戴署陝西巡撫，前尚書朱鳳標授大理少卿。二公皆吾鄉人。譚公以去年夏暎夷船至天津，來要和。譚以夷性不可測，奏請嚴爲備，待其戰，臺臣多和之。上以中國多事，欲招徠夷人，嚴旨不許接仗。及夷船駛入大沽口，施大礮攻擊，奪踞礮臺，義兵皆潰，譚亦坐輿遁，遂坐戍邊，夷人卒不得和。今年五月復至，益豨突不遜，欲毁新築大沽城。僧王駐此城，復請戰。上重勞民力，終不許。夷人忽張紅幟仰攻，僧王不能堪，即出戰，大敗之，碎其七艘。次日復戰，又敗之，碎六艘，所殺傷千餘人。暎人遂遁去。上念譚，以九月間釋歸，今遂起用。朱公以去年順天科場關節事發，主考大學士柏葰以私舉子平林，羅鴻繹與房官普安、李鶴齡皆伏誅。平林斃于獄，鴻繹亦死，副主考程庭桂以其子工部主事炳采與工部郎中謝森墀、刑部員外陳景彥、工部主事李旦華、學正王景、貢生熊元培、庶吉士潘祖同交通事，炳采誅，庭桂戍軍臺，謝森墀諸人投新疆，其餘房官鄒石麟、徐桐俱褫職，監試官御史尹耕雲、府丞毛昶熙等十餘人降革有差，朱以病無所預，乃止削職，今亦起用云。

初五日辛丑　早陰，午晴。是晚成七古一首。

贈陳德夫水部驥**並令弟棣珊户部**景和

薊門三日風怒號，馬頭落葉來如潮。太行山色遠無極，舉首惟覺秋雲高。短鞭款段長安市，眼底飛騰見陳子。一言真覺千金輕，握手能爲百年始。終年兀兀常苦吟，讀書所至忘升沉。微官直爲國家贅，高歌誰識屠沽心。君家閥閱重京邑，尚書憂國早頭白。本兵一身繫九州，盜賊縱横竭籌策。君今群從盡才俊，朝廷急才各思奮。天生世家要有用，故令飢餓等寒畯。慈也落拓困世儒，罪言欲上豪强狙。痛飲一旦識驚座，感召意氣真吾徒。六街咽闐轉華轂，平頭豪奴日馳逐。豈惟文字有深契，自是風塵樂幽獨。吴兒覆額青絲長，銀燈夜月春醅香。偶然買醉亦快意，順郎一曲能斷腸。回首烽烟滿淮甸，遠道思親淚如霰。人生有田足歸養，寧使躬耕困箕斂。我家老屋鑑湖濱，避寇君曾暫結鄰。莫忘溪山佳處去，白雲早作耦耕人。君以丁巳秋侍其尊人避寇來越，今甚憶其山水，有結鄰約云。

初六日壬寅　晴。作書致德夫。德夫來。偕叔子、季貺、德夫、五樓（二字塗抹可辨）至廣德樓聽雙奎部。

邸鈔：欽差大臣勝保准其解任奔母喪，以署漕督袁甲三代之。

夜與德夫、叔季兩昆談甚昶。

初七日癸卯　陰。終日無事。夜闌雨作。成七古兩章。子恂來屬撰夏烈女墓誌銘。烈女名春姑，揚州人。父名天喜，業優，僑京師。烈女字王氏子。閱十八日，王氏子死，女聞，不飯，次日飲藥死。

讀王孟調遺集有洛川道中詩云好似故人團扇畫祇疑歸夢到柯山自注越縵子嘗有秋山紅樹畫扇云云展念逝者益觸旅懷爰演長歌寄故人沈瘦生司馬孳梅瘦生故居柯山也

故人家在柯山曲，門外溪流轉寒緑。板橋一抹長林西，盡日烟霞看不足。山深幾日生秋風，樹色盡作胭脂紅。斜陽隔山渲金碧，畫屏慘淡開天工。平昔看山愛秋晏，寫入吴紈白團扇。畫中佳賞誰最同？濁酒扁舟載王翰。尋君遥指松扉開，破帽風前笑相見。第五橋柯山橋名。邊詩思多，林陰席地共婆娑。年年好景常如此，放眼湖山一醉歌。遠水遥山入秋暮，多少征途此中去。漁舍多依薛荔灣，估船偏問鴛央渡。皆柯山地名。王郎去客嵩汝間，余亦勞勞别故山。江路雁來知有夢，白雲秋盡幾時還。燕雲越樹動成憶，把臂王郎忽長别。黄沙落葉滿長安，寒日蕭蕭素車出。擘脯彈箏醉幾回，遺詩讀罷更堪哀。分明洛水疲驢道，曾得家山一面來。遥憐瘦沈依山住，紅到山中幾千樹。已是題詩失酒徒，扇底風光更何處。何日僧廬返病身，緑蘿禪榻結比鄰。西頭更觸浮生慟，滿目山陽笛裏人。予於甲寅春偕三弟楙養疴柯山之蘿庵，瘦生朝夕相聚，今弟殁已三載矣。予之居蘿庵也，亡友蕭山陳荃譜孝廉力勸之，孟調時自姚江寄詩，有『蘿庵詩人病不死，吾道堪行卜於此』云云。今既悼陳子，復痛王生。存殁之感，何能自已，因并記之。

送季眖之官閩中即便道歸里

至尊宵旰憂蒼生，特詔輸粟充邊征。權時變策濟國用，不欲科第窮功名。丈夫讀書不得意，破家獻金爲國計。微賤有地足自效，遑恤貲郎衆所棄。翳君與我同沉淪，平居討論窮本原。盛年才力惜塵耗，低頭諧價鴻都門。大河南北江左右，屹屹堅城百無有。閩疆新創猶可爲，君望瘴山負弩走。今年同上黄金臺，伏見雙闕高崔嵬。退談時務輒噤口，酒徒四散驪歌催。馬前一尊送君去，海國天寒隔蠻霧。輪蹄踏盡十月冰，斗際觚棱定回顧。甌寧夙號風俗淳，近來猺鬼何縱横。南劍數州次收復，户口瘡痏猶未平。海外荷蘭一千里，夷琛蠻賄不可計。朝廷德化馴諸番，要待清强鎮文吏。願君勉樹循良聲，廉勤所矢無近名。棠陰治譜有家學，進身豈得他途輕。聖世待人破資格，草楦麒麟乏驅策。莫因寒餓重一官，肯爲時宜貶儒術。難兄十年老修史，我亦侏儒愧索米。王生已死孫郎垓衰，吾道干城在吾子。此去殷勤重締姻，袁耽有妹足安貧。時以從妹妻君。一家風雪柴門閉，藉汝平安報老親。眉批：我爲此孽豎作此等詩，真欲自剥面皮，傾崑崙之水不足洗其耻也。

初八日甲辰　小雨寒陰，晚晴，夜月寒甚。秋江招同叔子、季貺飲如松館，晤洪驪生庶常麟綬。與叔子夜譚詩，因及時事通塞、友朋聚散之故，至四更始罷。連日詩興大佳，燈柱栎周，復成七律一首，不過清穩入律而已。

七月間家書來得凡公所寄詩今三月矣燈下展誦走筆酬之

易水寒生早雁哀，故山靈澈附書來。茶香經卷燈前永，佛影瓶爐磬裏開。别爾半年江路闊，懷人千里鬢毛催。林泉行脚應加健，破衲寒天尚募梅。凡公有募梅精舍，詩集曰《募梅集》。

初九日乙巳　晴和。偕季貺至慶和園聽三慶部，晤德夫及潘譜琴庶常祖同、味琴刑部祖保兄弟。德夫邀過慶樂園聽雙奎部。晚復招同季貺、味琴飲毓興合，招蘭生、蘭仙、蘭卿、菡仙、采珠諸郎侑觴。漏十下歸。

初十日丙午　晴和。偕嘯篁、季貺（四字塗抹可辨）至慶和園聽三慶部。

十一日丁未　寒，日半陰，大風。

十二日戊申　寒甚，始冰，晴，午後陰。訪潘紱翁、周雪鷗、家雅齋、慧菽兄弟都晤，飯于雅齋家。慧叔新舉京兆試，意得甚，頗涉矜語，予不覺勃然，形于詞色。自維幼習制舉業，十六歲時粲然成文，已有菲薄科第諸公意。至二十歲應鄉舉，垂得者屢，一時英絶，無足當言。每一藝出，噪絶時輩，紛紛青紫，直唾洟視之。其時若慧菽輩，皆王夷甫所謂蔡克兒也。今忽忽十餘年，轉跡南北，爲群兒所姍笑。自來志士不能忘情于世俗功名，政自取侮耳，于人何尤？下午至山會邑館，晤顧祖香。

十三日己酉　晴。得家書，知賣去會龍堰田七畝有奇。偕叔季昆弟至廣德樓聽三慶部，晚歸。夜讀家書，得五古一首。

月夜寒甚讀家書

朔風入寒夜，嚴霜積庭墀。仲氏有書至，慘悽不成辭。上言我母老，虀粥難支持。下言兒女稚，天寒啼朝飢。弟妹復多病，藥餌無人施。債券盈一尺，催租日凌欺。近割渦陽田，倉黄救燃眉。哽咽未終讀，摧惻傷心脾。我家號素族，一頃先疇遺。詩書與菽水，事事恒仰斯。勤儉承世業，安貧重別離。予也涉浮慕，忽有仕宦思。違親竟破家，貿然來京師。微官格吏議，苛求及銖錙。一試又被蹶，垂首不敢嘶。寄食仰友誼，尸饔累親慈。朝廷廣輸納，階級充優廝。謁選數萬人，捧檄無所之。予本專愚流，動輒違時宜。生産懶不理，壯歲猶兒嬉。見人輒吶吶，諂笑違所知。薄植昧自量，途窮亂百爲。此舉誠職咎，此志良可悲。三十不成名，仰俯無餘貲。變策思自展，奮身效明時。覬幸或一得，稍可營烏私。間關走異國，回望常涕洟。今夜故園月，冷光薄庭幃。一家盡寒色，圍坐計歸期。所禱皇天仁，薄祜酬深危。三世殁未葬，存者日以衰。但遂粟布早，不希茵鼎遲。科第身外事，遑敢怨數奇。願弟勉承歡，苦志倘不違。詩成指斗柄，漸漸横南箕。下有我鄉邑，吾廬斷晨炊。

拉雜寫來，遂成長幅，字字真情，無一虛假，不暇計其工拙也。

立冬　十四日庚戌　晴，午後稍和。偕叔季兩昆弟至廣德樓聽三慶部，晤德夫及袁保恒侍讀。季貺晚招同德夫及袁侍讀飲如松館。

十五日辛亥　晴。偕叔季兩昆、杜五樓（三字塗抹可辨）至廣德樓聽三慶部，晤陳棣珊、潘紱翁。雪鷗來，不值。

十六日壬子　晴。作送王嘯篁詩兩首。

送王嘯篁試令吴中

財賦東南數十城，三吴根本繫蒼生。徵漕自昔高天下，轉餉頻年宿重兵。未必農桑支國用，須知牧令近民情。甿謡今下盈廷議，勉體艱難答聖明。今年二月間有自稱古吴老農，投書詣大臣陳漕弊。上聞，命江南大吏查明回奏。十月間，江南入告，以官吏紳民交困爲辭。上意重民困，下宰相州道集議之。

迢遞江湖試吏舟，人生仕宦樂蘇州。越東雲樹鄰官舍，江北烽烟照上游。美惡一官寧擇地，飢寒千里賴分憂。故人素業耽風雪，爲望循良譽早收。

偕五樓、叔子、季貺至廣德樓聽三慶部，蘭生演《樓會》一齣，頗旖旎。夜稍寒。秋江招同叔雲、季貺、楊子恂舍人仲愉飲歌郎杏卿家，呼蘭仙、蘭生、亦秋、喜齡、阿壽諸郎侑觴，三鼓歸。午月如晝。

十七日癸丑　晴和。偕叔畇、季況、秋江至慶樂園聽三慶部。都中戲園，慶樂地最曠，其臺柱聯云：大千秋色在眉頭，看遍翠暖珠香，重遊瞻部；五萬春花如夢裏，記得丁歌甲舞，曾睡崑崙。傳是錢蒙叟乩筆也。夜月甚清綺。偕嘯篁、叔子（此處塗抹）步詣秋蘅、蘭仙、蘭生諸郎家茶話，覺趣與景生，意興都洽，不自知在軟紅塵裏也。

十八日甲寅　晴。偕彦講、（此處塗抹）秋江至廣德樓聽雙奎部。演《趙家樓》，係標客王統、蕭雲龍結夥相殺，乃京戲之最熱鬧者，硬拳死仗，足冠天下。叔季招同秋江及一市儈楊姓者飲如松館。

十九日乙卯　微陰。紱翁來，不晤，以新刻《陔蘭書屋筆記》見贈。子恂來。昨聞吴瘦岩殁于某編修家。瘦岩名懷珍，字子珍，杭州人，壬子舉于鄉，喜爲詩古文，季貺素識之，予與見于都中，貌温雅，頗傲于時人，與予一見，若甚心折者，今忽以暴疾殁，家貧甚，有母年八十餘，子四五人皆幼，可哀也已！夜偕秋江、東漚、（此處塗抹）九亭至里中一歌郎家，乃新移居者，室宇精潔可愛。秋江命置酒，不應，乃罷。慧叔託改硃卷履歷，作片紙還之。

二十日丙辰　晴。（此處塗抹）來。遂同（此處塗抹）詣慶樂園聽雙奎部。演《四杰村》，係村書《緑牡丹傳》中事。格鬥數百合，較昨更佳。晤陳德夫、竹珊、棣珊兩公子。慧叔來，不值。竹珊來，不值。五樓（二字塗抹可辨）來，夜譚。夜分好月，叔子約出飲歌郎家，不果。

二十一日丁巳　晴。作書致德夫。德夫來，遂同容之、縠之詣三慶園聽雙奎部，演《惡虎莊》，亦京戲最有名者。晚邀德夫、（此處塗抹）飲如松館，招蘭生、蘭仙、蘭卿侑觴。清談濁酒，頗復不惡。夜作稟家慈書。

二十二日戊午　晴。偕東士、（此處塗抹）、秋江至三慶園聽雙奎部。作致任友薌書，致寄帆族伯書。夜與叔子談至才命遇合之故，悲喜互作，四鼓始罷。蓋叔子以今年翰詹下考，予頻試落解，官事又鉏鋙，故不覺言之深也。作書致子恂。發家書。眉批：慿字第六號。

二十三日己未　晴和。得子恂復。德夫來，邀同季貺、子恂至三慶園聽雙奎部，演《艷陽樓》。連日諸劇，皆都中所不常演者，演則傾動輦下，逐隊觀場，亦旅人無聊之樂耳。是日携蘭仙、蘭生、蘭卿諸郎同觀。晚德夫招同季貺、子恂飲毓興合，蘭仙等三人及亦秋、桂玲、瑄花諸郎侑觴。

二十四日庚申　早醒，覺體中不適，即起，天暖晴。得雪鷗片。秋江來。竹珊來。下午偕叔子、季雲至慶樂園聽四喜部。珊士來，不值。晚至浙紹鄉祠找嘯篁，晤餘姚謝錫蕃進士、蕭山陸和鈞孝廉。德夫來，邀同鈍楇、曼嘉、子恂夜飲歌郎蘭卿家，招蘭仙、蘭生、亦秋、桂玲、秋蘅、秋霞諸郎侑尊。二更風大起，與德夫、叔子談越中山水之勝，不覺達旦。

二十五日辛酉　風至申刻始絶，天陰，寒甚。睡至傍晚始起。德夫去。五樓來（三字塗抹可辨）。夜與諸君談徹曉。

予入貲爲郎，初意四五月間即可到部，乃閩撫遲至秋時始入奏，户部以予初官太常博士未及申明，遂持駁議。叔子、季貺力勸予改外吏，季貺并爲予謀以福建郡佐同去。予自去年冬憤棄諸生業，輸粟爲吏，繼甚悔之。至京師見天子憂勞，顧寬大，不責大臣以速治，大臣皆雍容，善言太平，内外百執事惟逢迎獻納之不暇，朝官若卿貳以下紛然以酒食歌舞相招，致不事事。予觀天下大勢，已積重不可返，盗賊且日棘，故日夜思返以蔬布養母終其身。季貺甚非之，謂如是，是則十年後吾越山人有餓死者，必子矣！叔子亦爲言。

予聞閩中地僉，民俗秀野，官吏多勤約守法，士大夫之求美宦者多不樂就之，故需次吏較他省獨少。然谿谷險阻，多盗，又人習番性，獷悍喜獄訟，治往往以詐馭嚴濟。詐則術，嚴則材，皆非拙者所能爲也。以予伴堂食，署牘尾，猶恐不濟，而况臨民乎！重以聽軍門之鼓，仰候人之顔，樞意旨，睨聲色，奔走拜伏，獻勤冒威，則猶强卷曲以便舞，責病瘠以夏畦矣。周知極難而姑試之，是亦不得已之所爲也。

雖然，以平日之[之]所學，得致身清要，侍從出入，掌制作典詔，命鼓吹潤色，正復不敢多讓。或得總輶軒之任，出司文柄，必能興厲多士，爲國家振舉文治，與兩漢同風。即授白簡冠執法，亦能奮不顧忌，侃侃論執，有裨大計如古諫臣。下之俾以一小郡小邑自效，循良不擾，與民教養，以所學爲政，固當爲俗吏先也。乃窮老不第，至以身嘗不可測之地，以求免于溝壑，爲天地廢材，人皆得而唾笑之，亦可悲已！

聞賊竄踞高竇，決水灌下游，清江道阻。

二十六日壬戌　晴寒，下午陰。（此處塗抹）德夫夜來。季貺招同德夫、子恂、叔子夜飲蘭仙家，蘭生、蘭卿、亦秋、桂玲勸觴，三鼓始散。

二十七日癸亥　晴陰相間，寒甚。擁爐與叔子談終日。夜與叔子圍爐續話。三更，叔子招喫京米粥，以瀹蔔生菜佐之，頗有風味。

二十八日甲子　晴。下午偕秋江至浙紹鄉祠晤嘯篁。五樓（二字塗抹可辨）來，夜譚。

小雪　二十九日乙丑　晴。有族人南來者，持刺造予，其名曰永昭，不知何人，辭以他出。德甫來，邀同至廣德樓聽四喜部，唱《嫖院》一齣，乃盡出班中名優數十人，新妝艷服，以供廣場一賞，都下士夫奔趨若狂，蓋燕臺花事之薈萃也。晚同子恂、德夫、季貺談詩甚久。德夫招同諸君夜飲蘭卿家，蘭生、杏卿、蘭仙、亦秋、秋蘅、秀蘭、秋霞、桂玲佐觥政。夜與德夫、叔子、季貺談徹曉。（此處塗抹）

十一月丙寅朔　晴。偕叔子、德夫、季貺、五樓（二字塗抹可辨）至三慶園聽三慶部。晚飲如松館。蘭生來侑觴。夜飲蘭仙家，玉蘭、玉玲、蘭生、蘭卿、蘭蓀諸郎典觥事，二鼓畢。

初二日丁卯　晴陰不定，寒甚。嘯篁以今日赴蘇州，來別。晚間子恂來，招同德夫、叔子、季貺飲亦秋家，玉蘭、蘭仙、蘭生、杏卿、桂玲、蘭卿、秀蘭侑觴，洪秋江後來，喜玲不至。連日無夜不飲，飲無不醉，家貧作客，世亂求官，借醉文愁，持歡慰寂，往往酒和淚咽，歌與悲深。寥寥百年，有如此夜，宛宛四座，未能無情。明星惜筵，落月在户。年光燈影，夢跡花香，固不待尋何戡之舊人，憶貞元之朝士矣。香山詩云：『欲留少年待富貴，富貴不來年少去。』叔子詩云：『少年行樂都貧裏，獨客多愁況病中。』余感春舊句云：『鶯花無樂地，貧賤過中年。』皆是令窮士恨人累欷不置也。

初三日戊辰　晴。下午偕叔雲訪五樓（二字塗抹可辨），並晤蕭山人魯粲永鹺尹。晚，德夫、五樓（二字塗抹可辨）來。與叔季兩昆、德夫夜談徹曉。

初四日己巳　晴。珊士來。晤謝夢漁侍御增。五樓（二字塗抹可辨）來。借叔子錢一百吊。

初五日庚午　晴。秋江來。夢漁來索詩，爲贈，書其生平節略一紙見示。夢漁少爲江北名士，年四十始得庚戌探花，今掌河南道御史，素喜小學，自言所著有《易注》《鄉黨注》《説文注》等書，皆燬于兵矣。偕叔子及楊季芳至愛卿家夜飲，季貺後至（四字塗抹可辨）。招玉蘭、蘭仙、梅五、小紅典觥政。

初六日辛未　晴。德夫來。（此處塗抹）作書致德夫，致子恂。夜偕叔子、季貺、德甫、子恂飲玉蘭家，喜禄、蘭仙、亦秋、桂玲、蘭卿侑觴。付下賞九吊。與德夫、叔子夜談詩古駢偶文之學，名論迭起，各有領解。五鼓方罷。付夾幔錢三十吊。

初七日壬申　晴。德夫去。珊士來，以近作詩兩章見示。五樓（二字塗抹可辨）來。得紱庭侍讀書。

初八日癸酉　晴。謝夢漁來。德夫來。夜與叔子、德甫、季貺談至五鼓，餘興未已，以鷄鳴而罷。

初九日甲戌　微陰。作稟太夫人書，作致仲弟、芸舫、詩舫書，致沈瘦生書，致任友薌書，俱託季貺帶去。德夫來，談至四鼓，倦甚，始睡去。

初十日乙亥　晴，風不止。五樓（二字塗抹可辨）來。偕季貺同至慶和園聽三慶部。五樓（二字塗抹可辨）同宿齋頭。

十一日丙子　晴。陳棣珊來，邀聽戲，辭之。偕叔子、季貺至富興樓喫夜飯。

十二日丁丑　晴。季貺以是日南旋，午後送之登車。白雲之望，目極魂飛矣。夜月甚好，與叔子訪歌郎蘭仙茶話，至漏十下，過芝仙家，不值而返。雪鷗來。

十三日戊寅　晴，大風。夜偕叔子至歌郎蘭生家，招德夫、子恂同飲，蘭生及蘭仙、蘭卿、亦秋、桂玲、小紅諸郎侑觴。付下賞十吊，烟絲六吊。憶八月間，予招子恂、季貺、孟調、吴子珍、湯賓樵大令孫敬飲此樂甚。季貺言入都來徵逐之事，亦復不乏，無盡興若今夕者。孟調亦曰旅中第一集也。予以此夜飲亦不多，諸郎皆是舊人，坐間未嘗發論難、效聲藝，而諸子皆思之不置，其或哀樂之所生耶？乃未幾，孟調死，子珍暴亡，賓樵赴官于浙，今日重聚，又少一季貺，真覺回首間渺若山河矣。漏三下散。德夫同歸宿齋中。

邸鈔：湖北提督周天培以扼剿浦口竄匪，衆寡不敵，陣亡。周公累著戰功，在金陵大營有威名。去年賊竄吾浙，時諸援帥皆創衄，勢岌岌。及周以總統至金華，衆志頓固，旋連克永康、武義、縉雲、宣平諸縣，賊始遁入閩，復追剿至延平，收復浦城及建陽，浙人始獲高枕。今兹隕歿，惜哉！

十四日己卯　晴。雅齋兄來，不晤。馬春暘庶常來，不晤。周近甫孝廉來。（此處塗抹）大雪邸鈔：上諭：都察院奏浙江民人章啓豐控會稽縣蠹書朱克振、酈光奎等浮收錢糧，官吏朋呑，至十餘萬兩，重徵米石至一萬八千餘石。又藉修塘爲名，按畝勒派，與知縣莫姓、劉姓通同舞弊等語，著浙撫羅遵殿提訊云云。吾越田號上腴，而高下不等，又多水旱，會稽田下山陰，自來官吏勒折浮徵，民受其害。其徵糧也，大家素族則有成價：大率額銀一兩，則納一兩三錢至二錢五分者爲最輕，至四錢者爲中，下至零田小户，以次遞加，有至五六錢者。予家向加三錢八分，蓋自先人來，闔族田至萬有奇，屢争之官，始得之也。其豪彊者，若山陰峽山何氏、會稽道墟章氏、陶堰陶氏，皆最輕，不及三錢。其徵米也，若予家等類，皆以米，斛約羸六七升。次皆折錢，升約六七十文。越人懦而畏官，悉聽命。咸豐壬子，忽派捐修海塘，按畝率錢五十文，至丙辰，加至百文，亦無梗者。今構此訟，其亦迫之不得已耳。吾鄉民困，或可稍蘇乎？莫姓者，故會稽令，名大猷，以丁憂去，猶居庫書酈姓家。劉姓者，名亨泰，今會稽令也。

十五日庚辰　晴，大風。起甚遲，頭痛。

十六日辛巳　晴。五樓(二字塗抹可辨)來。近甫來。

十七日壬午　晴。德甫來。晤餘姚翁已蘭户部，新自浙抵都者，言吾越年穀大熟，風景極承平可喜。(此處塗抹)

邸鈔：上諭：今年冬至圜丘大祀，以感風新愈，步履未便，仍遣恭王代行禮。蓋上自登極後迄今九載，俱以足疾，未嘗親履南郊也。

歸寓後，與叔子立中庭看月。秃樹疏星，點綴荒寂，因念某伶此際客程，當及蒙敖山中，孤店柝聲，懷人尤切。别離之思，與月俱盈，復悼孟調，遂已無此良夜，清論在聆，佳賞永絶。叔子謂此君夜臺寂寞，應不忘吾輩勝談。予謂此雖結習之戲言，實寓存亡之至歎。東坡曰：『何地無月，但少閑人如吾兩人。』嗚呼！孟調復能賞此語否！

十八日癸未　晴。得紱翁書，並贈墨四挺，即復。叔子招同德甫、巳蘭、子恂、五樓（二字塗抹可辨）至廣德樓聽雙奎部。晚至如松館飲。夜同叔子、巳蘭至秋蘅家茶話。

邸鈔：皇上明日自園回宫。我朝自聖廟時建圓明園于海淀，高廟始廣其制，宣廟罷幸熱河離宫，遂多居園中，凡禁軍及百司行廨多在焉。計歲費不下數百萬。近年廷臣有請罷臨幸節浮費者。議雖不行，中外韙之。蓋列聖以此爲退息遊豫之所，雖與唐之驪山、元之上都奢儉既殊，近遠亦異，而今日國用正殷，省周廬之供庤，便大内之朝謁，亦杞憂之一策也。

月下燃炬看秀水吴履淡墨山水十六幀。所寫皆吾鄉勝區，高秀淡遠，深得境妙，如越王峥、蘭亭、禹穴、曹山、逿門山諸幅，覺家山突兀，皆墮眼前。自惟草草離鄉，拳拳讀畫，作此顛倒，正復何心。然上有老親，下累八口，飢寒踵後，功名展前，正未能絶念世途，一意雲壑。（此處塗抹）予丙集日記中嘗言近欲入山，先作出山思。有生次第，固宜如是。蓋我輩素無宦情，此行求官，政是永遠不作官之决計；此時出山，政是終老不出山之初桃。無此一出，則何以供笠屐，何以資舟蹇，何以畜童婢，何以招友朋。即有亦不久，即久亦不快。計吾生三十一年，無一日不在家，無一刻不思山。而即此畫中，證吾遊跡，越王峥僅一至，蘭亭僅兩至，禹穴最數，凡十餘至，曹山惟十二歲時一至，逿門山六至。逿門山最近，去吾家不二十里，曹山三十里，越王峥最遠，七十里，蘭亭四十里，皆二百文錢雇一脚槳船可了之事，而難若上蜀道下孟門者。以此兩陌杖頭貲，亦非山水應有物也。予生尤愛湖塘山水，屢欲卜居，然過之亦僅兩度。憶去歲四月初旬，梅雨連日，苦室中默膩，偶至門前，見湖水暴長，艷如藍葉，忽念西偏村落，比日新緑正濃，嵐嶂間當益潑黱作深色畫，遊興乍動，忻忻入户，遂覺室宇几席，無一不緑，即擬理茶具書帙，載小舟就之，以床頭缺如而罷，至今恨之。然則遊賞之樂，固惟千金家兒有此福耳。平日領略最深處，越惟柯山，杭惟西湖。柯山吾戚氏所居，西湖至十數過者，則皆以就試便也。胸中何至一俗如此？其故可以爲山靈言。今其出也，白雲幽幽，當有爲予解嘲者矣。旅窗寒噤，展卷慨然，遂拉雜書此。他日得草堂貲，早遂初隱，還憶此畫，亦蒙莊所謂得魚忘筌者乎？吴履字竹虚，自號苦茶庵頭陀者也。

與叔子夜談少陵詩，悟入微至，有非語言所能盡者，今略舉一二：《哀王孫》起四語云：『長安城頭頭白烏，夜飛延秋門上呼，又向人家啄大屋，屋底達官走避胡。』上兩語皆知爲樂府語也，不知其下二語之妙，乃真樂府滴髓，看似笨拙可省，然正是質實獨到處。『又向人家啄大屋』七字，真千鈞筆力。上兩語人盡能之，此兩語不可到也。《丹青引》云：『將軍魏武之子孫，于今爲庶爲清門。』真是古文敘記筆法，而却淵源《雅》《騷》，非昌黎之以文爲詩者比。『爲庶爲清門』，兩『爲』字，樸老絶倫。《舞劍器行》，此題若入作家手，無不用排場起步，而直起云『昔有佳人公孫氏』，便覺有百尺無枝氣象。《北征》中『山果多瑣細，羅生雜橡栗，或紅如丹砂，或黑如點漆』，此兩語忽賦一小物景狀，極似無謂，（此處塗抹）而下即接云『雨露之所濡，甘苦齊結實』，乃覺數語真有無數關係，全篇血脉俱動，此所謂神筆也。即其他累句，如《古柏行》云『萬牛回首丘山重』，又云『異時剪伐誰能送』，《洗兵馬》云『尚書氣與秋天杳』，又云『奇祥異瑞争來送』，《諸將》云『曾閃朱旗北斗殷』等語，語意雖拙，然不能累其氣力。惟如《飲中八仙歌》、前後《苦寒行》，皆下劣之作，雖膾炙人口，不值一哂。《同谷七歌》及《八哀詩》亦非高唱。《秋興》八首，瑕多於瑜，内惟『聞道長安似弈棋』及『蓬萊宮闕對南山』兩首，可稱完美。『昆明池水漢時功』上半首格韵俱高，下半未免不稱，且此詩命意，亦絶不可解。其餘若『叢菊』一聯，『信宿』一聯，及『請看石上藤蘿月，已映洲前蘆荻花』，皆輕滑不似大家語。『香稻』一聯，淺識者以爲語妙，實則毫無意境，徒見其醜拙耳。《詠懷古蹟》第五首，『諸葛大名垂宇宙』一律，字字笨滯，中四語尤入魔障。《萬丈潭》云『孤雲到來深，飛鳥不在外』，《題畫楓》起語云『堂上不合生楓樹』，皆此老心思極拙處也。至何大復謂古詩亡於杜，此真大而無當之言。人徒見杜詩之渾厚雄直，刻摯沉著，而不知其精深華妙，空靈高遠，多上追三百，下包六代。如《麗人行》乃深得樂府艷歌之遺，《新安吏》《石壕吏》《新昏別》《垂老別》諸詩，何減《十九首》？其律詩如『花妥鶯捎蝶，溪喧獺趁魚』『飛星過水白，落月動沙虛』『細雨魚兒出，微風燕子斜』『遠鷗浮水静，輕燕受風斜』等語，何嘗不細膩獨步耶？予於杜詩，雖瓣香所在，顧僅得其大意，不求甚解，故鮮全首能背誦者。（此處塗抹）然舉其命脉氣息，即覺了了目前，奥窔深微，暗合無間。（此處塗抹）少陵復起，亦不以爲妄語耳。眉批：論杜詩。

十九日甲申　晴。五樓（二字塗抹可辨）來。夜同（此處塗抹）訪夢漁。二鼓後復同仲雁步訪五樓（二字塗抹可辨）書館中，清談而歸。

邸鈔：上諭：穆隆阿奏稱袁甲三署理欽差大臣，勝保所統旗緑各軍，以主帥驟易，恐軍心解體，請另派滿洲大員協帶馬隊等語，顯係藉詞飾説，不過欲得幫辦之權。穆隆阿係統帶馬隊大員，自應静候袁甲三調度。向來督帶馬隊，多派滿洲將領，以其言語相通，易資鈐束，至於統兵大臣，令其運籌決策，不必定須滿員。朕于滿漢臣僕，視無二致，如向榮以漢員爲欽差大臣，該官亦有滿洲馬隊，未聞有不遵調遣者。勝保辦皖省軍務，從前勝仗，雖多賴馬隊之力，乃自蒲城失事後，連次挫折，馬隊亦多傷亡，可見用兵之道，全在調度有方，豈可强分滿漢，致開兵驕將惰之風。今袁甲三甫蒞軍營，該副都統何得先存意見，妄行瀆陳？著傳旨申飭云云。仰見聖明昭鑒隱遁，而用人之公、任帥之專，足以使勞臣流涕、志士效命，以視金之偏重蕃將、元之不用漢相，所去奚止霄壤？戎行諸公，讀此一詔，自當竭忠盡瘁，仰報聖神矣！杞人私喜，因謹誌之。

比夜談至徹曙始睡。

二十日乙酉　晴。睡至薄暮始起。珊士來，夢漁來，均不晤。近甫來，夜談。夜三鼓後睡覺，體中不適，又似燥熱中煤氣。都中冬初，即塞户圍爐，暖盎一室。顧南人初至者，往往蘊蒸生毒。予體弱，非嚴寒不向火，每寢必出爐帷外。今夕撥火，遂覺煩燠失常，安得以鏡湖雪水消此暍乎？

二十一日丙戌　晴。得紱庭閣讀書。德甫來，招同叔子至三慶園聽雙奎部。晚復招同叔子、五樓（二字塗抹可辨）、子恂飲毓興合，晤潘譜琴兄弟、陳竹珊諸君，蘭卿、芝仙、玉蘭、雲林、梅仙諸郎侑觴。

聞鄭王端華奏請查抄恭王家，人以户部低換鈔票事有交涉也。自前月間，户部虧鈔事發，司員榮溥、王正誼、吴廷溥、李守愚、李壽蓉、鳳山、賈銘楨、王熙震、台斐音等及商人、胥吏數十人俱抄查家産，交刑部會同怡王嚴訊，牽連日衆，昨日復革訊倉場侍郎崇綸、科布多，參贊大臣熙麟，六年七月由户部郎中升署侍郎，旋實授侍郎，鈔票易錢之議，起於是時也。俱籍其家。頃年度支百絀，而官吏朋奸舞弊，虧至數千萬兩以上，縣官振厲，固不容緩，然昔歲科場，今兹儲庫，屢興大獄，亦非國家之福也。

邸鈔：上諭：胡興仁請給假省親，以浙江在籍知縣楊炳咸訐告其演戲作樂等事，未曾審結，不准回籍云云。胡以拔貢，由縣令洊升藩司，頗以軍功著。去年秋，以奉使至浙，即受密旨，代晏端書爲巡撫。初政尚整飭，繼漸奢肆，廣營貨賂，頻携妓妾游宴湖上，荒淫之聲頗徹輦轂，乃命閩撫羅遵殿代之，而召胡還。及湖州人楊炳咸訟知府某侵蝕餉項，連及之，乃交河督質訊。今忽有此請，殆以此伺上意者耶？川督黃宗漢至京，以侍郎候補。黃公强幹有吏材，嘗撫吾浙，以清能稱，嗣以督蜀微譴，左遷閣學。及昔歲暎夷入廣州，以黃有威名，擢督兩廣，兼欽差關防，辦夷務，至則禁粤人與暎往來，以戰自守，夷人頗畏之。自和議興，黃屢梗之，力主戰，中外用事者皆不悦，乃以關防畀江督，謂黃無與夷事，未幾，移之蜀，今以入覲，遂得左官。如黃公者木强自好，用之疆場，亦可爲錚錚佼佼者，川中近爲滇匪連陷郡縣，邊圉孔棘。今以奏撫曾望顏攝任，曾亦有威望，固當不弱黃公矣。中朝士夫言天下督撫材者，以湖北撫胡公林翼爲第一，次若湖南撫駱公秉章，兩廣督勞公崇光，浙撫羅公遵殿，雲貴督張公亮基，及黃公、曾公，皆一時方面之選也。

二十二日丁亥　晴。作片致家雅齋兄，致雪鷗。翁巳蘭來。傍晚同叔雲、巳蘭步至如松館小酌。夜偕巳蘭至景華堂訪歌郎芷馨，不遇，見其弟子琳仙，復過蘭生家茶話，即歸。晤鄉人(此處塗抹)，蓮士從兄也。

邸鈔：副都統麟翔由科布多回京，於城外塋地私卸行李，經崇文門查出，催令將筐捆上，務遲延不報，爲鄭王奏參，奉旨督促云云。國家設關置税，征什一之利，上供縣官，凡外僚自監司以上入都者，皆有定額，人習其制，至今年鄭王爲監督，乃刻意誅求，有勒至萬金者，遠人望國門幾惴惴不敢入，怨謗載路。五月間，予與叔子、嘯篁等至京，敝車襆被，蕭然無一物，而關吏横索，羈質予等，必五十金方得過。相顧窘甚，傾篋得二十金贈之，許其贏至寓舍相付，哀籲始諾，抵寓乃遍借得如數舉付之。而吏故持銀色低，叫呶詬詈，僕輩皆怒，諸子皆忍不發，則益張勢，且洶洶。予與叔子兄弟俱憤甚，乃偕出問之。吏屬色相向促上務。予等曰：『上務有先放入城例耶？』吏語塞，則蹶前亂嘩。予等不能堪，直毆之，僕輩繼進，始踉蹌遁。追得數人，將鳴之官，乃蒲伏乞哀，令立服狀而去。向例，鄉會試士子不搜詰。今年四月始令赴春秋試者，亦上務開篋審視。當國者雖窮思利源，然所得無幾，而往來困甚矣！算緡之厲，伊于胡底哉！

閱今年浙江闈墨，内刻擬程十餘篇，數十年來所未有者。浙墨久苦蕪穢，予向屏不一觀，今年題目爲『舜有臣五人而天下治』兩節，提調布政使徐樹人宗幹擬作及内監試朱緒曾作，皆不愧名程。其餘才氣亦有可取者。内中第三之趙□□，吾鄉人也，小有才，頗讀雜書，工書法、篆刻，亦能作駢儷語，而詩甚荒醜，尤拙于文，顧狂不可一世，國人皆賤之。頃聞與其座師汪承元者言曰：『浙江有六怪，師一舉得其五，門生即怪魁也。』汪愕然曰：『然則其一何獨遺？』曰：『一已持服，不及試矣。』汪大喜。時人傳以爲笑。與叔子（二字塗抹可辨）閑話，徹夜不眠。

二十三日戊子　晴。曉日出始寢。日下舂起。作書致紱翁。子恂來。得雅齋兄片。

二十四日己丑　晴。夢漁來。子恂來。五樓（二字塗抹可辨）來夜談，同宿齋頭。

二十五日庚寅　晴。終日閲《水經注》。夜思越中山水，不覺神往。予嘗欲著《七還》述田居，由市而城而鄉而山而山之深，繹爲七篇。今撮舉其勝會爲先擬大局，未成而止。（此處塗抹）夜坐無事，鄉愁叢集，因占兩律，皆用歌韵，一寄弟妹，一寄子九。

至日前後夜坐盼家書作此寄弟妹

嚴霜夜館罷高歌，悵望音書日幾過。燈影茫茫鄉夢遠，市聲浩浩客愁多。帝城花月猶閑甚，故里桑麻奈盡何。卒歲艱難還望遠，不堪遊子更磋砣。

都門冬末夜懷望秦山人孫子九

夢爾窮居鬢髮皤，與公才思老無多。天寒鴻雁迴燕市，日暮黿鼉走潮河。用世本懷應不忝，買山生計近如何？遂初莫更妻孥累，猿鶴年年怨薜蘿。君久欲卜居望秦山下，數年未遂，故以要之。

二十六日辛卯　晴，嚴寒。起甚遲。子恂來。

二十七日壬辰　晴，曉微雪，寒甚，滴水皆冰。叔子招同子恂、巳蘭及閩人劉齊昂觀察宴于元春堂秋蘅家，蘭仙、蘭生、秋蘅、秀蘭、雲林、蓮芬、芷馨諸郎侑觴，夜漏七下散。竹珊來。

二十八日癸巳　晴，寒甚。德甫來。子恂來。德甫談至漏八下去。

邸鈔：上諭：于十二月初三日在大高殿祈雪。

冬至　二十九日甲午　嚴寒烈風。申刻冬至。偕叔子同車至街曲小遊，遂訪五樓，館中少談而返。是日户部災。是日京城内外火者四處。午刻户部廨宇盡焚，延及禮部署，燒祠、祭司廨。

三十日乙未　晴，寒更甚。子恂來。珊士來，誦其近詩數律。得德甫書，即復。夜寒不能出手，書卷都廢，僕人王福又病，自發爐火，瀹茗蒸餅食之。須臾覺温滿一室。作家書不成，三鼓寢。

十二月丙申朔　晴，大風。卧至日下春始起，口占兩絶，戲祝叔子：『晴窗跂脚自高眠，户外盲風捲朔天。明日思量須一醉，故人分我賣文錢。』『六街裘馬逆風行，耳際車聲但見塵。此事諸公却輸我，地爐麥餅太平人。』巳蘭來，同夜飲。

聞昨日户部堂官以失火請議處。硃批：嚴加議處。其當月司員，皆革職聽訊。司務及書吏二十餘人，皆交刑部，一併歸原審鈔票案王大臣等嚴訊，且有此中不無别情，即著夾訊之諭。蓋上疑部吏爲鈔案久不決，故舉火冀滅跡也。然民間藉藉，皆曰天災。又是日南郊上不親蒞，而火獨及禮曹祠祭一司，其殆天意之可推者歟？上寬大，素重慎刑獄，時以爲入宗室某大臣言，故有此問。顧因災修省，聖王所先。況户部國用之源，祠曹大禮所出，而圜丘之燎未畢，融風之驗先徵，即匕鬯不驚，有司失誡，恐懼致福，盛德未瑕，似不當更事峻刑，盡歸人咎也。眉批：論户部火。

初二日丁酉　晴。蚤起同一童奴就南窗負暄擁爐，呼鑷髮者剃短髮，大有茅檐老人風味。陳竹珊來，携其姬人賃居季貺舊室。竹珊頗有馮衍之憾，借此爲避風臺也。偕叔子見之。近甫來。珊士來。五樓（二字塗抹可辨）來。（此處塗抹）德甫數日不來，甚思之。予生最寡交，自十八歲得平子，顧彼此不甚合，二十三歲始往來漸習，二十四歲始大相契。然予素懶出門，平子亦不甚訪予也。二十五歲，得子九、蓉生、寶衣、蓮士、雪甌、素人，共七子。予既不好詣人，自總角來，所與鄉里往還者，性情語言，皆無一相屬，以無所往還，姑周旋之。自得數子，遂始知有朋友性情語言之樂。而故所與交者，遂不覺日遠且罕。予亦未嘗必欲忘之，而但覺其來，亦不訝，不來，亦不懷，則性情忘之，語言忘之也。予家貧，無可待客，客來亦往往不得酒。予居一小室，書卷床席，横斜雜陳，客來至往往不得坐，亦無一竹、一卉、一石、一器可娱客者，而門庭之内，芳草滿階，童僕懶散，皆若無一非吾友性情語言之所寄。即數子者不來，亦若顧而樂之，謂吾固有數子者在也。今年九月，又得德甫于京邸。德甫性情語言，無一不如我意，一見輒恨相得晚，三日不見，即相思。（此處塗抹）德甫（此處塗抹）嘗甚賞小説演義中施耐庵《水滸》序文中言朋友之樂，字字如我所欲言，非世俗人所能道。頃以示予，予讀之驚喜欲絶，固不謂小説中有此性靈奇逸之作，然亦非深知朋友語言性情之樂如我數人者，不能賞此也。因録其文于左，以供諷誦：

人生三十而未娶，不應更娶；四十而未仕，不應更仕；五十不應爲家；六十不應出遊。何以言之？用違其時，事易盡也。朝日初出，蒼蒼涼涼，澡頭面，裹巾幘，進盤飧，嚼楊木。諸事甫畢，起問可中？中已久矣！中前如此，中後可知。一日如此，三萬六千日何有！以此思憂，竟何所得樂矣！每怪人言某甲於今若干歲。夫若干者，積而有之之謂。今其歲積在何許？可取而數之否？可見已往之吾，悉已變滅。不寧如是，吾書至此句，此句以前已疾變滅。是以可痛也！

快意之事莫若友，快友之快莫若談，其誰曰不然？然亦何曾多得。有時風寒，有時泥雨，有時卧病，有時不值，如是等時，真住牢獄矣。舍下薄田不多，多種秫米，身不能飲，吾友來需飲也。舍下門臨大河，嘉樹有蔭，爲吾友行立蹲坐處也。舍下執炊爨、理盤槅者，僅老婢四人；其餘凡畜童子大小十有餘人，便於馳走迎送、傳接簡貼也。童婢稍閑，便課其縛帚織席。縛帚所以掃地，織席供吾友坐也。吾友畢來，當得十有六人。然而畢來之日爲少，非甚風雨，而盡不來之日亦少，大率日以六七人來爲常矣。

吾友來，亦不便飲酒，欲飲則飲，欲止先止，各隨其心，不以酒爲樂，以談爲樂也。吾友談不及朝廷，非但安分，亦以路遥，傳聞爲多。傳聞之言無實，無實即唐喪唾津矣。亦不及人過失者，天下之人本無過失，不應吾詆誣之也。所發之言，不求驚人，人亦不驚；未嘗不欲人解，而人卒亦不能解者，事在性情之際，世人多忙，未曾嘗聞也。吾友既皆繡淡通闊之士，其所發明，四方可通。然而每日言畢即休，無人記録。有時亦思集成一書，用贈後人，而至今闕如者：名心既盡，其心多懶，一；微言求樂，著書心苦，二；身死之後，無能讀人，三；今年所作，明年必悔，四也。

是《水滸傳》七十一卷，則吾友散後，燈下戲墨爲多；風雨甚，無人來之時半之。然而經營于心，久而成習，不必伸紙執筆，然後發揮。蓋薄暮籬落之下，五更卧被之中，垂首撚帶，睇目觀物之際，皆有所遇矣。或問若言既已未嘗集爲一書，云何獨有此傳？則豈非此傳成之無名，不成無損，一；心閑試弄，舒卷自恣，二；無賢無愚，無不能讀，三；文章得失，小不足悔，四也。嗚呼哀哉！吾生有涯，吾烏乎知後人之讀吾書者謂何？但取今日以示吾友，吾友讀之而樂，斯亦足耳。且未知吾之後身讀之謂何，亦未知吾之後身得讀此書者乎？吾又安所用其眷念哉！眉批：論友朋之樂。

此文惝怳杳冥，［霞情烟思，觸處皆是，其味如橄欖，其香如蘭蕙，其音如澗泉松吹，皆中琴筑，最宜於水邊林下，臨風獨詠，亦宜於明窗净室，焚香共讀。］真性情之至詣，乃文章之逸品，惜以雜在小説，從無有稱道之者。金聖歎謂即所藏《水滸》古本録得，實即聖歎所自作也。平子亦未嘗談及之，惜已不得呼此君一共賞矣！

演義中如《水滸傳》，真奇筆也。其書拉雜寫來，首尾斬截，敘致離合，變幻起伏，具有《史記》蒼莽深細之概，如《張都監血濺鴛央樓》《時遷火燒翠雲樓》等書，最爲奇作，餘亦多有佳者。其中矛盾駁雜蠢拙之弊，亦時不免，然總如黄河萬里奔騰，沙石而下。聖歎評語，尤有新意，其《諭兒》一書，亦大有名論，惟言子弟當先讀《水滸》，則小説家習氣語耳。具此才而不著書立説，顧用之于此等文字，固可惜也！

初三日戊戌　晴。德甫來。子恂來。［借得叔子銀十二兩。］京平一千一百八十五分。夜讀唐人絶句，至五鼓始寢。

初四日己亥　晴。終日讀唐詩。

夜用凡公送别詩韵即寄凡公鑑湖

寒夜齋鐘散講經，虚堂佛火淡于星。竹林風折泉冰裂，獨向蒲團雪裏聽。

行脚湖南溯我游，空林黄葉幾曾留。羅庵客去秋山閉，老衲寒雲各自愁。予嘗居湖南蘿庵，時自號黄葉院病頭陀，以蘿庵有黄葉院也。

筇屐雲門一往深，辨才塔畔舊題襟。相期流水孤松裏，一卷楞嚴静夜心。居鄉時數與凡公及社中諸子遊雲門，予嘗借傳燈寺藏經，臨行時以寄凡公還之也。

夜偕叔子訪巳蘭，不值。讀張曲江詩。（此處塗抹）聞昨日戌刻儲濟倉火。

邸鈔：上諭：御史孫楫奏各省奏留丁憂人員請重爲分别。兹據吏部議奏，嗣後軍務省分，惟實爲軍營必不可少之人，方准奏留，並就近起復，俟軍竣後，仍令回籍補行守制外，其餘均不得請留。其業經奏留及起復者，著各帶兵大臣及督撫嚴行裁汰，飭令回籍。其已經服闋尚未奔喪者，無論補缺未補缺，均令回籍。事關倫紀，著認真詳查。如仍逗遛，即行革職。所統大臣督撫不即查參者，亦照例議處云云。嗚呼！自《禮》有金革不廢之文，傳有墨縗即戎之事，而天下之逆子忍人，皆以四郊多壘爲逋逃藪矣。上不知察，下不知懲，戎馬之地，皆爲凶人，以親死之不恤，而責其枕戈寢中，與國同仇，亦云計之悖而事之窮也。蓋至粤氛構亂，而士大夫之熱中巧宦者，無不忻忻焉以爲終身無去官之日，鬼怒神怨，釀爲戾氣，則數年來天地之睢刺，安必不此輩益之毒也？今降明詔，有嚴罰，庶行間之貂蟬累累有素冠。而材下者矣，不爲忠臣，試守孝子，怨夫！

又邸鈔：上諭：都察院奏江蘇文童劉珠進所撰兵書名《如意草談》，雖無違悖字句，究屬不安本分，著解爲原籍，交地方官嚴加管束云云。夫以草野賤人，陳説自薦，此戰國遊士之習，固聖世所不容。即曰庶人諷議，然朝廷自有體制，如唐之杜牧其論時事也，文之曰《罪言》，羅隱曰《讒書》，宋之蘇洵曰《幾策》，曰《權書》，皆隱其義而亦未嘗上進也。直名曰《如意草談》，名先不倫，書必無取，其不見用也宜哉！

初五日庚子　晴。起甚遲。

王漁洋《唐人萬首絶句》選本，《四庫書目録提要》稱其爲晚年審定最謹慎之作。竊謂漁洋他選，若《古詩選》及徐迪功、高子業兩家詩選，亦俱精當；《三昧集》及《十種唐詩選》，俱能成一家言；此選未必遠過之。『玉樓天半起笙歌』一絶，竟至兩見，亦未爲精細。然名篇佳句，大略備矣。邇日偶取評點，時有獨得處，因以識一時興會所在，識力所到，不必爲定評也。今日加墨訖，他日或更有所見，當續寫上，亦不必他日眼力果勝今日也。但讀書不輟，自有此一番境界耳。

傍晚與叔子相約爲詩課，因寫數題爲鬮拈之，得京邸寒夜題亡友王孟調西㒰山居圖七古，不覺慨然。念雅契猶在，風流頓盡，未定入山之期，先喪歸耕之侶。身世寥落，日月不居，既痛逝者，益苦物役，相對感唏，終不成詩而罷。

邸鈔：户部失火事，司務廳掌印員外舒度，司務阿克敦布、施鈞，當月官主事承泰、徐廷猷等，均暫行革職，俟傳質堂官大學士瑞麟等嚴議，經承五人嚴審具奏。

初六日辛丑　晴。許梅仙孝廉來。晤黄卣香比部。卣香名體立，丙辰進士，温州瑞安人。五樓來（三字塗抹可辨）。

閲皮、陸兩家詩。魯望詩亦粗率，然儘有佳句，襲美較蕪俗。古文詞筆相似，多以峭折取勝，然亦以陸爲佳。陸文如《甫里先生傳》等作，皮所不逮也。顧讀兩家詩文，總覺清逸可喜，蓋山林烟水之思得者爲多耳。

初七日壬寅　晴。五樓來(三字塗抹可辨)。訪廣德樓聽雙奎部,晤安徽人胡承詰縣令,德夫及其鄉人一黄姓公子、一謝姓公子舉人來,卣香、叔子後來。晚偕德夫、叔子、卣香、楊季芳、孫敬亭、胡金門飲如松館。巳蘭復招同卣香、叔子、子恂、劉岵農飲如松館。偕巳蘭、劉岵農至歌郎朱福壽家茶話。

邸鈔:吏部尚書花沙納暴卒,以兵部尚書全慶爲吏部尚書,理藩院尚書穆蔭爲兵部尚書。

初八日癸卯　晴,寒甚。終日看右丞、襄陽兩家詩,甚樂。

初九日甲辰　晴。謝夢漁侍御來。五樓來(三字塗抹可辨)。卣香來夜談。

邸鈔:御史朱夢元上冬令旱乾請修人事以迓祥和疏,大略云:陛下求治太鋭,不免操之已蹙;除弊太急,不無過爲已甚。凡事務以慈祥爲念,(此處塗抹)又請省釋刑部牽連監禁人犯及掩埋京師梟示首級,加五城飯廠貧民薪米。上(此處塗抹)答詔略言:朕執兩用中,毫無偏倚,近來諸事苟且,即如現辦户部鈔票局一案,弊端迭出,若不嚴懲,何以肅法!徒恃寬大,尚未平允。又謂連日户部衙署及儲濟倉并遭火患,朕深宫撫首,敬畏時深,大小臣工,宜共加惕厲。其餘所請省刑諸事,俱著允行云云。蓋今日方逮前户部郎甘肅鎮迪道崇保、江蘇候補道忠淳、丁憂户部主事石景蘧,並籍其家,上怒固未怠也。

三鼓後偕卣香訪秋蘅,以已眠爲辭,乃返。

初十日乙巳　晴。起甚早,入都第一日也。卣香談至午後去。孫敬亭(三字塗抹可辨)來。德夫來。

十一日丙午　微雪。卣香來。傍晚偕卣香步訪巳蘭。晚招卣香、巳蘭、叔子飲如松館。雅齋兄來，不值。

閲俞巾山樾、孫琴西衣言、張海門金鏞諸翰林詩，内惟孫詩粗有體格，諸公皆一時名士也。計入都來所見日下名公詩集，如壽陽祁相國、朱御史琦、潘侍郎曾瑩、何太史紹基、孔閣讀憲彝諸家，相國《𧯜𧮫亭集》最清雅，侍郎《小鷗波館集》亦秀潤，均有可採。御史詩徒有腔拍，何詩一二語間有奇氣，顧甚蕪雜，餘不足論矣。其已往者，若陶侍郎樑、葉閣讀名澧，陶淺俗，葉膚廓，置之社中諸子中，皆洪主簿、沈縣尉之流也。

卣香貽我甌巾一方，嘉興箋兩匣，報以田凍、壽白印石各一方。

十二日丁未　晴。早起同叔子坐廳側南窗負暄，互看所作詩詞，呼人薙短髮。得德甫書。（此處塗抹）夜寒甚。作太夫人禀，作致仲弟書，作致内子書，不成。

京邸寒夜與仲弟書

仲弟侍右：别後忽將歲盡，離别之苦，如何可聊！兄以家貧，變計入官，志命不齊，重以顛躋。都中冬令，早風作號，日夜不息。晝則揚塵漲天，昏翳日色，夜則萬竅怒號，刁刁凄凄。愁耳坌溢，日月不居，我勞曷已！

上念讀書不得一第，無以報天子、慰先人、爲老母色養，下念八口寒餓，病者孤者無以存活，此所以怨來塞膺、擊案歎憤也。兄所見長安貴人，率闒茸黯陋，無足當意，乃往往以廝養乳臭，坐拾青紫，裘馬照耀，咽塞九衢，而兄獨窮至此，命也如何！背城借一，乃就外吏，冀得邀憐大僚，稍營微禄，而篋中金短，未副諧價，坐是進退莫決，取舍兩窮，周思極謀，惟有全力一擲，以覬得濟，因覼述利害，陳之慈闈，事成則天，否亦家運耳。惟弟諒之。

獨旅鮮閑，尤積病懶，每作家書，辭不能盡，轉復紛亂，握管數四，幾作幾輟。然盼得郵報，甚於飢渴。今自十月十三日得吾弟九月九日書後，郵筒杳然，如在天上，夢寐不釋，以爲至念。究其遲滯，未揣所繇也。頃屬雪後，深夜短燭，偎爐作此，忽憶十餘年以前與弟皆未冠，先大夫督之，嚴寒夜同就書室，小窗一燈，熒熒對讀，與弟争銅爐相嗃嗃，又轉側一紙燈屏以爲戲弄，數仰視窗際月色，爲夜淺深。爾時頗以爲苦，今日憶之，渺如隔生，而几案燈火，書卷之屬，恍恍在目前。其室，其小窗，雖塵土破積，固宛然在也。窗下壞案折足，髹漆剥落者，即曩與弟十數年共憑之物也。兄相隔三千里外，弟亦豈復能就此中領略其光景耶？又念及今，以往此景，終不可再得，即早遂歸田，敝廬不改，重循舊迹而仿佛之，則吾與弟已皆四十許人，非復童時况味，而小窗燈影，固又若一世矣，此最可痛者也。

所願弟重自愛，勿以不急之嗜好，損其神志，又宜善攝生，勿以多病自短壯氣。吾叔氏既不禄，季弟尚幼無所知，兄此後殆不能安處，太夫人年老，所恃以菽水，先責諸弟，而兄苦自樹立，以僥得甘旨之奉，則兄與弟所持慰先人者，惟此而已。區區之心，亮能同之。吾家世爲善，又沉鬱已久，我兄弟能苦行，不違天，亦當有以報。他日得各有所成就，不必争科名，食鼎鍾，而白頭對床，布衣飽飯，亦云至樂。惟視所努力何如耳。

書及於此，禁街鼓聲，已迫四轉，户外朔吹，轉益震撼。中有所感，不覺縈縷，爐熄燈灺，時亦就寢。計書到日，已當明年上元前後。形骸一隔，并此數言，亦後間關吴楚，旬月始達，人生聚散，真可感傷。又逆料故園試燈風裏弟妹團圓，而兄此書忽至，持慰高堂，亦足代燈花一卜也。

十三日戊申　晴，寒慄異常。德甫來。作致芸舫書。（此處塗抹）

小寒　十四日己酉　晴，極寒。發家書。眉批：憑字第七號。卣香來。午後覺小極，晚漸躁悶，喉格格作痛，頭眩鼻壅，殆煤氣所致。日來因寒，時常向火，遂受其毒。故鄉松盆榾炭，當無此風味也。偶閱儲太祝詩，其《田家雜興》云：『種桑百餘樹，種黍三十畝。衣食既有餘，時時會親友。夏來菰米飯，秋至菊花酒。孺人喜逢迎，稚子解趨走。日暮閑園裏，團團蔭榆柳。酩酊乘夜歸，涼風吹户牖。清淺望河漢，低昂看北斗。數甕猶未開，明朝能飲否？』讀之覺景物高爽，即有清風拂拂從紙上來，小病爲減。古人起病愈風，真有此快。此詩寫田居光景，不過眼前，以吾所處論之，亦非極難，而惘惘求官，遂墮塵紲。山水贈往，風沙饜今。緬此詩境，幾如苦海中望蓬萊三山，令人有不能作飛仙之歎。他日歸約，終當以此詩爲程。臨川誓墓，東坡指江，得此不歸，便非人類！孟調已矣，當更與叔子、德甫諸君並盟斯語。因録其全篇，以識信券焉。太祝受賊僞署，其人頗與所言相戾。且詩雖取境高逸，而每入於淺俗，遠遜王、韋，次慚孟、柳，如此篇者，亦非數覯。然若《同王十三維偶然作》云：『野老本貧賤，冒雨鋤瓜田。一畦未及終，樹下高枕眠。荷篠者誰子？皤皤來息肩。不復問鄉墟，相見但依然。腹中無一物，高話羲皇年。』數語寫出淳悶氣象，真復不讓陶公矣。眉批：論儲太祝詩。

夜至二鼓即睡，終夕不安。

十五日庚戌　曉微雪，即晴。臥中甚不適，喉間更痛，即起，聞爐中煤氣，幾不可耐，亟屏爐削蘿蔔喫之，至晚漸差。珊士來。叔子見示御門侍班五排一十六韵，渾成深秀，字字穩括，楊子恂謂極似義山，信然。卣香來，招同子恂、叔子乘月飲安義堂玉蘭家，予招梅玉，叔子招賓蝶，子恂招蘭卿、桂玲佐酒，三鼓後歸。大風。作書致德甫。

十六日辛亥　晴。卣香、珊士來。邀叔子、卣香、珊士至廣德樓聽三慶部。卣香邀至如松館晚飲，予招蘭仙，卣香招玉蘭侑觴。耦酌清談，頗苦岑寂，酒半，叔子來，巳蘭繼至。勝侶漸集，幽賞轉深，復留玉蘭勸酒。初更散。卣香拉遊曲中諸妓家，月下逆風，倉黄聯步，幾四五里，回至陝西巷，路過安義堂，玉蘭之僕候于門，因招叔子、子恂及卣香設飲，叔子再邀不至，子恂三鼓後始來，乃開筵。蘭仙、玉蘭、蘭卿、桂玲典觥政，傳杯方數巡，一黄姓公子及一鄧某者來，草草終席。黄姓復將設宴，予以厭客故遁歸，已四鼓餘矣。寢後兩足痛甚，比來久不行步故也。劉岵農觀察來，不值。

十七日壬子　晴。五樓(二字塗抹可辨)來。得德夫書，即復。卣香來。子恂招同卣香、吴某舍人飲玉蘭家，蘭仙、蘭卿、桂玲、瑄華諸郎侑樽。二鼓後歸。(此處塗抹)予家居三十一年，未嘗一尊醉花，半銖買笑，平康過跡，不盈三周。(此處塗抹)比歲家益落，酒食都減，冷粥分弟，爛魚待賓，如是而已。離家以後，旅裏無俚，滬上吴門，小作遊戲，然嬋娟此豸，固所鍾情，温尉錦鞋，冬郎廐吏，狂生結習，委頓猶甘。迨入都門，端相鞠部，吴兒要紹，花次都卑，外舍便娟，塵根久絶，徒以時與鄂君之座，屢闖狎客之筵，强作解人，慚爲祭酒，傳杯賭唱，偶亂冠纓，往往數旬一舉，亦復不厭。至於酒續通宵，月選連夕，輒覺風景欲裂，羈愁轉深。今夜歸後，尤忽忽不樂，夢寤局痗，殊不能自言其故也。

十八日癸丑　晴。珊士來。持視其近作詩數十首。七律婉麗，上者逼晚唐，下者亦到元人佳處。卣香來。夜與珊士、叔子話至四更，叔子約作即事五古五韵，限宿字。頃刻都成。復談，徹曙始寢。

京邸臘夕與叔子珊士夜談同賦五韵限宿字

夜色上松扉，微月眷庭木。旅冬遲所期，情話展幽獨。瓶凍朝未開，燈邊墜疏菊。深談識茶香，漸喜清夢熟。誰云春明寒，氈爐此同宿。

附叔子作：

幽居賃窮巷，繞舍多古木。上有老鴉巢，其下結我屋。板扉落葉堆，一月謝剥啄。喜君襆被來，同伴老鴉宿。詩成未須眠，松爐香炰粥。

附珊士作：

蝎事長安中，遊賞半徵逐。及此歲暮閑，圍爐共竹屋。高懷無近懽，清話轉幽獨。夜趣溢疏燈，茶香散寒菊。庭柯墜窗影，霜禽凍未宿。

十九日甲寅　晴。珊士去。出門拜客，晤者尹杏農侍御、家雅齋比部、潘紱翁京卿、陳德夫水部。晚歸。五樓來（三字塗抹可辨）。卣香來。

邸鈔：硃諭大學士、六部、理藩院、尚書、侍郎、都察院堂官等：國家設官分職，在内部院衙門司員御史，原欲其諳練政體，詳求例意，只爲儲材之淵藪，冀得出爲方面，即能才識出衆，茂著循聲，意至深，典至鉅也。今則不能。自進身之始，即百計營求，預爲保洊地步，非入署幫印幫稿，即檔房學習，行走僕僕，勤則勤矣，于部務何益？于例案之輕重分别以及清弊之源，更不必問矣。試問如此無耻之輩，晝夜乞憐之徒，在内即無立身之品，一旦濫膺洊牘，不過到省後，先計其缺分之肥瘠，量一歲之所入，爲奉承老師上官地步，不數年，病呈又入告矣。滿載而歸，徒飽私橐，爲子孫貲産之資，正是吾民之脂膏也。爲堂官者，不察其人品辦事若何，只就郄情所見，應對明晰，即許其部務熟悉，甚至暗受囑託，瞻徇情面，視保舉爲市恩，無怪乎司員視一等爲美具也。朕痛恨此習，深頼諸卿善體朕意，爲朕惜才，毋視硃諭爲贅言也。况滿漢堂官，本無歧視，原應一體辦公。近見各部司員漢員尚有講求例案者，居心公正，固不乏人，而把持不許滿員入手者，亦屬不少。滿員復甘認顢唐，不敢過問。把持者既爲將來謀利之張本，頽唐者更希一等記名，早離部署，今日之藏垢納污，預爲將來貪婪肥己之具而已。嗣後各部院，無論滿漢司員，初到部者，概不許幫印幫稿。筆帖式初到部者，亦不許檔房學習。總期試以實事，觀其成功，杜奔競之風，爲國家收得人之效爾。諸卿其共勉之。特論。

右謹據文報恭録，惟謄刻訛脱，僅繹其可辨者。我朝吏治澄澈，今上尤厲精爲政。昨以召對，保列一等刑部郎中慶綱於秋審堂議分别實緩及鬥殺案有無斬罪，俱未能對，上怒，黜爲二等。今日遂申此諭。可見聖心之慎重官方矣。

看杏農侍御近作遊西山詩。

二十日乙卯　晴。早起，以昨日夜分叔子招喫湯圓肉餃過多，遂覺胸胃張塞，午後始稍差。偕卣香至廣德樓聽四喜部，晤蘭仙、梅五、秋苹、芷馨諸郎，觀演《惡虎村》，乃黄天霸救施公事。施公，傳爲漢軍人，國初官揚州知府，廉能爲第一，其名其事，不可知矣。又看小圓演《賣藝》一齣，技擊殊佳。五樓（二字塗抹可辨）、子恂來。卣香以今日移行李來同寓。閲鄞人姚爕所爲駢體文。

二十一日丙辰　晴。早偕叔子坐廳事南軒擁暄，薙短髮。閲顔、鮑諸家詩。子恂來。巳蘭來。

夜與叔雲、卣薌閲朱竹垞詞。看《説文》。夜患咳嗽。

二十二日丁巳　晴。偕叔雲、卣香至廠肆小遊。德甫來，雪甌來，均不值。竹珊來。五樓（二字塗抹可辨）來。珊士來，止宿。

二十三日戊午　晴。夢漁來。偕卣香訪德甫、子恂、巳蘭，均不值。許眉仙來，不值。子恂來。五樓（二字塗抹可辨）來。近日見街市多賣花燈、紙鳶及新年諸景物，鄉思坌集，今晚聽人家送竈爆竹聲，恍然故園風景三十年。貧家竹馬餳糕，婆娑膝下。今歲長安獨客，念此時弟妹繞庭拜舞，家慈遍賜湯圓，少慈一人，當若何？悵然不樂也。越俗惟吾家祀竈必以湯圓，蓋取團圓之義。予不喜食，家慈必强以一小碗，盡乃止。親心周至，蓋隱戒以遠遊也。劣羽慕飛，小草求市，愎教輕舉，乃忍以倚閭之望，重累老人耶？此行既非公義，復戾私情，真王子贛、温太真之罪人矣。連夜苦嗽，又舊疾連發，今日甚覺不快，非獨鄉愁爲害也。

二十四日己未　晴。偕叔雲、卣薌小遊琉璃廠肆，買得王鳳喈光禄《尚書後案》、阮儀徵刻敘録書三種，爲汪容甫明經《述學》二卷，錢岳原教授《溉亭述古録》二卷，孔顨軒檢討《儀鄭堂文》二卷，容甫先生《述學》爲最精也。買孫刻《元和郡縣志》、盧刻《荀子》《春秋繁露》《顔氏家訓》，皆不成。

閲海鹽黄韵珊孝廉所作傳奇雜劇。韵珊以詩曲名江浙間，其中如《茂陵弦》《桃谿雪》，亦儘有佳者，餘若《鴛央鏡》《凌波影》等，皆拙劣不足觀。《桃谿雪》傳國初永（嘉）〔康〕徐烈婦吴絳雪於耿逆之難完城死節事，有關名教之文，其詞亦頗有工者。《茂陵弦》傳相如、文君事，佳處已寥寥矣。《帝女花》傳思陵長平公主事，事本獨絶千古，而曲反不足相稱；間有雋語，亦未能哀感頑艷。其以周介生作嘉定伯之子，尤可駭怪。以爲故意弄奇耶？則傳奇雖小道，亦不應打諢如是。况事關易代名義之重，尤不宜顛倒耳目。以爲不知而誤耶？則金沙名士，竟作吴門牛醫兒，真堪噴飯。又齣中出四僞官，爲魏學濂、張縉彦、□□□及介生。魏以忠臣之子，孝子之弟，屈意從賊，思有所報，繼未得逞，遂以死節，諸書載其事甚明。而韵珊偶據所見，入之逆案，嗣知其非，乃刊板易以朱純臣。夫純臣乃宗室世公，其從賊當與李國楨、魏藻德、陳演輩爲一類，不應入張、周諸詞臣列也。不學之弊，乃至於此，宜世之嗤鄙填詞家爲浪子生活乎！

閲《宋景濂集》。文憲開有明文字風氣之先。余家有《宋學士集》，自少讀之，不覺其佳。丙辰歲更得其《浦陽人物記》，亦冗漫無取。顧常以其名重爲疑。丁巳復得王忠文《華川集》。二公同師同官，又同得重名，爲明代冠冕。亟閲之，則迂拙薄弱，又出宋下。而《四庫書目》稱宋文醇深演迤，王文醇樸宏肆，真不可索解。今夕即坊間借得《文憲全集》，徹夜翻讀，竟無一賞心語。其常開平、康武義、華武壯、趙梁公、花東丘侯諸碑誌，筆力孱弱，敘致拖沓。開平之采石戰功，花侯之太平死難，皆全無生色。其爲《龍泉章溢墓誌》至五千餘字，述其世系，云遠祖有曰嚴者，仕宋，以兵部尚書守泉州，遷南安，至唐康州刺史及遷浦城，是宋乃劉宋也。六部尚書之名，定于隋，宋時衹有五兵尚書，安得有兵部乎？且泉州始於唐，亦非劉宋所得有，則無一不謬也。他文若《燕書》四十首，《演連珠》數十首，皆拙陋不足觀。序記書後，亦無佳者。予幼讀塾本古文，見有文憲《秦士録》一篇，即深厭之，今乃信所見之不謬矣。

二十五日庚申　寒陰釀雪。尹杏農侍御來，久談，去。作書致德甫。

二十六日辛酉　雪，午止。傍晚同叔子、卣香至玉郎家茶話，還局賬，即歸。

二十七日壬戌　晴。予生日。吕定子編修來訪，不值。出門拜客，晤楊子恂、謝夢漁。德夫來。夜四鼓後雪止，曉積寸許。

二十八日癸亥　雪晴。得任友薌書。德夫來。偕叔子同年訪(此處塗抹)，歷街肆數家而歸。德夫、子恂來。

大寒　二十九日甲子　晴。[借得叔子銀卅兩，京平二千九百八十九分。又六兩，京平五千九百分。又弍兩。京平一千八百零九分。]作書致友薌。還各店賬。

三十日乙丑　陰。作書致德甫。還各店賬。子恂來。(此處塗抹)來。得德夫書。夜與叔子、卣香、五樓守歲，約和厲樊榭《除夕南湖草堂》詩韵，不成。同（此處塗抹）、卣薌、仲雁爲牌九之戲。（此處塗抹）洗足。薙髮。徹夜不眠。

誌僕誚文并序

甲寅歲之除，作詈文，蓋託之鬼神以自厲。稿爲人傳觀，遂亡失。及今歲己未客京師，送窮之夕，寂漠寡歡，客中止携一僕，惴惴焉若惟恐其叛而去也，以唐人孫樵有《駡僮志》，乃作《誌僕誚文》以補昔作。昔警于神者，憂而文；今侮于人者，迫而徵乎！後之君子觀于此，而知好修之志，窮而益堅矣。

煩柳車之送矣。先生此後，其可少蘇乎！

予於甲寅除夕，作誌詈文，蓋託之鬼神，以自責厲。稿爲友人持去，遂亡失。頃思孫可之有《駡僮志》，因作《誌僕誚文》以補昔作。雖寥寥短章，然其遇可悲矣。文曰：

先生客居，作文守歲。呼僕瀹硯，僕倚屏睡。先生叱之，僕起而誶：『官窮至此，官文是祟。誰使官幼，識字不忒。哦詩上口，聽經能背。誰使官長，作文無害。鏤膺周秦，胝手漢魏。不今是逢，而古爲媚。思澀若癡，意悦若醉。官今已壯，所得者累。官之西家，佻兮崽子。日遊而嬉，乳臭青紫。官之東鄰，烏瓛家兒。學賈數年，猗羸埒貲。官有薄田，歲豐在蓼。三載不治，責税荒草。官應詔科，字必俗矯。六上不收，三十髮皓。官既世贅，眦臧即休。以專而壑，以首而丘。云胡是韵，而仕之求。云胡是逞，而都之遊。鷹春則鳩，橘淮而枳。謂官此來，當歧厥趾。詎今匿影，畏晝于市。教諂乃恚，慢世乃企。刺毛已鞟，徑艾絶軌。朱門僕從，平頭緑韝。而我于官，出更敝裘。五陵騶卒，錦障大馬。而我于官，薄笨驂駕。官窮至此，官猶有家。草屋三間，臨流而斜。課奴種菽，課婢漚麻。養親賦詩，庭有餘花。官今罔罔，進退何擇。局[illegible]蹉資，以至今夕。

而猶文爲，文將奚適？官固耐窮，我請自絶。』

先生聞言，囅然而笑。謂僕且退，爾無我嬲。我心太虚，白雲在天。爾蘄速改，請以來年。因濡筆以爲之文曰：『吾拙吾力，吾愚吾識。吾飢吾寒，匪吾文是職。乃天之所以全吾真而養吾逸。』

除夕京邸守歲次樊榭南湖草堂除夕詩韻同周叔子編修（此處塗抹）黄卣香陳珊士兩比部楊子恂舍人作

傳箭中原戍鼓嘩，歲氛猶未靖龍蛇。卅年貧賤初爲客，一飯艱難怕憶家。旅夢霜前驚爆竹，窮愁杯底送年華。相憐此夕同無謂，禁陌匆匆已曙雅。

除夜述家居瑣事再次前韻

田園伏臘避塵嘩，身世年年笑蟄蛇。矮燭杯盤慈母饌，小門風雪野人家。舊逋裁券供吟草，破甕蒔梅紀歲華。誰遣今宵成獨憶，鳳城東畔聽啼鴉。

又懷柯山舊讀書處三疊前韻

夾澗寒林寂不嘩，緣岩細徑轉修蛇。曉烟竹氣含深寺，晴雪湖光散萬家。一别梅開山上路，半年霜入鬢邊華。夜深歸夢書樓角，凍柳疏疏帶宿鴉。

越縵堂日記庚集上

咸豐十年正月初一日至三月十三日(1860年1月23日—1860年4月3日)

咸豐十年(一八六〇)

咸豐十年龍集庚申皇帝三旬萬壽之歲春王正月建戊寅元日丙寅　晴，大風。留京師。年三十二歲，太夫人年五十六歲。日出高卧，至午刻起。已蘭來。(此處塗抹)與叔子、仲彦、卣香賀年。周叔子姬來賀年。陳竹珊姬人來拜年，請見。德夫來。子恂來。竹珊來。壽源清玉泉孝廉來，不值。

邸鈔：晉惇郡王爲親王，封惠親王子奕詳、恭親王子載澂皆爲入八分公。又封惠親王兩子爲不入八分公，貝勒載治、溥莊俱加郡王銜。載治者，上長兄(智隱)〔隱志〕郡王嗣子。

初二日丁卯　晴。卧至未刻起。(此處塗抹)來。珊士來。夜同(此處塗抹)、卣香、叔子、仲雁戲牌九，至五鼓罷。

初三日戊辰　晴。珊士來。楊子恂招同叔子、卣香、珊士、已蘭、劉岵農觀察夜飲，蘭仙、卅吊。亦秋、蓮芬、芷馨、玉蘭諸郎侑酒，至三鼓各醉而散。

歸閱汪容甫《述學》，中釋『三九』二字凡三篇，引證明通，可悟讀書之法。其《釋周官媒氏》一條，議論雖痛快，然終是有意圓説『奔而不禁』四字之病，未免爲《周禮》佞臣。惟謂《禮》言男子三十而娶，女子二十而嫁，乃先王懸其極以爲之限，過此者罪之，非娶必至三十，嫁必至二十也，此却新確。若謂奔而不禁，即所以耻之者罪之，恐即化千萬辯舌，不能以楊廣、朱温所不爲者加之成王、周公矣。眉批：績溪胡氏培翬《研六室文鈔》云：按《内則》，聘則爲妻，奔則爲妾。聘謂以禮娶也，奔則不備禮之謂。《周禮》「奔者不禁」，奔字當如是解。昏禮有納采、問名、納吉、納徵、請期、親迎六者，仲春爲昏月之正，故謂當此時而有六禮不備者許之，恐其過時則傷，非謂淫奔也。此説甚精。

珊士同宿齋頭。與叔子作夜談。

初四日己巳　晴。子恂來。（此處塗抹）邸鈔：以惇親王次子載漪繼瑞敏郡王奕誌爲嗣。

初五日庚午　晴，極寒。自元日來，凛冽之苦，遠過冬中，今日尤甚。雪甌來，不值。午後默坐，念今年又五日矣。俗以此五日中爲新年，越中今晚以爆竹焚紙毬門神符勝，謂之了新年。予每至此際，輒忽忽有感，今日乃并無此風景矣。因作書寄故園兄弟，拉雜寫之，不以文爲意也。

正月五日致故園諸兄弟書

别來忽忽度歲，日月行邁，有識所悼，况復羈泊無聊，修名不立，惝怳靡徙，不知所裁。嗚呼！離别者，有生之大戚；貧賤者，振古之至辱，予其曷幸，乃兼斯况！

去年以謁選故，襆被入都，初於秀州道中遇清明，爾時去家僅四百里，山川人物，禽卉之觀，不異故鄉，然念田園春事之盛，已覺行旅爲勞，戚戚欲涕。秀州多水楊，新緑萬行，映帶村郭，春望之美，甲於吴越。而忽憶吾家宅後荒圃數畝，圃垣之東，有老柳一樹，臨池而生，居恒值風日和煦，席地坐其下，執書一卷，觀老婢翦野蔬就池洗之，與兄弟輩亨蔬飲酒，以爲笑樂。此既不可得，便覺目前所見俱無生色，此不可解也。自爾以來，家益遠，境益變，撫時心愓，履節淚零，悵怨之私，不足殫述。逡巡卒歲，萬慮爲勞，客中債負，倍難遣釋。復思家中伏臘艱苦，老母勞瘁，兄弟俱無以爲仰俯計，天涯萬里，不能奮飛，一夕之中，魂夢數至。凡兹情狀，亮能悉之。

都中歲事，多從率略。祭竈賽福之禮，惟南人僑寓者行之，爆竹之聲，十舍而一。元日以後，惟見貴豪車馬馳驟往還，下吏寒人冗冗投刺，六街肩轂塵昏不辨。廠肆多買紙燈紙鳶，寓人物花草之屬，備極巧飾，以點綴歲華而已。諸兄弟雖同處貧乏，然新歲來，室家團聚，景物太平，人生此樂，最難倖得。今歲何日懸先人像，何日請列祖主於室，長安游子，弗獲與几筵燭影間，奉一炙之獻，恨何能已！索逋者何時始去，分歲之飲，何時始散，書來時幸俱及之。

予除夕偕同輩四五人博戲，徹旦始罷。元日高卧，不見一生客。念家居是日秉燭起，兒童輩已青紅列于道，户門一開，千萬家炮聲，遠近畢發。廳事列巨燭，採柏葉作供花，曙色靄靄，內外映耀，遥見門外已有新纓冠而往來者。祀神畢，家人具湯圓，列數十碗于几，與兄弟環食盡飽，不知其典禮所始，亦不知其味之美惡，而忻忻愉樂，以爲先王典禮之大，泰羹玄酒之味，不是過也。日午後，里社廟演劇相望，與諸兄弟信步赴之，老少婦幼，多簇擁相揖賀，人聲之繁，溢於歌吹，而俱覺和樂閑雅，異於平時。賣漿賣茶賣果餌之趁市者，亦皆熙熙然，極昇平之觀，而淳樸之可親也。或與諸兄弟緩行里中，衢陌潔静，巷無一人，春帖門符，紅紫相雜，門多虛掩，間有啓扉而出者，則里之老人。與之相見，歡然道鄉曲田園中事。夕陽微風，時時聞簫鼓聲悠然而至，則曰社戲將散矣，其歸送神乎，各拱手散。若此瑣事者，今日思之，真羲皇之風、神仙之樂也。予外家居昌安門外之陸家埭，去城東三十五里，正月之三日，必買舟詣之。其地頗荒寂，無岩壑之娱，然孤村小市，數里相接，往往曠野中見著青布新衣携一籃盛紅紙包食物而行者，一小兒著大紅布衣跳躍從其後，或有扶渡船而歸，手中多持若糕若角粽賀歲之物，面皆赭然有酒香，即以爲春物繁華之象無過於此者。予一身遠役，不得從諸兄弟後，諸兄弟其善領略之，體旅人之苦，毋遺居者之樂也。噫！予今年三十二歲矣，入歲來又五日矣，諸兄弟亦俱老大，迫貧賤，不得長家居，幸深思之，毋忽！眉批：予丙辰元日詩有『陋巷到處生光輝』之語，周素人極賞之，謂寫得太平風日，如在眼前。今日思此七字，真足令人神往也。

五樓來。夜同仲雁、卣香、五樓（二字塗抹可辨）博戲，五樓（二字塗抹可辨）又大敗，焚博具而去。

邸鈔：都統勝保以出師無功，奪欽差大臣任，以袁甲三署欽差大臣，督安徽軍務。翁同書、穆隆阿佐之。勝保督河南軍務，關保佐之。傅振邦督徐宿軍務，田在田佐之。德楞額督山東軍務，哈勒洪阿官乾清門三等侍衛。佐之。俱專其事權，重其責守。命將慎重，可謂至矣。上以勝保自濮城挫後，不能再振，盧定諸郡縣久不克復，故輕其權任，而以其兵勇練習，仍用之，以收後效，尤見聖心之周至也。

初六日辛未　晴，陰，大風。出門拜客，終日而歸。

初七日壬申　晴，大風。作致季旼書。作稟家慈書。發家書。眉批：憑字第八號。

家書題後

藉此平安慰倚閭，封題鄭重兩行餘。客心遠道三千里，人日今年第一書。卒歲艱難差已過，高堂眠食近何如？郵筒莫再遲遲答，須念天涯怨索居。

又批二十八字

書到應將二月時，復書已及暮春期。柯山桃李南湖柳，春事皆須報我知。

初八日癸酉　晴，大風。得柯山沈瘦生去年十一月二十八日所寄書，皆家慈意也。家慈以先六日得慈書，即授弟輩意作答，而弟輩懶慢，不以爲意，故屬其代答云云。計所得者予憑字第六號書也。時尚以去留及改捐事請之家慈者，故數月來盼回示甚切，而驛寄杳然。（此處塗抹）家中債負鉅萬，衣食漸罄，我母劬勞，將何所止！（此處塗抹）

昨閲邸鈔，山西太原鎮總兵田在田曾祖母王氏年逾百歲，五世同堂，賞給御書扁額，仍命禮部核例議旌。貴壽之盛，真令人羨絶也。

五樓來。作復瘦生書。偕叔子夜過玉郎家小飲。

初九日甲戌　晴。珊士來。（此處塗抹）來。子恂來。同叔子、卣薌作夜談，徹旦始寢。

初十日乙亥　晴，大風，午稍止。偕叔子小遊廠甸。子恂晚來。卣香招同叔子、子恂夜飲蘭仙家，予招芷儂，叔子招秀蘭，子恂招桂珍佐觴，三鼓歸。

十一日丙子　晴，稍和。家慈生日。早起祀神。巳蘭、卣薌、子恂俱來賀。晚招子恂、巳蘭、卣薌飲如松館。一萬九千二百四十。又設飲蘭仙家。卅吊。巳蘭招芷馨，子恂招雲林、桂林，卣薌招芷儂侑觴。作家慈稟。是日在蘭仙家成七律一章。

正月十一夜招同翁巳蘭户部子恂卣薌飲陳郎家同子恂卣薌作是日爲家慈生日慶也

畫扇屏開翠袖風，禁衢初月上簾櫳。星檐茶語輕寒外，雪幀梅花淺醉中。春事尊前剛旖旎，客懷笛裏各惺忪。團圞爲想家園宴，花勝圍燈颭小紅。

十二日丁丑　晴。劉岵農觀察書來，招明日飲景春堂。珊士來。傍晚同叔子訪巳蘭，遂小遊廠肆而歸。叔子招同卣薌、巳蘭飲如松館。巳蘭招秋蘅，卣薌招芷儂，予招蘭仙佐觴，至乙夜，偕飲秋蘅家，四鼓始散。

立春　十三日戊寅戌刻立春　晴。偕叔子、卣薌同車遊廠甸。都中歲華，惟此地爲最盛。百肆羅列，車馬馳擾而已。大家宅眷及平康里姬，率以車圍而觀之，蜂屯蟻擁，至有褰帷平視者，不特捉簾底纖纖月也，而金吾不禁，御史無猜，真不可解耳。同卣薌赴岵農之招，子恂、珊士、巳蘭皆先至，芷儂、蘭仙、蘭卿、秋蘅、桂玲諸郎及主人蓮芬勸觴，傍晚歸。得陳德夫書，以詩集見還，並索借《漢書》，即作復。子恂招飲安義堂，同卣薌赴之，蘭仙、芷儂、喜玲、桂玲、玉蘭爲侑侍。

邸鈔：河南巡撫瑛棨以遲解餉銀，降陝西按察使。擢陝西布政使慶廉爲河南巡撫。

是日買得段玉裁氏《説文》四帙。比年覓此，今日始得，可喜也。夜半醉歸即寢。卣薌大吐。

十四日己卯　晴。早起同叔雲、卣香至廳事側軒昳談。二君皆小極。予雖連夕覯舊疾，而宿酲初解，神觀甚清，覺有春興之美。作書致季貺。作書致王嘯篁（二字塗抹可辨）。五樓（二字塗抹可辨）來。發家書。眉批：憑字第九號。

十五日庚辰　晴。夜赴子恂家，公餞岵農之浙，同坐者卣香、巳蘭、珊士、蘭仙、芷儂、亦秋、秋蘅、芷馨、桂玲，惟蓮芬早至即去，叔雲以小疾不赴。三鼓偕卣香歸，珊士同來宿。是夕月皎甚，子恂、卣香皆以興未盡爲憾。客中佳節，眼底春人，固宜其流連不置也。

十六日辛巳　晴，有風。晨起偕叔子、卣香至鄭九丹學士家送岵農之行。順道答客數家而歸。五樓（二字塗抹可辨）來。夜同叔子、卣薌放花炮。憶去年燈節，與群從夜夜作此戲於堂下，堂上春燈晝燭，交藹亂彩；庭下瓦盆老梅，煜煜作笑，殊極綵衣跳踉之樂。又嘗於村口大橋放流星炮，野曠月繁，星光四落，兒童什百，喧笑相從，炮聲時霍霍作餓鴟叫，亦復撫手稱快。以視今日，真有飛渡鏡湖之想矣。二更後月甚好，偕卣薌同車小遊，至櫻桃斜街、琉璃廠、楊梅竹斜街諸處，燈火漸散而歸。因成故鄉燈詞十首，以遺無俚。

越中燈詞十絶句庚申客都中作

家居何事答豐年，客裏思來總悵然。第一春宵好風月，山川金碧試燈天。
太守廟前春鼓鳴，東灘西灘春水生。東西相約看燈去，唤郎夜夜棹船行。
路家莊畔好歌臺，十萬春花燭裏開。月下新妝齊出看，前村報舞火龍來。
陶堰年年燈市新，百家廟裏共嬉春。春星漸亂歌塵歇，燈火家家扶醉人。
東關十里逐笙歌，百戲魚龍燭隊多。照出隔江明月好，估燈千百下曹娥。
早晚城西逐隊行，連旬社戲最關情。怪底怱怱不相見，儂進城來郎出城。
三山石堰路相連，小隊燈毬共賽年。爲懺山名不成對，年年燈樣愛團圓。
柳姑廟前初月圓，湖雙燈節少人閑。湖西少婦獨閉户，郎去湖東今未還。
阿儂家裏社筵開，姊妹連朝催我回。郎今正月少田事，儂去看燈十日來。
風景承平最可思，村巫沿路説燈詞。但祝年年永團聚，大家歡喜過燈時。

吾鄉燈市，鄉間勝于城中。鄉之東路，勝于西路。盧莊、陶堰、東關其最著也。兹據予遊跡所及者賦之耳。

十七日壬午　晴。午後偕卣薌訪巳蘭、子恂、德夫，皆不值。夜同叔子、卣薌過秋蘅家茶話，許久始返。

十八日癸未　晴。上午偕叔子、卣薌遊報國慈仁寺觀二偃松，樛曲盤互，高僅五尺，而蔭蔽十畝。觀傅雯指畫《勝果妙音圖》，係乾隆九年奉敕寫者，高廣俱尋丈，所繪羅漢天王以百數，奇正之相悉備，筆墨高絶。謁窑變觀音像，妙相具足，手火輪，冠寶髮，身瓔珞，被以淺碧帔幎，而首右側以腕支膝而坐，像長尺，其妙真不可思議。座趺刻純皇帝御贊焉。登毗盧閣望西山及盧溝橋，啜茗久坐，過午而歸。閲王伯申尚書《經義述聞》中《釋左傳》一卷。

十九日甲申　晴。晡時偕卣香訪巳蘭，不值。子恂來。

邸鈔：袁甲三實授欽差大臣。

二十日乙酉　晴。得紱翁書，並以唐氏鑑《畿輔水利備覽》及晏斯盛《楚蒙山房集》兩書見贈。唐字鏡海，湖南人，山東籍而居於江寧，由翰林歷官江南布政，入爲太常卿。《水利備覽》引證明晰，議論俱切實可行。書中缺第五、第六兩卷。（此處塗抹）首列臆説一卷。（此處塗抹）晏斯盛爲江西新喻人，乾隆初官至山東巡撫、户部侍郎。所著有《楚蒙山房易經解》十六卷，收入《四庫》。眉批：《四庫書目録》經部易類，有晏斯盛《楚蒙山房易經解》十六卷，内爲《易學初津》二卷、《易翼宗》六卷、《易翼説》八卷。 裒然巨集，而轇轕扼塞，幾于一字不通。頗亦論説理學，有與方靈皋往復書，又爲太傅朱文端作墓表，此亦吾服其膽者。（此處塗抹）中惟《江北水利書》兩卷，雖不成文，而有裨實政。其人于世宗末由鴻臚少卿擢江蘇布政，殆亦吏幹之材；書即其藩吴時所作。嘗視學貴州，于黔中水道，亦多所記載。足見宂梨禍棗之中，未始不可收牛溲馬勃之用。隨地留心，開卷有益，特吾輩心力有限，不暇看及此等書耳。

作書致紱翁。作書致德夫。子恂來，借予詩集去。夜與叔雲同賦花窖五古，各至十餘韵，不成篇而罷。三鼓大風。

二十一日丙戌　晴。得紱翁書，並以令兄星齋侍郎《小鷗波館詞》見贈。德夫來，暢談至亥刻去。

邸鈔：正月初九日，張國梁大舉討賊，水陸並進，直擣浦口沿堤賊壘，大敗賊衆，連克逆壘八座，逆卡十餘座，擒斬無算。初十日丑刻，進攻九洑洲賊巢，卯刻克之，逆衆死者千餘人。甘肅總兵張玉良擢提督，副將曾秉忠擢總兵，浙江總兵黄彬、陝西總兵黄靖賞烏里達勒巴圖魯、圖爾格齊巴圖魯名號，其餘升賞有差。九洑洲者，賊之老巢也，此戰得大捷，蓋自是沿江之賊勢衰矣。

邸鈔：勝保降爲副都統。先是去年九月間，有懷遠布衣胡文忠者，老而貧，家陷于賊，止携一女，將入都上書，陳諸帥守臣不法狀。至中途資竭，復鬻女，孑身抵京，投其鄉人御史林之望，告以故，之望力沮之。次日遂自縊死。檢其懷中，得所言事狀，大略謂勝保恣意酒色，軍敗時猶擁妓妾行。翁同書以王啓秀、顧長源攝府縣事，二人皆賊故降者。李世忠守滁來，窮賦害民。黄元吉設卡定遠等處，重税自封，懷遠借餉，不應，以致失守，及臨淮陷後，復縱兵劫掠，而極稱袁甲三在皖時之功，且責之望緘默，負官責。之望遂以聞。上命和春、何桂清覈其事。二人入奏，盡白諸人誣，止以勝保退守蔣壩時尚以生日受將弁賀，故得左官云。

二十二日丁亥　晴。作書致紱翁。晤朱俊卿户部。德夫來。手寫王平子詩詞。平子詩自丙辰前已有自寫本，今在大梁，不可得。兹集録其客豫後所作，僅叢草一小帙耳。

邸鈔：傅振邦奏宿北一帶肅清。

二十三日戊子　晴。作書致五樓（二字塗抹可辨）。作片致巳蘭。寫平子詩。五樓來（三字塗抹可辨）。得巳蘭復片。袁小午侍讀來。

邸鈔：袁甲三自克臨淮關後，進圍鳳陽，正月初二、初四、初八日接仗連勝，共殺賊三四千人，逼城漸急，可以速破。其定遠賊來援者，復爲團勇周曰庳大敗之于殷家澗，守備許某復攻克其明光卡，殺賊無算。

夜與叔子、卣香談徹旦。自十六日後，寒涼如月初旬，今日稍差。

二十四日己丑　陰，微和。

邸鈔：官文奏十二月廿二日楚兵大敗皖賊及捻匪于潛山縣，副都統銜喀爾庫、西林布等死之。刑部候補主事何秋濤命在懋勤殿行走，俟補缺後以員外升用。秋濤撰《北徼會編》八十卷，言朔漠疆域内外形勝之略。兵書陳孚恩奏進其書。特旨召見，賜其書名《朔方備乘》。上諭有此書於制度沿革、山川形勢，考據詳明，具見學有根柢云云。

夜話復徹曉。五鼓風起。

二十五日庚寅　晴。得巳蘭片。子恂來。早睡。

二十六日辛卯　晴。是日與叔子交换婚帖，以從妹許字季覞也（整句塗抹可辨）。子恂、珊士、巳蘭、卣香爲媒，叔子設宴于龍樹寺，午刻赴之，並晤叔子族人伯度比部淮。寺在南下窪子，本名興誠寺，以有龍爪槐一樹，爲明代物，頗奇矯，寺遂以樹名。地頗曠野，名人多遊之。下午酒散後，夕陽在地，遠山窅然，與諸子出户憑石欄閑眺對面陶然亭，環以雉堞，殊有遠景。繞寺地極湫下，彌望皆蘆葦。聞夏秋之間，葦緑如海，最爲佳觀，今惟斷冰枯黄而已。晡時歸。夜補作舊詩，忍寒苦吟，達旦始罷。長安作此生活，真癡人矣。

二十七日壬辰　晴。頭痛小極。晚刻，巳蘭招同五樓（二字塗抹可辨）、叔子、卣香飲如松館。子恂來。夜話至五鼓。

雨水　二十八日癸巳　晴。偶閲《樊榭集》，摘其雋詞秀語于左：

高柳初髡倚晚汀，幾時來此補魚經。昨宵知有稀疏雨，滴破一方青白萍。《池上》。鼎罊孤亭合，泉聲出翠微。静聞兼遠梵，獨立悟清暉。《泠泉亭》。月在衆峰頂，泉流亂葉中。《靈隱寺月夜》。孤櫂不覺遠，窈然流水深。春烟沉大嶺，密雪響疏林。《西溪泛舟遇雪》。水光知月出，花落見風行。《晚步》。東風不信將三月，往事無多又四年。只有吴娘知可惜，折枝繡滿秃襟前。《皋亭山下看桃花》。微雨宜幽鳥，初凉健酒人。《秋夜雨中》。日晚水仙祠下去，青山影裏采蘋花。《湖上作》。黑鷲燕子翻階影，凉受槐花灑地風。《晝卧》。短燭照(深)〔春〕緑，夜静山逾空。《宿永興寺》。松風颺纖碧，花影蓄深黛。《溪上》。遠水浮春寺，青山落晚罾。《春日泛舟北郭》。漫脱春衣浣酒紅，江南三月最多風。梨花雪後酴醿雪，人在重簾淺夢中。《春寒》。幽人與時鳥，共喜緑陰成。一徑千林暗，斜陽片雨晴。《緑陰》。小艇净分山影去，生衣凉約樹聲來。《雨後坐孤山》。肉人不合尋常見，燈影娟娟兩半簾。《水仙花》。十角吴牛三尺箠，楝花點點響(漁)〔烟〕蓑。《梅雨》。夢回竹月攤書地，人道風潮損稼天。《寄内》。急雨淮上來，沉沉暗樓堞。須臾風引去，秋星照凉葉。《晚雨》。早梅門巷如人白，殘柳旗亭勝酒黄。《蕪城小春》。無賴東風轉柳條，雨從月額到花朝。少年記得嬉春事，斜日衣香第四橋。《西湖春雨》。仿佛南園築北碕，鴨毛小漲碧參差。行人羞照風塵鬢，手弄垂楊立少時。《滄浪亭》。淡日青門菘葉圃，凉風白屋槿花籬。《秋霽東皋》。横塘秋水明菰葉，老屋殘陽上蘚花。《南湖秋望》。將暖湖烟多晚碧，未花桃樹有春紅。《正月十一日湖上》。竹陰入寺緑無暑，荷葉繞門香勝花。《五月十三日遊智果寺》。深松耿禪燈，江黑疑有雨。《夜宿松寥閣》。列坐疏竹根，微泉各爲聽。《晚至溪上巢》。開門殘月在，下見數峰雪。雪際生白雲，窅映不可説。《西溪曉起》。墻陰的的兩三枝，風信纔臨暝色遲。可是春人易惆悵，疏花明月不同時。《庭梅二月朔始花》。凉雲墮層阿，林莽時一漲。《下菰城》。燈市乍收三日雨，酒樓遠接一湖春。《春晴登吴山》。圓月出蒼莽，凉風生樹間。流光滿空際，西照徂徠山。《月夜宿羊流店》。滿空春雲生，冥冥垂半嶺。花村下微霰，歷亂不復整。夤緣出溪口，始見一峰影。《泛舟西溪》。自古浮天兩洞庭，千年詞客幾揚舲。愛君淡著有聲畫，收拾秋光補水經。《題馬秋玉洞庭詩卷後》。轉巷山光猶涴粉，入樓柳意半銷冰。《南湖殘雪》。晴烟映竹澄，殘月轉花没。《曉過竹院》。微宵動川影，夾岸吹寒花。《新晴泛舟河渚》。春潭易爲緑，兼之山氣新。《回舟經深潭口》。緩櫂縱遥目，心與春流平。邀侣以事解，得朋因寡營。峰色烟上霽，竹風沙外清。一夜叢梅發，幾處山窗明。香中林鳥語，引我沿溪行。積翠點殘雪，陰淡寒自生。西崦未云夕，東畬方可耕。稚子肯迎客，花間啓柴荆。《同吴西林泛舟西溪看梅》全首。安排桑苧新茶閣，位置樵青贋釣船。繞墻細數遲生笋，縛架親扶已卧花。《移居》。凉雲竹枝外，秋水槿花邊。《偶出》。年光伏枕後，人事杜門中。《秋爽》。落葉遍深院，寒雲過斷鍾。《冬日集倬上人方丈》。花明正要微陰襯，路轉多從隔竹看。《繇金家堰入皋亭西麓至崇先寺》。寒香接天影，嵐色上花鬟。《過横山飯伏虎禪院》。過墻禽動竹，開户鼠翻藤。《中塔院》。門閑花氣深，山空禽語響。《泛舟至龍居灣遵山徑入永慶禪院》。礀水落天光，時明疏竹底。《在澗庵》。徑草全侵屐，林花亂入雲。《雨中書事》。薄命已知因藥誤，殘妝不惜帶愁描。永安錢小空宜子，續命絲長不繫人。收燈門巷忺微雨，汲井簾櫳泥早凉。《悼亡姬月上》。夜半殘春雨，空樓遠響哀。因成合衣寢，夢索寓錢來。《雨夜舊房》。履綦聲已銷閑砌，粉指痕猶印故書。命似凉蟬偏易斷，情如暮雨肯教疏。《初秋有感》。玩梅小院疑前夢，聽雨閑房似隔生。《重過南湖有感》。水落山寒處，盈盈記踏春。朱闌今已朽，何况倚闌人。《湖樓題壁》。泥乾久積庭陰雪，日薄遲生水際烟。《首春卧病》。六飛當日駐錢唐，曾畫毛詩馬侍郎。五百年來遺墨盡，秋林曳杖見吴裝。《題馬和之小景》。新秋未徂暑，夜氣先侵簟。空館心悄然，求夢翻成魘。醒聞竹聲喧，播蕩仍掩斂。祇有故時簾，因風時一颭。《秋齋夜宿》全首。石勢渾如掠水飛，漁罾絶壁挂清暉。俯江亭上何人坐，看我扁舟望翠微。《歸舟江行望燕子磯》。鍾學龍吟春礀響，松和猿梵夜堂知。《春夜宿雲林》。遠風燈照牽，去聲。微月齗鳴船。《秋晚自皋亭至臨平》。鷗鳧不動偎前浦，烟雪相和畫數峰。《湖舫》。漁舟出清旭，鄰磬接空潭。《曉過曲水庵附汪還仁句茶香來坐具梅影上行衣》。斜陽一抹風廊影，葵寫園花竹寫梢。好詩只在微茫裏，付與栖禽自在喧。《覓句廊晚步》。沙柳侵天影，風蒲學水聲。《篠園水亭》。幽雲生窔石，靈雨下稽山。《舟出偏門至禹陵遇雨》。烟縷乍消漁市散，一峰臨鏡學梳頭。《柳姑廟》。九月十月接天氣，裏湖外湖空水烟。門外晚風吹酒醒，秋容都上釣魚船。《九月晦日集雪莊》。緑窗剪舌教鸚鵡，催看龍舟獨後來。《西湖競渡曲》。柳邊夜笛清逾迥，山際秋燈淡欲無。《中元夜泛湖》。風回微雪瓜皮艇，雲破平林板凳橋。《臨平道中》。桐塢我舊過，陰森翳叢篠。隔林見梅花，謂是山月曉。《桐塢》。兩點船燈看漸遠，暮江惆悵獨歸時。《吴門别全謝山》。闌壓垣衣户網塵，嫩寒惻惻那禁春。一池好染羅裙水，只照梅花不照人。《西溪山莊有感》。記取飛塵難到處，矮梅下繫庳篷船。《泛舟河渚》。紅雨欲飛驚宿鳥，碧波不動待遊船。《四照亭曉望》。司家橋頭進船路，三尺水滿上魚床。《雨中泛舟北郭》。一湖春水窺山影，十里初陽上柳梢。《曉發南屏渡湖寫望》。鹿柴陰連竹，魚幢俯浸霞。《遊水木明瑟園》。對月心情多往事，阻風滋味又今年。《月夜泊吴江》。不分午風凉似水，爲他兒女颭釵符。《午日觀競渡》。幾折虚廊通淺渚，壞橋無柱上浮萍。《淮陰城北》。我家屋後百篔簹，戛雨吟風半畝强。莫怪披圖動鄉思，來時新笋正過墻。《題查蓮坡種竹圖》。十六巫兒兩手摻，相携女伴話詀諵。生來阿縞何曾識，自剪秋燈吉貝衫。《阿城鎮》。葉落紛如汴堤雨，鴉栖寒似灞橋人。《寒柳》。爐烟浮江光，帆影移竹翠。《焦山登雙峰閣》。上番梅開色，斜陽雪滴聲。《立春前一日作》。花房鸚破嘴，柳色鵝脱鷇。《雪霽》。夕陽紅送僧歸寺，山色青隨客度（墻）〔橋〕。《口占》。今年寒食閑蹤跡，半在僧坊半酒樓。《寒食湖上治春絶句》。烏絲剡紙蠶頭字，白紵吴歌鴨嘴舟。《贈張嘯齋》。須記並船分袂處，僧鐘茶火隔秋雲。《惠山下與西疇别》。百年大雅存吟草，二月東風滴酒花。《二月十五日同人展周穆門墓于湖上》。山容正媚偏逢雨，酒價初高只爲花。《泛舟遇雨》。白日如年娱我老，緑陰似水送春歸。《晚春感興》。暮雲青草夾岡埭，春水小風陵口船。《晚次陵口》。潮水侵籬滿，江雲入竹疏。《入瓜州城》。薄雲淡日商量雪，翠柏黄梅點綴貧。《庚午除夕》。浮雲三塔遠，落日大江陰。《送蔣秋涇還檇李》

太鴻學問淵洽，留心金石碑版，尤熟于遼、宋軼事。其詩詞皆竆力追新，字必獨造，遂開浙西纖哇割綴之習。世之講求氣格者，頗詆諆之，以爲浙派之壞，實其作俑。然先生取格幽邃，吐詞清真，善寫林壑難狀之境，其佳者直到孟襄陽、柳柳州，次亦不失錢、郎、皇甫。昔人評顧況詩爲『翕輕清以爲性，結冷汰以爲質，煦鮮容以爲詞』，先生殆可當之。惟七古意務數典，而才力又苦逼窄，未免襞積飣餖，毫無生氣。議者舉其最弱之體而概其他製，又因學者之不善而集矢先生，誠爲過也。予詩與先生頗不同軌，而生平偏喜先生詩。同社中，叔子、孟調、蓮士雅有同嗜。三子中，叔雲有其秀，孟調有其幽，蓮士有其潔，所趣固近，宜其尤相契矣。

今日天氣初暄，小室對爐，稍有春意，體中微疾，客懷益深，因取先生詩讀而摘之，便如置我雲門柯山中，松賡谷吹，花韵波香，秋琴獨張，春舷孤扣，不復知户外十丈軟紅塵矣。先生游跡，北至廣陵，東至越，南至婺；而笠屐所事，則於西湖西溪，竆極幽討。數其六十年中，僅兩至京師，皆不久歸去，山水之福，令人羡妒。其能貧而不出者，則以當時有揚州馬氏兄弟爲之供饋也。井丹高潔，雅不甘讓先生，獨安得如玲瓏山館主人，爲晚世之鄭莊、孔北海乎！徵君詞亦精細，苦乏韵致，遠不及詩也。

二十九日甲午　晴。晤汪緘三孝廉，久談，去。午後偕卣薌出訪巳蘭、雪甌、五樓(二字塗抹可辨)，俱不值。重裘覺暖，漸有春事之樂，惜羈旅北地，未曾見樹頭一葉耳。計此時故鄉山氣正暄，柯山桃李，當已含嬌萼，太鴻詩所謂『未花桃樹有春紅』也。南湖新柳亦淺翠近人矣。抛却景光，作此活計，乃於塵壒馬足中覓東風消息耶。夜風起，又寒。

三十日乙未　晴。雪甌來。德夫來。

邸鈔：袁甲三奏有帶勇官花翎守備萬大善，原報勇數一千，減剩五百名，經飭派補用道張學醇點驗，而大善欲激各營籍衆喧鬧。至本月十一日，密派都司徐某持令同張學醇，乘大善無備，突至營內，點驗勇丁實數，僅三百餘人，將大善即時正法，傳示各營云云。自軍興以來，官弁之領隊從征者，大率空名召募，浮額赴調，支餉肥私，以爲得計。糈食之不足，大半耗於虛籍，至應徵遣，幾無見兵，而任以戍守，策以攻取，遂無不陷疆失律。主帥間或知之，此輩復乘機煽惑，鼓衆脅制，主者每恐軍變，輒弛不問，馴至將驕卒悍，漸難撫御，此軍政之大害，各營之通弊也。袁公此舉，實爲僅見。況以鳳陽之營，逼處賊壘，而能不動聲色，立正典型，一軍不嘩，惡黨慴伏，定變之略，固尤難矣。夫元帥之尊，賜劍之重，誅一材官，亦何足異，然積勢所劫，雖期門隊長，足爲禍階。使爲術稍疏，其害靡已。得此爲戮，戎政其可稍肅乎！

二月丙申朔　晴。偕卣薌訪巳蘭、五樓（二字塗抹可辨），俱晤。璧軒來。五樓來（三字塗抹可辨）。

閲侯朝宗《壯悔堂集》。朝宗文，氣爽而筆靈，頗有飛動之觀，惜根柢太淺，不學無術，多近小説家語耳。余自十八九歲時，見其文，甚喜之。嗣於壬子冬，得其全集讀之，大驚，以爲雋爽勁利，幾於無篇不佳。今日重閲，深歎其徒有機勢之勝，全無醞釀之功，其佳處往往直到龍門，離合變化，俱有神會；而用事之陋，措詞之淺，乃多近傖父面目。足見古人作文，須讀書養氣，行文不必徵典，自有經籍之光。以朝宗之天分，而能加以學力，杜牧、皇甫湜不難到也。國朝古文，推方望溪、魏叔子爲最，彭躬庵、（此處塗抹）姜湛園、邵青門、毛西河次之，此皆卓卓成家者也。魏根柢筆力俱勝，而氣稍霸。彭筆力相等，而稍稍秩于法度。方最醇正有風度，顧未免平淡太甚。姜、邵皆講求藴蓄，極自愛好，顧所就不大。毛文名不及諸家，而所作俱兀傲俊悍，法度井然，不在姜、邵之下，其殆以博學掩者也。與朝宗輩流者，若王于一、儲同人、李穆堂，亦間有佳篇。王太近小説；儲多有時文氣；李多泛然酬應之作，佳者鮮矣。汪鈍翁自命正宗，文亦稍有風神，顧迂冗蕪拙，不知剪裁。湯潛庵儒者之文，喜尚無語録氣，敘事固非所長。自王以下，皆不能成家者爾。

初二日丁酉　晴。沈槐堂大令名茂蔭者來。得奉鏡珊郎中閩中書。昨夜閲朝宗文，論之如右。私念向與叔子兄弟俱極賞之，以爲國朝一名家。今觀其若《吴伯裔伯元傳》《張渭徐作霖傳》《寧南侯傳》《與田仰書》一二佳作外，殊覺底藴盡露，大異曩日所見。昨自書肆携其集兩册歸，以一借叔子，不知叔子觀之，當作何語。今晚叔子亦甚詆其淺陋，不足爲古文家，向日稱之太過。乃相對大笑，竊各自喜近年讀書進境如是也。

初三日戊戌　陰，大風至午止，寒甚。偕叔子回拜沈槐堂。巳蘭招夜赴河東館聽劇，不往。作稟家慈書，致季貺書，致鏡珊書，俱託槐堂帶去。連夜疾發，甚憊。今夕作書達旦，即亦不覺。人生檢攝精神，正復可用，蓋信户樞流水之旨，真爲名言。叔子分贈紅果汁一碗，夜深飲之，正如銅盤金莖露矣。李衛公一杯七寶羹直三萬錢，未必有此色香味也。

初四日己亥　陰晴相間，寒如前。偕卣薌訪子恂、德夫，均不晤。觀卣香新作寄内詞，殊旖旎。夜閲大謝及何遜詩。

初五日庚子　陰，午後寒如盛冬。閲黄承增所輯《廣虞初志》。此書自十七歲時閲之，雖亦有嫌其蕪陋不近理者，然如李杲堂、馮山公所傳節義事，殊喜其有生氣。至二十四歲，始知山公之文近小説。今日閲杲堂諸文，最佳者爲《高中丞傳略》，餘亦全不知古文體裁。其集自辛亥歲見之於戚好家，多載國初軼事，固亦不可没者耳。作書致（此處塗抹）大令，得復。夜偕叔子、卣香過秀郎茶話。

初六日辛丑　重陰極寒，似釀雪者。作書致紱翁。五樓來（三字塗抹可辨）。談鄉曲故家數事。其人其事，嚮時皆姍笑（原作『極厭』，二字塗抹可辨）之者，今日念及，亦覺不惡，蓋其所爲，固不出耳目間事，憶其一語一物，俱宛然故鄉光景耳。閑悰無憀，不欲近經史，案頭又無雜書，乃復閲《虞初志》。若冒巢民之志岕茶，顧黄公之志野菜，亦不令人生厭。客中諸事不適，欲覓錢思公厠上物正復不易耳。叔子昨日至，復持予日記數册去，蓋亦四五過矣。無俚之況，概可想見。得紱翁書，並借唐詩數册去。夜閲段氏《説文解字注》丱、中、艸三部。

初七日壬寅　大雪入夜。

閲徐釚《詞苑叢談》。卣香喜填詞，近日選寫唐宋名家詞，苦邀予商定。予年來頗知工夫不暇用之此處，强復應之。然其中寫春思如晏叔原之『落花人獨立，微雨燕雙飛』；寫離情如温飛卿之『過盡千帆皆不是，斜暉脉脉水悠悠』，柳耆卿之『今宵酒醒何處，楊柳岸曉風殘月』，秦少游之『斜陽外，寒鴉數點，流水繞孤村』，賀方回之『一川烟草，滿城風絮，梅子黄時雨』；寫閨情如張子野之『何堪更被明月，隔墻送過鞦韆影』，陳子高之『病起心情終是怯，困來模樣不禁憐，旋移針綫小（姑）（窗）前』，蘇東坡之『紅窗睡重不聞鶯，困人天氣近清明』，孫夫人之『懨懨，滿院楊花不捲簾』，周清真之『寶釵落枕夢魂遠，簾影參差滿院』；寫送别如查荎之『斜陽影裏，寒烟明處，雙槳去悠悠』；寫悼亡如張曙之『黄昏微雨畫簾垂』；寫春游如歐陽永叔之『當路遊絲縈醉客，隔花啼鳥喚行人，日斜歸去奈何春』；寫静景如周清真之『静看燕子壘新巢，又移日影上花梢』；寫韵事如陳去非之『杏花疏影裏，吹笛到天明』；寫艷事如柳耆卿之『却傍金籠(教)〔共〕鸚鵡，念粉郎言語』，皆不著語言，而讀之足以移情。此固詞之上乘也。其他寫情之至，賦景之工，及以心思詞藻，窮力追新者，不過此道中當行語耳，已落第二義矣。至以氣格超妙，筆力變化見長，更不過詞之别出一宗者也。

邸鈔：正月二十六日，袁甲三克復鳳陽府，逆首張元瀧伏誅。先是正月十九日、二十日賊之援鳳陽者大至。川北道苗沛霖設伏，大敗之，擒斬六七千人，追奔數十里。次日，鳳陽府城逆首鄧正明潛乞降。又次日，甲三親至城外誘擒張元瀧。二十三日，正明遂執僞丞相張先等十四人以府城降，先等俱伏誅，而餘賊猶守縣城拒戰，乃磔元瀧于城外，旋又擒趙玉奇，斬于陣前。二十六日，賊黨遂縛其步賊目常四、馬軍目邵廣倫等十七人，以縣城降，鳳陽平。甲三賞穿黄馬褂，沛霖加二品頂戴，餘遷賞有差。正明等七人留營自效。自克臨淮關，以及復鳳陽，僅一月。張元瀧捻賊渠魁，屢降屢叛，最爲國患，今得伏法，袁公督師月餘之效如此。

初八日癸卯　雪至晡始止。得紱庭侍讀書，並以陳秋舫修撰《詩比興箋》託售。夜看卣香寫詞。叔子招喫炰粥。

初九日甲辰　雪霽。子恂來。作書致德夫。作書致(此處塗抹)。夜月殊佳，以有雪色故也。五鼓始寢。

初十日乙巳　晴和。叔子生日，招食麵。作片致巳蘭，得復。夜同叔子、巳蘭、子恂、卣香飲如松館，芷儂、秋蘅侑尊。日間楊漁亭太守叔懌來，子恂從兄也，以浙江知府引見入都者，言道中見予題壁詩，與同人皆有和作，且盛致推挹之意，可愧也。夜五鼓，風起。

驚蟄　十一日丙午　微晴，終日風。無事。

十二日丁未　微晴。偕叔子、卣香至賈家胡同看房子，順道訪德甫，不值。訪竹珊，並晤潘譜琴庶常。夜雪。

十三日戊申　晴，終日風。作書致德甫。下午偕仲雁步訪五樓（二字塗抹可辨），晚歸。有郯城失守之謡。

十四日己酉　晴。出門拜客，晤德夫、謝晉三進士。收得秦友芝觀察部費銀壹百兩，從沈雨村經歷處來。交陳璧軒（三字塗抹可辨）。旁批：畜産負我，可恨！（此處塗抹）還叔雲錢三十吊，卣香三十二吊。夜月大佳。眉批：此銀陳鼈殲竟與無賴杜五樓分之，其謀實發於杜畜産。百金何足惜，而此兩凶豎之意，直欲阱我欲死地。陳畜産本革吏，無惡不爲。杜畜雖一字不通之舉人，然終厠衣冠之末，而所爲如此，人心之險，真可畏也。

十五日庚戌　大雪積數尺。偕卣薌至三慶園聽四喜部，晚歸。

聞賊陷宿遷，官軍退守淮安，南人頗皇皇作歸計。自鳳陽克復後，予早憂淮徐之必擾，蓋賊勢以河南、皖南爲首尾，捻賊窟豫，粵賊窟皖，而淮與江，實其制命之地。捻賊以淮右爲江上屏蔽，粵逆以江上爲淮右聲勢，所以聯絡南北，牽掣官軍。而淮甸據楚、豫、吴三省要害，賊之縱横出入，恃爲孔道，尤所必争。今既失利於淮西，楚有重兵，必不敢犯，豫亦非所急，其折而竄淮南，與江上諸賊相應，固勢所必然。近楚撫已出師躡賊，使更得人以守清江，與鳳陽之師相犄角，則蹙賊可殲也。今雖得臨淮，而袁浦天下之吭，其憂方大，江上賊勢，亦將乘此復熾矣。予念垂白在堂，而一家失業，無田可歸，成敗去留，俱委世運與命而已。今日觀演劇，每至窮困離別之處，輒覺中有所感，淚縈雙睫。近年傷於骨肉之變，復以事故，破家遠遊，遂至有觸即發，不能自制耳。

夜月映積雪，佇玩庭際，層冰積陰，素瓦流采，墻外老樹秃影，極蒼寒荒率之觀，便覺尋尺間地，浩景寥思，收拾不盡，恨未得辦十日糧，策蹇驢蹋遍西山幽勝處耳。作書致德甫。作書致(此處塗抹)。

十六日辛亥 晴。無俚，閱小説演義名《醒世姻緣》者壹百卷，乃蒲松齡所作，老成細密，亦此道中之近理可觀者。夜疏月沍寒，苦不得睡，五鼓始寢。還叔子錢五十吊。

十七日壬子 大雪。偕叔子、卣薌訪子恂，並晤令兄豫庭太守，晚招同其鄉人郭、馬兩君飲福興居，座有芷儂、蘭仙、秋蘅、亦秋、喜玲、桂玲，二鼓歸。卣香大醉。秋蘅、芷儂來。觀芷郎作書，頗秀逸可學。得紱翁書，並以張詩舲尚書詩集見贈。聞清江失守。

十八日癸丑 陰。偕豫庭、子恂、叔雲、卣香至廣德樓聽雙奎部。夜偕諸君及巳蘭飲如松館，坐有芷儂、蕙仙、秋蘅、亦秋、梅仙、蘭仙。諸君頗盡醉極歡，予獨邑邑嘿坐，屢欠伸思卧，言興消沮，遂與愁緣，亦不自解其故也。連日大雪泥濘，車行幾及馬腹，屢有覆軏之苦。生長江南山水佳麗地，而罔過三千里外遊衍塗泥沮洳之鄉，真不識若何肺附矣。

十九日甲寅 薄晴。閱詩舲司空詩。司空華亭人，少以詩名江南。爲秦撫時，嘗以躭情詩書，爲言者所劾。今盡觀其所作，實亦未足以致人言也，其工拙固不暇論，集中記其自部郎觀察山左時已將及艾，迄今三十餘年，揚歷中外，晉位六卿。頃以上三旬萬壽，加恩與大學士桂良、吏書許乃普俱加太子太保，福壽之隆，固不數有唐高常侍矣。子恂來。

邸鈔：南河督庚長、署漕督聯英俱六百里警報，由清江發。副憲張芾、提督周天受俱六百里警報，由徽州發。浙撫羅遵殿五百里警報浙江發。歙睦之間，其又有警乎？南北之吭，既梗于中衜，風鶴之變，復警于鄰郡。旅懷鄉夢，益復不堪。

二十日乙卯　上午薄晴，下午陰，又雪。五樓來（三字塗抹可辨）。

邸鈔：庚長奏逆捻大股由順河集直撲清江浦，我軍失利，退保淮城。以賊衆兵單，待援再進。奉旨：庚長著革職暫留本任，迅圖克復贖罪。

夜色陰晦，極寒。傍晚始寢。

聞清江浦之警感賦

聞失袁江戍，倉皇未集兵。風腥淮浦樹，月照楚州營。此地關南北，諸君决死生。國家根本計，不獨爲私情。

補録十五夜詩：

二月望日大雪後月夜賦示同好並約遊西山

微月生樹間，還照階下雪。延素倏已盈，流采自爲接。檐欹光不傾，庭坳色愈積。虛堂窅以明，人影淡莫即。浩景懸樹杪，遠意不可説。取適匪在遠，索妙豈翳迹。塵羈苦囂煩，兹賞瞬無失。夙戒西山遊，瑶夢破烟碧。行結芒屩侣，踏冰採松屑。荒寒乃成奇，幽討或有得。即境忘春暄，寄語惟一潔。天涯耿無寐，瑩然悚心魄。奚復思故鄉，墻陰杏花白。

二十一日丙辰　早雪，重陰冱寒。都中去年雨甚少，近日連雪不止，民間謡言有大水。至比日，陰慘如嚴冬，都人謂數十年來亦無春寒至此者。非時之雪，誠恐爲灾耳。晤杜蓮衢侍讀，久談而去。

邸鈔：張芾奏正月二十三日已革廣東南韶連道吴坤修等克復安徽建德縣。二十六日，賊大股連陷涇縣、旌德，副將楊名聲、知府陳炳元等戰失利。奉旨：張芾議處，著督兵迅圖克復，並飭嚴防徽郡一帶，飛調江長貴帶隊援剿，其失律員弁著張芾查明參辦，吴坤修開復原官。

聞浙撫警報，爲餘姚民變戕縣官事，今已就平矣。吾越爲東南善地，民性馴擾畏法，惟諸暨稍彊悍，尚武事，嵊亦獷而愿。其縣在山中，鄉里間多有以膂力自豪，結伍喜鬥，然不敢犯官吏。餘姚濱海，俗雜而民鷙，又饒富，工心計，越八邑最號難治，顧性儇輕，無并力致死之風，即遇猾禍吏，國朝來未嘗爲亂。自戊午秋，以大姓謝氏徵租構釁，守令不能撫，幾成巨變，閲半載始弭。今復有此警，亦桑梓之憂也。

夜微雪。

二十二日丁巳　雪。無事。夜觀張籍、王建詩。叔子以新烹顧渚雀舌茶一甌見餉。都中士大夫無講此事者，所至率以惡水粗荍供客，偶嘗此味，覺即麒麟草汁、鳳李花膏，亦無此清貴也。生於水厄之鄉，而今日幾飲北地馬湩，真爲罪過。

二十三日戊午　終日重陰微雪。久不作長短句矣，寒坐無事，偶拈二解，率抒胸臆，無意步稼軒、伽陵後塵也。

貂裘换酒 京邸被酒感賦

百感來杯底。算長安，衣冠物望，如斯而已。擾擾一群烏白頸，妄語便爲名士。偏君輩，姓名難記。但是逢人都不識，更天涯何處尋知己。我與我，周旋耳。　此間無地堪沉醉。便當年，虎賁騶卒，只今餘幾？柴荆胸中三斗許，觸處即生芒刺。總事事，不如人意。絳灌無文隨陸武，要何如，銅雀臺前妓。誰健者，令公喜。

滿江紅燕中感事

落日荒臺，憑誰信，黄金無恙？空指説，頽垣蔓草，郭隗門巷。都邑祇今遊俠少，風雲要與悲歌抗。更單衣短布拜秋郊，荆高塚。　盧龍塞，來蒼莽。桑乾水，常還往。祇匈奴牧馬，誰堪乘障。贊普頗申和地議，賢王自擇防秋將。但書生不及羽林兒，封侯相。

二十四日己未　微晴。偕卣薌至醋張胡同看房子。雅齋兄來。（此處塗抹）今日報到何桂清六百里、聯英六百里，皆初四日發者。夜，大雪積尺許。閲近人所作《粤匪紀略》，至曙始寢。

二十五日庚申　大雪，午陰，微雪。起甚遲。無事。夜又大雪。

二十六日辛酉　終日大雪，寒甚。閲《南史》。

邸鈔：和春奏攻克九里洲、上關、下關賊營，賊退守江東門。眉批：今日報到杭州將軍瑞昌六百里浙江發，不知何事也。

二十七日壬戌　終日陰，奇寒。無事。

邸鈔：傅振邦奏總兵博蒙武、參將劉蘭馨等攻克徐州張家渡口賊圩，斬捻首毛小三。參將張建猷攻克南路檀城賊圩，擒斬捻首任大牛、任濩，殺賊二千餘人，獲穀八百餘石，並僞印甚衆。西路賊勢甚蹙。奉旨：劉蘭馨加副將銜，賞給圖哩英格托巴圖魯名號。張建猷從優議敘。博蒙武前以事暫革，今賞還副將銜。

夜看雜書，至微曙始寢，苦不得寐，次日辰刻始就睡鄉，頗極煩苦。

春分　二十八日癸亥　上午微雪，下午陰，寒如前。得德夫書，並以近作感事七律十二首寄閲，即復。申刻春分。

邸鈔：成都將軍署四川總督有鳳以奏請將滿營閑散餘兵調充督標新兵部，議劾其輕議更張，有違調制，奉旨革任。周天受奏安徽逆匪自涇縣竄入廣德，官兵救援不及，遂於本月初三日州城失陷。廣德壤臨浙之湖郡，吴越又驚擾矣。故園烽火，可爲寒心。河南巡撫奏請以澠池明儒曹端從祀文廟，奉硃批禮部議奏。

夜大風。

二十九日甲子　晴，風終日不止。批點《世説》。

三月乙丑朔　陰寒。作片致璧軒及五樓（五字塗抹可辨）。珊士來。五樓、璧軒（四字塗抹可辨）來。得德夫書，即復。仍閱《世説》。

初二日丙寅　早大雪，上午稍霽，下午日出。偕叔子、卣薌閲《承德府志》。作書致德夫，並還所作詩。今日報到羅遵殿六百里浙江發，周天受六百里徽州發，俱不發抄。江浙士大夫皆皇皇。或言安吉陷，或言長興、孝豐連失。攬涕南望，寇賊日逼，老母細弱，無能爲計。憂懣叱詫，不知所出矣。率書五律五章，以寓怨懷，覽者哀其志而已。

聞故園近日消息傷亂憂家雜成五首

百戰桃州地，烽烟亦僅存。軍聲桐汭亂，殺氣溧湖昏。遂失三吴險，空傳萬騎屯。專征周奉叔，薄議尚君恩。

大府傳飛檄，鄉關乍被兵。愁雲盤故障，妖彗掃長城。戎馬鶯花地，江湖戰伐聲。越山東望遠，莫更鼓鼙驚。

驌絶姚江耗，誰詳倡亂因。赤丸斫文吏，百棒聚州民。世變無完土，家危有老親。誰令輕遠役，日夕淚沾巾。

未奏清淮捷，天涯阻賊烽。雪深三月暮，路絶一身窮。國事嗟何及，家書杳莫通。何時能奉母，避地亂山中。

細弱全家累，辛勤仰母慈。夢中憐病弟，亂裏念孤兒。多難驚心慣，窮居得信遲。側身無處所，流涕太平時。

初三日丁卯　上午薄晴，下午陰晦。巳蘭來，偕叔子同訪三慶園聽三慶部。晚同巳蘭、豫庭、卣薌飲如松館，以今日爲巳蘭生日，與叔子、卣香、子恂醵錢爲壽也。子恂辭疾不至，叔子懶，不與飲。芷儂、蕙仙、蘭生諸郎勸酒，並有湖州人一王工部、一沈户部來闖席。本非有素，乃爾相逼，二人皆翩翩科目中人，而語言風采，皆可當塵垢囊之目。然我既不能師公榮之達，亦不能學盧奴之隘，未免終座冰衿矣。是日上巳佳節，而冰雪積晦，不異隆冬，故鄉春稧之樂，都不復懷，以所飲室有額曰『如在會稽山陰』六字，借此支吾點綴，亦足供一噱也。二鼓後歸。

邸鈔：袁甲三奏二月十二日遣候補道張學醇等會同田在田克復清江。然賊尚在桃源也。眉批：邸鈔：惠親王等奏承審喇嘛加木磋等牽涉已革貝子德勒克色楞有誦念黑經事，堅稱因祈禱母病，及問自己時運，不肯承認。奉旨：以跡涉咒詛，永遠監禁。

得家雅齋書。聞昨日浙撫六百里馳奏，爲安吉失守事。

初四日戊辰　晴，午稍和，有春意。以事出門者再。車行歷盉，如服牽機藥，真苦事也。索得書吏陳璧軒逋銀九兩六錢。夜與叔子、卣薌談至曙始寢。

初五日己巳　晴，稍和，今春第一佳日也。同鄉王德容孝廉來，不晤。

邸鈔：巡城御史奏巡捕營千總霍瑞祥自縊，有冤呈，牽涉刑部司員及營官交通舞弊婪贓曲法。奉旨：著軍機大臣會同刑部嚴訊。年來部曹動輒獲罪，入獄削官，累累不絶，亦近代所未有者也。鄭親王端華奏查辦進京士子行李緣由一摺。先是崇文門嚴查會試士子公車，一兩索銀至五兩及十兩，並聞有以漏税交刑部者。御史林壽圖疏陳請照例驗放，毋得勒索。硃批：該士子等志切觀光，自應奉公守法。然間有一二壟斷之徒，或逞刁攔驗，或夾帶藥物私售，均難保其必無，著端華、文豐嚴飭巡役人等，固不可藉端訛詐，尤不准豫存成見，因噎廢食，致啓賣放之漸。今鄭王等回奏，並無勒詐諸弊。至隨帶應税之物，令其照例納税，並未批罰，且謂士子若無携帶違禁貨物，豈肯憑空出貲？受巡役等訛詐，亦必控告。既情甘買放，自應理屈。迨卸裝之後，恃無贓證，嘖有煩言，亦所不免。自後無論官員士子以及商民人等，一體飭送上務查驗，以杜情弊云云。奉硃批允議。國家搜剔利弊，真所謂燭照算舉，無微不至者矣。

夜不寢，至次日始睡。

初六日庚午　晴，有風。會試總裁爲周祖培、全慶、朱嶟、杜翰。商城連主鄉、會試，亦近來僅事。偕叔子及吕定子編修談，至半日，以日旰而散。卣香招飲春華堂，以小極早睡，不赴。

初七日辛未　薄晴，有風。讀《禹貢注》。作書致德夫。

自來陵谷變遷不一，禹時九河之道，周已僅存徒駭。漢成帝時，僅有三河遺迹可尋，他若大野、孟猪諸澤藪，業皆湮涸無存。黑水係雍、梁兩州之望者，至今杳無可考，則所謂九江、三江者，安得强爲分合？古今聚訟，紛紜莫决，皆若親見當時之經畫者，殊不必也。

三江之説，最可折衷者，莫如郭璞岷江、松江、浙江之論。酈道元注《水經》因之，但其必欲强通《禹貢》一江分三江之旨，遂謂岷江水東注于具區，出爲松江；又一派東至會稽、餘姚入海；曲折附會，不合地理矣。蔡沈《書傳》亦主郭説，而謂三江不必涉中江、東江之文，但求其利病之在揚州之域，則水之大者莫如揚子大江及松江、浙江而已。此言最爲了當。國朝全祖望從之。王鳴盛《尚書後案》，泥於『東爲北江』『東迤北會于匯，東爲中江』之經文，遂力主鄭康成左合漢爲北江，合彭蠡爲南江，岷江居其中，則爲中江；謂足以盡破諸説。抑知經文『東爲北江』，乃係於導漾之下，此是記漢水入海之文。而下文更記曰岷山導江，乃有『東迤北會于匯，東爲中江』語，此係於導江之下，是記江水入海之文，固各不相涉。且『東迤北合於匯』句，經文亦全不見所謂南江者。康成遽注曰東迤者爲南江，不過以上文言東爲北江，下文言東爲中江，遂臆斷此爲南江。然細玩經文，漾與江異源；漢出於漾，東匯澤爲彭蠡，東爲北江入海，與江之流别，各不相蒙。即如鄭説，亦不得謂一江分三矣。惟庾闡、酈道元、陸德明、張守節諸人所言松江、婁江、東江，亦曰上江，在今吴江縣白蜆湖。則六朝以後吴地之三江，必非《禹貢》之三江。趙煜聖祖諱，借此字。以浙江、浦江、剡江爲三江，則越地之三江。《國語》《吴語》《越語》及《吴越春秋》之所謂三江者皆是，非《禹貢》之所稱矣。王氏《後案》謂韋昭之注《越語》，三江爲松江、錢唐江、浦陽江，此可以解《國語》，不可以解《禹貢》。浙江自杭言之曰錢唐，自越言之曰浦陽，一江而二名也。唐以後吴越爲財賦藪，而松江入海之口，亦漸淤塞。宋范仲淹、郟亶、單鍔諸人言吴中水利，皆謂宜開松江俾歸於海，則震澤底定。蓋松江等三江爲震澤之利害，即爲吴中水利之要領；而禹時則吴下土曠人稀，震澤入海處，必皆深闊，未嘗以此爲重，不可執後世事以解經。此論誠當。其主鄭説之三江，則不若郭義爲長也。因讀《禹貢》，論之如此。眉批：三江辨。

昨日報到周天受六百里安徽發。今日復報到何桂清六百里常州發，羅遵殿六百里浙江發，張芾六百里徽州發。日來南耗，一日數警，或謂湖郡已失，或傳杭城被圍，謡言四起，江浙僑宦者，皇擾無措。今日三省節使馳奏交至，正未知勝負所在。湖、歙、常三郡，皆逼處廣德，三面應援，縱不能環攻蹙賊，亦當犄角固守湖、常，又俱扼太湖，以形勢言之，當無横決之慮耳。今日天氣微和，終夜足不覺冷，五更後小立中庭，殘月曙星，點綴清媚，曉色泱漭中，殊融融有春氣矣。徹曉始寢。

初八日壬申　早起風日晴暖。（此處塗抹）春色初麗，客懷轉深。感晚傷離，追歡墜恨，清明漸逼，烽火無歸，未免目極江雲，魂消隴水矣。申刻風起塵晦，叔子邀同卣薌至廣德樓聽雙奎班，卣香招夜飲如松館，芷儂、小紅佐觴，予招一都知名安子者，不至。是日並有杭城失守、賊渡江至蕭山之謡，雖事勢所無，未免方寸爲亂。我生之後，逢此百憂，郭林宗所謂瞻烏爰止不知于誰之屋者耳。夜夢歸家，見家慈及弟妹，撫問方畢，血流涕言。行年如此，一事無成，世亂家空，孑身負罪，不覺長慟而醒。予自去年二月廿八日别家，迄今浹歲，無夜不夢，無夢不歸，然未有傷心至此者。淚在重茵，而家懸萬里，今夕里門烽燧，不知正作何狀，老母存避草間，能否安枕，殊不堪設想也，傷哉傷哉！

初九日癸酉　終日陰。璧軒（二字塗抹可辨）來。是日言賊困杭州者紛紛矣。文報多不發，邸鈔終無的耗，倉黄回惑，不知所爲，惟終日咄咄而已。《萇楚》詩云『樂子之無家』，我生不辰，丁此喪亂，豈尚有生人之樂耶！

紹郡僻處江東，其外惟有寧波一郡，又重湖複江，非四戰之地，自來争王定霸，固非所屑，即小寇冢突，亦非所急，故兵戈罕及。漢末孫策之攻王朗，以孫氏志在略定江表。晉末孫恩，海寇爲亂。梁末陳文帝之攻張彪，以其時越爲東揚州，號巨鎮，而彪爲刺史，連結吴興以拒陳氏，故有事攻伐。唐末之裘甫，起事於越，董昌據越僭號，故皆被兵。宋中興初，金人犯越，以追高宗。元末胡大海之攻呂珍，其時明祖欲先定江浙，勢不能以越爲緩。要其受兵，自漢迄明，寥寥可數，亦皆不遭屠害，惟明中葉倭寇屢擾，頗有傷殘，然亦海氛之惡耳。以今日賊勢而論，其意自以蘇、常兩郡爲急。得湖州之後，當竄嘉興以窺蘇、松。即徑犯杭城，守土者稍有人心，必當以重兵扼臨平及大關，賊亦未能輕過。即已圍攻城下，省會尚號完實，又宿重兵，未易遽破，賊必不敢徑度萬松嶺以遠涉吾越。如今會城已失，則越雖有西興可扼，而此時官吏既不得人，士大夫亦無有知此者。賊以數百騎渡江，鄉里之禍，不可勝言耳。使我得假尺寸柄，俾以五千人守江，必能保禦鄉土，使賊不得近江岸一步。既能拒賊，則雖有土匪竊發之事，越民中怯，誅一二爲亂者，即止矣。今則賊但至杭，吾郡内釁，已將洶洶，桑梓承平二百餘年，其竟不能逃此劫耶？越雖爲賊得，必不爲賊據，殘殺或亦可免。且賊至越，則有後顧之虞：敗而遯而入海，勝亦坐困一方。是賊雖得省會，亦或不出於東渡。所可憂者，正在土寇也。蒿目束手，奈何奈何！眉批：論紹興形勢。

得德甫書。

邸鈔：翁同書奏千總沈國泰等深入賊巢，覓得故藩司李孟群骸骨於廬州城外。奉旨：以忠骸既獲，沈國泰賞花翎五品頂戴，餘人升賞有差。酬忠之典，可謂至矣。李公，河南人，丁未進士，以知縣起家。癸丑歲，從江忠愍守南昌，後與曾侍郎剿湖北賊，復黄州、漢陽、武昌，皆著功，遂以臬司與胡應之中丞守武昌，以藩司與福元修中丞守廬州，又説降捻首李朝壽，皆有異最，嗣署安徽巡撫，以事鐫職。戊午冬，賊復陷廬州，死焉。同時李公續賓亦以藩司死於三河鎮，天下惜之。孟群死時，年未四十，勝帥疏陳其死狀甚悉。而去年夏，予道經常州，有都司何姓者，自江北大營來，爲予言廬州兵敗時，李公爲賊陳天裕所得，脅其作書招朝壽，公拒之，且求死。天裕曰：『朝壽一日不來，則公一日不得歸。』乃長縶而善飲食之，至今無恙也。道之鑿鑿。今見此奏，可不致異議矣。續賓，湖南人，以諸生從軍，由援例得員外郎，改知府，簡守安徽安慶，至浙江布政使，在皖營百餘戰，未嘗挫衄。戊午十月初十日，一戰不勝，遂死。

五鼓大風起，始睡。

初十日甲戌　昧爽饕風發屋，終日揚沙晝晦，黄漲天宇，萬響奔吼。北地多疾風，故無此甚者，亦異徵也。得潘紱翁書。讀《左傳》。會試題爲『大學之道』一句，『植其杖而芸，子路拱而立』二句，『定于一』一句，詩題『聚米爲山得波字』。夜三鼓風頓止，五鼓復作。是日寒幾復故。聞賊圍攻杭城，營於萬松嶺。

十一日乙亥　終日風怒不息，日色慘淡，黄沙蔽空，仍寒。課僕糊窗，念戊午春日，坐困學樓，午日正暄，據榻讀《唐書》，命一僮以桃花水油紙糊窗格，暖緑滿檐，山蜂亂飛，案頭瓶花，坼坼欲墮，遂覺春氣充溢胸次，乃更取陶徵君、韋左司集朗誦數十首，悟合語言，趣包真際，便如居深山中，坐卧白雲，異草奇花，香滿泉石。日影漸西。顧見僮裁紙盡碎，起訴之。僮笑曰：『官毋顧我。官此時讀書忽輟，可惜也。』予粲然而止。今日憶此光景，壺中海上，有是樂乎？

邸鈔：傅振邦奏田在田、克蒙額等於二月十四日自清江馳剿賊于桃源，十五日追至倉家集，鏖戰兩時，追殺至洋河，賊竄擾睢寧、宿遷、邳州，皆擊走。二十六日，傅振邦親督兵設伏，敗賊於苗村，追至巴溝河，前後殺賊三千餘人，生擒二百人，餘賊潰散，被各路兵勇截殺殆盡，惟副將高玉振等數人死焉，有詔議恤。勝保奏調雲麾使佟煊、瑞保，輕車都尉趙慎雲等赴營，許之。又請工部主事王彬，不允。怡王載垣等覆審鈔票案，司員再劾堂官翁心存、杜翻等。上諭：短號寶鈔兑換長號寶鈔，時閲二年，計數甚多，該司員等若未回過堂官，何敢遽行准換？現據鍾麟等供，曾經回過翁心存、杜翻，即不得因未曾立稿諉爲不知，著二人再行明白回奏云云。蓋前日常熟及杜侍郎已有辨疏也。常熟學行端邃，有賢者之目，以祭酒避權貴告歸，十餘年不出，天下仰其品望，道光末起官。洎正揆席，掌户部。頃歲司農喜興功利，常熟屢以正議裁之。至去年，司農議税洋藥，常熟以傷國體，持不可，司農卒行之，亦不能固執也。司農勢灼甚，惡常熟之異己，至衆詬於署廷。常熟積不能堪，遂移疾，兩疏得請，凡歲時恩禮皆不及。常熟于成皇朝充上書房師傅，今上亦以耆德優禮之，而致政後，外間皆藉藉有異議，蓋司農齮齕中之也。常熟以丙辰歲由冢宰入閣，是年，子同書以詹事擢皖撫，第三子同龢殿試第一人及第，榮貴絶於天下。家門過盛，識者以爲非佳徵云。

讀《左傳》。夜作書致潘紱翁。

十二日丙子　風稍止，晴和，下午尤暖。得紱翁書，並以長白法可盦觀察法良《漚羅庵詩集》見贈。偕叔子、卣香至廣德樓聽春臺班。雪鷗來，不值。

杭州於二月二十七日失守。聞賊陷安吉後以兵間道由天目山至餘杭，徑犯杭州，十九日圍城，凡九日，城陷，賊以大礮攻清波門入。（此處塗抹）昨日江督以六百里加緊馳奏至京，而不見邸鈔，今日邸報始見。命江寧將軍、欽差大臣和春兼管浙江軍務，甘肅總兵、候補提督張玉良總統援浙諸軍事，江蘇布政使王有齡署理浙江巡撫，皆帶兵馳剿。嗚呼，浙事至此，我輩生理盡矣！紹郡倘守令賢能，提督觀察皆以疆事爲急，則錢江衣帶，天限浙東，扼險而守，尚可求活。稍一失措，全家陷賊，吾肉中尚有血耶？老母耆年早衰，兩弟皆不能作計，稚妹幼息，皆累高堂，無一第之隱，無三日之蓄，内外宗親，莫可爲倚。不肖遠在都下，不能扶母避賊，嗚呼！知我如此，不如無生。每一念及，驚悸欲死。羅撫以軍功著能名，去年擢閩撫，入覲天子，特改命撫浙，浙人方以長城倚之，乃聞湖郡告警，即撤天目山兵以益湖郡，賊乃擣虚直入，已將抵大關，尚不爲備，倉卒閉城，雖以守死，其罪不足于誅也。賊之攻會城，不過偏師，其大夥蓋尚在湖郡，與官兵相持，故湖郡、石門俱未失，而省垣先亡矣。臬使段光清稍知兵，聞駐湖之四安，竟不能分兵以救杭。浙人不吊，遭此屠酷，哀哉！

再得紱翁書，即復。作片致雅齋三兄。

十三日丁丑　晴，有風。得雅齋復。目極南雲，心魂俱失。是日春光初麗，殊有鶯聲草緑之勝，乃轉覺風日慘昏，幾非人世。獨坐咄咄，眠起不恒。家中負郭數椽，念已無存，老母弱子，不知隱避何所，既無陳遺之焦飯，復乏郗鑒之含餔，每痛極嚙指，如不欲生，猶不免衣帛食肉，揚揚語笑，慈之罪，伊於胡底耶！眉批：讀此數行，我心增怛。（耀斗泚墨。）沈雨村來，言福建摺差，明日行。陳璧軒（三字塗抹可辨）移居比鄰，來請酒，却之。周雪甌及卣香招飲東陞堂，作書辭之。詣璧軒（二字塗抹可辨），少談歸。聞賊圍杭城以二月十九日天竺香社，每歲浙東西諸郡人皆結隊而至，千百不絶。賊僞爲進香者，潛集湖上。是夜忽大呼撲城，遂合圍。賊之詭計百出，誠可痛恨，然守土者，當此内外戒嚴，既全無準備，而尚縱民賽會，一國狂趨若平時。賊雖溷跡，其語音必異，往來湖上，亦無一人邏詰之者。以神州寄此輩，能無陸沉乎？嗚呼！可爲痛哭者矣！紱翁書告初三日已復杭州。

邸鈔：上諭：前據瑞昌、羅遵殿馳奏，皖南逆匪由廣德進竄四安，並經武康縣直撲杭州省城。當諭令和春並辦浙江軍務，張玉良總統諸軍，迅速馳往援浙。方冀大兵雲集，立解城圍，乃羅遵殿事前布置倉皇，竟墮賊計。本日據和春、何桂清馳奏，二月二十七日，逆衆在清波門暗掘地道，將城轟塌三十餘丈，蜂擁入城，滿州營官兵接仗，衆寡不敵，以致杭城失陷。覽奏實深焦憤。和春等迭次所派援兵，爲數已及萬餘，何以至今未到？著和春、張玉良查明各路帶兵官，如有托故遷延，即立予正法。現派王有齡署理浙江巡撫，並著會同張玉良督飭諸軍，迅圖克復，其在城文武及各官下落，著和春等迅速查明具奏云云。

卣香招飲，偕叔子乘月小步坊曲散悶。三鼓歸。復作書致秦鏡珊郎中及季貺閩中。夜深泚淚，幾於不成一字，往往憒絶，擲筆數起，徹曙上床，倚枕癡坐，幾欲學皇甫謐叩刀自擬矣！

是日又報到和春、徐有壬六百里，俱江蘇發。

又邸鈔：羅遵殿奏賊匪由績溪竄擾嚴州之威平、淳安，且由徽郡順流而下，直達嚴郡。臬司段光清現赴餘杭防堵，請以杭州府知府汪士松赴嚴防剿云云。據此，則段君駐餘杭，何以令賊得過？豈湖事亟後，移駐四安耶？否則賊衆不過數千，而間道入險，如履平地，段雖以餘杭死，亦不足重也。昨日張芾奏二月初七日賊由績溪犯徽郡，經副將余承春、生員江濤、參將袁國祥等擊退。次日復至，芾率總兵江長貴、知府劉兆璜、都司江長太等大破之，陣斬僞佡天侯鄧副意。十二日，遂攻克績溪縣，追賊出翬嶺，徽境一律肅清。上諭：張芾因賊由寧國竄出，自請治罪之處，加恩改爲交部議處。徽州府知府劉兆璜、績溪縣知縣王峻，均免治罪。今日復奉上諭：張芾奏請將守禦不力之文武各員分别懲處。安徽涇縣、旌德駐防各營不能扼守險要，致令賊蹤竄入浙境，實屬防堵不力，升用總兵楊名聲，副將羅承勳、吴生熙，參將方國淮、葉聖言，遊擊蘭光順，浙江同知羅仲山等俱革職，參將陶實琴革職發往軍臺，副將李嘉善、黄金友退往寧國，著周天受查參云云。張自丙辰歲起廢，辦皖南軍務，以扼兩浙門户，歲饟皆取之浙人。去冬命張專辦徽郡軍事，周天受專辦寧國軍事，其任愈專。而今兹皖匪，一旦豕突，兩浙遂爲糜爛，兩人竟不能效螳臂之助，以致杭城失陷，使國家膏壤，元氣盡傷，張猶以歙境肅清，張大其辭，而失律之罪，盡委諸將，赫然副憲之貴，提戎之尊，受命專征，竟邀寬典，亦云幸矣。

酬潘紱庭丈侍讀曾綬太傅文恭公子也

當代韋平望，如公得幾人。簪纓九州冠，詞賦一家新。優老崇卿秩，紱翁加四品卿銜。承顏有近臣。謂令子伯寅學士。似聞東閣舊，猶許吐車茵。

冠蓋長安市，風塵一介來。孤生餘涕淚，多難閱蒿萊。世險還營禄，途窮敢怨才。白雲親舍在，日日上燕臺。

舉足乾坤窄，相知尚有公。愛才緣國事，持節見家風。笑貌心俱古，文章老更工。悠然民物念，不效信天翁。

賃廡偕周燮，謂周叔雲編修。秋深日閉關。風聲偏傍客，鄉夢不離山。境寂常供病，時危忍愛閑。階前容尺地，談笑一開顏。

京邸九日感懷

冷落風光九日天，故園回首一潸然。愁心逐客三千里，病骨名場十二年。自己酉應鄉舉，今六度矣。江國去帆連遠水，薊門獨鳥下寒烟。最憐弟妹承歡暇，猶自登高望日邊。

愁把黄花對客吟，風塵淚眼罷登臨。北湖樹映寒流静，西嶺鐘催晚翠深。未必文章資上第，自慚燈火負初心。埋憂莫醉他鄉酒，容易霜華兩鬢侵。

幼從識字受親知，十五年來手澤思。翻悔聰明辜厚望，尚應漂泊念孤兒。先大夫于乙巳年見背。窮生敢謂傳經誤，晚遇終憐報國遲。失計棄家營薄禄，北堂白髮負恩慈。

飛騶結蓋滿神京，遠地烽烟獨愴情。貧賤猶爲知己重，艱難莫道此身輕。一官失業家無食，十載憂時國厭兵。市駿喜空屠狗散，真從今日悔浮名。

哭王平子五首

一病西風涕淚枯，間關筋力盡馳驅。竟令潦倒中年死，頓覺文章海内孤。貧士豈能先作達，他生真欲悔爲儒。更憐兩日明經選，算是君恩慰向隅。君中副榜兩日即死。

別爾三年望眼穿，長安相見鬢蒼然。河山荒落居鄉少，風雨孤寒共被眠。痛哭每關天下重，清狂難得客中憐。買山空有歸耕約，留取西皋好墓田。君先世多葬西皋山，常有卜居意，因自號西皋生云。

出入同車得幾時，相違三日即長辭。凄凉旅邸無親僕，綿惙中宵盼故知。予不見君僅三日，君垂歿時望予甚切云。元伯有靈還入夢，君歿之夜予夢君入地者再。審言臨歿尚稱詩。傷心遺篋無多物，敝帚殷勤爲護持。君歿前日猶手予詩不置，予《越縵堂日記》數册，君歿後檢遺篋得之。

早勵功名勖養親，讀書無命各沉淪。飢寒壯歲同羈客，兵火窮途哭故人。一死獨爲千古惜，九原難贖百夫身。男兒總悔生涯誤，贏得飄零委路塵。

草設靈床薦素琴，傭書猶有買棺金。故山遠道魂歸易，亂世高文鬼妒深。八口艱難衣食計，百年貧賤弟兄心。遺孤養炬今何許，聞説風霜葛帔侵。

平子以九月十一日歿於山會邑館。予與君交最早，詩中固無一字假借耳。

偕季貺至城僻旅殯處酹平子匶

落日松楸破屋寒，故人新鬼此盤桓。烽烟遠道難歸骨，兄弟天涯一撫棺。年少如君先委謝，家貧有母祝平安。忌才真痛蒼蒼酷，贏得文章後代看。

燈下讀平子詩

不謂斯人死，高歌尚起予。此才能幾見，吾道定何如。五夜神魂接，千秋想望虛。飄零新楮墨，知是必傳書。

越縵堂日記庚集中

咸豐十年三月十四日至六月十六日(1860 年 4 月 4 日—1860 年 8 月 2 日)

十年庚申三月十四日戊寅 眉批：今日報到何桂清六百里加緊浙江發。是日清明。晴。得潘紱翁書，言月之三日，瑞將軍會同張總統克復杭城。翁巳蘭來。連日怔忡不寧，全無生人之樂，口占四十字以寓怨憤，題爲《庚申清明》：『故國烽烟急，聞言日幾驚。窮途逢喪亂，異地又清明。望裏家何在，愁中草未生。病軀能殺賊，不是爲功名。』换銀十九兩一錢，付贖衣錢百廿四吊四百文。

邸鈔：和春、何桂清奏克復杭州。二十七日城陷後，將軍瑞昌堅守駐防城，與賊力戰。張玉良督兵於是月初二日馳抵大關。初三日晨，盡蹋平武林、錢唐門外及昭慶寺賊壘。瑞昌以旗兵縋城殺賊，玉良選敢死士緣城而上，瑞昌督隊登城援應，我兵大隊一擁登城，會同旗緑官軍，將城隍山校場等處屯聚逆衆，斬馘殆盡，遂將杭城克復云云。上諭：覽奏實深忻慰。杭州將軍瑞昌於省城被陷後，尚堅守駐防，至六日之久，以待援兵，會同克復，厥功甚偉，著賞穿黄馬褂，並賞二等輕車都尉世職。候補提督張玉良，出奇制勝，於兩日間克復省城，謀勇超群，著賞穿黄馬褂，並賞騎都尉世職。署浙江巡撫王有齡，密告機宜，籌濟軍火糧餉，不遺餘力，著補授浙江巡撫，迅帶兵勇，馳赴浙省，剿除餘匪，辦理善後事宜。欽差大臣和春、兩江總督何桂清，調派援兵，不分畛域，深堪嘉尚，均著先行交部從優議敘。江蘇巡撫徐有壬，著交部議敘。衢州鎮總兵李定泰、汀州鎮總兵米興朝，赴援杭州，遷延不進，著即革職，留營效力贖罪。仍著瑞昌等查明，如有畏葸退避情事，即從嚴參辦。其在城文武各官下落，著瑞昌、王有齡迅速查明具奏。欽此。

慈銘論曰：自賊起蠻徼，以據江淮，妖彗所指，中原潰爛。至於蔓害關塞，流殃都畿，而三吴千里之地，天下膏壤，獨保完實。此非謀夫猛將捍衛之力，乃天相國家，不肯以財賦奥區資潤巨猾耳。帥守不才，坐棄險阨，雖以城殉，自亡殃民。瑞將軍憑恃子城，收合燼衆，内無許遠之任守，外無辛讜之乞援，兩甄不鳴，一隅致死，攝幘歃血，尋約同仇，卒能挫方張之鋒，救垂絶之命。翻城出陣，舉火爲援，我成犄角之功，賊受腹背之敵。金鼓一震，梟狼四奔，簡册所傳，于斯爲烈。亦繇金陵之慘，津門之屠，創深八旗，致其并命，盡築王羆之家，不移韋虎之營。壞栅立完，移尸更上，成兹奇績，殆非偶然。張總統驍票之姿，著於年少，軍興十載，無役不先，援族糾旗，龍襄雲起，江南幕府，稱曰小張，承命統師，星馳霆擊，再宿之頃，遂定浙都。彼夫王式之走越獠，蕲國之破睦寇，方其鋒捷，亦未多讓，所恐截江無軍，以鄰爲壑，縱孫恩之入海，驅吕嘉以泛船，則列郡塵攘，三江鼎沸。越當賊衝，首承其害，桑梓之憂，方爲切矣！

山東巡撫文煜奏兵勇剿匪失利。和春奏貴州定廣協都司陳定安赴廣東招勇，於茂名縣歇店强奸民婦，殺其家屬及店夥等六人。

夜月甚佳，偕叔子、卣香小游坊曲。

十五日己卯　眉批：今日報到瑞昌八百里浙江發，何桂清六百里常州發，駱秉章五百里湖南發。　上午晴暖，下午風起塵晦。偕叔子、卣香及袁保恒侍讀至三慶園聽四喜部。晚邀卣香至如松小酌。二萬一千八百七十。梅五、芸儂兩郎侑觴。晤陳棣珊户部。是日有言餘賊竄蕭山者，雖究之無因，而心悸膽落，爲之終夜不寐。

十六日庚辰　晴。聞賊竄嘉興及常州。得紱翁書，即復。作書致德甫。

邸鈔：上諭：瑞昌、來存、何桂清奏浙江巡撫羅遵殿、署布政使糧儲道王友端、署鹽運使金衢嚴道繆梓、杭嘉湖道葉堃等同時殉難，深堪憫惻。羅遵殿官聲素好，到浙後留心吏治，籌畫軍餉，頗實心任事，著照巡撫例從優賜恤。賜謚壯節。王友端著照布政使例賜恤。賜謚貞介。繆梓、葉堃均著照道員例賜恤。其浙江巡撫關防、兩浙鹽運使印信，均著禮部另鑄頒發。欽此。上諭：杭州副都統來存隨同瑞昌堅守駐防城，轉危爲安，著賞加頭品頂戴，並賞喀爾蟒阿巴圖魯名號。上諭：瑞昌奏請飭江南迅派司道數員前赴浙江，著何桂清於江南現任及候補道府人員内遴選精明幹練數員，迅赴浙江幫辦地方事務。上諭：浙江布政使沈兆澐現在由京赴任；兩浙鹽運使田潤現由四川赴浙。無論行抵何處，均著沿途各督撫催令迅速前往，毋稍遲延。上諭：浙江杭嘉湖道著莊焕文補授；浙江督糧道著暹福補授。上諭：十三日接遞克復浙江省城捷報之奏事官内務府員外郎福善著賞戴花翎，兵部捷報處郎中振興等均賞敘有差。四川總督曾望顔奏：遊擊劉興榮等攻濯水等處婺匪，連克太平、復興、青雲、鳳凰、鷹嘴、八角、天元、梨花諸寨，擒斬賊首賀濟泮、賀世愚等十餘人，彭涪一帶肅清。

夜月，同叔子、卣薌及吕定子編修至秋蘅、蝶雲家茶話。

十七日辛巳　大雪，午後稍止，晡晴。德夫來。（此處塗抹）叔雲招同（此處塗抹）卣香飲如松館，座有秋蘅、玉蘭。兑换銀四兩九錢一分。二更後偕叔雲、卣香立月下，談歷兩時許。雪色未浄，寒意寥然，憶孟調詩云：『清氣自來兕，淺深視其納。』尋玩斯旨，不禁人琴之感。洗足。

十八日壬午　晴。出門拜客，晤子恂、豫庭兄弟及同鄉余輝亭、朱厚川、周近甫、張穆莊、婁安之、王九如，皆會試舉子也。（此處塗抹）有某者，予戚也。某家富而予貧，居鄉故不通問。（此處塗抹）某頗行小惠于鄉，鄉以善人目之。（此處塗抹）某夙愛予文，時向同輩中致傾挹意。顧生平畏見富人，歲未嘗一面。自來京師，（此處塗抹）某以公車留邑邸，予每過珊士、孟調，亦便詣之，而（此處塗抹）竟偃蹇不爲答，蓋恐以資斧累之也。（此處塗抹）蔡法度孺，陶胡奴米，皆意計所不及。而中外之雅，尚以相疑，豈平日自愛之不至耶？朱□□者，名□□，年垂四十，始得一乙科，去年秋日，予遇之塗，竟傲然若不相識，蓋自喜暴貴，不復與秀才作周旋矣。《南史》載王儉謂會稽孔琂曰：卿鄉誼殊惡，虞玩之至死煩人。蓋儉嘗舉孔逷，而玩之持異議，逷與玩之皆越人也。以此觀之，吾越鄉誼之薄，固由來久矣。陳竹珊來談。夜同叔子、卣香過（此處塗抹）家，即歸。

邸鈔：聯英奏鹽運使銜淮海道吳葆晉殉清江之難，奉旨議恤。和春、瑞昌奏李定泰自梅溪安吉地名。遇賊挫衄，退守湖州，及杭城被圍，羅遵殿屢檄進援，竟不至，還保嘉興，且縱兵劫掠。米興朝係張芾遣援杭州，已立營城外，聞賊至，退入富陽。副將向奎係和春派令救杭，聞城陷，退守石門。上念定泰曾立功，與興朝皆令其隨營自雪，向奎亦革職差遣。

夜作書致紱翁。

十九日癸未 眉批：袁甲三六百里安徽發。 晴晦相間。

終日閱錢竹汀《廿二史考異》，共百卷。所論爲《史記》、《漢書》、《後漢書》、《續漢書》、《三國志》、《晉書》、《宋書》、《齊書》、《梁書》、《陳書》、《魏書》、《北齊書》、《周書》、《隋書》、《南史》、《北史》、新舊《唐書》、歐陽《五代史》、《宋史》、《遼》、《金》、《元史》，曰廿二史者，以《續漢書》併入《後漢書》也。其書皆參校同異，多有是正。《史》《漢》尤兼考據經學，別正字體。《晉書》以下，大率於本紀、列傳、志、表中，互勘其歲月之差錯、官爵之先後、郡國之沿革，而兼採《會要》及歷朝各家詩文集以訂正之。（此處塗抹）其論《史記》中祖禰廟一條，謂《説文》無禰字，禰即爾字，蓋言父於我最近，故曰爾也。後人加示旁。《尚書》作藝祖，馬融曰：『藝，禰也。』馬用史公説耳。又旗志一條，謂志、識通用，《説文》無幟字。旗所以識別，故幟當爲識，《史記》屢見旗志字，用古文也。又親戚一條，《正義》謂親戚者舜之父母弟妹，此非是。古人以親戚稱父母，《大戴禮》云：『親戚死，誰爲孝？』《孟子》云：『人莫大焉亡親戚、君臣、上下。』可知親戚之單指父母也。皆極精確。眉批：按《列子》曰：『秦之西有儀渠之國者，其親戚死，聚柴積而焚之，熏則烟上，謂之登遐，然後成爲孝子。』是亦以親戚稱父母也。又《左傳·昭公二十年》棠君尚謂其弟員曰：『聞免父之命，不可以莫之奔也；親戚爲戮，不可以莫之報也。』是皆以父母爲親戚之證。

此外王西莊先生亦有《十七史商榷》一書，去年曾見之廠肆，暇日當購歸閲之。

作書致豫庭、子恂，邀明日聽戲。得紱翁書。璧軒（二字塗抹可辨）來。

邸鈔：上諭：乍浦副都統錫齡阿奏協領瑞保赴援杭州，見北新關火起，逗留不進，著革職交張玉良差遣。錫齡阿近駐乍浦，杭城收復三日，尚不知悉。探視怠玩，遣將不慎，亦交部議處。

二十日甲申　眉批：和春六百里加緊金陵發。張芾六百里加緊徽州發。　晴暖。剃頭。王九如孝廉來，不晤。偕叔子邀豫庭、子恂、五樓（二字塗抹可辨）、卣香至慶和園聽三慶班，晡，訪如松館飲。叔子並邀其戚平履和同知及周近甫、徐作梅兩舉人，豫庭招秋蘅，子恂招亦秋、桂玲，叔子招蘭仙，予招芷儂，卣香招玉蘭侑尊。

邸鈔：上諭：翁心存、杜翻回奏兑換鈔票事，司員並未回過。嗣據載垣等再訊忠麟、王熙震等，供稱恍惚記曾回過，亦無確據。此次短號寶鈔兑換長號寶鈔，虧累既鉅，又未立稿存案，司員等固不得推諉，堂官但翁心存、杜翻等於事後全無覺察，難辭疏忽之咎。著即先行交部議處，不必再行回奏，亦不必傳訊其户部各堂官，著定案後再議失察處分云云。蓋諸王欲以此逞志於常熟，羅織朝士，蔓延無已。賴上英明，眷禮師儒，故僅得微譴而止，然恐司農報復之心未有艾耳。

付蘭仙京蚨百六吊。

二十一日乙酉　眉批：勝保六百里河南發。瑞昌六百里杭州發。　晴。有風。德甫來。五樓（二字塗抹可辨）來。吕定子來。

邸鈔：浙江按察使湯雲松補授，江蘇按察使王夢齡補授。

二十二日丙戌　晴，終日大風。得紱翁書。作書致紱翁。珊士來。五樓來。

邸鈔：瑞昌奏署杭州府知府馬昂霄、署仁和縣知縣李福謙及協領佐領防禦等十餘人均殉難，奉旨議恤。上諭：浙江按察使段光清前因賊竄浙境，巡撫羅遵殿派令帶兵守獨松關，迨賊撲杭城，撤回救援，乃因省城失陷，即藉詞接仗失利，與副將王邦慶退至嘉興，顯係聞警先逃。茲聞克復，仍即來省。種種奸猾情形，實屬罪無可逭。段光清著即革職拏問，交和春、何桂清、王有齡嚴行審訊，從重定議具奏。王邦慶現在何處，並著查拏，一併懲辦。欽此。

段自以縣令來浙，著清名，洎補山陰大吏，不令之任，邑人怨悵，以爲無禄。而段令鄞，愈有神君之目，夷人亦敬之，事非段君不解。遂超擢寧波守，旋進寧紹台監司，浙東咸倚爲治，而識者頗謂其矯詐不近人情。在寧郡既久，位望日崇，遂大營貨賄。戊午，鄞人史逆事起，段時以廉訪銜攝臬篆部使者調赴鄞，隨宜勦撫，而遷延不決，擾攘及一年，幾釀巨變，始集兵平其巢，然已糜餉帑，多所傷害，鄞邑爲破，東人始稍惡之。今日之舉，乃底蘊盡露矣。嗚呼！使能一戰而死，則千秋想望，不幾以名臣循吏爲浙人尸祝者耶？乃不死而以爲僇，天之發其覆也，甚哉！

閲孔顨軒《公羊通義》。三傳惟《公羊》最偏譎，何休注亦最駁。顨軒偏信《公羊》，又謂《左傳》舊學湮於征南，《穀梁》本義汨於武子，而以何氏生於漢世，授受具有本原，三科九旨之説，體大思精，爲二傳所未有。其説皆偏。蓋以漢世最尊《公羊》，而休爲漢人，杜、范皆晉人。乾嘉間漢學極盛，顨軒故爲此説，是亦蔽於漢儒者矣。

夫三傳各有師承，左氏事最詳。昔人謂其親見列國之史者，其言最確。故三傳自從《左》爲長。即如僖公十七年夏滅項。左氏以爲魯滅，《公羊》以爲齊滅，不書齊者，爲桓公賢者諱；此義本鑿。外滅未有不書國者，爲桓公諱而僅曰滅項，則何以别於魯滅之耶？諱伯主而引外惡爲内惡，夫子必不出此！左氏以爲僖公因淮之會滅之，齊桓怒而止公，夫人姜氏會齊侯以請之，乃得釋。故下又書公至自會，此自是當時實事。顨軒謂左氏云魯滅者，未知内諱不言滅之義。然終春秋世魯自項外未嘗滅國，何以知其内諱不言滅乎？隱公二年無駭率師入極，左氏亦僅曰入，不曰滅；《公羊》以爲諱滅而言入者，未可信也。趙匡曰：『滅而言入，實入者將如何書之？』此言頗當。又十九年邾婁人執鄫子用之。左氏以爲宋襄公使邾文公執之者，《公羊》不言所以，而何氏以爲邾鄫因季姬故，二國交忿，邾因鄫子至其地，執而用之。此本鑿空之談，顨軒遂附會其説，而曰左氏壹不知季姬事實，乃歸惡於宋襄，又託子魚諫語；趙匡譏左氏凡謬釋經文，必廣加文辭，欲以證實其事，信哉斯言，云云。此無論其蔑傳妄斷，即論季姬之事，經於僖公十四年書曰：『夏六月，季姬及鄫子遇於防，使鄫子來朝。』至九月又書：『季姬歸於鄫。』左氏以爲季姬來寧，公怒鄫子不朝，止之。季姬因會鄫子于防，而使來朝，公乃歸季姬。《公羊》但曰非使來朝，使來請己也，其説亦可與左氏相通。曰請己者，即言請己歸鄫也，固絶無私會擇婿之言。而何氏創爲使來請娶己以爲夫人之説。夫春秋世雖淫亂，未有以諸侯女私會外侯要昏於父者。况魯號秉禮，僖公賢主，斷無縱其息女至此！此固何氏之最謬妄者。蒓軒更曰：『季姬者伯姬之媵也，伯姬許嫁邾婁，於上九年卒。禮，嫡未嫁而死，媵猶當往，故是時魯致季姬于邾婁，行及防，遇鄫子而悦之，使來請己，僖公許焉。』則更無稽可駴。九年，經書伯姬卒，左氏無傳，《公》《穀》亦僅曰許嫁而不言何國。漢人有曰許嫁邾婁者，亦不知何據。且伯姬卒以九年，亦無遲至五六年之久而媵始行者。媵既行則邾有迎，魯有送，豈得塗遇目成，挺身更嫁？即後世之峒苗徼蠻，亦無淫佚若此者。蒓軒更引《白虎通義》曰：『伯姬卒時，娣季姬更嫁鄫，《春秋》譏之。』以爲即此注之證。班氏等説雖有師承，然總不如左氏之親承聖教；况其説亦不過曰季姬更嫁于鄫，終不見私許事。自邵公以鄙倍之見申私説，宋胡安國、元趙汸和之，蒓軒更附會其詞，而《春秋》幾成穢史矣。

聖祖仁皇帝御案，從左氏而闢《公》《穀》，前人若蘇子由，近人若李穆堂，皆深斥何氏此詁之悖。[李論見《穆堂初稿》，甚痛快，惜不能憶記也。]總之左氏或有浮夸處，不過張皇文飾，其事自有本末。二傳雖已多疏舛，然各有師授，非鄉壁虚造之談。唐之啖助、趙匡，生千餘載之後，憑其私智小慧，而欲盡廢傳記，可謂小人之無忌憚者。宋劉敞、孫復輩繼興，流及明代，其怪詭百出，幾以解經爲笑柄，真讀書之厄也。蒓軒此書，喜學漢人注書文法，多曲奥其句，未免筆鈍舌强。然博識細心，其可取處甚多。又言何氏設例與經詭戾，序中舉其不通者數端；注中亦時有異同，往往兼采《左》《穀》，旁及諸家，擇善而從，多所補訂，是固非專己守殘者。且亦深譏啖、趙之徒，横生異義，深爲經病，而時不免轉引其説以難左氏，則所謂蔽耳。

夜五鼓，風更甚。

二十三日丁亥　晴暖，始卸裘。鄰屋桃花開，望之愛艷欲絶，蓋始見春色也。（此處塗抹）得紱翁書。子恂來。德夫來。定子來。夜招同定子、叔子、卣薌至春華堂設飲，芷儂、芷馨、秋蘅、蘭仙佐觥，邀豫庭、子恂兄弟，不至。漏十三下歸，徹曙始寢。

二十四日戊子　眉批：勞崇光六百里廣東發。張錫庚六百里浙江發。　晴暄如故鄉春中矣。作書致紱翁，致豫庭、子恂（此處塗抹）。卣香招同叔子飲如松館，遇蘅郎、蘭郎，戌刻醉歸，頗倦。

邸鈔：袁甲三、翁同書奏滁州之捷及克復全椒縣。二月十六日，賊萬餘圍滁州，總兵李世忠固守，與直隸州李元忠、副都統全福等夾擊，大敗之。十七日，賊復至。十八日，世忠、元忠出擊，復勝，夜與遊擊朱元興攻賊營壘，盡平之，賊退走。十九日，元忠追至烏衣腰甫諸賊營，大破其衆，賊退入全椒縣城。二十二日，世忠攻之急，賊目唐禧菁爲内應縱火，都司李顯發先登，元忠繼進，以火攻破其東門。二十三日，遂復全椒縣。計先後蹋毁賊營三十餘座，殺賊五六千人，斬僞傅天侯楊映斗、僞焕天侯范得和、僞渥天侯黄銀亮及諸僞官甚衆，收降卒二千餘人。奉旨：世忠等克復堅城，異常出力，世忠擢提督，元忠擢知府，並給伊德格木濟巴圖魯名號，元興擢參將，加副將銜，顯發擢遊擊，加副將銜，其餘升賞有差。降將唐禧菁更名唐玉田，與杜宜魁均以都司補用，並賞戴花翎。眉批：世忠本名兆壽，與張六英、陳天裕、龔瞎子等同爲捻賊渠魁。兆壽降于故安徽布政使李孟群，朝廷爲賜今名云。

閲《公羊通義》。夜漏十二下早睡，始用薄棉重被，不覆衣。卣薌赴麗卿之招，五更聞其醉歸，呼叫達旦。

二十五日己丑　晴暖如前。紱翁書來，詢某郎居址，即復。閲《通義》。（此處塗抹）許眉仙來。夜閲礜軒《大戴禮補注》。

二十六日庚寅　眉批：勝保六百里河南發。張亮基六百里雲南發。張芾六百里安徽發。　春陰極暄，不堪重棉矣。上换氈冠絨領御棉袍。（此處塗抹）珊士來。叔雲招同五樓（二字塗抹可辨）、珊士、卣香遊報國寺，山桃花已開，白者漸落，香英滿徑，殊有晚春之感。晡歸。

邸鈔：上諭：張芾暫行革職，留辦皖南軍務。周天受革職及巴圖魯名號，責令迅將涇縣、廣德收復贖罪。以賊之竄浙由寧國，張在徽州，而周駐寧國，故罰稍有輕重云。勞（重）〔崇〕光奏廣東東路之捷。蓋粤賊石達開於去年十一月遣衆由廣西犯連山廳，今年正月復由湖南犯始興、連州諸州縣，皆被官兵擊走，粤境以完。聞河南省城爲捻賊所圍。

夜二鼓後豫庭來，同至福雲堂尋子恂，門不得啓，至聯星堂，復訪福雲，則子恂已歸，遂便詣聞德堂，復過聯星，四鼓歸寓。五鼓，子恂、豫庭及一杭人鍾姓者來，聯星、聞德諸郎繼至，至天明數刻始散。

二十七日辛卯　眉批：翁同書六百里安徽發。　晴，極暖，不能衣絮。日出始睡，午醒，天氣鬱悶，病體極憊，申刻始起。作片致珊士。德夫來。得珊士復，並以昨日紀遊翠樓吟詞索和。閲羿軒《經學卮言》。夜過秋蘅茶話。剃頭。

二十八日壬辰　晴，燠甚。下午偕叔子、卣香訪豫庭、子恂兄弟，並晤德夫及黄子佩户部，晚歸。

在子恂家看宋人袁正肅甫《蒙齋集》，閩中仿武英殿聚珍本也。正肅奏疏，剴切詳明，具見風力。南宋甬上人物如袁氏、樓氏者，文學政事，奕葉映耀。正肅之祖文著《甕牖閑評》，考據淵洽。父正獻公燮著《絜齋毛詩經筵講義》及《絜齋集》，根柢深厚，皆有本之言。其後入元，則文清公桷《清容集》，又爲一代之宗。樓氏自揚州安撫使名璹者進《耕織圖詩》，其後宣獻公鑰、迂齋先生昉，世爲儒學名臣。兩家名德俱隆，而俱無宋世頭巾習氣。其學問切實，文章博雅，亦無當日空疏塵俗之弊，故可貴也。

定子來夜談。

二十九日癸巳　眉批：袁甲三六百里安徽發。和春五百里金陵發。　晴，燠悶，可單縑。德夫、（此處塗抹）來。定子招同叔雲、卣薌飲廣和居。室隘日昃，熱躁不可堪，晡歸，中濾幾病。定子齋前有竹數竿，尚饒碧韻，都中得此，已罕矣。北人種竹如種玉，洵然。德夫來，睡一時許，去。巳蘭來，已大醉，踉蹌殊甚，强挽之登車去。

邸鈔：張亮基、徐之銘奏井田回夷肅清。先是上年十月，雲南逆回勾結黑元永等井田夷民爲變，至今年正月二十七日，盡克其阿陋井、黑苴、老旺坡、乾海子、新哨、羊毛關各處賊營，回夷殺戮殆盡，井地肅清。奉旨：諸員弁升賞有差，其陣亡參將孫鈺等俱議恤。

穀雨　三十日甲午　薄晴。（此處塗抹）昨中暍後，夜稍平復，朝來神觀尚瞀亂，而胸鬲清暢，無所患苦。下午以曬衣小停日影中，遽中塞作惡，頭目摇盼，殆將病矣。卣香招飲如松，不赴。夜大雷電，以風。珊士來。偕叔雲、珊士至曲中，赴（此處塗抹）潘自彊孝廉之招。小室中人氣蒸溽，蘭麝之熏，令人掩鼻。洎張錦筵，陳娥宋艷，夾侍左右，幾如覩天魔隊夜叉舞矣！都中三瓦之游，年來極盛，車馬填咽，燈毬滿街，梨園聲價，爲之頓下，往往貴卿小侯，微行徹夜，金吾執法，不敢誰何。予偶以同人招致，間一尋訪，則胭脂變相，色色駭人，望門反走，若避羅刹，然無如今夕之觸處嘔噦者，其亦風流之極致乎？潘孝廉者，温州泰順人，泰順百餘年來無登鄉書者，潘竟以戊午科獲雋，邑人指爲景慶。家計素豐，至都遂日事治遊，侈然以少年名士聲色自豪云。三鼓小雨即止，風更惡，五鼓大聲發屋，至曉不止。

閏三月乙未朔　眉批：瑞昌六百里加緊浙江發。何桂清六百里常州發。曾望顔六百里四川發。晴。終日大風。珊士早去。得家中正月廿二日所發書，内仲弟書二，内子書一，又柏塍伯書一，去年九月十五日發。張竹舫秀才書一。正月初十日發。德夫來。

和春奏總兵熊天喜、曾秉忠等於十五日克復長興縣。又各路官兵于初八日克復臨安，十四日克復孝豐。詔令和春嚴飭帶兵各員，乘勝收復各縣，俟浙境肅清後，即當力攻廣德，毋令久踞云云。邸鈔：浙江寧紹台道著梁恭辰補授。

今日得家書，知皋步屠姑夫之繼室周孺人於正月二十三日去世。先君子本生同氣四人：伯父、仲父、次屠氏姑，而先君子其季也。姑於屠氏爲姨子婦，生一子，以娩難亡。周孺人乃繼室也。孺人父某公以貲得四品官，老無子，良田廣宅數千百漚，越人稱覆盆橋周三長官也。孺人幼莊謹，長官耄，多妾媵，孺人處之皆得其歡心。洎歸屠氏，屠亦豐厚，顧遠不及周，而孺人理家甚勤約，撫前子慈愛備至，尤依依於予祖若祖母，婉順如所生，歲時歸寧，數於周。予伯仲二父均盛年不禄，先君子又繼逝，孺人以兩老人連覯家慘，予兄弟皆幼，膝前無可解慰者，遂源源來，無常期。祖母每爲人言曰，予屬已盡矣，賴有此，吾女爲不亡也。兩老人壽日，或時節家宴，祖母顧慈兄弟輩，悵然太息，繼復自慰曰：『得女如此，奚必己，天其未盡絶予乎！』歲辛亥、壬子間，祖父母相踵棄養，孺人擗踴號絶，内外見者，皆不知其爲異姓子也。自是稀至予家矣。孺人僅生一女，姑夫以嗜酒好賓客，家日落，孺人遂以積瘁殁。悲夫！孺人之生也，予姑之，且母之，然段氏玉裁嘗言，今俗有稱姑爲姑母者，是同姓而母之也。

况孺人之往來于予家，本無當于禮。先君子既出嗣，禮於出嗣之子爲其本宗之服，概不著其制，則皆如其族屬無疑，予于先君子之本生同氣爲緦屬，姑適人，降一等則無服，孺人又異姓，蓋路人之不啻也。今制服既不服，而準情以制禮，爲之吊服加麻可也。眉批：江都汪氏中曰：爲人後者，爲其本宗之服。經於曾祖父母、祖父母無文，以記于兄弟降一等推之，而知其不可行也。此曾祖父母、祖父母，雖不爲之後，猶是正尊，小功兄弟之服，不可以服其祖。齊縗三月，降則無服。準之經意，其服本服無疑也。持重于大宗，服不二斬，故降其父母，期親無數，並服何嫌？慈案：汪氏之説非也。正尊之服，不容有二。己既出後，而還祖其本宗，是二本矣。《儀禮·喪服》篇大功章：『姑姊妹適人者服同。』小功章：『爲人後者服其姊妹適人者，而不及姑。』鄭注不言姑者，舉其親者，而恩輕者降可知。而馬氏則曰：『不言姑者，明降一體，不降姑也。』自宋開寶禮，姑適人者服小功，蓋援伯叔無大功例，降期一等，即爲小功，不知從伯叔父、從姑之服小功，以五服爲斷，故不得有大功。若姑則父之一體，雖已適人，恩不遽殺，自以服大功爲宜。汪氏援女子子適人者爲曾祖父母、祖父母故不降以例爲人後者之服，亦非女子有歸宗之義，故不待降於祖耳。

大風終夕。

初二日丙申　晴，午後晦，風，逾時復霽。偕叔子、卣薌訪豫庭、子恂兄弟，日旰而還。

邸鈔：瑞昌奏寧紹台道仲孫懋、嘉興協副將魁麟俱殉杭州之難，奉旨議恤。喬松年劾河督庚長擅截江北糧臺餉銀，奉旨議處。庚長督南河已五六年，上以淮事委之，凡軍政大小，漕督一不關決。及賊至，一無備禦，倉卒挈家先遯，致清河糜爛，淮關盡焚。上寬其罪，僅鐫職留任，乃復藉口兵餉，浚利營私，先以淮安存鹽二萬包變價充餉，及山西解江北餉至，復擅行截留。喪疆誤國，厚自封殖，即肆之市朝，其罪不足蔽也。

晚寒小飲，四鼓自外歸，徹曉始寢。

初三日丁酉　薄晴，風。（此處塗抹）付丁裁縫銀四兩六錢五分。偕叔子夜過璧軒（二字塗抹可辨）家。聞浙境肅清，吾紹安堵無恙，惟米價大貴，一石至錢二萬。賊退長興，入太湖，聞溧陽、東壩、高淳一日間盡失，蘇、常大震。是日四公主薨，上即夜入臨。

初四日戊戌　眉批：傅振邦六百里安徽發。陰，下午塵晦大風，晚雨入夜。珊士來。定子來。

上諭：朕姊壽安固倫公主，淑慎持躬，性敦孝友，昨聞薨逝，軫悼良深。當派醇郡王奕譞帶領侍衛十員，前往奠醊。朕復親臨祭奠，初五日再行親往賜奠，用伸眷念至意。

夜雨達旦，凄寥入聽，難爲旅懷，擬賦小詞不就。

初五日己亥　眉批：庚長五百里清江發。濕陰釀雨，終日黯愁。鄰屋丁香一樹，花明如雪，墻陰晼晼，殊觸綺懷。（此處塗抹）得豫庭片，即復。

邸鈔：傅振邦奏沈家灣、臨渙、劉口、趙家海等處之捷。

夜讀《後漢書》，劄記二則：

和熹鄧后之賢，亞於明德。史於后紀中，盛讚其徽美，然跡其不肯立平原王，安帝已長，終不還政，俱有可議。史故於安帝贊中，指其計金授官諸弊政，而有哲婦家索之譏。又於周章、杜根傳中，一言其貪孩，抱立殤帝，又平原王疾本非痼，以前既不立，恐後爲怨，迺立安帝。一言其臨朝，權在外戚。乃知史諱之於紀，而散見他紀傳中，蓋以鄧爲賢后，不欲加貶，固善善從長之義也。至史稱鄧騭淳謹冤死。然據杜傳，則擅專之罪已著，而周章至欲矯詔誅之，想見其人，當優於竇憲而絀於馬廖矣。

顧亭林論蔡邕之頌胡廣、黃瓊，幾於老、韓同傳，即使幸成《漢書》，必爲穢史。然此頌乃係熹平六年，靈帝思感二人，圖畫於省内，詔邕爲之頌，是其應制之作，非由於己，不得爲譏。予按，邕嘗議以和、安、順、桓四帝無功德，宜去其廟號，董卓從而奏行，此真小人無忌憚之尤。夫禮祖有功而宗有德，然列朝既已加崇，豈得一旦臣子妄議斥革。況當卓之世，帝可廢可殺，太后可弒，而先帝獨不可濫膺一宗號乎！是其謟媚奸臣，削弱王室，無君之心，莫此爲甚。漢法擅議宗廟者棄市，惜王子師不能以此正言誅之耳。其後唐末蘇楷附朱全忠，請改昭宗謚號，至後唐時將正其罪，楷遂憂怖而死，是猶邕之作俑也。

初六日庚子　眉批：張錫庚六百里浙江發。和春六百里金陵發。勝保六百里河南發。徐有壬五百里江蘇發。　上午微雨，終日嫩陰。巳刻偕叔子、卣香招同五樓（二字塗抹可辨）、珊士、豫庭、子恂、庭芷至報國寺看花，藍子、金雀黃、白丁香、梨花俱盛開，海棠五六樹，高者數丈，花尤蒨艷可愛，藍子花小朵重瓣，色淡絳，極如桃花，惟都中有之耳。是日輕陰嫩寒，殊暢佳賞，席地聯句不就，乃相約以『雜花生樹群鶯亂飛』八字分韻賦詩，予得亂字。午飯於禪室，傍晚歸。

庚申閏三月六日招同呂庭芷耀斗**周叔雲**譽芬**兩編修楊豫庭太守**叔懌**子恂舍人**仲愉**兄弟**（此處塗抹）**陳珊士**壽祺**黃卣香**體立**兩比部慈仁寺賞花以雜花生樹群鶯亂飛八字分韻賦詩予得亂字**

閏春撰嘉辰，命儔戒清旦。輕塵導城西，古寺見林斷。入門松翠明，花光忽相亂。薄烟媚鮮素，微陰襯深絢。地偏遂所植，候遲得兹玩。遥看隨午鐘，重苑罨層幔。雲色呈優曇，得非妙鬘現。寺供窑變觀音像。飯熟同鴿齋，梵寂轉鶯讚。客賞易爲盈，塵營愧猶絆。撫此暫時豫，更積彌襟歎。宴笑迫濛汜，策弭漸分散。眷言重晤期，逝恐景光换。且縱蜂蝶歸，餘芳賦迷漫。

買陂塘前題前韻

鎮消魂，故園烽火，天涯猶惜春晚。客懷無賴尋花醉，寂寞自來僧院。禪榻畔。但破帽相看，留得高陽伴。鳳城漸暖。任清磬聲邊，花開花落，容易鬢絲換。江南恨，提起東風腸斷。馬頭飛絮零亂。王孫已是無歸路，説甚間關鶯燕。花莫怨。便暮暮朝朝，載酒誰相勸。飄零漫管。祇倚遍闌干，傷心芳草，淚灑夕陽滿。

邸鈔：張錫庚奏賊陷杭州，其子直隸候補知州張恩然同妻戴氏及錫庚妾王氏鍵户自焚死。奉上諭：深明大義，可嘉可憫，著交部從優議恤旌表。

吕定子詞成，寄來。

初七日辛丑　眉批：翁同書六百里安徽發。托明阿五百里西安發。晴。定子詩成，寄來。五樓（二字塗抹可辨）詩成，寄來。不通，可笑之至。徹曉始寢。聞杭州官民死者數萬，廬舍焚十之六。

初八日壬寅　眉批：勝保五百里河南發。晴。五樓（二字塗抹可辨）來，偕之過陳璧軒，索還舊付銀，不得當而歸。叔子招食梅糕，故鄉所尚也。

邸鈔：和春奏三月二十一日連失建平、東壩、漂陽，奉旨議處。御史薛書堂疏請裁南河河督及各廳缺，大略言：自黄河改道以來，下游已成平陸，無工可修，祇以清江地當孔道，宜扼重兵，故河員悉仍其舊。歲撥實銀二十餘萬兩，票銀數十萬有奇，欲以治河之兵爲防賊之用。乃河臣等，養尊處優，謂我河員也，安知軍旅，歲銀不及舊例百萬之半，不饜所欲，無事則冒功邀賞，有事則聞警先逃，錮蔽把持，積習難破。請將南河河督及黄河各廳，悉行裁撤，僅於清水酌留數員，以司河運，啓閉河標，修防各營一律改歸操防，即歲撥之銀爲之餉，簡任文武大員曾經行陣曉暢軍務者一人，駐守其地，並以清江邳宿南北要道分紮兩營，以爲門户，經營蒙亳，規取天來，壯兖豫之聲援，控滁陽之形勝，因時制宜，期於有當云云。奉硃批：該御史所奏裁汰河員各事，宜著御前大臣、軍機大臣會同該部議奏。爾王大臣等務須統籌全局，不可畏難，尤不可恐爲怨府。該督數載經營，所辦何事，不過屢籲帑項，豢此無用之輩而已。欽此。

聞賊復竄江西，連失州縣二十餘，又由江西犯浙之衢州。

初九日癸卯　眉批：何桂清六百里常州發。　上午晴，午後陰，晡時小雨。珊士來，以慈仁寺看花五古四首見示。得紱翁書，並以太保王文恪公墓誌銘帖見贈。偕珊士、卣香至琉璃廠，是日會試揭曉，中者百九十人，吾越得四人，會稽一人：胡昌燕，泰順潘孝廉者中第三。（此處塗抹）

從書肆携近人練恕所著《多識録》兩册，歸閲之。恕字伯穎，廣東連平州人。父廷璜，官松江知府。恕以道光戊戌卒，年僅十八。所爲書有《後漢公卿表》《西秦百官表》《北周公卿表》《五代地理考》《明謚法考》《後漢書注刊誤》及散體文數首。武進李兆洛申耆、寶山毛嶽生生甫、長樂温訓伊初等爲之序及傳，皆深以奇才早夭爲惜。其所著雖不過循覽鈔集之功，無所補正，文亦未能成就，然細心輯録，具有本原。其作《後漢公卿表》時，僅十一歲，毛生甫言其時并未見萬季野《歷代史表》，而致力精密，儼成著作，真異人矣。至西秦、北周二表，則補萬氏之缺略，其自序言本欲兼補前凉、後凉、西凉、南凉、北凉、北燕、夏七國，以喀血疾作而止。然則使其人至今存，則儒林中當首屈一指，不在閻、顧諸人下矣。其文多論史，具有見地，句法亦有志學古，筆力頗横老。今之老師宿儒，多有至死不見《史》《漢》者，以恕視之，何啻糞土耶！李申耆序中稱其所見秀而不實者，歙人金朗甫、汪安甫、武進董方立、嘉定黄濳夫及恕爲五人，皆少年精著述者。因歎其餘工文字、能讀書、矯矯殊於衆人者，又不啻數十人，何天之靳之使不壽，而古時若丁鴻十三歲受夏侯《尚書》，張堪七歲受梁丘《易》，皆至成立，爲得於天獨厚，其寄慨可謂至矣！毛生甫序其《後漢公卿表》，言嘉定錢晦之補正熊方《後漢書表》，舍司隸校尉而列河南尹，不知東京司隸校尉威權重於西京，而河南尹等七郡，皆其所部。伯穎此表列司隸校尉，不列河南尹，其綜貫審覈，洵不可以年少易。至其不列大將軍，以不常置，然東漢大將軍爲五府表，不可不列，惟雜號將軍則不當列耳。是其所就，居然與考據家争得失矣。《後漢書注刊誤》僅三葉，共十六條，皆祇就紀傳互勘，不但駁注，其所稱《華陽國志》《東觀記》，皆即注中所引者言之，遽名刊誤，未免大言。《明謚法考》載季代人多闕略。要其專精檢閲，力疾不懈，固古今間出者也。予幼喜詞章，十年來漸知向學，而不耐搜討，所爲史學，皆旋作旋廢。若此君者，乃所謂讀書種子乎？泚筆記之，殊有虚生之感。

夜閲餘姚盧召弓學士《鍾山劄記》《龍城劄記》，多《説文》之學，其書共六卷，雜綴四部中誤字異義之類，與錢氏《十駕齋養新録》頡頏。（此處塗抹）

初十日甲辰　眉批：瑞昌六百里浙江發。曾望顔六百里四川發。　薄晴。辰刻睡，未刻起，終日小極。閲《荀子》，盧氏抱經堂校本也。丙夜後小雨，戊夜始睡。

邸鈔：曾望顔奏二月二十二日滇匪陷名山縣。粤匪陷句容。

十一日乙巳　眉批：周天受六百里加緊安徽發。勝保六百里河南發。林揚祖六百里甘肅發。　作片致巳蘭、豫庭，得巳蘭復。（此處塗抹）甲夜風雨驟至。

邸鈔：曾望顔奏三月二十日收復蒲江縣。

聞無錫失守。（此處塗抹）夜雨聲達旦，枕畔蕭騷，凉意滿室，殊有山居凄瑟之況，賦《臺城路》詞云：『夜來孤館無眠慣，雨聲更催天曙。著户簾開，敲窗燭暗，儘意將愁來絮。離情幾許。祇枕淚衾熏，自家將護。掐遍蓮更，暗中寫就斷腸句。　分明故鄉怨緒。恁文園善病，誰分羈旅。可憶年時，空階點滴，不似者番悽楚。夢兒歸去。問畫尺聲中，今宵寒否。燕子檐花，記儂燈畔語。』

閱唐皇甫枚《三水小牘》。敘述濃至，傳義烈事，亦簡勁有法，雖卷帙甚寡，自稱名作也。

十二日丙午　終日濕陰冷雨，下午稍稀，寒甚，可重裘。閱盧抱經《劄記》，其中名論可采者甚衆，以懶倦不及登記。

邸鈔：周天受奏二月十五日至三月初十日，皖南南陵縣及麒麟橋等處連戰之捷。副將陳大富擢總兵，遊擊胡鳳鳴擢參將，餘升賞有差，陣亡副將榮升等均議恤。命廣西巡撫曹澍鍾馳往四川辦理軍務，以布政使劉長佑爲巡撫。

晚有霞。夜微月，時有片雨，夜大風作，即睡。京地産人面豆，鬚眉悉具。

十三日丁未　眉批：慶端六百里福建發。　風，晴。作書致定子，致德夫。偕叔子、卣香至廣德樓聽三慶部。（此處塗抹）得定子復。

邸鈔：勝保、慶廉奏三月三十日，總兵承惠等敗捻賊於禹州，本月初二日追敗之於許州。計三晝夜，連破賊營十四處，轉戰三百餘里，斃賊數千。是日，關保又敗遊賊于蔡溝，總兵王鳳祥又追破之于槐店斗門，殺賊千餘人，其分竄西平、遂平、上蔡等縣之賊，均被官兵擊退。詔在事出力之參將黄得魁等升賞有差。上諭：廣西提督著張玉良補授。　工部侍郎宋晉奏南河現在無工，請將河道總督裁併，設立清河總兵。詔令御前大臣、軍機大臣會同該部議奏。

十四日戊申　眉批：袁甲三六百里安徽發。曹澍鍾五百里廣西發。　晴。珊士來。偕叔子、卣香、五樓（二字塗抹可辨）至廣德樓聽三慶部。

邸鈔：乍浦副都統錫齡阿降五級留任。肅州鎮總兵李世忠補授。上諭：前據給事中李培祐疏劾曾望顔任性妄爲，聲名狼藉，如濫報軍功，虚銷銀餉，縱子納賄，挾嫌參奏屬員，徇情開復共十二款，并連及西安府知府沈壽嵩等交通抑勒諸情弊，當交樂斌會同譚廷襄查辦。兹據該督等查明，各款奏稱俱屬傳聞之誤，但曾望顔雖無贓私重情，惟舉劾屬員多有疏謬，且明知其誤，仍不檢舉。又令伊子報捐郎中曾捷魁查街拏賭，干預公事，致招物議，實屬不自檢束，著交部嚴加議處。袁甲三奏副都統伊興額自陳病廢，懇請代奏。詔以伊興額前往飭令赴軍營帶兵剿賊，輒敢自陳殘病之軀，不能當此重任，著即革職，勒令回旗。

是日爲閏清明，夜月甚清綺，偕叔子、五樓（二字塗抹可辨）、卣香出門小飲，漏下十一刻，偕叔子踏月歸，傍曉始寢，成詞兩闋録後。

滿庭芳 庚申閏清明日，客中扶病小遊坊曲，聞月下歌聲，棖觸舊懷，黯然賦此。憶自辛丑閏後再逢今日，廿年夢影，三月愁根，懺往傷今，殊難自已耳。

啼鴂留春，遊絲惹夢，天涯又閏清明。夜凉人静，獨向六街行。月裏幽坊如畫，那門邊，猶度歌聲。問誰傍，尊前擫笛，還似訴儂情。廿年前舊恨，柳枝共挽，私語調鶯。驀東風回首，剩我飄零。料得小墳今夜，映梨花，一樹冥冥。可能把，斷腸詞曲，月下念教聽。

少年游 春夜偕叔子醉行月下有作

笙歌深巷月華勝，水到處，少人行。青漆門邊，丁香似雪，低照粉墻陰。共君側帽天街上，風露近三更。歸夢相邀，青山影裏，吹笛柳冥冥。

夜夢見僧慧，醒而泫然，即枕畔成五律兩章，始復就睡。人生羈旅，易過感傷，况遭亂難，音問久梗，傳言滋惑，變遷可虞，蓋自浙難後，杭越人無得家書者。詞之甚怨，其能已乎？

夜夢僧兒

昨宵歸夢裏，見我最嬌兒。用義山句。識面驚啼久，牽衣索抱遲。瘦憐經亂後，貧誤授經時。稍得飢寒救，零丁忍爾離。

墮地鮮民憾，兒生太可憐。誰爲郗鑒愛，空慕鄧攸賢。撫育承親命，詩書賴爾傳。衰宗期此寶，追慟過庭年。

立夏　十五日己酉　晴，稍暖。申刻立夏。夜風。

邸鈔：何桂清、王有齡奏本月初一日，賊撲常州，總兵馬得昭等迎剿鏖戰大捷，追至陽漂埠，總兵曾秉忠復自後夾擊，盡平賊壘。又三月二十八日，總兵熊天喜等克復廣德州城，其圍金壇之賊於本月初三日經副將劉成元等擊退。詔諸出力員弁，著何桂清查明保奏，仍著該督飭令將士，將溧陽、東壩賊匪速行掃蕩，毋留餘孽。按：廣德既復，則浙之門户已得，賊亦無窟可恃，然杭、越文報，何以至今不通？或有傳賊在衢州者，且太湖已落賊手，則出没無定，湖、蘇、常三郡皆在掌握中，南事正不可問。廣德此捷，所係甚鉅。而入奏之辭，絶不張大，蓋係賊自退去，或撤此以分援别縣，故雖增級詐功，視爲當然，而他警將發，難爲後詞耳。嗚呼！彼西域賈胡者至無奇貨可居，浙事可知矣！

終夜不睡。

十六日庚戌　眉批：徐有壬五百里江蘇發。和春六百里金陵發。晴。徹曉始寢。作書致子恂。夜偕叔子、五樓（二字塗抹可辨）、卣香踏月小飲，至三鼓聽鼓詞而回。聞昌化失守。

十七日辛亥　眉批：崇實六百里四川發。晴陰不常。閱臨川樂鈞所著《耳食録》，蓋學《聊齋志異》，而作者筆滯而詞陋，間有修潔者，終不免措大氣。鈞字宫譜，號蓮裳，與吴嵩梁蘭雪、羅聘兩峰等爲友，亦乾嘉間名士也。（此處塗抹）周近甫來。夜風。徹曉始寢。

十八日壬子 眉批：海瑛六百里貴州發。曹澍鍾五百里廣西發。駱秉章五百里湖南發。 早晴，午陰，下午雨，晚霽。卯刻睡，巳刻舊疾復動，憊甚，未刻始起。作致任友薌書，致仲弟書，致季貺書，夜作稿太夫人書，俱託近甫帶去。夜大風。

十九日癸丑 眉批：何桂清六百里常州發。 晴暖。出門拜客，並送吾鄉公車南返者八人，午後歸。偕叔子、卣香訪定子，並晤河南李叔彦户部，晚歸。聞於潛有警，杭、嚴俱戒嚴。夜宿蘭素室。

二十日甲寅 眉批：曾望顔六百里四川發。 晴。早起憊甚。珊士來。定子來。（此處塗抹）豫庭來。得季貺二月初三日書。作家書，託杭州賈人帶去。夜邀豫庭、五樓（二字塗抹可辨）、叔子、卣香飲蘭素室。

二十一日乙卯 晴。雪甌來，午後同至廣德樓聽四喜部，晚歸。作片致上虞徐作梅孝廉，詢其鄉先生王汾原《小爾雅注疏》《説文五翼》兩書有無携來。二書皆漢學（此處塗抹），《説文五翼》尤貫串，又甚便於檢閲。日來頗思爲此學，得是書以從事，則易究端緒。去年携之行笈，爲季貺借去，都中無從購也。夜卣香招飲。

二十二日丙辰 眉批：翁同書六百里安徽發。勝保六百里河南發。 上午陰，下午微雨。得德夫書，言令弟以候補縣尉死杭州之難。得家中三月廿三日所發書，言二月廿二日聞杭州之警，家慈挈眷避居富林趙氏家。廿七日杭州陷，段臬使奔越，予家復移至黄山，幸無恙。定子來。夜雨稍密，得季貺正月十五日杭州書。得徐孝廉復，言二書皆無有。雨聲疏淅終夜。

邸鈔：江西巡撫著毓科補授，故撫惲光宸病卒。

二十三日丁巳　眉批：何桂清六百里常州發。周天受六百里安徽發。薄晴。作書唁德夫。作書致定子。謝夢漁侍御來。（此處塗抹）

邸鈔：庶吉士散館授編修者十一人，授檢討者一人，改部屬者十人，改知縣者九人，歸班者三人。吾鄉馬春暘得編修，雪甌得主事，繙譯庶吉士授編修者一人，改部屬者一人，修撰翁同龢、孫家鼐，編修孫念祖、李文田，俱仍授原職。

夜删《越縵堂甲集》詩，計去二十餘首，盡焚之，内惟《東門外渡東橋吊余忠節公》《遊梅山梅尉寺》《寓山四負堂謁祁忠惠公像》三詩須補作，餘多近遊、述興等七律，皆拉雜摧燒，亦一快事也。《乙集》中亦删去七首，尚在稿中。

（此處塗抹）予自甲辰歲刻意爲古歌詩，間亦模擬老杜，嘗作《觀皇太后七旬萬壽燈》七律，其中虚字全學少陵『西蜀櫻桃也自紅』一首，以呈先君子，弗喜也。次日遊蘭亭，乃降而擬大曆七子，猶記其四語云：『勝事難忘三月節，名山如見六朝人。亭前竹辨迷茫路，澗裏橋通宛轉春。』先似塾師定可否，塾師遽大夸曰：『真錢郎矣！』即封達先君子。先君子圈『名山』七字，批曰：『尚有思致乎！』予竊喜，自是遂學錢郎。繼乃沉溺于袁簡齋，日孜孜于俚俗纖滑，以爲名章隽語也。至歲庚戌，予已二十二歲矣，始稍知倉山之惡劣，與王平子往復論権，學晚唐及放翁、漁洋，偶作律絶，中不了語，自謂神韵絶世。至壬子，閲朱竹垞《明詩綜》一書，漸識氣格之正，嗣爲五七律，頗有合。作古詩，則描畫四皇甫、薛考功、徐迪功諸家，冀以上追陳拾遺、張曲江，而其中實無見解，聲體或肖，皆得糟粕，而遺神明。蓋皇甫諸公尚不免面目太重，予窮力擬之，於唐人婉約空靈之旨，杳未窺其境界，故所作遂盡成僞體。是年落解後，洊臻憂患，一切感事傷時之作，近體頗駸駸日上，高者逼杜陵，次亦不失爲中唐，而古詩終無所悟。癸丑，交子九，旋交叔子兄弟，結言社，相切劘，爲漢魏三謝杜韓之學，而諸子皆推予善學杜，遂悉改其學。於古近體，腔拍太熟，真僞雜出，幾爲李于鱗、鄭善夫追步後塵。然五古漸老成，七古亦大方，較往時遠矣。至乙卯，忽欲泛濫諸名家，以冀無所不有，或擬香山、東坡，或擬錢、劉，擬沈約、何遜。嘗閱《楊升庵集》，偶仿之作《秋月篇》成，以詫人曰：『此何如楊炯、李益？』（此處塗抹）然風格氣韵，僅可與十郎驂驒，而予意實高，以盈川爲不屑，于是自憙益甚，每成艷體，菲薄玉臺，時有友人比之李空同，如關西大漢搦鼻爲女兒唱，轉成笨伯，予獨自負弗顧也。丙辰館孫蓮士家，蓮士長於小詩艷詞，而偏喜效予作，予亦時效其體，雖性有夙就，各不能相强，然漸得細密之功。此予自丁巳前作詩之境詣也。（此處塗抹）年來諸體不無寸進，則得于讀書覽古者半，得于處窮履困者半，而自乙卯迄今六年，喜研經學，雖苦健忘，而經籍光華，益人非淺。

天曙始寢。

二十四日戊午　眉批：曾望顏六百里四川發。　早陰，午小雨，下午薄晴。珊士來，以近作詞十餘闋見示。（此處塗抹）平生頗不肯視人眉睫。比以困躓，不免僶仰屈笮，浮湛局塗，剛懷峻期，漸爲刓削。然鷹目難化，龍性未馴。猶復拒貴卿之招，絶狎客之侮。急能擇食，貧未訪人。况如某者，韓伯肉鴨，孫兒真猪，姑爲周旋，遂成乖異。予既不能效王述之面壁，亦不能學到溉之奮拳，且其釁端所生，皆由嗔妄，宜從此絶，勿復爲煩，特記於此，以見擇交不慎，遇此妄人，是亦有生之厄耳。（此處塗抹）

邸鈔：勝保奏河南捻匪回竄鄢陵、泰康等處，總兵承惠等截殺千餘人。初七日，追至柘城之順河集，逆衆大敗，自辰至申，斃賊三千餘人，救回被擄男婦二千餘人。賊夜遁至開化集，候補道陸嵊等設伏，復大斬獲，餘匪竄回巢穴。其東南之賊孫葵心等大股由確山分竄上蔡、汝寧等處，南汝光道鄭元善，副都統關保等擊殺千餘人。初十、十一等日，都司劉景芳及降人王殿堂，復在崔橋、泰康等地殪賊甚多，餘逆勢如山倒，亦由亳州敗遁回巢，豫境漸就肅清。詔在事出力各員弁擇優保奏，其陣亡參將桂喜等交部議恤。賜謚武烈。

二十五日己未　眉批：瑞昌六百里杭州發。　晴。五樓來。閱《顏氏家訓》。作書致卣香。

邸鈔：袁甲三奏本月初一日副都統烏勒興阿等攻拔茅草嶺、腰鋪等賊營，遂乘勝解全椒之圍，河北一帶肅清。山東巡撫文煜劾濟東泰武臨道黃良楷帶兵屯紮紅花埠防剿兖沂各屬，乃自蘭陵擅移滕縣，又縱兵焚掠郯城等地，殺害團練紳民。奉旨革職，交文煜查辦。近日沂州有土匪數千，盤踞出没，行旅不通，皆繇此所致。國家多事，乃寄南北鎖鑰於此輩，其横暴之罪，猶當末議耳。按察使銜辦理江北糧臺兩淮鹽運使喬松年奏江北餉源益匱請飭催協餉並推廣釐捐一摺，其略云：江北糧臺餉項支絀，前經奏明，得旨飭催山、陝、豫、東四省欠款接濟，乃自正月迄今，已有三月之久，僅陝西解銀三萬兩到臺，山西報解銀一萬二千兩，爲河臣庚長截留，豫、東兩省絲毫未解。又經清江、浙省、東壩、溧陽之變，商旅裹足，收釐甚屬寥寥，十年分上忙鋪錢糧甫行開徵，而兵勇奉調，四處援剿，需餉更急。請飭各督撫趕緊籌解，毋再諉延，以拯飢軍，而維大局。至江北抽厘，祇行揚州、通州兩屬暨海門一廳，請仿照江南糧臺蘇松常鎮太五屬捐釐皆提作正項例，除徐州府釐捐歸傅振邦大營外，其淮安、海州兩屬，擬由江北糧臺一體設局抽厘，稍資小補。硃批：户部速議具奏。觀此大局，餉源已匱，萬一諸軍無所得食，一旦潰散，江淮尚爲我有乎？江北潰，則江南孤軍，益不可支。浙省新破，其餉必不能集，江西又有警。操算全局，雖劉晏、李德裕，恐亦不能爲計。危哉！

二十六日庚申　晴，暖甚。豫庭、子恂來。閱《顏氏家訓》。

邸鈔：袁甲三奏請爲安徽故按察使銜記名道署廬鳳道廬州府知府金光筯，照故江西按察使周玉衡例，於原籍天津縣建立專祠，得旨允行。金公自癸丑歲守壽州，賊不敢犯，至丁巳五月，以攻剿正陽關捻匪陣亡，優旨照布政使陣亡例議恤，予謚剛愍。自兵興以來，若温公紹原之守六合，金公之守壽州，皆以一城一邑，當百戰之衝，隱若敵國，其才固不可及者矣！曾望顔奏三月十四、十六等日辦理西秀防務，綿州直隸州知州毛震壽攻剿貓口山逆匪郎官等茶溪、紅岩坪、獅子岩、苦竹坪各處之捷。御史福寬奏請簡員駐守宿遷，以資扼堵。詔：令諸大臣併御史薛書堂、侍郎宋晉各摺一同議奏。巡撫銜江寧布政使薛煥調江蘇布政使，江蘇按察使王夢齡擢江寧布政使。

作書致仲弟、致任友薌。

二十七日辛酉 眉批：和春六百里加緊金陵發。 晴。豫庭來，以漳砂印泥一合見贈。以家書屬杭賈專足帶去。下午熱甚，可單衣。

邸鈔：瑞昌奏閏三月初一日克復建平縣。和春奏本月十五日金陵軍營被賊夾攻，不能支持，遂退守鎮江。得旨：和春革職，拔去雙眼花翎，暫署江寧將軍，留于江南督兵，以觀後效，幫辦軍務。張國樑拔去花翎，革職留任。許乃釗以四品京堂降補。陣亡之陝西陝安鎮總兵黄靖等從優議恤。自去年十一月攻克九洑洲後，方幸賊勢漸衰，金陵可復，乃賊援四進，皖浙陸梁，卒萃其毒於上流，溧陽、東壩、句容、溧水以次失陷，三吴未靖，南徐又危，和帥奏中言自援賊竄陷句容，與金陵城中逆賊聯絡，夾攻大營，自初七日起，張國樑率將士晝夜鏖戰，而賊來愈多，遂至退舍。上諭責其督師已閲數載，上年奏請添募壯勇，增築長圍，方謂克復在即，乃因循日久，不能出奇制勝，以致逆焰復張，可謂深當厥罪。然猶念其此次失事，究因浙江告警，派出援師過多，以致未能抵禦，故尚原其失律，僅予薄懲。聖心之録功赦過，寬大用人，真足使驕將易心，勞臣效命。大兵之困金陵，自癸丑迄今八載，丙辰五月，向忠武兵敗，時未得鎮江，退保丹陽，今再創，復守鎮江，以孤懸一城，竭東南之兵食，全力注之，乃四歲一潰，若循環然。其果天數，抑人事歟？昔李習之歎有唐盛衰之際，高祖以一旅取天下而有餘，後世子孫以天下取河北而不足。古今有同痛矣！禮部議請准明儒曹端從祀文廟，其位在東廡先儒胡居仁之上。奉硃批：大學士軍機大臣另行核議具奏，并酌定以後從祀章程，不可漫無限制云云。

夜半後大風，即睡。

二十八日壬戌　眉批：王有齡五百里浙江發。傅振邦五百里安徽發。　晴熱，早大風，上午稍止。德夫來。雪甌來。豫庭來。（此處塗抹）叔子招同諸君飲如松館，夜歸。

邸鈔：聯英奏患病，請開缺回旗。詔著王夢齡署理漕運總督，聯英著准其開缺，聽候王夢齡查辦，俟案結後，方准回旗。傅振邦奏閏圩之捷。

雪甌止宿室中。

二十九日癸亥　眉批：王有齡六百里浙江發。張芾六百里安徽發。　晴熱。雪甌早去。午刻起，疾發憊甚，終日不怡。

三十日甲子　眉批：勝保六百里河南發。薛煥六百里揚州發。何桂清六百里常州發。毓科五百里江西發。海瑛六百里貴州發。　晴熱。作片致子恂，致定子，致雪甌，送謝星齋比部奠分。定子來。子恂來。偕叔子訪巳蘭，不值。（此處塗抹）歸。（此處塗抹）

邸鈔：張芾奏閏三月十三日，道員蕭翰慶、蘇式敬等克復太平縣。是日江長貴克復旌德縣，十五日，蕭翰慶督降人韋志俊等克復石埭縣。勝保奏關保、承惠、鄭元善等追剿捻逆劉狗、劉天祥等，至蒙亳潁州地方，疊獲勝仗，先後斃賊三千餘人，各圩伏匿，豫境一律肅清。總兵王鳳祥逐賊至亳境老巢，銳意深入，馬蹶陣亡。副將王慶長馳馬來援，衆寡不敵，同時被害。詔：四川川北鎮總兵王鳳祥賜謚恭勤。久經行陣，疊著戰功。兹以追賊陣亡，殊堪憫惜，著照提督陣亡例議恤。王慶長賜謚武烈。議恤有差。張芾又奏正月間涇縣之敗陣亡副將王恩榮等五十三人，詔均從優議恤。王有齡奏請飭浙江記名道李元度、候補道史致諤等赴浙差委。

夜至向晨方睡，暖可去被。有嚴州失守之謡。

小滿　四月初一日乙丑　眉批：楊載福六百里江西發。王有齡六百里浙江發。曾望顔六百里四川發。終日薄晴，下午陰，晡時大風。定子來。德夫來。偕叔子訪定子、子恂，薄暮冒風而歸。連日天氣蒸悶。

邸鈔：海瑛奏貴州永寧一帶狆夷就平。毓科奏知府彭斯舉等解鉛山之圍，又轉戰廣豐、玉山間之捷。惟云粤匪由贛寧撫建各境闌入貴溪、弋陽、鉛山等縣，參將榮翰於三月十五日在貴溪官莊接仗失利，賊遂圍鉛山，又從廣豐分趨浙境。然則廣、玉雖號保全，而賊已駛入衢州矣。匪特驅躪鄰封，爲害匪細，而江右全省糜爛之勢，已在目前。去年耆齡、曾國藩同奏西境肅清，未及半稔，横决如此，深可歎也。

終夜風愈横猛，震撼不寧，睡夢時魘。是日卯初一刻小滿節，浙江二刻。

初二日丙寅　晴，大風不止。終日忽忽欲睡。閲段氏《説文》。豫庭來。

邸鈔：曾望顔奏閏三月初五日克復名山縣，並克金鷄關，解雅州圍及嘉定之捷。

初三日丁卯　眉批：翁同書六百里安徽發。陰。閲段氏《説文》。（此處塗抹）豫庭來。

初四日戊辰　晴暖。定子來。作書致豫庭、子恂，並辭明日河東館之飲。夜凉，可棉被。

初五日己巳　眉批：袁甲三六百里安徽發。晴。豫庭來，偕至北半截胡同，予訪定子，同至果子巷兑銀，復至豫庭、子恂處而歸。（此處塗抹）

初六日庚午　眉批：耆齡六百里浙江發。陰，下午小雨。珊士來，以近作詩詞見示。中用予集中韵讀書五古一章，養疴七古一章，皆秀勁有骨，見題拙集疊韵五古一章尤佳。又以所著詩兩帙屬與叔子商定。珊士於同人中，叔子外頗推予與孟調，其虛懷不可及也。今日上行常雩大祀禮。

邸鈔：袁甲三奏閏三月廿六日定遠之捷。

夜偕叔子訪五樓（二字塗抹可辨），復同飲他所，三鼓後歸，及門而雨。雨聲達旦，翦燈共話，辨色始眠。作致季貺書。

初七日辛未　終日苦雨，寒。卧至午後起。（此處塗抹）定子來暢談，至夜飯後去。夜雨聲凄緊，大似故鄉。三鼓就眠。重衾單冷，殊不成夢。五鼓風大作，萬籟刁蕭，急點迸作，愈覺鄉心欲碎矣。又有無錫失守之信。

初八日壬申　蚤風雨横厲，上午風稍止，雨亦漸稀，終日陰寒。豫庭招同叔雲午飲梅慧仙家，並晤子恂及鍾啓元郎中、高源孝廉。芷儂、亦秋、梅莞、秀蘭、桂玲、慧仙侑觴。鍾寶恬招夜飲梅莞家，芷儂、亦秋、桂玲、慧仙侑觴。夜晴。

初九日癸酉　眉批：薛焕六百里揚州發。何桂清六百里常州發。晴寒。子恂來。珊士來。叔子招同珊士聽春臺班。豫庭、寶恬來。作書致秦鏡珊閩中。

初十日甲戌　晴，下午陰，晡時微雨，小作即止。得珊士片。夜定子書來，告丹陽失守，和帥退守常州，何帥退守蘇州，張帥不知下落。此信果真，大事去矣，不獨東南陸沉也。

夜閱小説演義名《希夷夢》者，附會韓速及閭丘仲卿兩人事。首述韓通殉難，李筠阻兵，皆慷慨有生氣。次述速與仲卿力圖復國，所志不遂，間奔江南，投林仁肇。後主畏宋不能用，乃至黄山，失路至一洞，遇陳希夷。值方睡，二人亦就寢。遂夢至東海尾閭下曰浮山，有浮石、浮金兩國。二人爲其將相數十年。巡海見一人抱小兒浮海上，出之，則陸秀夫，所抱者即帝昺，已死矣。乃知宋已亡。二人驚愕而醒，仍在洞中石榻上，希夷猶未覺也。意境甚佳，惜筆舌累贅不能稱耳。

五代篡奪爲常，顧皆不能十年，獨至宋而傳國竟及三百年，其得天下又易於前代，讀史者不能平焉。蓋朱庶人固盜賊之劇，然未始不以力征經營。後唐得天下最正，湯武不能及，而失之甚易，則莊宗末路昏狂，咎由自取。至於清泰帝，本出外姓，雖亡國甚慘，非人心所係。石敬塘之罪，僅亞朱温，顧亦身歷數百戰，自小校至大鎮，四十餘年，爲唐爪牙，同翦國仇，其篡唐室，亦以戰鬥得之。劉、郭已爲襲取，而出身甚艱。出帝淪陷，漢之得國非竊，隱帝昏暴，周之反戈有名。惟周宋之際，世宗賢明，克定禍亂，享國不永，冲齡踐祚，宋祖雖有戰功，不過禀受成規，效績裨貳，乃兵符一出，國璽遽移，周之艱難戡定之天下，拱手而去，是周於天下最有功，失天下最無罪。宋承其業，遂以混一，安享者八帝。至欽宗蒙難，建炎南渡，猶藉國初削平江南、吴越之餘業。其初得江南，乃藉世宗大舉伐唐之功。當日十國，南唐最彊，有并吞中原之勢。自石氏至郭氏，惟廪廪求免侵伐之不暇。南唐不服，則中原不定，淮南不守，則南唐不能自存，故世宗決計親征，幾得幾失，始克淮南，而混一之勢成矣。柴氏之勤，趙氏之安，千古而下，有深憾矣。而尤可惜者，則在南唐。名義最順，土地最廣，不特中原引領，即契丹亦以正統歸之。烈祖詒謀，老成周至。元宗温恭有文，而信任不專，僉任翻覆，遂以致敗。馴至後主，雖仍積弱，然境内感戴，民士思效，畫江而守，事猶可爲。值周宋易代之時，内外倉卒，文武皇駭，太原劉氏裂眦深仇，眈眈伺間，腹背巨患。淮南李重進，日日思發，江南朝發一旅，夕即歸命，從此長驅，直搗中原，與并人夾擊，宋祖雖善用兵，所任者不過符、石、慕容等十將，趙普一學究而已，况周氏舊臣，難保無爲韓通之繼者。江南以故國遺胄，奮其兵威，委任重進，用其師以爲導，連和劉氏，許分其地，更約契丹，出兵涿定，以爲聲援，復我疆土，修我陵寢，都秦跨洛，不失舊物，真萬世一時也。畏懦不振，坐遺人禽，覩於林仁肇請復楊泰之策，忠臣效命，感泣鬼神，此之不從，反行誅戮，乃知姓不再興，天實爲之。後人若陸游、李清輩之著書，歸以正統。近時海寧陳鱣，作《續唐書》，暢申其義。其亦是非之所在，興亡之致惜，有不能已於人心者矣！

漏十三下睡。比來五夜，舊疾連發，面枯舌燥，血脉虧促，足尤疲軟，立不能逾頃。出門以來，此爲憊也。五更大風起。

十一日乙亥　晴陰不定，午風愈猛，下午雨作即止，晡晴。偕叔子訪定子，復同訪趙元卿侍御，觀所爲詩及駢文。趙名樹吉，四川人，今日見徐壽蘅侍郎家赴文有『藐躬德薄』四字，乃侍郎祖父爲其配赴也，可謂駭異。

江寧大營之變，丹陽之失，由餉乏兵潰，致節節退守，何督與和帥不相能。當金陵將敗時，和帥請餉不給，請援不應。賊方陷句容，日逼官軍，軍心内訌，遂致此變。和帥固非大將才，然何督之罪，真上通於天矣！江南從此不守，彼之肉其足食乎！嗚呼！聞浙之開化、淳安、遂安、分水、新城、壽昌諸縣，均隨失隨復。賊現在新城、分水間，段光清、李定泰帶勇堵剿，省城人盡奔避。桑梓之害，政未艾耳。聞聖躬不豫。

十二日丙子　眉批：張芾六百里安徽發。晴，稍熱。定子來。子恂來。（此處塗抹）傍晚叔子招同河南袁、杜、李三君飲如松館。徹夜不眠，風月甚清，足誌佳賞。

邸鈔：張芾奏閏三月二十二日，總兵江長貴、副將吴再升等克復涇縣。

十三日丁丑　晴，熱。黎明始睡，午初起。雪鷗來。

錢氏大昕《十駕齋養新録》卷中載餘姚邵二雲嘗擬作《南宋事略》，以續王偁《東都事略》，錢氏爲酌定儒學、文藝、隱逸三傳目録，其儒學列楊時至黄震四十五人，附傳十人。予爲擬作《儒學傳序》，起草於此：

自《漢書》傳儒林，歷史因之，至宋而有道學之别。嗚呼！誰爲此名，可謂不學者矣！道者，六經是也。儒者之所習，無二學也。維伊雒立教，漸爲空虚，高言愈張，實學滋晦。朱熹思以博考審辨，求踐履之實，而其時程學大行，專門名家之儒久絶於世，無所師受，不能通曉其訓故，至於注《詩》述《易》，遂爲無本之義，多取不根之談。《詩》棄《小序》，尤爲口實。斯豈通人之蔽，抑亦晚學之徵乎？要其弟子，若蔡元定、蔡沈父子，皆能有所著述，以翼經教，視夫程、陸之門人，有殊焉。九淵兄弟，負絶人之才，具高明之識，深窮理欲，抗異新安，分道並馳，至今睽轍。師心太過，幾流猖狂。衷其間者，惟吕祖謙。永嘉之學，醇醇近古，而際代學者馳騖洛閩，敷説心性，併爲一談，深而益膚，暢而益支，乃轉相推崇，以自掩飾。蓋亦知所學根柢不堅，姑習大言，謂堯、舜、禹、湯、文、武、周、孔、思、孟命脉真傳，至是始出，漢唐千載未涉其境，更取異名，别於儒林，以文其不學之跡，言語日繁，性道日歧。沿及明代五百餘年，遂無有知學問者。嗚呼！可慨也已！是真儒學之厄，聖道之累也。顧其人類能狷介自守，名節與立若真德秀、魏了翁、楊萬里、陳傅良、葉適、袁燮之徒，亦皆有功業卓卓可稱者，固不可謂性理之學無裨實事矣。因取其尤異者，爲儒學傳，著于篇。錢氏以鄭樵入文藝。顧亢潦之學雖疏，要其所就，不得以文藝概之也。《通志》一書，彈時迭出，而册府之載，終爲大著。七音、六書、天文等略，安必無前人未發者乎？故予謂儒學宜增鄭樵一人，爲四十六人也。

十四日戊寅　眉批：巴東阿六百里加緊京口發。勝保六百里河南發。　晴熱。始著單。子恂來。（此處塗抹）夜月甚佳，偕叔子、五樓（二字塗抹可辨）小遊坊曲。

十五日己卯　眉批：庚長五百里清江發。毓科五百里江西發。　晴。得季貺三月廿二日書、芸舫三月廿四日書。定子來。豫庭來。洗足。珊士來。得定子書，即復。

芒種　十六日庚辰　眉批：楊載福六百里安徽發。　晴。午起甚憊。偶閱《荀子》，摘其奇句僻字：

木直中繩，輮以爲輪，其曲中規，雖有槁暴，暴，步角反。又蒲報反。《説文》：『暴，疾有所趨也。』《考工記》鄭注：『藃暴，陰柔後必橈減幬革暴起。』不復挺者，輮使之然也。蘭槐之根是爲芷。其漸之滫，君子不近。滫，溺也。盧氏文弨曰：案《説文》《廣韻》皆言：『滫，久泔也。』醢酸而蜹聚焉。蟹六跪而二螯。跪，足也。六，疑當作八。螯，《説文》作螯。不問而告謂之傲。傲，喧噪也。或曰讀爲嗷。問一而告二謂之囋。囋，即讚字，謂以言彊讚助之。若挈裘領，詘五指而頓之，順者不可勝數也。詘與屈同。頓猶頓挫，提舉高下之狀。順者不可勝數，言全裘之毛皆順矣。猶以指測河也，以戈舂黍也，以錐飡壺也。問楛者勿告也。楛與苦同，惡也。問楛，謂所問非禮義也。以上《勸學篇》。

不善在身，菑然必以自惡也。菑，讀爲災。菑然，災害在身之貌。庸衆駑散，則劫之以師友。怠慢僄弃，則炤之以禍災。劫，奪去也，言以師友去其舊性也。炤，謂照燭之，使知懼。良賈不爲折閱不市。折，損也。閲，賣也。盧氏曰：案《説文》云：『閲，具數於門中也。』《史記》：『積日曰閲。』此當謂計數歲月之所得有折損耳。行而供冀，非漬淖也。供，恭也。冀，當爲翼。或曰：李巡注《爾雅》冀州曰：『冀，近也。』恭近，謂不敢放誕也。凡行自當恭敬，非謂漬於泥淖也。盧氏曰：供，疑是張拱之義。行而俯項，非擊戾也。擊戾，謂項曲戾不能仰者也。擊戾，猶言了戾也。頣步而不休，跛鼈千里；累土而不輟，丘山崇成。以上《脩身篇》。

山淵平，天地比。比，謂齊等。齊秦襲。襲，合也。齊在東，秦在西，相去甚遠。若以天地之大包之，則曾無隔異，可合爲一。入乎耳，出乎口。未詳。鉤有須。未詳。或曰：鉤有須，即丁子有尾也。丁之曲者爲鉤，須與尾皆毛類。《莊子音義》云：『夫萬物無定形，形無定稱，在上爲首，在下爲尾，世人謂右行曲波爲尾。今丁、子二字，雖左行曲波，亦是尾也。』卵有毛。司馬彪曰：『胎卵之生，必有毛羽。鷄伏鵠卵，卵不爲鷄，則生類於鵠也。毛氣成毛，羽氣成羽，雖胎卵未生而毛羽之性已著矣。故曰卵有毛也。』

盜跖吟口，名聲若日月，與舜禹俱傳。吟口：吟詠長在人口。與時屈伸，柔從若蒲葦，非懾怯也。見由則兑而倨，兑，説也，言喜於徼幸而倨傲也。見閉則怨而險；喜則輕而翾，輕，謂輕佻失據。翾，小飛也。言小人之喜輕佻如小鳥之翾然。音許緣反，或曰與懁同。《説文》云：『懁，急也。』憂則挫而懾；通則驕而偏，窮則棄而儑。儑，當爲濕。《方言》云：『濕，憂也。』字書無『儑』字。

誰能以已之潐潐受人之掝掝。潐潐，明察之貌。掝，當爲惑。掝掝，惛也。以上《不苟篇》。

儵䱁者，浮陽之魚也。胠於沙而思水，則無逮矣。儵䱁，魚名。今字書無䱁字，蓋當爲鮍。《説文》云即『鱣鮪鮍鮍』字，蓋儵魚一名儵鮍。浮陽，謂此魚好浮於水上就陽也。胠與祛同。去於沙，謂失水也。

孝弟原愨，軥録疾力。軥與拘同。拘録，謂自檢束也。疾力，謂速力而作也。

陶誕突盜，惕悍憍暴。陶，當爲檮杌之檮。突，凌突不順也。惕與蕩同。呥呥而噍，鄉鄉而飽。呥呥，噍貌，如鹽反。噍，嚼也，才笑反。鄉鄉，趨飲食貌。

今使人生而未嘗睹芻豢稻粱也，惟菽藿糟糠之爲睹，則以至足爲在此也。俄而粲然有秉芻豢稻粱而至者，則瞲然視之曰：『此何怪也？』彼臭之而無嗛於鼻，嘗之而甘於口，食之而安於體，則莫不弃此而取彼矣。粲然，精潔貌。牛羊曰芻，犬豕曰豢。豢，圈也。瞲然，驚視貌，與獝同。嗛，當爲慊，厭也。仁者好告示人。告之示之，靡之儇之，鈆之重之。靡，順從也。儇，疾也。靡之儇之，猶言緩之急之也。鈆與沿同，循也。撫循之、申重之也。餘刀布，有囷窌。刀取其利，布取其廣。囷，廩也。圓曰囷，方曰廩。窌，窖也，地藏曰窖。窌，匹貌反。以上《榮辱篇》。

突秃長左，軒較之下，而以楚霸。突，謂短髮可凌突人者。《莊子》『蓬頭突鬢』是也。長左，左脚長也。軒，曲輈也。較，兩騎上出式者。《詩》曰：『猗重較兮。』軒較之下以楚霸，言不勞甲兵遠征伐也。此謂孫叔敖。徐偃王之狀，目可瞻馬。其狀偃仰而不能俯，故曰偃王。瞻馬，言不能俯視細物，遠望纔見馬。《尸子》曰：『徐偃王有筋而無骨。』仲尼之狀，面如蒙倛。倛，方相也。其首蒙茸然，故曰蒙倛。周公之狀，身如斷菑。《爾雅》：『木立死曰椔。』椔與菑同。臯陶之狀，色如削瓜。如削皮之瓜，青緑色。閎夭之狀，面無見膚。言多鬚髯蔽其膚也。傅説之狀，身如植鰭。植，立也，如魚之立也。伊尹之狀，面無須麋。麋與眉同。禹跳湯偏。《尸子》曰：『禹之勞，手不爪，脛不生毛，偏枯之病，步不相過。人曰禹步。』鄭注《尚書大傳》：『湯半體枯。』堯舜參牟子。牟與眸同。參牟子，謂有二瞳之相參也。奇衣婦飾。奇衣，珍異之衣。婦飾，謂如婦人之飾。以上《非相篇》。

喬宇嵬瑣。喬與譎同。宇，或曰大也，放蕩恢大也。嵬，狂險也。瑣，謂爲奸細之行也。此謂它囂、魏牟。綦谿利跂。利與離同。離跂，違俗自足之貌，謂離於物而跂足也。綦谿未詳，蓋與跂義同也。此謂墨翟、宋鈃、陳仲、史鰌。終日言成文典，反紃察之，則倜然無所歸宿。紃與循同。倜然，疏遠貌。宿，止也。言雖成文典，若反覆紃察，則疏遠無所指歸也。此謂慎到、田駢。治怪説，玩琦辭。琦讀爲奇異之奇。此謂惠施、鄧析。世俗之溝猶瞀儒，嚾嚾然不知其所非也。溝讀爲怐，愚也。猶，猶豫也。瞀，闇也。嚾嚾，喧囂之貌，謂争辯也。此謂子思、孟軻，當道世儒信之，非也。離縱而跂訾。離縱，謂離於俗而放縱。訾，讀爲恣。跂恣，謂跂足違俗而恣其志意，皆違俗自高之貌。士君子之容：其冠進。進，謂冠在前也。其衣逢，逢，大也。其容良，儼然，壯然，祺然，未詳。或曰：祺，祥也，吉也。蕼然，未詳。或曰蕼當爲肆，謂寬舒之貌。恢恢然，廣廣然，昭昭然，蕩蕩然，是父兄之容也；其冠進，其衣逢，其容愨，儉然，恀然，《爾雅》曰：『恀，恃也。』恀然，恃尊長之貌。輔然，相親附之貌。端然，訾然，未詳。或曰與孳同，柔弱之貌。洞然，恭敬之貌。《禮記》曰：『洞洞乎其敬也。』綴綴然，不乖離之貌，謂相連綴也。瞀瞀然，不敢正視之貌。是子弟之容也。吾語汝學者之嵬容：其冠絻，絻當爲俛，謂太向前而低俯也。其纓禁緩，未詳。或曰讀爲紷。紷，帶也，言其纓大如帶而緩也。其容簡連，簡連，傲慢不前之貌。連，讀如『往蹇來連』之連。填填然，滿足之貌。狄狄然，狄讀爲趯，跳躍之貌。莫莫然，莫，讀爲貊。貊，静也，不言之貌。瞡瞡然，未詳。或曰瞡與規同。規規，小見之貌。瞿瞿然，瞪視之貌。盡盡然，極視盡物之貌。盱盱然，張目之貌。酒食聲色之中則瞞瞞然，閉目之貌，莫干反。瞑瞑然。視不審之貌，謂好悦之甚，佯若不審也。禮節之中，則疾疾然，訾訾然。謂憎疾毁訾也。勞苦事業之中，則儢儢然，不勉强之貌，音吕。離離然。不親事之貌。偷儒而罔，偷儒，謂苟避事之勞苦也。罔，謂罔冒不畏人之言也。無廉耻而䜁詢。䜁詢，謂詈辱也。元刻作謑詢，案《説文》：『謑，胡禮切。』重文䜁，一字也。《漢書·賈誼傳》『奊詬亡節』，奊音挈。是學者之嵬也。弟佗其冠，神禫其辭。弟佗，未詳。神禫，當爲冲澹，謂其言淡薄也。禹行而舜趨，是子張氏之賤儒也。以上《非十二子篇》。

文王誅四。四謂密也、阮也、共也、崇也。武王誅二。《史記》云：『武王斬紂與妲己。』《尸子》曰：『武王親射惡來之口，親斫殷紂之頸，手污於血，不盥而食。當此之時，猶猛獸者也。』周公卒業。謂伐三監、淮夷、商奄也。可炊而僥也。炊與吹同。僥當爲僵，言可以氣吹之而僵仆。僥音竟。是猶伏而咶天，救經而引其足也。咶與舐同。經，縊也。伏而咶天，愈益遠也。救經而引其足，愈益急也。以上《仲尼篇》。

《荀子》三十二篇，爲二十卷，唐楊倞注。近代盧氏文弨、謝氏墉校證本，最爲精細。周末荀、孟並稱，至唐不廢。宋儒始加苛議。明人張孚敬輩遂黜其文廟之祀。其實諸子惟荀最醇，四子書外，所當首屈一指。楊氏注亦多古義。謝侍郎序言小戴所傳《三年問》全出《禮論篇》，《樂記》《鄉飲酒義》所引俱出《樂論篇》,《聘義》子貢問貴玉賤珉,亦與《德行篇》大同;大戴所傳《禮三本篇》亦出《禮論篇》,《勸學篇》即《荀子》首篇,而以《宥坐篇》末見大水一則附之,《哀公問五義》出《哀公篇》之首,則荀子語載在二戴記者甚多,而本書反鮮讀者。又觀其《義兵篇》對李斯之問,其言仁義與孔、孟同符,而責李斯以不探其本而索其末,切中暴秦之弊。顧以嫉濁世之政,而有《性惡》一篇,與孟子性善之説相反。要繩以孔子相近之説,皆爲偏至之論。然孟子偏於善則據其上游,荀子偏於惡則趨乎下風,過與不及,師、商均不失爲大賢也,云云。謝氏論之至矣。顧予猶有説焉。

荀子生衰周,力尊仲尼,與孟子之識學無稍差。而其《非十二子篇》乃兼及子思、孟子,遂大爲宋、明儒者口實。後之善荀子者,謂其門人竄入之言,非荀子意,以是爲荀子辨。予謂孟子之學,一傳以後無聞者,即弟子中惟樂正子稍能自見,餘亦無有單詞片語闡發先生之學者,荀子殆因其徒之不善而歸咎其師。其云略法先王而不知其統,猶然而材劇志大,聞見雜博云云者,萬章、公孫丑之徒皆不免此。荀子固確有所見,而以爲是子思、孟軻之罪,其於十子皆曰是某某,而此獨曰是某某之罪,則詞固有所輕重矣。其下云子張氏、子夏氏、子游氏之賤儒,皆非無所指而言者也。戰國士習多僻,諸賢之門人守道不篤,流爲僞儒,固必然之理,無足怪者。荀子道醇學博,固不當求之於字句,然其文亦自巉絶可喜,諸子中亦惟荀與管子兩家最多奇字。予欲識而出之,以卷葉多,僅及其三卷而止。今日小極,神思昏損,不能再事觚管,暇日當更摘之爾。

子恂來。晚子恂招飲載福堂,叔子招秋蘅,予招芷儂,子恂招桂玲及主人亦秋侑觴。四鼓歸。

邸鈔:上諭:軍興以來,迭經諭令,各省督撫勸諭紳民舉行團練,京外官紳有諳悉戎機者,亦令其在籍辦團,藉資表率,迨有勞績,立予恩施。凡以官民聯爲一體,盜賊無自生心。正本清源,莫要于是。無如江南省城及皖南北各郡縣，淪陷于賊，久未攻拔。近日高淳、句容等縣不守，丹陽繼陷，大江南北億萬生靈，皆吾赤子，久罹于水深火熱之中，莫之拯救，深宫廑念，晷刻難安。大營兵餉，莫非吾民脂膏，竭力供億，原期共享安全，乃和春等不惟不能迅奏膚功，反令財賦之區致被蹂躪，殊堪痛恨。已嚴飭該大臣等激勵將士，力贖前愆，其守令等與各地方紳士，亦應將守禦之法，寔力講求，協助官兵，同仇敵愾，所有江蘇等省在籍紳士，除業經奉有諭旨辦理團練外，其通曉大體、律身公正、足繫人望者，自不乏人，即著在京籍隸江蘇、安徽、浙江、河南等省之大小官員，將如何團練助剿及防守等一切事宜，務須統籌全局，與官兵聯爲一氣，不可自顧鄉閭。其如何辦理之處，各抒己見，各舉所知，迅速奏聞，毋得虚言搪塞。該紳民等食毛踐土二百餘年，諒能衆志成城，以輔兵力之不逮，朕實有厚望焉，云云。仰見聖人旰昃憂勤，瘡痍恫切。丁兹東南日棘，根本將顛，食禄之臣，一命之士，即未聞讜詔，亦宜叩閽進策，伏陛陳言，况重以明詔（此處塗抹）諄諄耶？

亥正三刻芒種，浙江子初初刻。

十七日辛巳　晴。午後偕叔子訪袁篤臣保慶署正，晤。訪定子，不值。訪豫庭、子恂，俱晤。定子來。（此處塗抹）

十八日壬午　眉批：袁甲三六百里安徽發。翁同書六百里安徽發。托明阿五百里西安發。　陰，晡小雨，夜凉。作片致豫庭。作書致德甫，索還《漢書》。爲江南友人代草應詔陳言統籌江蘇軍政奏疏。得紱翁書，並以近遊西山詩文見商，即復。得定子書，即復。（此處塗抹）作書致定子，致紱翁。鍾寶恬招飲福興居，不往。（此處塗抹）子恂來。

十九日癸未　眉批：喬松年五百里揚州發。徐有壬六百里蘇州發。　晴。得定子書。德甫來。（此處塗抹）定子來。偕定子、叔子至廠肆閲書。閲《容齋隨筆》。

邸鈔：何桂清奏官軍失利，現往常熟照料糧臺，并自請議處。上諭：兩江總督何桂清駐扎常郡，爲策應大營後路。乃自丹陽失守，即往蘇州，現又轉輾退至常熟，以照料糧臺爲詞，希圖掩飾，實屬畏葸無能，有負委任，著即革職來京，聽候審訊。上諭：曾國藩著賞加兵部尚書銜，迅速馳往江蘇署理兩江總督，未到任以前著徐有壬暫署。上諭：江蘇布政使薛煥著署理欽差大臣關防，辦理五口通商事宜。和春奏賊攻丹陽，湖北提督王浚、安徽壽春鎮總兵熊天喜同時殉難。

二十日甲申　眉批：曾國藩六百里安徽發。皇上换實地紗袍褂。　晴熱。看《容齋隨筆》。得紱翁書，並以近作古文、詩餘各一帙見示。

邸鈔：左宗棠以四品京堂隨同曾國藩襄辦軍務。

晡偕叔子、五樓至順治門大街看房子。

二十一日乙酉　眉批：張亮基六百里雲南發。玉明五百里盛京發。　晴熱。子恂招同叔子午飲如松館，芷儂、雲林侑觴。時日方菈中，庭館闃爽，外無一客，削梨分炙，清飲足歡。叔子先醉歸，予亦繼返，晝睡極酣。看《容齋隨筆》。

二十二日丙戌　眉批：勝保六百里河南發。何桂清、徐有壬、許乃釗各六百里加緊蘇州發。　陰，下午飛雨數作，晚大雷雨，頓涼。

看《容齋隨筆》，自一筆至五筆訖。南宋人如洪景盧學問賅洽，爲不數見。此書考證多精，識議亦勝，並時説部，最爲可觀。予嘗論南渡後王觀國《學林》之經學、字學，吴曾《能改齋漫録》之雜學，王應麟《困學紀聞》之史學，可謂薈萃衆有，縱衡一時，撮其所長，蔚乎可述。洪氏雖不能奄有諸妙，頗亦兼著厥能。至記時事之詳，有裨尚論，亦周密《齊東野語》之亞。誌當代朝章官制，與費袞《梁谿漫志》、岳珂《愧郯録》可相參核。宋時説部，據予所見，其號稱佳者，若朱翌《猗覺寮雜記》、張淏《雲谷雜記》、沈作喆《寓簡》、孫奕《示兒編》、姚寬《西溪叢語》、劉昌《蘆浦筆記》、趙與旹《賓退録》、何薳《春渚紀聞》、陸游《老學庵筆記》、葉夢得《石林燕語》《避暑録話》，雖標新領異，各有獨得，而或瑣屑爲累，或踳駁太甚，或意見偏盩，或篇幅寥狹，皆僅備取裁，無當鉅製。惟朱弁《曲洧舊聞》，大指多論宋事，而間及前史，皆極精核，最爲可貴。要之諸家當理學盛行之時，不務心性空談，獨爲根柢實學，於以箴陋砭荒，厥功甚偉。洪氏此書，尤儉歲之粱稷，寒年之纖纊。予自壬子閲此，訖今將十年，其中所引原委，仍未能周知，間欲抉摘一二疵謬，而記憶不真，首尾莫具，少時所誦經史，轉有荒落迷忘，無從取證者。歲月已多，學殖不進，對之悚慚。文敏父子兄弟，最喜東坡之學，頗有愛而不知其惡者。其論史亦有腐語，論文尚有見解，論詩則無不可笑，此固南宋習氣如是也。《四庫全書目録》謂惟王楙《野客叢書》可與對壘，顧予僅見陳繼儒《秘笈》中所刻本，未親王氏之全書，不能懸斷耳。

子恂來。

邸鈔：徐有壬、許乃釗各奏逆匪攻常州，欽差大臣暫署江寧將軍和春督兵迎敵，胸受槍傷，冲圍而出，傷重嘔血死，請賜恩恤。詔以和春自廣西轉戰數省，由安徽至江南，數載以來，戰功卓著。兹雖兵機屢挫，尚能血戰捐軀，殊堪憫惻。和春著開復革職處分，照將軍例賜恤，賜謚忠壯。以慰忠魂。上諭：廣西提督張玉良著署理欽差大臣，督辦江南軍務，所調各路援兵均歸節制。上諭：江寧將軍著魁玉署理。湖北提督著江長貴署理。安徽壽春鎮總兵著王明山補授。安徽皖南鎮總兵著陳大富補授。

上諭：徐有壬奏何桂清自丹陽失守，膽落思逃，常州紳士涕泣慰留，乃突開東門而出，其紳民耆老跪留者，多被兵丁擊傷。迨避至常熟之十里亭，所帶親軍放火劫掠。種種情節，實出情理之外。何桂清既不能固守常州，阻遏凶鋒，以總督重臣，輒思逃避，忍心害理，擊傷多人，繼容焚劫，震動地方。現在常州紳民，尚能登陴固守，而該革督節節退守，置地方生民于不問，實屬殃民誤國，著即拏問，交徐有壬押解來京，聽候審訊。

慈銘竊謂何桂清以承明下品，廝養寒人，倖荷主知，洊寄使節，自繇少宰，出撫浙疆，録促尸居，周旋土禺。洎甲乙之交，鄰封不誡，宣歙舉烽，吴興備桐汭之舟，嚴陵警黟獠之鼓，遂已膽落失圖，目泣盡腫，拜箋帥以乞活，呼鬼兵而求援。幸賊不來，得公無恙。乃移祇德之病，納王朗之節，冀全厥身無損於國。而廟堂過聽，起總師干，委進明以江淮，加高駢以都統。時有揚鎮之捷，際會成功，任其爪牙，浚爲進奏。朝廷嘉王播之羨錢，褒韓滉之運米，連晉宫秩，受詔和戎。乃肆其輕翾，漸爲跋扈，矜張麒麟之楦，眄睒獐鼠之威，借大帥作賈胡，呼諸將爲勁卒，周寶之妓千騎，羊侃之貨百船。金鼓一震，封疆四陷，倉黄出走，涉竟保帑，金印倒懸，銀刀不肅，既啓北門之管，尚縱南塘之兵。露章上申，葱靈下逮，予以重辟，未蔽厥辜。和春選而不武，猜而無謀，專征四年，要于一潰，雖策檀公之足，終束魏犨之胸，玉門不歸，金甌已壞。方今淮西易帥，渭北移軍，曾公轉戰於楚疆，張帥著奇於浙服，禁廷頗牧，少年票姚。李臨淮之壁壘驚人，曲壯閔之旌旗走寇。制書一下，民望僉孚，所當踵企捷音，首喁新政矣。

上諭：此次殿試新進士前十名，著于二十七日在圓明園由讀卷大臣帶領引見。二十八日，朕御正大光明殿傳臚，一切典禮均照太和殿預備。是日執事及謝恩人員，俱著穿蟒袍補褂，所有應用樂器樂章，仍由樂部辦理。

竊按臚傳大典，自宋以來，必御正衙。國朝嘉禮，尤爲明備。向例，園中先一日小傳臚，次日駕進城，御正殿，行大傳臚禮。今年概就園居，亦足增科名一故事也。聞前日殿試，上待舉子頗嚴，添設監試二人。日未晡，即促收，試卷有一二字未繕畢者，都被掣去，士子不完卷者四十四人。湖北貢士陳炳勳以别紙起草，尚書肅順指爲懷挾，炳勳力辨，詞色稍忤，遂斥革交刑部審訊。今科闈藝，惡劣殆甚，幾無一字成文。近來斯道，愈趨愈下，日以不堪。會元徐某者，年甫冠，去年順天鄉試，以『郁郁乎文哉吾從周』題獲舉，其中比有金玉珠寶車馬衣服等字。今會試文，首藝『大學之道』，無一切題語。次藝『植其杖而芸子路拱而立』題，文結尾云：『觀於止子路宿，而丈人尚能植杖而芸乎？』竟可噴飯。魁作某人起講有云：『鳩扶者無心道左之征鴻，鵠立者恍見山梁之雌雉。』其下又有藜頭之夕照語，真堪入《啓顔録》矣！

二十三日丁亥　晴，凉可裌衣。偕叔子至順治門大街定新居。陳竹珊病起來談。聽其受制悍妻之苦，真鳩盤荼變相，即季常家風，當亦不至是也。子恂來。

邸鈔：上諭：賊陷丹陽，提督王浚以賊乘大霧，冒官兵旗幟，數道突至，轉戰逾時，斃賊無數，中槍墮馬。總兵熊天喜賜謚勤勇。馳救，復被包抄，手持短兵，殺賊甚厲，力竭同没。二人屢著戰功，並時殉節，殊堪惘惜，均交部議恤，以慰忠魂。　曾望顔奏閏三月二十六、二十八等日洪雅三寶寺、大廟山、大佛寺等處之捷，擒斬僞統領王和尚等十五人，僞總統李興發等五人，並解峨眉之困，陣亡行營遊擊阿烏土北等奉旨議恤。張亮基、徐之銘奏遊擊何自清等解晉寧州之圍，擒斬回匪首逆馬合等。傅振邦奏四月初七日攻克閻圩賊巢，遊擊苗景開用矛刺殺逆首李大喜，圩民宫恒一等縛捻首任虎等六人至營，訊明正法。苗景開擢副將，并賞給額呼斯圖巴圖魯名號，餘升擢有差。江南淮徐道著吴棠補授。棠，盱眙人，癸丑、甲寅間宰清河，時賊屢來攻，守禦甚力，刻所著《敵愾同仇約》給所部及鄰邑，令各爲戰守法。中外言守令賢且才者，壽州金、六合温、清河吴爲最著。今惟吴君存。以之監司淮泗間，真隱若一敵國，爲得人慶也。（此處塗抹）

二十四日戊子　眉批：文煜四百里山東發。玉明五百里盛京發。　晴，稍熱。日加辰始睡，午起。珊士來。豫庭來，並以蘭牒見交，豫庭少予一歲。子恂來。是日，殿試小傳臚，（此處塗抹）第一名鍾駿聲，仁和人。第二林彭年，廣東南海人。第三歐陽保極，湖北江夏人。以敝裘質錢五十吊。倦甚，早睡。

二十五日己丑　晴。訪家雅齋兄，即返。明日移寓宣武門外大街。督奴輩理家具。（此處塗抹）傍晚，偕叔子、五樓（二字塗抹可辨）小遊坊曲。夜談達旦。

二十六日庚寅　晴熱。曉假寐一時許，即起。偕叔子赴新居，屋爲故相國曹文正家業，叔子賃其旁院十餘楹，竹樹頗饒，水石亦勝，都中所罕見者。其廳宇亭廊欄楯之屬，結構精密，極似南中。以廳側三楹假予下榻，又賃其中院三楹假陳竹珊，舍其姬人。同居上虞人糜姓者來，其人曾任西城指揮，年七十一矣。豫庭來。得雅齋書。

邸鈔：張芾奏建平復失。

二十七日辛卯　眉批：何桂清六百里望亭發。毓科六百里江西發。庚長五百里清江發。　晴，午後陰。偕豫庭、寶田、五樓（二字塗抹可辨）及一童姓人至廣德樓聽三慶部，晚至如松館小酌，夜歸。定子來，不值。兩得紱翁書。二鼓雨作，樹石間疏聲密響，大耐清聽。

二十八日壬辰　眉批：李若珠六百里江南發。巴棟阿六百里加緊京口發。　終日疏雨，嫩涼，晚晴。作書致紱翁，致豫庭，致雅齋，致德甫。得雅齋復。子恂、寶田來。

吾鄉高葉仙侍御奏請撤銷羅遵殿恤典，有封疆大吏殃民誤國百身莫贖等語。上諭：前因羅遵殿城破捐軀，妻女同殉，是以給予優恤。嗣博采衆論，皆言杭州賊已攻城，該撫不肯出一軍抵禦，坐待省城失陷，城中男婦死者以數萬計，一籌莫展，貽誤生民，羅遵殿恤典著即撤銷，至伊妻伊女應得旌典，仍照例辦理云云。愚謂羅以縣令著名，洊歷大僚，久在楚南北征戰之地，天子信之，委以浙江。乃草寇十百遊卒，間道乘馳，遂抵城下，倉黄閉門，既已登陴待援矣，薈合城中之卒，不下二萬，鼓賞決戰，以當深入無繼之賊，如摧枯拉朽耳。而始不肯設備，繼不肯出戰，擾攘數日，至士民聚衙詬厲，叛勇内應，賊遂以五人竟破二百餘年殷盛全實之都會，固古今之至變也。闔門自裁，負釁已極，宥不追戮，已爲寬恩。顧往者不可贖，而死節人所矜，是以湛族之慘，鶩吏不議，以冒榮殺身之仁，猜主不疑其塞責。況今南事蔓禍，明詔急言，不能切陳利害，紓盡救援，顧仇已往之枯骨，惜故事之贈章，殊不能爲高君解矣！

夜凉。

二十九日癸巳　眉批：王有齡六百里加緊浙江發。喬松年六百里揚州發。　晴陰不定。子恂來。巳蘭來。子恂、寶田來。作書致紱翁，致豫庭。

邸鈔：上諭：昨據巴東阿、李若珠，本日據瑞昌、王有齡、喬松年等奏報，常州、無錫被賊攻陷，本月十二日大股逆匪直撲蘇州，省城已於十三日失守，在城文武，不知下落等語，覽奏實深憤懣。廣西提督張玉良駐兵無錫，不能力遏凶鋒，又復節節潰退，直奔杭城，實屬恇怯無能，著即革職，暫留軍營，交瑞昌差遣，以觀後效。杭州將軍瑞昌，著總統江南諸軍，即日酌帶浙省官兵並各路援軍，迅赴蘇州，力圖攻克。署湖北提督江長貴著幫同瑞昌辦理軍務。該員現在駐軍平望，即統所部兵就近進攻，曾國藩即赴兩江總督署任，并統帶湖北兵迅掃賊氛，以副委任。李若珠奏四月初六日天長、六合賊匪分三路撲犯瓜、揚，一由陳家集圖竄揚城，一由東溝圖竄瓜州，一由僧道橋扎筏欲渡邵伯。初七日，參將詹啓綸敗之於三汊河。十一日，詹啓綸同副將王萬清敗之於僧道橋，副都統海全、副將劉成元敗之於陳家集。上諭：福建陸路提督李若珠著開復革職處分，餘擇尤保奏，仍著設法進剿陳家集拒匪。

夜邀子恂、寶田、叔子飲芷儂家，邀紱翁，早至，不及待而去。喜玲、亦秋、九郎侑觴，四鼓歸。遇雨，鄉晨始睡。窗前馬纓花開，茸艷幽綺，其葉朝敷夕斂，故又名夜合花，越中頗罕得，花細如緝絨所成。夜分後温香清發，即■置亦然，真香奩上供情天歡果矣！

五月甲午朔　眉批：張芾、袁甲三各五百里安徽發。　晴。雅齋來。寶田來。

邸鈔：薛煥授江蘇巡撫。

馬纓盛放，滿村霞敷絳艷，甚資愛玩。

初二日乙未　眉批：文煜五百里山東發。　晴，大熱。子恂來。作片致雅齋。作書致德甫。得子恂片，即復。得雅齋書，即復。終日病煩昏睡。是日偶爲一事，憤懣殊甚，中心藏之，何日忘之也。

夏至　初三日丙申　眉批：皇上换麻地紗。玉明五百里盛京發。　未初三刻夏至，浙江未正初刻。上午晴，大熱。

閱《賈子新書》。《賈子》十卷五十八篇。自班氏《漢志》儒家者流載賈誼五十八篇，《隋志》載《賈子》十卷，自明至國朝四庫書所收，皆佚其三篇。今盧氏文弨始據《史記》小司馬説、及宋淳祐八年潭州本，考得其《過秦論》中篇，分爲上、中、下三篇，僅缺其《問孝》篇及《禮容語》上篇。是書自宋陳振孫

《直齋書録解題》，已决其非誼本書。今觀其首列《過秦論》三篇，已見《史記》；其次《宗首》篇以下至《鑄錢》篇，凡四卷二十九篇，皆即《漢書》所載奏疏五篇割裂成文，而顛倒錯謬，言不成文理，亦全無首尾次第；又强分篇目，而下或注以事勢二字，尤爲無謂。其第五卷《傅職》篇以下，或旁注連語二字，亦不可解。又别有《連語》一篇，亦言人主美惡之事，其命名之義，殊無所指。盧氏稱其《傅職》《輔佐》《容經》《道術》論政諸篇，古雅淵奥，非後人所能僞撰。顧《傅職》及《保傅》《保傅》篇語亦見《漢書》。《胎教》諸篇，語多本之《大戴禮》。《容經》等篇，不免以奇僻之言，藻繪凡近；古拙之句，雕飾淺庸。餘篇亦大率掇拾《左傳》《國語》《莊》《列》《吕覽》《淮南》《新序》《説苑》《韓詩外傳》而成，其爲僞作無疑。顧《賈子》既有其書，則竄亂之中，未必無一二真處；誼之遺言佚辭，亦時有藉此傳者，宜其爲好古之士珍惜也。今略疏其語於此：

尋常之室，無奥剽或作实。注云：恐當作阼。蓋本《禮記·仲尼燕居》文「室而〈無〉奥阼，則亂於堂室也」。之位，則父子不（明）〔别〕。六尺之輿，無左右之義，則君臣不明。《禮》篇。

朝廷之視，端汸即流字。平衡。《容經》篇「視經」。

端面攝纓，端股整足，體不摇肘曰經立，因以微磬曰共立，因以磬折曰肅立，因以垂佩曰卑立。同上「立容」。

胻不差而足不跌，視平衡曰經坐，微俯視尊者之膝曰共坐，仰首視不出尋常之内曰肅坐，廢首低肘曰卑坐。同上「坐容」。

臂不摇掉，肩不上下。同上「行容」。

飄然翼然，肩狀若汸，足如射箭。同上「趨容」。

其始動也，穆如驚倏；其固復也，旄如濯絲。同上『跰旋之容』。跰與盤同。

煦牛而耕，曝背而耘。《春秋》篇。

衣苴布，食⿰豆粦餕。⿰豆粦字無考，當是豆食之餘屑。《先醒》篇宋昭公出亡事。

犬群嘷而入淵，彘銜菹而適奥，燕雀剖而蚖蛇生，蚖即虺字。食蘊菹而蛭口，蘊，疑蘆字異文。浴清水而遇蠆。《耳痹》篇吴王夫差事。

大夫種繫領謝室，謝室即請室。渠如處車裂回泉。渠如處，當即皋如，《吴越春秋》作句如。同上，越王勾踐事。

楚國雖貧，豈愛一踦屨哉？思與偕反也。《諭誡》篇楚昭王語。昭王敗走，屨决而失，行三十步，復旋取，左右問之，王云云。

親愛利子謂之慈，反慈爲嚚。子愛利親謂之孝，反孝爲孽。愛利出中謂之忠，反忠爲倍。衷理不辟謂之端，反端爲䟫。䟫有曲義。合得密周謂之調，反調爲盭。同戾。欣⿰忄熏可安謂之熅，反熅爲鶩。⿰忄熏字無考，當是和悦意。熅，當謂温藉也。安柔不苛謂之良，反良爲齧。緣法循理謂之軌，反軌爲易。亟見窕察謂之慧，反慧爲童。容服有義謂之儀，反儀爲詭。動静攝次謂之比，反比爲錯。纖微皆審謂之察，反察爲旄。與耄同。誠動可畏謂之威，反威爲圂。《道術》篇。此類凡五十六句，兹摘其尤雋者。

故欲以刑罰慈民，辟其猶以鞭狎狗也，雖久弗親矣；故欲以簡泄得士，辟其猶以弧怵鳥也，雖久弗得矣。《大政》篇下。

君子將入其職，則其於民也，旭旭然如日之始出也。君子既入其職，則其於民也，暯暯然如日之正中。君子既去其職，則其於民也，暗暗然如日之已入也。《脩政》篇粥子對周文王語。

墻薄咫亟壞，繒薄咫亟裂，器薄咫亟毁，酒薄咫亟酸。《連語》篇。咫，語助詞，猶則也。

子恂來。午，雷雨頃止。秋蘅來。與縻叟談。傍晚偕叔雲登平臺，騎屋脊望西山，遠緑如抹，時亂雲景。鳳城濃樹，遠近鬟繞，紛墻鬣鬣，高下接比，不復知下有軟紅十丈矣。得雅齋書，即復。

邸鈔：貴州提督田興恕奏三月十九日思南、印江等處之捷，擒斬逆首安泰然及張旺玉等三名；閏三月十九、二十二等日石阡之捷，斬逆首韓成瀘等二名，計先後共斃賊匪七千七百餘人。貴州石阡、思南等府一律肅清。詔加副將沈宏富、楊嚴寶總兵銜，沈宏富賞給才勇巴圖魯名號，參將劉吉山、周學桂、毛克寬等均擢副將，陣亡遊擊毛良德等均議恤。上諭：魁玉奏在丹陽剿賊受傷，退至太州就醫，實屬恇怯無能，著即革職，暫行留任，即在揚州軍營隨同防剿，其江寧將軍著巴棟阿暫行署理。

雅齋來。夜三鼓後大雷雹，雨，雨後頓凉。偕叔子袒談達旦，至庭樹下看曉色。

初四日丁酉　眉批：王有齡六百里加緊浙江發。曾望顏六百里四川發。曹澍鍾六百里廣西發。　晴。漏五下始睡，九下起。豫庭、子恂來。

聞浙之湖州、嘉興俱失守，杭城被困。嗚呼！國家之事，一至此乎？杭州新創，兵餉不集，民皆思亂，撫臣王有齡褊而愎，藩臣沈兆澐髦而庸，按臣湯雲松昏而瞀。有齡久官浙中，以詭詐善事上，由鹽場至郡佐。及何桂清撫浙，何之父，故有齡家僕，用是驟擢杭州守，恃勢横甚，布按以下奴視之。頗行小慧，好摘發人陰私，又矯譎，以術馭，民頗有稱之者。何督兩江，遂疏爲蘇藩，聚飲媚上，時搜剔商賈，務爲刻礉剥民，得增國賦百余萬，朝廷褒之，因益恣凌轢，撫臣若趙德轍、徐有壬皆不得安其位。洎撫浙命下，有齡不知書，未嘗經歷戎事，驕矜燥妄，闇於撫循，浙士大夫在都者甚望以有爲，而一二深識之士多私憂之，謂必敗。沈兆澐，丁丑翰林，年幾八十矣，貪不知止，素無政聲，去年冬以山西臬司擢任，故藩浙者爲徐宗幹，江蘇通州人，年少時令齊魯間，有神明之目，洊升福建、臺灣監司，廉能第一，夷獠至今尸祝之。天子特擢浙臬，治如在閩，晉方伯，稍絀於政，顧不失爲循吏，以解京餉未具數罷職，而兆澐代，浙人盡惋愕焉。湯雲松亦由翰林出。其督吳糧，日沉湎於酒，絶不問吏治，又暗懦，喜貨財。自蘇臬移浙三人者，皆齷齪下材，苞苴上考，鄉邦不天，灾星聚分，真堪一路哭耳。

得德甫書。子恂、寶田夜來，四鼓始去。作片致寶田，得復。鷄鳴始睡。

初五日戊戌　晴，晡時急雨，有風雷，須臾止。寶田來。王九如孝廉來。德甫來。蘅郎來。豫庭偕一江西人譚姓、一直隸人王姓者來。還各店債。付芷郎錢六十吊，並贈以近人墨刻一本。付同文堂書鋪王文簡《經義述聞》錢廿八吊，孔顨軒叢書錢二十吊，姚培謙輯注《春秋左氏傳》錢十二吊，雜書錢四吊。借得叔子京蚨滿五十吊。付僕從節犒四十吊。晡偕叔子登平臺，採夜合花及桑葚食之。

邸鈔：禮部尚書麟魁以呈遞謝恩摺二分，復向奏事處私行撤回一分，有違定制，詔從部議降三級調用，不准抵銷。以左都御史綿森爲禮部尚書。以吏部尚書全慶充翰林院掌院學士。以吏部右侍郎愛仁爲左都御史。硃筆：内廷行走之御前大臣、軍機大臣、内務府大臣預備召見者，均准其由壽山口坐船。步行進來，亦聽其便。欽此。

初六日己亥　晴熱，下午陰曀。

邸鈔：浙江按察使湯雲松到京，上即召見。蓋湯本任江蘇糧道，以督運至都，其擢吳臬，調浙臬，皆已在途中矣。今權浙臬者爲江蘇候補道義泰，不知其人何如。杭城初復後，浙江候補道麟趾兼署藩臬兩司，嗣瑞昌奏以義泰攝臬篆，麟由部郎出知金華，戊午歲知杭州府，政聲大著，蓋年少勤於事，又恃貴介，頗倔强守正。若沈公未至，則此人在杭，猶可望有爲也。聞何桂清遁至上海，居夷舶中。

初七日庚子　昧爽雨作，終日蕭槭做聲，時有薄陽。庭院樹石，畹净幽旖，益耐尋賞。（此處塗抹）傍晚小雨。倚徙碧陰，或據槁木，或憩孤石，覺尋丈間地，宛然有濠濮上想。叔子謂吾兩人得此小室，不減深山。予謂今日有三事最難得：夏日得雨，都中得閑，京師塵𡉏中得小林園，便爲奢願具償，新賞無紀，又非夙具烟霞痼疾、泉石性靈者，未能語此也。

邸鈔：上諭：侍郎文俊查明清江各情覆奏請旨一摺。革職暫留南河總督庚長當清江防堵吃緊時，酬神演戲，猶復觀劇終日。迨聞賊警，倉皇出隊，迎剿失利，遽行退入淮城，畏葸無能，有負委任。庚長著即革任，來京聽候審訊。江南河道總督著王夢齡兼署。

陳德夫及朱俊卿户部、譚子達大令、王信甫待詔來。

初八日辛丑　眉批：薛焕、何桂清六百里加緊上海發。林揚祖六百里甘肅發。　陰，晡時小雨，晚大雷雨，驟凉。偕叔子訪俊卿，即歸。下午小睡，受凉，晚遂不能食。雨聲終夜。

邸鈔：庚長奏常熟縣知縣周沐潤募帶沙勇於四月十九日克復江陰縣城，斃賊七百餘人。詔著薛焕即飭該縣督率民勇乘此聲威，相機進取，克復各城云云。周君字文之，叔雲之兄也。

夜凉甚重，感外沴，徹曉不安。聞何桂清奏請借暎夷兵圖復蘇州。

初九日壬寅　晴。起，不快，下午嘔逆虚眩，又患暴下，殆兼感寒熱矣。巳刻起，尚能强行走，看書雖時覺困眩，亦能支持。晡遂沉惙，諸苦畢至。予自去年春離家後，雖旅况顛躓，意興不恒，然未嘗卧病，竊喜以爲天幸。今日乃有斯患（此處塗抹）耶。

邸鈔：何桂清奏江蘇巡撫徐有壬與妻施氏及女當省垣失陷，同時遇害。次子徐振𦏁投水自盡。家丁楊安、僕婦裴氏、劉氏，幕友候選理問鮑綬銜、工部主事徐曾慶均被賊戕。詔分别旌恤，以慰忠魂。署江蘇布政使蔡映斗、署元和縣知縣楊樹勳於蘇州失陷後逃至上海，均著革職，交薛焕查明，嚴行參辦。署蘇州府知府吴雲先期出城，是否係有札委，著薛焕一併查明參奏。上諭：降補四品京堂許乃釗當江南大營失利之時，一籌莫展，退至蘇郡，又不固守省垣，現復退往揚州，實屬恇怯無能，有負委任，前已撤去幫辦軍務，著即行革職，留於李若珠軍營辦理文案，帶罪自效。

六月初九日萬壽節，奉旨停止筵宴。夜發熱。

初十日癸卯　晴。終日中惡昏眩，不入勺水。德甫來。豫庭來。得潘紱翁書，即復。午後悶甚，起坐看王伯申先生《經義述聞·禮記》諸條，覺神觀稍清。看書之益如此。（此處塗抹）

邸鈔：命順天府府丞毛昶熙以左副都御史銜爲總辦河南團練大臣，馳驲前往，南汝光道鄭元善幫辦。蓋由商城奏請也。上諭：副都統勝保於本年春間皖匪擾及豫境，不能出省堵剿，致匪深入，蹂躪近省各屬。迨捻衆回巢，始赴歸陣防堵，實屬畏葸無能，有負委任。著令來京，以三品京堂候補。其統帶兵勇並河南防剿事宜，著慶廉督辦。

夜分後腹中大下，卧遂少安。

十一日甲辰　晴。鬱悶異常。傍晚大風雨，有雷，稍凉。始飲稀粥，猶格閡不受。作字昏瞀，幾不能握管。

邸鈔：傅振邦奏苗沛霖、博崇武等軍於四月二十四日攻克解溝賊寨，殺捻逆千餘人。二十六日，進克五溝，生擒捻首李四善等，並平任圩、童亭、韓村等寨四十二座。詔：將弁張建猷、劉蘭馨等升賞有差。司天監遞封奏。

夜凉甚，須重棉。

十二日乙巳　陰凉，午後復雨。稍有起色，漸進湯飯。徐領香孝廉來。得卣薌片。（此處塗抹）

雅齋兄來。洗足。

邸鈔：曾望顔奏川、滇邊界肅清。又奏總兵臬司蕭啓江在營病故。得旨：布政使銜記名按察使蕭啓江防剿湖南等省，所向克捷，戰功卓著，現復帶兵助剿四川，方期指日蕩平，迅殲群醜，乃聞病故，憫惻殊深。著追贈巡撫銜，照例從優賜恤。賜謚壯果。上諭：廣西巡撫曹澍鍾，著行抵四川後，即扶伊母靈柩回湖北原籍安葬，以盡孝思，毋庸辦理四川軍務。蓋蜀地漸寧，故從其請也。

夜密雨冷風，凄沓不止，積愁宿病，慘絶心魂。故國一方，魚雁沉滅，思親憶弟，日作楚囚。旅況之艱，更非所願。今夕聞此蕭淅之況，遥念白頭蓬葆，流離遷徙，拾橡采梠，風餐露宿，尚能如慈之起居自便耶？枯魚過河之悔，胡馬失群之怨，不足狀其哀邑也。二鼓從叔子卧室出，就寢時凉甚如秋中，疲奴已齁齁睡熟，自携燭檢破篋，盡出楮衣，皆舊敗不復堪。離家歲餘，故衣已敝，高堂綫跡，對之汍然！聞捻匪陷山東齊河縣。

十三日丙午　眉批：何桂清六百里加緊上海發。袁甲三六百里安徽發。魁玉六百里京口發。勞崇光六百里廣東發。玉明六百里盛京發。晴。晨起赴前門關帝廟拈香，泥首卜珓，首問家中安否，得籤詩，有『彼此家居只一山，如何似隔鬼門關』之語。繼問家慈起居，語不可解。次詢禄命，則與去年所請者同，其詞云：『何勞鼓瑟與吹笙，寸步如登萬里程。彼此懷疑不相信，休得私意憶濃情。』雖亦詞理闇莫，不可得詳，要之踕蹶鉏鋙之狀，神固明示之矣。身年三十外人，未得一飯之安，一事之適，多勞造物，成此奇零，可爲痛哭耳。（此處塗抹）

邸鈔：何桂清奏以知縣克復江陰，懇請獎勵。得旨：知府銜即補同知直隸州周沐潤，著免補本班，以知府用。文之自甲寅守金壇城有功，擢今職，以不爲上司所喜，不得補。今復能以一邑，自出奇，激土豪，復鄰壤，江南三十餘州縣無能應者。（此處塗抹）聞粤賊陷山東登州，登、青、萊一帶均被擾。日間稍勞頓，夜復病，不能食飲，腹痛胃悶，羸悴不堪。

十四日丁未 眉批：喬松年六百里揚州發。 晴。不適如昨。腹又暴下。德甫來。得紱翁書，即復。午偕叔雲入城訪珊士，不值。體力甚羸，而精神漸生，故能支持，惟中懣不快。麋叟來談。傍晚偕叔雲登平臺。

邸鈔：軍機大臣遞連銜封奏。今日召見司天監監正閻信芳，外人多言所奏爲祲沴星變事也。（此處塗抹）

十五日戊申 眉批：王有齡五百里浙江發。薛焕六百里江蘇發。 晴。稍健，可讀書，猶甚畏涼，與叔子坐話聽事，意致閑爽，窗幕内外，緑陰穆然。（此處塗抹）聽庭槐新蟬，静合玄籟，蕭然忘言，叔子因舉似甲寅病中詞云：『午枕茶香初睡起，起來合眼徐行。閑房如水布簾明。簟腰荷氣嫩，窗眼竹陰清。一雨新凉蘇病骨，商量團扇紗巾。晝長持底遣閑情？重翻辭世帖，細注度人經。』清微冲遠，詞中王、孟也。以此遣病消夏，真足一生受用耳！ 眉批：其詞却好，此暨固有小才可愛，予之受欺以此。王元美云：孔雀雖有毒，不能掩文章，予則俗所謂拚死喫河豚者矣！ 得德甫書。閱《日下舊聞考》。作書致德夫，得復。

崇禎中以枚卜事，有造爲二十四氣之目以中朝臣者。其二十四人，曰殺氣吴甡，棍氣孫晉，戾氣金光宸，陰氣章正宸，妖氣吴昌時，淫氣倪元璐，瘴氣王錫袞，時氣黄景昉，臚氣馬嘉植，賊氣楊枝起，晦氣王士鎔，霸氣倪仁楨，疝氣周仲璉，糞氣房之騏，痰氣沈維炳，毒氣姚思孝，逆氣賀王盛，臭氣房可壯，望氣吴偉業，雜氣馮元颺，濁氣袁愷，油氣徐汧，穢氣瞿式耜，尸氣錢元慤，見《兩朝識小録》。

今日見邸鈔，王有齡五百里浙江發。日來浙事謡言四起，俱云杭州重陷。今浙撫無恙，又五百里之奏，尚非急報，殊覺小慰。然瑞將軍未見舉動，江長貴平望之軍不知何若，王撫粗淺，終非可倚者耳。

夜月甚佳，三鼓後偕叔子登屋脊，眺賞久許，復坐舍外小欄，花陰深密，徘徊獨賞，人境清絶，欲有所咏，終以思家，戚戚而罷。

十六日己酉　上午晴，下午雨。珊士來。得紱翁書，以《性理精義》託售，即復。夜雨聲凄密，達旦不止，凉甚如八九月，孤館蕭然，尤難爲況。閲段注《説文》。聞太倉州失守。

十七日庚戌　眉批：慶瑞六百里福建發。雨氣森凉，傍晚稍有霽色。巳刻起，閲《説文》。苦雨不止，快悶殊甚，復擁被卧，未刻始起。麇叟來閑話。

邸鈔：張芾奏四月二十二日總兵饒廷選等克復浙江之淳安縣，復追敗之於徽州績溪、旌德各境，賊已遁逾黄華嶺，聚太平縣之甘棠。詔令張芾仍飭各軍迅速進剿。張芾又奏道員蕭翰慶由廣德援湖州，與遊擊吴修考、都司鄧茂先俱力戰陣亡。得旨：蕭翰慶賜謚壯節。由楚軍分撥，帶勇赴援徽寧等處，迭著戰功，兹復進援浙境，血戰捐軀，深堪憫恤，著與吴修考、鄧茂先賜謚壯勇。等一併從優議恤，以慰忠魂。

晚復小雨，凉甚，可著重棉。齒痛，早睡。

十八日辛亥　眉批：王有齡六百里加緊杭州發。陰凉。作書致定子，致子恂。德夫來。得定子復。麇叟來談。午後寒如初冬。北地多凉，比年炎熇特盛，不減南中，説者以爲地氣自南而北之徵，今年乃復顛倒如此，明日爲小暑六月節，而陰㟼晦闇，其殆暴兵急疫之象乎？三吴已去，無所仰食，都中莠民雜處，惴惴不安。驗以人事，合之天心，其兆皆已成矣，可危也哉！

小暑　十九日壬子　眉批：德楞額六百里山東發。王夢齡六百里淮安發。辰初二刻小暑，浙江辰初三刻。薄晴，酉刻雨，戌刻大雨。作書致紱翁，得复。得子恂書，即復。下午偕叔子步訪巳蘭，不值，遇雨，僱車而歸。

聞曾帥奏至，以現在駐兵安慶，不能即赴江蘇，已書告楚南北兩撫，擇大將可任者，調赴皖城，代其堵禦，然後移兵由池州取道廣德，以圖興復。現先遣偏師自饒州救衢州之圍，其軍已行云云。曾公老於戎事，今圍安慶，當積歲之寇，倉卒移軍，必遭尾擊，未得三吴，其師先破。觀斯調度，可謂持重有謀。楚中胡、駱二帥，練將厲兵，爲日已久，必能選簡驍鋭，以副所任。惟聞賊之大衆，盡萃嘉、湖，守蘇垣者不過四五千人。瑞將軍、江提戎之軍，皆保杭州，僅能自守。薛撫及何督蹙居滬上，無一見兵，倚嘆人爲固。揚州李提戎之師，自救不暇。巴都統孤守京口，四面皆賊，其勢惴惴。惟常熟、江陰，區區一旅，周旋其間。使朝廷重其任寄，假以便宜，得支調糧餉，廣開召募，但得精卒萬人，便可圖取蘇、常，使賊腹背受敵。惜吴中士大夫無有言者。聞長洲相國以無策入告，遷延託疾。首揆如此，時事可知。曾帥雖素忠誠急國難，而用兵形勢，須籌全局，自不能爲疾雷不及掩耳之計。竊恐俟其師至，賊已併力浙西，早設嚴備，雖有頗、牧，無能爲矣！

夜三鼓後，大雨徹曉。

二十日癸丑　眉批：翁同書六百里安徽發。雨聲薄午稍止。累日凉甚，可重棉，復褌。作書致豫庭。偕叔雲至市口買李、杏、桃、瓜各數十枚而歸。傍晚密雨又作。

邸鈔：陳孚恩奏山東已革道員黄良楷素爲捻匪所畏，請給三四品京堂銜，令其帶勇前往宿遷。山東巡撫文煜執奏黄良楷從前帶勇，頗爲得力。近來年逾七旬，性近剛愎，所帶步勇毫無紀律，縱容袒護，以致所在横行。現在沂屬各村莊淫掠燒殺各重案尚未審結，如再令其帶勇，百姓先受其害。奉上諭：陳孚恩所請著毋庸議，仍著文煜等嚴行審訊。瑞昌奏遊擊銜守備王玉林、王少卿，即選遊擊王萬釗，當賊陷蘇州，力戰捐軀。奉旨議恤。瑞昌等又奏杭州在籍兵部右侍郎戴熙與弟附貢生戴煦、媳金氏，均於城陷時從容盡節，請賜謚優恤并建立專祠。詔著加恩追贈尚書銜，照尚書例賜恤，任内一切處分悉予開復，並於錢塘縣本籍建立專祠，伊弟伊媳均分别旌恤，並准其一併附祀。另片奏殉難紳士俞焜等七百四十四人，官眷一百二十人，紳眷三百三十五人，俟名册咨送到部時一併旌恤。上諭：安徽按察使恩錫核議皖北軍餉籌撥摺内所陳一切情形，有乖大體，著照部議降三級調用，其安徽按察使著毛鴻賓補授。上諭：御史陳濬奏監司大員棄城潛逃請旨嚴辦等語。署江蘇布政使蔡映斗、署元和縣知縣馮樹勳，均著拏問，交薛焕嚴行審訊，按軍律定擬。署蘇州府知府吴雲，著先行革職，如查無札委，即行拏問。眉批：后薛焕回禀，吴雲先期出城，確係奉巡撫徐有壬札委，並有令器、令旗等件。七月初七日，上諭免雲拏問。然中外疑其掩飾，蓋薛焕亦由常州與何桂清聯騎遁走者也。又江蘇署按察使朱鈞於城破日死節于元妙觀前井中，而恤典無周，亦不可解。再浙江已革臬司段光清前因縋城潛逃，迭經嚴降諭旨，令王有齡拏問。現該革員尚在帶兵，著該撫仍遵前旨拏問，與已革副將王邦慶均從嚴懲辦，毋稍寬縱。上諭：王有齡奏徐有壬合署殉難情形，與前何桂清所奏均屬相符，惟所稱該撫之妾施氏、次子徐震翼、幕友鮑鄂銜，與何桂清所奏該撫之妻施氏、次子徐震翬、幕友鮑綬銜均有不同，著薛焕詳細查明具奏。

夜就叔雲卧裏同閲黄仲則《兩當軒集》，係常州新刻本，詩詞俱較多，然都無取。蓋仲則生平已删之作。又有詩話數則，其論李東川、高青丘詩，亦未盡當。

聞前日浙撫馳奏，係報湖州解圍，浙中惟失嘉興一郡。

二十一日甲寅　眉批：文煜五百里山東發。　上午陰，微有雨，下午晴。早起作稟家慈書，致仲弟書，致沈瘦生書。自丹陽之變後，家信不復得通，捉管瞀亂，遂亦廢輟。今日以豫庭赴官吾浙，屬其便寄一函，聊復爲此，方寸雜糅，言不成文。（此處塗抹）詣南半截胡衕送豫庭之行，以家書託寄。豫庭眷屬僑寓吾鄉，此書由河南、湖北，取道江西，以入浙境，間關崎阻，此書亦不知何時得達，對之黯然，不俟其登車而歸。是行并晤子恂、寶田及同鄉高源孝廉。閲亭林先生《日知録》。吕定子來。

邸鈔：翁同書奏總兵吴全美等率投誠義勇陳芸桂等，會合楚師，於閏三月二十四日至二十八日，先後攻克蝪磯賊巢，蕪湖對岸一律肅清。詔授芸桂等官，以爲自拔來歸者勸，餘升賞有差。朱鳳標授都察院左副都御史，雷以諴授光禄寺卿，瑛棨升陝西布政使，吴春焕升陝西按察使。雷以諴自癸丑歲以侍郎視師揚州，創釐捐法，以功加尚書銜，旋軍潰革職，起爲江蘇布政使，未幾復喪師，嚴旨逮問，減死戍新疆，去年秋釋回，即權陝臬，晉權方伯。今忽有此授，豈朝廷復欲任以興利耶？

夜有賊逾墻，逐之始走。

二十二日乙卯　薄晴，稍暖。聞（此處塗抹）於昨日潛行出都。此君作事都不了了，而頗矯譎，善負人錢，以生理漸盡，遂出此上策。即窮交如予輩者，亦皆爲所累，可謂無賴矣。（此處塗抹）晚歸，及門而雨，晚大雨，有雷。夜涼，雨亦時作。就叔子卧室偕閲黄仲則詩及袁簡齋駢文。

邸鈔：命前户部侍郎杜翻爲督辦山東團練大臣，馳馹前往山東，並著登萊青道貢璜、青州府知府盧朝安幫辦。

二十三日丙辰　眉批：劉源灝六百里貴州發。薛焕六百里上海發。李若珠六百里揚州發。慶端六百里福州發。　陰，晡時薄晴，日旰復雨，晚止。

邸鈔：楊載福奏四月十五日攻克殷家匯賊巢，生擒賊目僞承天侯等百三十七人，斃賊一千數百人，遂進攻池州，盡平其東門、北門外賊壘，復乘夜渡江襲克其樅陽僞城。詔在事出力之總兵李成謀、參將丁泗濱、都司韋志俊等升擢有差。副將銜水師參將劉德亮以攻池州南門，執旗先登，中炮陣亡。劉德亮屢立戰功，兹因首先登壘，奮不顧身，殊堪憫惜，著照總兵例議恤，以慰忠魂。仍著楊載福督同各軍，迅克池州，以圖進取。楊載福復奏攻剿蟂磯陣亡千總張漢友等六員，詔均予優恤。

夜與叔子即事聯句，天明始睡。

二十四日丁巳　眉批：王有齡六百里加緊浙江發。都興阿六百里京口發。　薄晴，稍暖。

釋氏輪迴之説，殊未可非。昔人所載張平子後身爲蔡伯喈，諸葛武侯後身爲韋西平，鄒陽後身爲蘇子瞻，智永禪師後身爲房次律，李長者通玄後身爲張天覺，鄧仲華後身爲范淳夫，曾子後身爲王沂公，謝靈運後身爲邊鎬，李贊皇後身爲趙忠定，自宋以後，見之説部者尤多。惟所云徽宗爲李後主後身，高宗爲吴越忠懿後身，斡離不爲藝祖後身，伯顔爲周世宗後身，則皆人心報復之私，未足爲據。近來侯官林文忠公傳爲徐孝穆後身，故公名則徐，字少穆，則當時石麒麟之徵，至再世而大驗矣。此中宿業，往往方外及文人爲多。若謝客兒爲邊佛子之説，則何其恒河一轉，慧業便頓減爾許耶。

傍晚大風雨，有雷。庭下水驟長尺許。聞都城密辦巡防，以滿洲大臣四人主其事，出國門者皆嚴詗，蓋奉密旨，爲嘆夷故也。

收藏家每喜於書畫遍鈐名字印，以識蹤跡，爲觀美也。予性拙懶，素不講求文房之具，家居三十年，書室中一剥漆几，横置一粗石硯，秃筆數枝而已。間理丹黄，往往凝塵闇然，不任拂拭。顧甚惜書，喜整理卷帙，有折角裂腦者，爲怏怏數日不能置。友人借觀，或不忍拂其意，勉出之，而胸中常若有事，不能自釋。及其來還，亦不細審，以恐有損破，轉累人懷。亦頗喜用印記，每念此物流轉不常，日後不知落誰手，雪泥鴻爪，少留因緣，亦使後世知我姓名。且寒士得此數卷，大非易事，今日留此記識，不特一時據爲己有，即傳之他人，亦或不即滅去，此亦結習難忘者也。頃因跋盧召弓《鍾山札記》，遂遍出行篋中書，一一用朱印印畢，復書其故於此。嗚呼！措大作此生活，不覺沾沾自喜。長安貴游，日夜奔走車馬間者，烏知世界中有此事耶？

邸鈔：李若珠奏浙江提督鄭魁士因傷疾請假。詔以鄭魁士自溧水退守鎮江，並不協同防守，復退至仙女廟，雖稱因傷就醫，究屬畏葸無能。姑念從前打仗尚屬出力，著以總兵降補，並賞假兩月調理。其浙江提督缺著米興朝暫署，福建汀州鎮總兵著曾秉忠補授。

夜凉，録《明臣謚考》。達旦始睡。

二十五日戊午　眉批：都興阿、巴棟阿俱六百里京口發。　薄晴，下午雲合，以風散，不雨。

閲《宋稗類鈔》。予觀宋人説部頗不少，每欲集自《世説》《語林》，以至明季説部，依各代正史紀傳名氏次序，爲載其正史所不載者，各條下仍注明原書出處，而爲之考異，并加按語，論斷其真妄。其史傳中無名字者，則依類序入，名之曰《史賸》，以乏書寫之役而止。今來京師，又苦無書。廠肆載籍寥落，不特遠遜蘇州，且不及杭、越；士大夫家又都不講此事，無可借者。日前從某伶家索得此書，亦以無俚遣永晝而已。長安文武衣冠衮衮，乃反不及歌郎幸舍，尚有一二市販之本，可爲慨歎！録《明臣謚》。

邸鈔：薛煥奏五月初四日督兵至南翔，探知太倉、嘉定均已失守，初五日督攻嘉定西門，初八日同時進攻，兩城一鼓而下，立將嘉定、太倉克復，餘賊向崑、新一帶逃竄。詔著薛焕即督飭吴煦等乘勝進攻崑山、新陽，並圖克復常、蘇。陣亡千總陳松海等均從優議恤。按：南翔離嘉定不過四十里，乃至其地，始知失陷。即其事果真，詗謀之疏，亦堪駭笑。况所上首功，不過三十五級，不能詐增取賞，其爲賊自退無疑。但賊得此不守，亦是見其志在劫掠，固無能爲。稍得平平足自了之將帥，三吴不難復也。慶廉奏五品頂戴前任順天府府尹宗元醇辦理河南歸陳團練，積勞病故。詔著加恩開復原官，照軍營病故例議恤。

小雨，夜凉。假睡至漏下十一刻，起録《明謚》訖，天明復睡。

二十六日己未 眉批：僧王馬遞大沽發。恩夔四百里青州發。薛焕六百里蘇州發。 終日小雨，晡陰晦，風作，雨稍密，即止。作片致巳蘭，索其曾祖載青方伯所注《困學紀聞》，即得。糜叟來閑話。河南袁篤臣保慶、李叔彦常華兩郎中來夜談。

邸鈔：李若珠奏薛逆糾黨入湖官軍圍攻全數殲滅一摺。上諭：前因薛成良歸誠效順，獻出江浦縣城，屢著戰功，迭降褒旨，賞給三品頂戴，並賞戴花翎，其部下亦分別加恩獎勵，以爲自拔來歸者勸。昨據喬松年奏，薛成良退至揚州後，因索餉不遂，輒稱帶領所部回籍歸農，經糧臺發給餉需，聽其遣散，乃薛成良旋即擁衆入邵伯湖中，搶擄露筋祠等處，李若珠請撥兵追捕。朕恐薛成良與軍營各員或有齟齬，不合而去，是以諭令李若珠剴切曉諭，不得遽加剿戮，以致稍有屈抑。乃本日據李若珠奏，前令副將王萬清前往曉諭，竟被拘留，復於高郵王家港築壘六七座，勾結西菱塘橋逆匪，約期東竄，叛跡顯然，無從寬免。當派副將劉成元、總兵黄開榜等各率水陸官兵進攻，而薛逆猶敢憑壘抗拒。經官兵四面焚燒，逆衆始奪船逃竄，我軍截住轟擊，並將薛逆大小船隻三百餘號全行焚燒，逆衆剿除殆盡。

薛逆見官軍逼近，投水身死。薛成良投誠已逾一載，乃狼子野心，怙惡不悛，實屬自外生成，罪無可逭。逆中內應之五品花翎王昌裕等，不願從逆，深明大義，及隨同投出之被脅男婦一千餘名，均著准予免死，其生擒之男婦數百名，即著分別訊明正法，遣散其餘。各路如有去逆效順真心投誠者，一經奏聞，仍必優加褒獎，不吝恩施。將此通諭，中外知之。欽此。

瑞昌、王有齡奏賊自吴江攻撲平望，署提督江長貴受傷，折回省城。二十六日逆匪三路並進，攻破嘉興南門，以致府城失陷，署嘉興府知府、寧波府知府張玉藻于賊匪未至之先，輒藉經管局務爲名，携銀逃走，航海避至紹興，請革職拏問。詔：張玉藻著即行正法，以爲棄城逃避者戒。是年十二月，瑞昌、王有齡奏：張玉藻潛逃無蹤。詔各省督撫嚴拏，務獲就地正法。其餘文武各官下落，著王有齡查明具奏。王有齡奏本月初一日，宜興、溧陽之賊由張渚犯流洞橋，參將王鼎甲等不戰而潰。經米興朝派兵馳勦，轉敗爲勝。王鼎甲業已革職，請將駐守流洞橋之黄巖營守備汪超英等一併革訊。詔：汪超英臨陣退縮，棄營逃避省城，僅予革職，不足蔽辜，汪超英著即行正法。胡岳虎著即革職，與王鼎甲一併暫留軍營。如再不知愧奮，即著按軍律懲辦。王有齡奏請將勸捐怠玩之知府革職一摺。浙江署寧波府知府韓培乾經該撫委令勸捐，並不切實稟覆，輒請藩司轉求交卸，實非尋常規避可比。韓培乾著即革職拏問，毋庸留郡勸捐。寧紹台道梁拱辰，于該管各屬協防濟餉，全未計及。著王有齡查明玩誤情形，即行參辦。奉化縣知縣吴芳蕙經該撫委赴桐江防堵，並不相機堵勦，所帶船勇，亦未足額，且復任意妄爲，著先行革職，如查有別項劣跡并侵蝕勇糧等事，再行嚴參治罪。欽此。

乙丙以來，天下訌潰，軍政姑息。將受失律之賞，官無棄地之誅。聞風效尤，視爲固然。故致城社齾齾，輕於傳舍，甲仗峨峨，積同山阜。外間有言：見賊逃者爲上勇，望風逃者爲中勇，誤聽逃者爲下勇。綱弛禁頽，靡識所底。頃浙西之變，虎林破而總戎不救，臬司詭遁矣。毗陵失而督臣去，提戎遠颺，大帥以走死矣。吴閶陷而監司郡縣奔走一空矣。朝廷猶循寬大，不即嚴典，臺諫交章，請破故常。今上帝赫怒，雷霆震然，一守一戍將，騈首就戮，積敝之政，倏忽改觀，讀詔讋惕，繼以大快。至於募捐不力，亦從嚴科，則浙東三郡，台州瘠鹵，民儉而悍；明州富饒，俗譎易亂，比歲警發，與官爲仇，目無王章，人樂禍變。吾越一隅，耗敝已甚，韓君之求免，固亦棘於事勢，局於才變，迹鄰詭避，其情可原。使代以豪敢往吏，奮其矯處，加之迫笮，則梓邦之害，不可言矣！

上諭：杜翻奏請於藩運庫徵收各項下指撥三成以濟經費一摺。各省辦理團練，原系該紳民義舉，以衛桑梓，而固疆圉。國家經費有常，若仍動用庫款，與官爲募勇無異。該侍郎所請著毋庸議。惟恐一時緩不濟急，著准其於山東藩庫暫行酌借，以應要需。俟捐有成數，即行照數歸款。

夜雨。

初伏　二十七日庚申　眉批：翁同書六百里安徽發。王夢齡六百里清江發。玉明五百里盛京發。勝保六百里河南發。文煜五百里山東發。毓科五百里江西發。曾國藩六百里江西發。　晴，漸熱。

《竹書紀年》出於晉世，自唐孔穎達斥爲不經，今所存者，又爲明人竄亂，已非原本。然三代佚事，多有賴此存者，足以補經傳之闕。如帝啓十年，放王季子武觀于西河，武觀以西河畔，足證《左傳》夏有觀扈、《國語》啓有五觀之文。自韋昭、酈道元以五觀爲即《五子之歌》所云太康弟者，國朝閻氏若璩、惠氏棟力主其説，而以今所傳《五子之歌》其文與事不合，乃出自古文《尚書》，爲晉人僞撰。孫氏星衍亦以五子即五觀，乃一人，而又謂之者，往也。歌、戈、過古字通，乃夏侯國名，其後爲浞澆所據。《五子之歌》，乃啓命五觀往封于歌之文，猶《微子之命》《蔡仲之命》類也。王氏鳴盛又以爲《竹書》及《逸周書》，皆言啓命彭伯壽征武觀，武觀來歸，蓋其後又道太康以荒淫，遂致失國。則《五子之歌》，必是史臣記五子淫樂致亡之事。而皆云五、武字同。五子之爲武觀，確然無疑。愚案諸説雖皆有本，然未免逞新立異。必云古文《尚書》爲僞託，亦未敢盡信。蓋五觀是一人，乃啓之姧子；五子又别是五人，則皆太康母弟也。五觀亦稱五子，見《逸周書·嘗麥》篇。蓋觀是國號，武是名，以音近而爲五，故亦曰五子。若作歌之五子，乃是五人，皆賢者也。孫氏説歷引歌、戈、過三字之通者，然即其説亦當云五子之命，不當云五子之歌也。王氏尤是想當然語，《書》百篇無專記荒樂者，故皆未敢信。盤庚元年，自奄遷于殷，足以證《書·盤庚》篇『不常厥邑，于今五邦』之文。湯遷亳，仲丁遷囂，河亶甲遷相，祖乙遷耿及奄，爲五邦。馬融注數商丘而不及奄者，乃未見《竹書》之文。《書序》明言祖乙圮於耿，則更遷於奄無疑。鄭康成謂祖乙去相居耿，而國爲水所毁，修德以禦之，不復徙，亦是未見《竹書》而爲此想當然語。祖乙初遷已圮矣，至盤庚更歷七主一百二十五年而始遷都，豈祖乙以下世能修德乎？若追數商丘，則湯自商丘遷亳時，尚爲諸侯。盤庚所云五邦，自皆指王畿而言，不當復及侯國事，否則自契至於成湯凡八遷，何不併數之而云十二邦耶？至孔傳以爲并殷言之，則更無此文義矣。况殷即係亳故都之地，亦不得云五邦也。幽王十一年，申侯、魯侯、許男、鄭子立宜臼于申，虢公翰立王子余臣于携，周二王並立。平王二十一年，晉文侯殺王子余臣于携，足證《左傳》『携王奸命，諸侯替之』之文。此皆三代興廢之大，其事具有本原，不可僞造，安得以不經斥之？若其事之荒唐爲後人口實者，如舜囚堯，伊尹自立，太甲殺伊尹等，最爲害理。沈約謂後人竄入，非《汲冢》本文，國朝徐氏文靖、雷氏學淇曾辨之矣。周以前之史，《尚書》《春秋》外惟此僅存，良可寶貴。今日偶記及，因論之如此。眉批：雷氏字瞻叔，號竹卿，順天通州人，嘉慶甲戌進士，貴州知縣。著有《古經考》《天象考異》《世本注》《夏小正疏》《韵辨》《亦囂囂齋經誼考》諸書。予有其所注《竹書紀年》，甚博辨。雷氏兄弟十人，七登甲乙科。父鐏以乙科官知縣，著有《古經服緯考》，亦行于世。

珊士來。叔子招同珊士夜飲如松館。珊士止宿齋頭。夜譚至五鼓。大雨雷電，食頃即止。天明就臥。

二十八日辛酉　眉批：皇上换葛紗袍。晴熱。竹珊來。巳蘭來。邀巳蘭、叔雲、珊士至廣德樓聽四喜部，晚歸。

邸鈔：司天監遞封奏，前奏爲慧星穿紫微犯文昌，今不知何祥也。

聞湖州失守之謡。

二十九日壬戌　眉批：薛焕六百里加緊江蘇發。德楞額、文煜各五百里山東發。王有齡五百里浙江發。　晴，熱稍甚。

邸鈔：勝保奏進剿亳州捻首李大庭，攻克李河溜賊圩，斬捻首李珍，並生擒李大庭家屬，前任河南按察使周士鐙同日攻破黄莊賊圩。詔：遊擊王居廣、都司趙善義、知縣田玉梅均升擢有差，並賞給巴圖魯名號。　順天府奏請籌撥防堵經費。閲翁注《困學紀聞》。

夜看書，達旦始睡。有山東齊河捻匪破德州圍濟南之謡。又聞暎夷糾合西洋諸國兵已抵登州海口，劫掠人獸，騷騷將内犯，都中雖有密申警備之旨，而上下恬熙，若無事然，不可解也。

幫辦軍務江南提督張國梁死節於丹陽。初，大營兵潰，和春、許乃釗俱倉皇走丹陽，張所部獨不動。聞變，欲自戕，部下涕泣，勸止。乃收集散亡，至鎮江。聞和、許在丹陽，即拔營赴之與共守。而總督何桂清以兵二萬駐常州，張屢檄請救，不應。各路兵復潰，王浚先遁，熊天喜自殺，和、許奔常州，張力戰，殁于陣。事聞，上甚震悼。今督撫覈其死事狀，得優加恤典，旋江北有誣奏張未死者，遂中止。然張公忠勇，東南人倚爲命，其死尤昭著遠近，江浙人言及，無不流涕。使早從向忠武之言，畀以帥節，天下事豈至此乎？嗚呼！此固劫運使然矣！

六月癸丑朔　晴，熱甚。訪子恂、篤臣、叔彦、定子，晤篤臣。得子恂書。叔子邀至三慶園聽三慶部。晤珊士、謝夢漁及蘭生、玉蘭、秀蘭、杏卿、竹卿諸郎。言宮中以慶壽演戲，廣求樂籍子弟，四喜、三慶兩部名倡盡點入内，雛伶惟點蘭仙、亦秋、喜玲三人。

邸鈔：德楞額奏進剿幅匪逆首洪佃一于蘭山縣路溝山祝莊等處之捷。袁甲三奏四月二十九日至五月初十日滁州解困之捷，其圍撲全椒之賊亦俱擊退。上諭：浙江提督饒廷選補授，江西南贛鎮總兵陳金鼇補授。

日間聽戲，蒸悶特甚，夜遂小極，不快。偕叔子夜話達旦。

初二日甲子　晴，炎暑頓盛。叔彦來。作書致子恂，致德夫索還《漢書》，致定子。得子恂復。晝睡一時許，熱甚。（此處塗抹）麋叟來閑話。得定子復。

邸鈔：命大理寺卿晏端書爲江北督辦團練大臣，馳驛前往，淮徐道吴棠幫辦。在籍内閣學士龐鍾璐爲江南督辦團練大臣，其幫辦之地方官著彭藴章於江蘇司道中訪查保奏。命陝西署巡撫譚廷襄督辦團練，前任陝西陝安道陳晉恩、現任陝安道張守岱、在籍候選知府馬百齡均著幫辦。張芾奏廣德、涇縣先後失守，記名總兵李嘉萬等力戰陣亡。詔：嘉萬等從優議恤，已革總兵米興朝辦理廣德防務，是其專責，乃不能固守待援，實屬不力，前有旨令其暫署浙江提督，著即撤去，仍留軍營，立功自贖。遊擊楊明聲節節退縮，著革職暫留效力，如再不振，即以軍法從事。張芾籌辦無方，著交部議處，即著會合周天受迅圖剿辦。

初三日乙丑　晴。五樓（二字塗抹可辨）、雪甌來。傍晚叔子飲客如松館，予亦邀五樓（二字塗抹可辨）、雪甌小集，夜歸。

邸鈔：沈兆澐著來京另候簡用。浙江布政使著莊綬祺補授。福建按察使林福祥補授。湯雲松著調補江蘇按察使，浙江按察使即以寧曾綸對調，寧曾綸著來京陛見。浙江温處道著李元度補授。候補道浙江金華府知府麟趾著開缺，留於浙江，以道員補用。金華府知府著王桐補授。袁甲三奏將領乏人，請令鄭魁士來營幫同剿匪。詔從之。

初四日丙寅　眉批：劉源灝六百里貴州發。王有齡六百里加緊浙江發。袁甲三六百里安徽發。晴。連日炎熇，小病腹痛，苦下利，懑不能食。今晨舊疾復舉，動疲茶，不能讀書矣。雜閱架上書，皆數葉，即厭倦欲睡。丙辰、戊午兩年夏日皆有此况，以爲有生第一之苦。

邸鈔：曾望顔奏滇匪大股自滎經縣敗竄天全州，藍逆從小徑撲州城，遂於四月十五日失陷，員外郎楊熙等攻井研縣城外賊匪，亦以逆衆黨盛，尚未解圍。得旨：曾望顔交部議處。

夜就叔雲卧裏閑話。

初五日丁卯　眉批：劉長佑五百里廣西發。勞崇光六百里廣東發。傅振邦六百里安徽發。曾望顔六百里四川發。得紱翁書，並以壽陽祁相國《䜌𣊡亭後集》見贈，即復。相國早負詩名，比年致政，聞望益高。（此處塗抹）其詩源本香山、東坡，致力頗專，故其前集頗多清雅之作。惜書卷不足，工夫未純，如三五村家女，姿首明秀，練裙竹釵，楚楚可人，而時不免寒儉氣、鄙俗語。後集則皆甲寅移疾後所作，老年頽唐，可採者殊寥寥矣。中惟《哀歌》五章，爲烏壯武、烏蘭泰。吴文節、文鎔。塔忠武、塔齊布。江忠烈、忠源。羅忠節、澤南。吉勇烈吉爾杭阿。六公作，其序以六公最有功於國，爲盛衰所繫，故歌以當哭，乃最有關係之文，其詞意亦老卓。哀塔忠武一章，稍有嫩句。以江忠烈、羅忠節合爲一首，曰『楚兩忠』；又爲吴文節辨乘羸出走之誣，尤足爲詩史。吴公黄州之死雖烈，然一戰即敗，喪水師數百艘，與五公之轉戰數千百里力屈而死，似爲有間。相圜蓋以其殁而遭誣，又其歷任塡撫，皆廉勤有爲，故躋之五公之列，亦可謂公是矣。予謂六公中尤難者，羅忠節公以諸生從戎，視諸公之當重任、握兵符，難易相去千百。而傾貲結一旅之衆，輾轉虎豹之窟，卒能自奮，大小百餘戰，戰無不克，復郡縣以數十計，江西、湖南北以其身爲安危。死之日，天下聞者無不喪氣。嗚呼偉哉！官至浙江寧紹台道，加官至布政使，贈官至巡撫，賜謚建專祠。真古所謂烈丈夫者矣！

邸鈔：劉源灝奏粵匪由廣西西隆州竄入貴州境内，連擾興義、貞豐、歸化等州縣廳屬地方，直陷廣順州，另股賊匪復竄陷永寧州。省城附近苗教各匪乘機攻撲水田壩各營，守備戴兩先陣亡，臨遠鎮總兵趙德昌馳往擊退。古州鎮總兵巴揚阿等亦將廣順州城收復。詔著劉源灝督飭各路官軍堵剿。王有齡奏參浙江温處道俞樹風、前任温州府知府王景淳擅扣軍需，抗不報銷，並截留茶捐關税各項。奉旨著俱革職拏問。彭藴章奏請以江蘇按察使湯雲松幫辦江南團練，詔從之。

聞松江失守。吕定子來。閲紱翁詩詞古文，其《哭林文忠公》詩七律數首，最爲佳作，遂看至鷄鳴始睡。

大暑　初六日戊辰　是日子正三刻十一分大暑，浙江丑初初刻十一分。陰。作書致紱翁，得紱翁復。雅齋兄來。今日精神稍振，下利亦止，腹猶不快。傍晚雨作，稍凉。五樓來。

邸鈔：薛焕奏五月十二日青浦失守，十三日松江府城失守，婁縣知縣方乃譝遇害。現在候補道張景渠等督帶炮船水勇進剿，賊入城死守。得旨：薛焕著交部議處。

奏事處傳出初七日至初十日同樂園戲單。内有花鼓《送合子》等雜齣，崑戲有《夜奔》《逼休》《思凡》《教歌》《雙拜》《藏舟》《掃松》《茶敘》《問病》《舟配》《樓會》諸劇。初九日，萬壽正日，所演有《別弟》《撇子》《誘房》《別祠》批本。

初七日己巳　眉批：王夢齡、查文經各五百里清江發。上午薄陰，微凉，午晴，稍熱。辰刻出門拜客，晤子恂、雅齋，餘都不值。至玉采齋買蕉扇，同文堂携《元史類編》一部歸。紱翁來，不值。偕叔子訪巳蘭，拉之同過蘅郎、芷郎家，遂之如松小飲，蘭生、竹卿佐觴，巳蘭作主人，夜歸。

邸鈔：命首任漕運總督邵燦爲浙江督辦團練大臣，浙江差委道史致諤幫辦，並派浙江紳士前任給事中朱昌頤、編修趙有淳、前任工部郎中施本、户部主事何維俊、内閣中書金曰修、四川雅州府知府余坤、道員用江蘇候補知府趙景賢、丁憂知縣王日煊、教諭王玉文、陸振藻、拔貢生王引孫、生員李璠、李□□等，交邵燦差委。勞崇光奏四月十四日至二十日清遠之捷。

夜閲邵遠平《元史類編》，其書雖筆力孱弱，然於舊史具有增削，斷制亦多審當，採證碑誌，俱鑿鑿可從，較之（朱國禎）〔錢士升〕《南宋書》、周濟《晉略》，固自遠勝，與陳鱣《續唐書》可相驂驔，皆精於事例，劣於文字者也。《宋史》蕪冗疏略，前賢迭攻，而徽、欽以前九朝，尚有王偁《東都事略》一書。故邵二雲欲修南渡以後作《南宋事略》，汔不能成。朱相國《南宋書》，至嘉慶初始出，乃或似小説，或似朝報，或似帳簿。（此處塗抹）《晉書》雖諸志多訛舛，又傳中好采小説，爲世儒所詬，然其文采不可没，論贊尤精深華妙。濟改之作《晉略》，濟，江陰人，有名道光間。則枯寂陋略，使當時人皆無生氣。讀未數傳，令人欲睡，誠妄費筆墨者矣。去年予於吴門書肆，見有《西夏書》，（此處塗抹）忘其作者姓名。錯雜宋事，不立紀傳名目，不知其所終始。洪稚存曾著《西夏國志》，惜尚未見有行世本也（此處塗抹）。

聞江陰復失。

中伏　初八日庚午　眉批：王有齡六百里杭州發。慶端五百里福建發。晴。蚤起，得紱翁書，即復。起復睡，舊疾又動。作書致德夫，得復。夜珊士來，止宿。作片致巳蘭。

初九日辛未　晴。

邸鈔：劉長佑奏四月十九日克復慶遠府城，逆首石達開逸去。王有齡奏請派在籍大員總司捐務。詔令浙江在籍都察院左副都御史王履謙幫同邵燦辦理該省團練，並督辦勸捐事宜。劉長佑又奏蔣益澧督攻賀縣賊於畫眉嶺等處之捷，平樂、昭平均就肅清，復敗逆首陳金剛於沙田。詔：廣西補用道蔣益澧自此次出師以來，所向有功，尚知奮勉，著賞加鹽運使銜。蔣，湖南人，以惡少年從軍，不數年至廣西布政使，去年爲學政李載熙劾罷者也。

自馬、班至李延壽，作史皆有敘傳，所以成一家言。《晉書》以唐太宗御纂而諸臣分修，故不得有敘傳。《三國志》則陳壽以蜀臣仕晉，斥故國爲僞朝，其敘傳無所附，故亦不立。歐陽《五代史記》本係私撰家藏之書，而廬陵先世皆仕南唐，既斥李氏爲僭竊，自不敢復敘其家世於後。且文忠方斥三主之名，深醜其先代之受禄，更不屑敘其閥閱矣。自是而後，史皆官修，遂不復講此事。鄭漁仲作《通志》，改司馬遷、班彪父子作列傳，而延壽敘傳，竟忘采入。李氏人物最繁，魏、齊世臣，最爲弁冕，鄭氏乃至遺漏，遂使名德如李冲、李神儁、李虎者，竟不見於志傳中，亦可謂荒率不檢之甚者矣！《三國志·蜀書》不立夏侯霸傳，《五代史》周臣不立李穀傳，皆史家疏舛處也。夏侯霸傳《魏志》亦無有，李穀傳《宋史》爲補立。

夜閱常熟龐閣學致宋雪帆侍郎書，言四月初六日常州陷後，無錫、蘇郡皆不戰而破，其實賊徒無多，皆由逃兵潰勇及焦湖船木排鉤手、戲班、地棍，群肆焚掠。此時但得三千鋭師，三吴立可收復。賊之不足畏，三尺童子皆能知之。又言賊尚在丹陽，而何督於閏三月三十日先棄常郡而走，糧臺各官、闔城文武一時俱散，徐撫軍遣員遏何督於滸關，有誓不相見之語，傳令制軍從兵入城者，以軍法從事，且邀總兵馬德昭至蘇，爲守禦計。而四月初四日，廣勇即縱火焚虎丘及閶、胥二門，火三日不絶。張玉良先不守常州，退屯無錫，賊至，亦不出戰。初十日，賊陷無錫，復退入蘇垣，兵賊莫辨，紅巾遍郊，遂於十二日繼失蘇郡云云，令人憤恨。何、張之肉，其足食乎？徐撫軍德優於才，值大軍瓦解、亂民四起，遂以身殉，亦可悲也。

初十日壬申　晴。作片致巳蘭。

閲《元史類編》。《類編》採取它書，如《元典章》《元文類》及各家文集説部，亦多矜慎。惟敘次冗漫，不知刊削，其間虚字往往有甚可笑者。予家有南沙席世臣所刻掃葉山房别史五種，爲《東都事略》《南宋書》《元史類編》及葉隆禮《契丹國志》、宇文粹中《大金國志》。除《事略》外，四書多糅雜無次，紀載荒率。席氏又讎校甚疏，訛脱滋衆，予甚嫌之，每以《事略》夾入爲可惜。嗣得國初仿宋刻本，始大慰，而餘史幾屏不觀。嗣閲錢唐梁玉繩《瞥記》，頗稱邵氏之書爲足成一家學。丙辰長夏，復取觀之，旋以事輟去，迄不細讀。今重閲次其列傳中補儒林、文苑、忠義及宋之降將、元末群雄，誠當矣；而忠義、孝友、節義俱雜編爲旌德傳，二字殊不古雅。又合叛逆、僧道、方技、僭僞爲雜行傳，二字尤不倫。至如王文統雖以通李璮被誅，然其事曖昧；且爲元開代宰輔，朝章國制多創其手，是當入列傳，而儕之鐵失囊加台之列，誤矣。擴廓即王保保。雖跋扈拒命，然始終爲元功臣。其擅殺太原左丞孫景益及朝廷所置官吏，亦因擴廓方出師南征，而諸將李思齊、張良弼等忽挾嫌拒命，據地反攻，其時奇皇后及太子以私憾擴廓不肯擁立之故，轉右思齊等；又命其部下關保、貊高合思齊等兵討之。擴廓武臣，不忍委屈，遂激而爲此。及擒關保、貊高後，思齊一言謝過，遂即釋然，卒爲元死拒明兵。擴廓自大敗徐達、李文忠等十五萬衆於和林，明兵遂罕敢出塞。又從元主轉徙金山哈剌那海以卒，妻毛氏殉夫自經死，此豈得列之叛逆耶？明太祖亦歎王保保爲好男子，是亦宜入列傳，而置之叛逆，尤爲失當。眉批：

李思齊後雖降明，然事跡皆在元末，又於元事最有關係，亦當立傳。又陳友定盡節於元而不爲立傳；蔡子英之義不屈節，出塞從故主；王翰及伯顏子中之仗節而死；僉院伯帖木兒、漳州路達魯花赤迭里彌實與友定稱閩中三忠，而皆不爲立傳，尤疏謬。若李璮於宋則爲幹蠱之忠臣，於元自爲叛臣。至群雄中，若張士誠、方國珍，皆就撫受元官爵，而士誠卒稱王，國珍亦反覆，皆當與韓林兒、徐壽輝、陳友諒、明玉珍等另立僭僞傳，而以士誠、國珍居首。邵氏入之雜行，尤非。且雜行二字，自來史傳中所無。歐陽《五代史記》創立雜傳一門，以居長樂老一流人，固爲諸人朝秦暮楚，無所附麗，不得已而創此格。今邵氏所列諸人，若叛臣、宦官、方技、方外、僭僞，俱確有名目，而設此無稽之名，又何爲乎？其以太祖、太宗、定宗、憲宗未一天下，目曰世紀，是矣。至世祖以下，則宜直曰本紀，而必遵其曾祖經邦《弘簡録》之例，標曰天王，而不名本紀，豈知《春秋》書天王乃因周稱王之故；元稱皇帝，何有天王之稱？《弘簡録》中乖舛百出，本不足據，何必仿之以重其失耶？

元代屢罷科舉，又有漢人、南人之分。金地爲漢人，宋地爲南人。漢人至中書平章，而不得爲丞相。南人無入中書省、樞密院、御史臺者。顧尊崇前代聖賢，及宋儒周、邵而下，皆加封贈；文學之士，亦多加優禮。其待當世之儒，若許、吴兩文正，徵聘之虔，有過於漢世之待樊、英，所謂築壇設席猶待神明者。故其一朝，文章風氣最爲陵弱，而稍知翰墨者，無不立致重名。上者回翔臺閣，王公俱敬禮引重，無敢猜害；次亦爲行省、行臺、州郡所邀致；貴家富人，傾筐倒屣，得其一吟一句以爲榮。終元世百年，内難屢作，大臣往往致死，而文臣無敢加陷害者。其一朝獨無文字之獄，非後世所可及也。

元武宗傳位其弟，出於至誠，宋宣公以後一人而已。乃仁宗負心，立其子而出武宗子和世㻋即明宗。於漠北；英宗復放和世㻋弟圖帖睦爾於瓊州。即文宗。至泰定帝立，乃召還圖帖睦爾，封懷王，妻以公主之女。是仁、英薄於明、文兩帝，而泰定以裕宗嫡長孫、英宗叔父，入繼大統，倫序最順，且有恩於文宗者。乃文宗得位，不追仇仁、英，而甘心泰定，蒙以與弑英宗之惡名，殊不可解。又文宗崩後，丞相燕帖木兒固請立皇子，而文后不答失里氏力申先帝讓國初意，必欲立明宗子，堅拒不從。乃以明宗次子懿璘質班在都，先立之。甫二月，寧宗殂。燕帖木兒復申前請，文后復不聽，遠迎順帝於廣西。是文后之賢，尤爲古今罕有，其於順帝兄弟，可謂恩義深至。乃順帝後至元六年，追發文帝弑兄事，撤其廟主，并痛詆文后，謂陰構奸臣，離間骨肉，罪惡尤重，徙置東安州，尋加毒害，并殺其子，可謂慘忍無人心者矣。夫明宗行在暴殂，事誠可疑，揆之人子不共戴天之義，固無所釋仇；然其事隱秘，終無佐證。况文宗如果行此慘逆，文后必有微知其事者，豈有不懼其報復，而必舍己子，力擁立之，以速此禍？史謂燕帖木兒以明宗之崩，實與逆謀，故不欲立順帝。果爾，則燕帖木兒時方以元功封太平王獨爲丞相，權勢無敵，何不堅擁皇子以杜禍萌？且以此事微言之文后，以恐猲之，則宫闈亦必心動。而俱計不及此，誠不可解。予疑明宗之事，原不過疑案，順帝欲實其事，遂附成諸臣與謀之罪。作史者循其聞見，未必深推當日之情事耳。然則武宗之公，文后之賢，皆貽大患。三代以下，誠不可以行古之道乎！《公羊》罪宋宣公爲首禍，武宗行之而繼敗。先儒持議之苛，固有爲而作者耶！近時孔廣森㢲軒氏著《元武宗論》，復申《公羊》之義，其論甚美，以文多不録云。

十一日癸酉　晴，上午微陰。定子來。袁篤臣來。得巳蘭片。作片致雅齋。同叔子、巳蘭及江南張筱雲户部廣德樓聽春臺班。人氣溽蒸，戲又不佳，惟聽天壽唱《遊園驚夢》一齣，按曲静聽，稍息煩躁耳。天壽姓趙氏，號菊仙，去年有作燕臺花史者，評爲樂部第一，實則姿首、聲伎俱中人以下者也。晚同謝夢漁、巳蘭、叔雲、張小雲飲如松館。予招芷儂，叔子招蘭生，巳蘭招芷馨，筱雲招九郎，夢漁招珣華侑觴，二鼓歸。

邸鈔：硃諭：大學士彭藴章精力漸不如前，著毋庸在軍機大臣上行走，以示體恤。長洲即請病假，旨賞一月。長洲由舍人部曹致位首揆，其科第皆視諸八座爲後進。丙辰歲以大空參政務，未幾，首輔黄縣以憂去，次輔漢陽總粤師，長洲遂躐居政首，入長樞密，將順取充位而已。比年，國事日亟，上知宰執無能爲，頗任宗王及御前大臣，樞密之權漸替。比三吴不守，長洲家在南，深悔去年不早乞退，遂移疾。假滿，益循縮不任事。今得此旨，而天下事已决裂不可爲矣。或謂長洲在樞府時，御前某大臣驕甚，凡樞臣擬旨，徑取筆塗抹之，長洲雖不敢違，然嘿然自守，不肯曲附，而同官如匡公源、穆公蔭、杜公翰、文公祥，尤恭謹承順恐後。於是樞柄盡移於御前諸貴，而長洲終以不爲所喜，受其擠排云。

又傳湖州失守，並有寧、紹盡陷之謡。

十二日甲戌　陰，凉可裌衣。作片致巳蘭，屬以金泥書摺扇。

十三日乙亥　眉批：瑞昌六百里加緊浙江發。陰，下午雨，凉。得紱翁書，以王居士《龍舒净土文》、姚少師《道餘録》見贈，即復。閲《元史類編》。夜雨。棉被擁卧。

十四日丙子　眉批：僧王四百里大沽發。王夢齡五百里清江發。上午雨，晡晴。兩得巳蘭書，皆復。（此處塗抹）爲璧軒書屏格。德甫來。（此處塗抹）得紱翁書，即復。

邸鈔：工部尚書文彩因病開缺，以禮部尚書綿森爲工部尚書。倭什琿布爲禮部尚書。福濟爲工部左侍郎。麟魁爲刑部右侍郎。

十五日丁丑　眉批：曾望顔六百里四川發。薛焕六百里江蘇發。王有齡六百里浙江發。曾國藩五百里江西發。曾帥奏邸鈔刻江蘇發，咸謂是江西之訛，或云係報其已抵東壩日子也。晴，稍熱。閲《元史類編》。

邸鈔：命江西在籍四品銜翰林院修撰劉繹以三品京堂銜爲江西督辦團練大臣。吉西贛寧道沈葆楨、布政使銜甘肅安肅道劉于潯幫辦。

夜分月食三之二。聞浙江援兵已將及五萬，張玉良招集散亡，亦得四五千人，頗奮激自效。前日七降廷寄，撥餉十餘萬。湖州尚堅守，兵餉頗集。

十六日戊寅　眉批：李若珠六百里揚州發。楊載福六百里安徽發。上午晴，下午陰，晚雨，大風。熱甚。浴。得紱翁書，即復。再得紱翁書，言昨日薛撫報收復松江。三得紱翁書，言禾城外城賊壘已盡踹平，嘉興指日可復。

邸鈔：命候補内閣學士桑春榮爲順天直隸督辦團練大臣。大順廣道聯捷幫辦。

夜分後大風，雨雹，雷電。撰《元代重儒考》。達旦始寢。

越縵堂日記庚集下

咸豐十年六月十七日至九月三十日(1860年8月3日—1860年11月12日)

十年庚申六月十七日己卯　眉批：僧王四百里大沽發。德楞額五百里山東發。晴，酷熱。著《元代重儒考》。邸鈔：薛焕奏五月二十七日賊由松江分竄上海，候補道張景渠等督率兵民，乘其不備，進攻松江，直抵南門城下，自戌至亥，殺賊甚多。州同應寶時督令兵勇，首先由南門殺入，官軍、民團一齊擁進，斃賊一千餘人，内有黄衣賊目十三人，長髮老賊二百餘人。獲僞印四，船七十餘，器械旗幟無算。當將松江府城克復，城内餘匪搜捕净盡，其圖竄上海之賊，亦被各路兵民沿途截擊，盡殺無餘。詔：著薛焕乘此聲威，迅復青浦，進攻蘇州省城，以慰朕懷。

夜考閲各書，嚮晨始寢。

十八日庚辰　眉批：袁甲三六百里安徽發。玉明六百里奉天發。晴陰不定，晚雨。得紱翁書即復。再得紱翁書，言於鄙作日記及《東鷗日記》摘成兩書，曰《蕙記摘雋》《雲記摘艷》。並以所録見示，皆係手寫者。其虚懷嗜學，老而益勤，可謂至矣。即作復書謝之。

邸鈔：王有齡奏賊踞浙江平望，沿河築壘，湖州紳士、道員趙景賢帶炮船、槍船各勇往剿，至梅堰六里橋，開炮轟擊賊卡。五月二十二日，復親督先鋒營都司李桂材等，由鶯脰草蕩漾進攻。同知蔣維堃、廪生李調元等由六里橋進逼。賊四五千人分路迎距。各營水陸並進，鏖戰自辰至未，賊紛紛敗走。盡毁沿河賊卡，斃賊二百餘人，賊目三人。趙景賢復添調楚軍各營勇馳赴平望，二十五日夜，由鶯脰湖、畫眉橋分路進兵。李桂材等争先撲入賊營，連破東路賊卡。趙景賢復飛飭西路之軍撲過賊濠，李調元親冒矢石，首躍而登，各勇隨進，于米市湖會合全軍，殺賊千餘人，遂將平望克復。詔：飭趙景賢督率各軍，與大軍策應，進圖克復嘉興等城。此次出力員弁，著擇優保奏。户部奏會議裁撤河工人員。李若珠奏參蘇松鎮總兵周希濂不遵調遣。詔革職，仍令統帶艇師，以觀後效。慶端奏按察使銜原任福建延建邵道趙印川賜謚果毅。前在建寧保全郡城，嗣於麻沙地方力戰陣亡，被害慘酷，援案請建專祠，並請入祀昭忠祠。詔：准其在建寧城建設專祠，並入祀本籍山東青州府城昭忠祠，毋庸附入京師昭忠祠。

夜雨稍密，二更後大雨。撰《元代重儒考》，草草成一卷。復擬撰《雜綴》三卷，以旅中無書，遂輟不作。是日晨卧，舊疾復動，終日憊甚。

十九日辛巳　眉批：僧王五百里大沽發。　連雨至午稍止，晚晴。終日閲梁諫庵《瞥記》，間附鄙見二十餘條書于下。作書致子恂，得子恂書。與叔子夜話，天明始睡。

二十日壬午　晴。篤臣來。謝夢漁來。得紱翁書，即復。偕叔子訪巳蘭，至日昃，拉之同遊坊曲，晚飲如松館，夜歸。

邸鈔：奉上諭：江南河道總督一缺及淮揚、淮海道兩缺，均著裁撤。淮徐道改爲淮徐揚海兵備道，仍駐徐州。廳官二十員，内峰北、蕭南、銅沛、宿南、宿北、桃北、桃南、外南、外北、海防、海阜、海安、山安十三廳，均係管理黄河，現在無工；又管理洪湖運河之中河、裏河、運河、高堰、山盱、揚河、江運七廳，現在工程較少，均著一併裁撤。惟中河等七廳有分司瀦蓄宣洩事宜，所有運河、中河二廳事務，改設徐州府同知一員，高堰、山盱二廳，改設淮安府同知一員，均著其兼管。裏河廳著改歸淮安府通判兼管。揚河、江運二廳，著改歸揚州府清軍總捕同知兼管。至裁撤黄河十三廳原轄各工段汛地方，即著落各該管州縣官管轄，不得互相推諉。各廳所屬之管河佐雜人員，除揚莊等閘官十員專司啓閉毋庸裁撤外，其宿州等管河州同五缺，高郵州等管河州判三缺，東臺等管河縣丞十九缺，高良澗等管河主簿二十一缺，阜寧等管河巡檢十六缺，均著一併裁撤。清江地方緊要，著添設淮陽鎮總兵一員，駐扎該處，俟軍務平静，再行改駐揚州。原設河標中營副將一員，著即裁撤，改爲鎮標中軍遊擊，駐札蔣壩。其淮徐遊擊一員，駐扎宿遷。所有鎮標中營員弁，並右營廟灣洪湖佃湖等五營遊擊以下官五十四員，馬步守兵共二千五百餘名，原屬操防，悉仍其舊。至蕭碭等營所屬修防兵六千九百餘名，著一律改爲操防。將二十四營改設蔣壩、宿遷、蕭碭、豐沛、桃源、安東、山阜、高郵、葦蕩、左營等十營。除酌留遊擊以下八十一員外，其餘六十七員，悉行裁撤。以上各營官兵，均歸新設淮陽鎮總兵統轄。著即裁汰老弱，揀選精壯，認真操練，以資戰守。現在江南督撫勢難兼顧，所有江北鎮道以下各員，均著暫歸漕運總督節制。　都察院奏山東民婦賈王氏京控沂水縣役李育棠鎗斃伊子一案。上命交杜翻親提定讞。然則團練大臣又許與民事，其權益重，一不得人，擾害可勝言哉！

日間在已蘭處聞吾鄉人有得五月間家書者，言紹郡安謐如平時。晨昏之念，爲之少慰。百日來未得老親一字，南中警報踵至，而好事之徒又妄造事端，寢食驚噩，累日積月。鄉人在都者，尤喜生惡耗，往往家有父母兄弟，而故設慘變之事，指陳確鑿，真不知是何肺肝也。聞嘆夷船俱至津門，僧王尚未出戰。日來累馳急奏，蓋請受方略也。徹曙始睡。

立秋　二十一日癸未　眉批：僧王四百里大沽發。翁同書六百里安徽發。慶端六百八十里福州發。田興恕六百里貴州發。終日陰。酉初初刻立秋，浙江酉初一刻。閲梁曜北《瞥記》及其子學昌等所輯《庭立紀聞》。終日疲茶。巳蘭書來，言今日見蘭仙，再三致詢，甚訝予蹤跡之疏者。予不見此郎三月矣，非但床頭金盡，不能復問冶場，且憔悴憂傷，意興索盡。自與叔子相對讀書外，惟仰屋僵卧而已。以回黔寠况，而爲此輩所記録，且有他眷之疑，足見平日之疏檢不自謹矣！書之以誌一笑。

邸鈔：陝西延綏鎮總兵博崇武補授。

從巳蘭處借觀仇實父所臨宋張擇端《清明上河圖》，神采殊不足，殆後人臨仇本者。然繪法精密，宮室城堞廬舍之屬，約周廣數十里，人物以萬計。想見當日汴都之盛，不必更問樊樓艮嶽矣。眉批：程瑶田《通藝録》云：孫退谷《庚子銷夏記》以《上河圖》爲南宋人追寫故京清明繁盛之景，然上有宣和小璽，則非南宋人時寫。後閲朱存理《鐵網珊瑚》載元人楊準跋云故宋翰林張擇端所畫《清明上河圖》，金大定間燕山張著跋謂張擇端字正道，東武人，畫景圖當汴京盛時也。

二十二日甲申　眉批：僧王四百里大沽發。駱秉章六百里湖南發。　晴。定子來，閑話甚久。午後偕叔子、定子訪巳蘭。復至琉璃廠書肆，携沈括《夢溪筆談》、戴埴《鼠璞》兩書及明末人安東王志堅所選《四六法海》。叔子携得文中子《中説》、陶宗儀《輟耕録》。與定子分道歸。雜翻諸書。夜倦甚，三鼓早寢，疾復動。

二十三日乙酉　眉批：僧王四百里大沽發。駱秉章六百里湖南發。　晴。終日小極，看書無俚。定子書來，言潘玉洤觀察有延予辦文案之意。予方爲省覲計，從之入吴，私計甚便。顧道里崎阻，江南一水，如在絶壑，誠恐未遂陟岵之懷，先著登樓之賦，依人面拙，思親淚枯。爲河上之逍遥，等泥中之躑躅。修齡就謝，難救恒飢。它仁丐桓，先憂明日。且揆之素意，冀就冗員。何乃窮途，忽充幕客。作蠻參軍而自笑，守羌博士以無聊。儀僅舌存，羽將頭責。孫子荆未工長揖，江靈奴終有後言，真覺去留不恒，進退維谷矣。

邸鈔：署貴州提督田興恕奏四月初三日副將沈宏富等攻破石阡府、六井山等處賊營二十一座，斬僞先鋒二十八人，賊黨一千數百人。初七日，沈宏富又與副將劉吉三、周學桂等敗賊于甕溪，周學桂箭斃賊首韓逆，殺賊目二十七人，賊黨一千餘人，生擒僞將軍等二十七人。官軍大獲全勝。五月初七日，副將田興奇復敗賊渠石逆于壽溪，殺賊目五人，賊黨五百餘人。田興奇因右脅中砲，裹創力戰，傷重身故。詔：總兵銜副將田興奇久歷戎行，戰功迭著，兹以冒險衝鋒，受傷身故，深堪憫惻。著照總兵陣亡例從優議恤，賜謚剛介。并准建立專祠，以彰忠節。貴州巡撫劉源灝奏粤匪竄踞貴州永寧州城，署安順府知府周夔，署提標參將全興督兵收復。五月十二日，另股賊陷歸化廳城，周夔、全興進剿，陣亡于連昇關。十七日，苗教各匪復陷修文縣城。詔：劉源灝未能先事預防，交部議處。道員署知府周夔照道員陣亡例優恤。署參將前任清江協副將世襲三等男爵全興，賜謚莊勇。代理永寧州事胡從學等均議恤有差。

夜雨綿亘，殊有秋思。同叔子夜談經史至四鼓，去後，復以記一事檢書，至天大明，終不得，始就寢。

二十四日丙戌　眉批：薛焕六百里江蘇發。瑞昌六百里杭州發。　陰悶，下午有雨。定子來，作竟日談。

邸鈔：駱秉章奏五月二十六日楚軍會廣西兵，越境攻克賀縣，殺賊萬餘人，逆首陳金缸潰遁。詔：在事出力文武候補道劉嶽昭、參將李金勝、李復勝等升擢有差，其陣亡守備梁東山等十三員均議恤。

二十五日丁亥　眉批：曾望顔六百里四川發。劉源灝六百里貴州發。陰。閲陶宗儀《輟耕録》，元人説部最鮮，其可考見故事者尤不經見，此書殊爲傑出者矣。巳蘭來，作竟日談。

邸鈔：曾國藩補授兩江總督，並授欽差大臣，督辦江南軍務。四川總督著東純兼署。曾望顔交卸後，仍在四川聽候查辦。聞廷寄命駱秉章馳往四川督辦軍務。

二十六日戊子　眉批：僧王四百里大沽發。曹澍鍾五百里湖北發。薄晴嫩凉。

閲《輟耕録》。九成，天台人，故載元末江浙事尤詳。若張士誠之起事，及取浙西諸郡之本末，楊完者之功罪，邁里古思之被禍，皆詳載曲折，得是非之公。其記宋六陵事，並載羅有開《唐義士傳》、鄭元祐《林義士傳》，及周密《癸辛雜識》所記陵使羅銑事，而不能定其爲誰。明人彭瑋譏其漏略，乃采《元史》及《梧溪集》《鐵厓集》諸書以補之，謂唐、林乃同事者。予謂《癸辛雜識》所記，事事牴牾。欽宗梓宫並未南還，何得有木燈檠之事？理宗之頭被楊髠截爲飲器，楊誅後以賜帝師八思巴，何得云被人盗去？蓋公謹特傳聞之訛詞。若唐、林二人事，其初記者本不相違戾。唐傳云：『斵木爲匱六，各署曰某陵某陵。』則唐所收乃高、孝、光、寧、理、度骨，葬之蘭亭天章寺。唐爲越人，其事在楊髠初發塚時。林傳云：『林故爲杭丐者，賄番僧求高冢、孝冢兩朝骨，得之，爲兩函歸葬於東嘉。』林乃温州人，爲宋尚書省架閣，居杭，其收骨在楊髠哀陵骨至杭築塔之時。當日賊髠凶焰方熾，唐草澤孤生，潛謀創舉，豈得多人與事？不過一時激厲里中少年，勇諾急發。景熙即在越，亦必不獲與謀。唐以理宗顱大，不敢易，其事甚秘。景熙在杭，又復不忍其慘，私購高、孝之骨。此固異常痛變，稍有人心者無不怨憤，則同時有此兩事，原不足異。唐收骨時，諸陵露發，其財賄已盡，所餘枯胔，當時邏守必疏，故六宗得以盡易。至林收骨時，則已聚而作塔，爲壓勝之物，收視自有厲禁，故僅求得思、阜兩陵之骨，而不知已非真者。其事之各不相謀，固彼此甚明。即周記所云羅陵使者，其事或不能盡實。而公謹當時人，又爲杭産，亦必非一無影響而言。羅銑之慟哭不去，買棺收斂，及所云僧聞、僧澤、宗愷、宗允等之凶惡，諸陵寶物之富，皆是實事。其云收斂者，或楊髠僅取諸帝骨，而孟、韋以下諸后骨，皆在所棄，故銑得收之。或銑既棺斂後，楊髠復下令築塔耳。蓋唐傳云陵初發時，棄其骨草莽間，則諸凶徒之不屑意可知，唐乃得分散拾之。而銑所斂者，亦唐既易之骨矣。唐不敢易理宗骨，故其頭被截，又與公謹所記不相背也。欽宗陵木燈檠事，殆以徽宗陵朽木事附會連及。則祐陵之朽木一段，亦必是實事。

至其年歲，亦當以唐傳中所稱戊寅爲然，而周記云乙酉者誤。陶氏謂戊寅距丙子宋亡之歲不三年，此時庶事草創，妖髠得以肆其惡；至乙酉則已將十載，法制已明，安得有此事？誠爲知言。世祖英明，待宋亡主及宗室皆以禮。乙酉爲至元二十二年，其時安童爲相，必不任楊髠爲此凶逆之事。史云至元十四年命楊璉真伽爲江南釋教總統，時歲在丁丑。次年戊寅，發陵固當在是年。而《續綱目》乃云桑哥專政，與楊璉表裏爲奸，僧嗣古、妙高上言欲毁宋諸陵，桑哥矯制允之，遂移其事於乙酉。按桑哥由總制院使爲平章政事，在至元二十四年丁亥，則年代又不合矣。是其事爲戊寅無疑。

至聚訟不決者，尤以唐、林兩傳各載詩數首，皆大致相同。按景熙有《霽山集》五卷，玉潛著作無傳者，則諸詩自是景熙所作。蓋唐事當時已傳遠近，景熙與唐皆浙東人，自必以同志故，更締交好。其時又有謝皋羽、王修竹一流人，咸相往來，倡和歌詠。其有曰『雙匣親傳竺國經』者，乃景熙自詠其事。下云『水到蘭亭轉嗚咽』，則明詠天章寺事矣。至林傳云林於宋常朝殿掘冬青一株置於所函土堆上，則係唐事之傳訛。陶氏固已疑東嘉與會稽相望千餘里，豈能容易持去？縱持去，又豈能不枯瘁？是其誤顯然。後來吾越人傳此事者，必歸之唐，而斥林爲妄；甌人則又歸之林，以詩爲確據。明人修《元史》，亦强合之，而不明其本末。國朝全謝山、徐笠山諸公皆屢辨之。越中遂祀唐、林爲兩義士祠。予特爲辨白於此，其情事昭然，各無可争矣。

徐名廷槐，吾鄉人，乾隆時進士，博學有重名，曾著《南宋六陵事本末》一書，予曾見於《昭代叢書》中，今盡忘矣。霽山六陵諸詩，最凄婉可愛，并録於此，以便諷誦：『馬箠問髐形，南面欲起語。野麕尚純束，何物敢盜取。餘花拾飄蕩，白日哀后土。六合忽怪事，蜕龍挂茅宇。老天鑒區區，千載護風雨。』『冬青花，不可折。南風吹凉積香雪。遥遥翠蓋萬年枝，上有鳳巢下龍穴。君不見，犬一作羊。之年，羊一作馬。之月，劈歷一聲天地裂。』『冬青花，冬青花，花時一日腸九折。隔江風雨清影空，五月深山落微雪。石根雲氣龍所藏，尋常螻螘不敢穴。移來此種非人間，曾識萬年觴底月。蜀魂飛繞百鳥臣，夜半一聲山竹裂。』『珠亡忽震蛟龍睡，軒弊寧忘犬馬情。親拾寒瓊出幽草，四山風雨鬼神驚。』『一抔自一作未。築珠丘一作宫。土，雙匣親傳竺國經。只有春一作東。風知此意，年年杜宇哭冬青。』『昭陵玉匣走天涯，一作空山急雨洗岩花。金粟堆寒起暮鴉。水到蘭亭轉一作更。嗚咽，不知真帖落誰家。』『珠凫玉雁又成埃，一作喬山弓劍未成灰。斑竹臨江首重回。一作玉匣珠襦一夜開。猶憶一作記。年時一作去年。寒食節，一作日。天家一騎捧香來。』

又謝皋羽《冬青引》：『冬青樹，山南垂，九日靈禽居上枝。白衣種年星在尾，根到九泉護龍髓。恒星晝隕夜不見，七度山南與鬼戰。願君此心慎勿移，此樹終有開花時。山南金粟光離離，白衣人拜地下起，靈禽啄粟枝上飛。』

《輟耕録》於紀時事之外，間附考證之學，頗亦精覈。惟好載鄙俚之詞，委瑣之事，殊不免近市井家言，（此處塗抹）有甚可笑者，《四庫書目録》亦謂自穢其書也。

傍晚小雨即止。聞大沽戰小捷，而廷議力主和，僧王執奏有徒損國威、無益疆事等語，真老謀深識也。三鼓早睡。夢中遇所宿眷，影觸百端，相對敘述，縷縷數千言，皆首尾可憶，遂雨泣而醒。學道累年，又居憂患，而少年綺恨，尚纏魂魄，塵情固難絶如是耶！

二十七日己丑　眉批：官文六百里武昌發。僧王五百里大沽發。　晴，早晚甚凉，中午酷熱。

閱《四六法海》。此書所收頗多不常見之篇，唐四傑之作尤夥，《四庫書目録》頗稱之。又謂其隨事考證，亦皆典核。按書中如辨死姚崇能算生張説事，謂崇卒時，説方在并州，無由得往吊，頗有見地。至王勃作《滕王閣序》，時勃已以罪廢，往省其父於交趾，途經南昌，遂有此作，旋即渡海溺死，年二十九，傳記甚明，而志堅猶仍十四歲之妄説。是誤始於王定保《摭言》，豈知其稱童子者，乃對都督尊官言之，謙辭云爾。村學究造爲此説，遂相傳訛，志堅亦未能正也。

邸鈔：曾望顏奏六月初九日克復天全州，又奏楚軍連日追剿之捷。

夜偕叔子訪篤臣、叔彦，談至二鼓歸。聞平望復失。

末伏　二十八日庚寅　眉批：僧王六百里大沽發。德楞額五百里山東發。玉明五百里奉天發。　日中熱如前。閱戴埴《鼠璞》，書僅兩卷，其考據頗多精確，宋説部之上乘也。連日虚憊，夜夢數驚。

正統之説，紛紜不決。歐陽文忠、司馬文正失之拘，楊鐵厓仍其腐説，楊升庵又失之偏，皆不能折衷於理。其中最難定者，爲六朝五代。必以統歸晉、宋、齊、梁、陳，猶可説也。五代以朱温、石敬塘爲正統，則大謬於聖人矣。要之，正閏者，當論邪正，不當論内外；當推當日之人心，不當據當日之地勢。眉批：二語千古不磨枘。　宋儒于六朝，進江表而退關洛，其意在内諸夏外夷狄也。顧晉得於魏，魏得於漢，乃禪讓之賊，自是篡弒相承，以訖於陳，不正甚矣。元魏道武以一成一旅，奮起平城，何異夏之少康？

且其先代雖臣屬於晉，其後亡於秦而晉不能救，道武又自興於諸胡，非得國于晉。乃以劉、宋之篡爲正，而元魏爲僭，何其顛倒乎！唐之亡也，天祐、天復之號，不絶於天下，而必尊朱温之凶豎爲帝，尤害於理。宋儒于五代，其始也，帝梁而寇河東；其繼也，尊石晉、漢、周而僞南唐，其意在重中原輕諸國也。顧朱温罪惡之首，石氏叛臣，實階戎禍，劉氏乘間而竊國，郭氏倡亂以弒君，皆聖人所必誅。與其帝朱温，不若帝王建、帝楊行密也。與其帝石氏，不若帝契丹也。與其帝郭氏，不若帝北漢劉旻也。太原李氏一日不滅，則唐一日不亡，其名正言順無論矣。南唐即云其世係不可知，然昭烈之於漢，亦未必昭穆盡可據也。帝南唐不猶愈於石、劉、郭、柴乎？洪景盧謂漢、晉後當以宋、齊、梁爲正統，而接之以北周，由周傳隋及唐。蓋以梁既滅于周，則陳可不數，而陳氏又終滅於隋也。予謂即如其説，梁元帝江陵之陷，時爲西魏恭帝之元年，雖政出宇文，而元氏固未改步也，何得遂爲北周？況魏戕元帝後，立梁岳陽王詧於江陵，是爲宣帝，傳明帝、後主三世始滅於隋。宣帝乃昭明太子之子，蕭氏世嫡，得國甚正，是固當以隋繼梁，不當以周繼梁。此皆人心之公，萬世不易之論也。

巳蘭來。

邸鈔：官文奏以安徽按察使毛鴻賓總理皖北楚軍行營，並就近辦理地方事宜。詔從之。

聞平望確已復失，前日瑞將軍報也。又聞嘉定、太倉亦再陷。

二十九日辛卯　眉批：僧王六百里加緊大沽發。　晴，晨睡疾動。復閲《輟耕録》及《元史類編》中《旃德傳》。邀叔子、巳蘭小飲如松。

邸鈔：命四川在籍前任右贊善李惺以五品卿銜爲四川督辦團練大臣，前任宜昌鎮總兵虎嵩林、成都府知府楊重雅幫辦。

日間有大沽師失利之謡，今日又馳急奏，可憂也。

三十日壬辰　眉批：曾國藩六百里江蘇發。翁同書六百里安徽發。　又晴。定子來言大沽被圍。

邸鈔：今日召見軍機怡王、鄭王、瑞中堂凡兩次。蓋海氛甚惡矣。

前傳曾督帥揚言留皖江，忽一日驟移軍至東壩，蓋欲乘賊不備也，南人聞之，喜色相告，刻期聆蘇常捷音，旋以爲謡傳不足信。今日復見急奏自江蘇來，殆令公果至耶？三吴民庶，日夜禱望，如慈父母。但恐賊中布置已定，毗陵、平江，盡爲巢穴，頃安東又失，雖元老壯猷，兵皆素練，而輾轉千里，移營遠來，主客之勢既懸，首尾之慮復切，加以糧餉不繼，犄角無人，高密關中之威，挫于洛澗，晉公淮西之業，僨于鎮州。倘竟事未可知，則家國之禍，洊荆蘉棘矣！

今日瑞中堂到防所請訓，蓋命以備暎人也。比來軍警日至，樞府深秘不洩，朝官無知其事者，故民間謡言紛起，益滋震驚。海夷之事，一切戰守區畫，隱諱尤甚。以宰相備戎，事體鄭重，而外間不知其所統何兵，所守何地，亦古來未有者也。聞前日津門戰失利，暎人陷北塘海口矣。

七月癸巳朔　眉批：皇上换藍紗袍。僧王五百里大沽發。恒福六百里天津發。　薄陰嫩凉，風日高爽，殘暑斂鑠，秋宇結澄。作書致巳蘭。下午偕叔子訪巳蘭，巳蘭招飲秋蘅家，同席有張小雲郎中及芷儂、蘭生、稚雲、秀蘭諸郎，夜歸。

邸鈔：翁同書奏六月十七日川北道苗沛霖等攻拔程圩捻巢，沙河西岸一律肅清。詔：二品頂戴苗沛霖賞加布政使銜，副將黄鳴鐸加總兵銜，廬鳳道才宇和加按察使銜，餘升賞有差。巴棟阿奏六月十七日鎮江橋頭及炭渚之捷。

初二日甲午　眉批：僧王五百里大沽發。寬惠五百里天津發。西凌阿六百里寧河發。　晴，復熱。録《元臣謚考》。聞直隸恒制軍奏請益兵，僧王疏有『邊事臣身任之，請皇上勿憂』之語，居然海上長城矣。夷性狡而怯，又嗜利，嘆人之貿易於中國者，皆不願構兵，其國本貧寡，惟恃富人通商，以濟國用，故大賈權出國相上。今日之役，不過爲去年拜賜之師，其兵多借之鄰國，蓋自客夏一大創，其國已不能軍，特鳩合他種，以求一逞。不特諸夷心力不一，即彼國人亦非得已。再少懲之，則犬羊易猲，將拜跪乞命不暇。萬一朝廷屈體議和，則要求非分，如昔年所請尚主設官之事，且將日進不已。今既外有賢王，爲當道老態，惟在當國諸公，深思利害，但使兵食不缺，動無掣肘，則國威既伸，夷患自此息矣。

夜三鼓倦卧，四鼓復起，看書至天大明始睡。

初三日乙未　眉批：文謙四百里保定發。文煜五百里山東發。官文六百里武昌發。傅振邦五百里安徽發。　晴，晡後陰。鬱悶，頗思雨。謝夢漁來談。定子來。夜雨。

元代宰執既設中書省，世祖以任用桑哥。又設尚書省，其權重於中書，旋即罷去，而樞密院、御史臺之職，較中書省爲親要，如伯顔以左丞相出師，及平宋後，得同知樞密院事，是樞密之職近於中書省矣。故漢人如耶律楚材、楊惟中爲中書令，其後如耶律鑄、史天澤、賀勝、賀惟一爲左丞相，而樞密院如商挺、張文謙、張易等皆止拜副使，無爲正使者。蓋副使班尚在中書左右丞下，而知樞密院則不授漢人也。御史臺稽察庶政，大夫之權，出宰相上。如燕鐵木兒已以中書右丞相録軍國重事知樞密院，而文宗謂曰：卿已爲省院，惟未入臺耳。改遷御史大夫。漢人惟世祖時張雄飛以御史中丞行御史臺事，然亦未拜大夫。其後賀勝既以漢人爲左丞相，子惟一拜御史大夫，辭曰：故事臺端非國姓不授。特賜蒙古氏，更名太平，足見大夫職之要且近矣。臺中治書侍御史之官，在參知政事之上。如許有壬由參知政事拜治書侍御史，張德輝、自當、成遵、陳祖仁等皆由參議中書省事拜治書侍御史是也。元代南人不得官中書及臺諫，江浙、湖廣、江西、閩廣爲南人。惟世祖時程鉅夫爲中丞，順帝時危素爲參政耳。漢人亦自成宗後，雖官平章左右丞，稱宰執而不得預政。至仁宗延祐元年，以劉正平章政事，商議中書省事，高昉參知政事，爲用漢人預政之始。考之李孟傳，孟於武宗至大三年授平章政事同知樞密院事，及仁宗嗣位，真拜平章政事，乃知前固未嘗與政矣。又元制在外立十一行中書省，設丞相、平章、左右丞、參政、郎中等官，如京師。世祖及武宗時皆嘗改爲行尚書省，不久復舊，復罷丞相，其平章亦稱相君，左右丞亦稱執政。順帝時以兵興，復置各省丞相，漢人惟爲左丞及參政，無爲平章者。又至元十四年初立行御史臺於揚州，置大夫、中丞、治書侍御史、監察御史等官，秩皆如内臺，統淮東、淮西、湖北、浙東、浙西、江東、江西、湖南八道。未幾，河西、遼陽、雲南等處各立行臺。二十七年，徙揚州行臺於建康，專蒞江南之地，號南臺。河西、遼陽行臺皆罷。大德初，移雲南行臺於陝西，號西臺。眉批：仁宗延祐二年，定立陝西行御史臺統漢中、隴北、四川、雲南四道，爲西臺。其江南行臺統建康、浙東、浙西、海右、湖北、湖南、廣西、廣東、海北、閩海十道爲南臺。淮東、淮西、山南、山東、山西、河北、河南、遼東道隸内臺，爲二十二道，各設廉訪司。終元世，東西兩臺與内臺並峙，轄各道提刑按察使司，後改肅政廉訪司，漢人亦無爲大夫者。元末明兵破集慶路，文宗以潛藩在金陵，即位後改建康路爲集慶路。御史大夫衛國忠肅公福壽殉節，命太尉納麟爲南臺御史大夫，遷行臺治紹興，時至正十六年也。二十四年，張士誠以呂珍守紹興，大夫普化帖木兒不屈死。此元代用人之大略也。

元初又於山東、江淮、荆湖、江西、四川等處立行樞密院，後併入行省。順帝至正十六年，復立行樞密院於杭州，命行省丞相兼知院事，而邁里古思以行樞密判官分院於紹興，石抹宜孫以行樞密判官分院於處州。世祖中統三年，立十路宣慰司以總軍民，秩一品。至元十三年丙子平宋，復設諸路宣慰司，以行省官爲之，並帶相銜。其已立行省者，不更設宣慰司。是宣慰司與行省抗衡，猶唐宋之使相，其權甚重。十五年，以行省宣慰多謬濫，大加裁汰，削所帶相銜。自後宣慰之職漸輕，以得行省左右丞爲超擢。順帝至正十八年，董摶霄以平山東功，由山東宣慰使遷河南右丞是也。

又元初掌兵柄，惟左右萬户，至太宗始立劉黑馬等三萬户，後增立七萬户。而劉黑馬以燕薊之兵駐天城，嚴實以山東之兵駐鄆州，史天澤以河東、河北之兵駐真定，張柔以燕南之兵駐滿城，爲漢地四萬户。皆挈地歸附，爲開國首功之家，子孫世襲，兵衆尤强。是雖亞於左右都總管萬户，而權任隆赫，猶古諸侯之方伯連率，非僅節鎮之比。及混一以後，此官漸輕，初猶與總管抗行，繼則遂爲偏裨，不過如今營守備之職矣。

世祖至元三年，定蒙古人充各路達魯花赤，漢人充總管，改府爲路，改太守爲總管。州縣則蒙古、色目人爲達魯花赤，漢人爲州尹、縣尹，皆一同判行文案。其曰路者，即府也。而又有散府，如《世祖本紀》，至元八年，分歸德爲散府；十五年，改江南總管府爲散府者七。散府長官，蒙古、色目人仍曰達魯花赤，漢人則曰知府，如李齊爲高郵知府，李思齊爲汝寧知府是也。順帝至正十二年，潁州沈丘人察罕帖木兒與羅山人李思齊同起義兵，授察罕汝寧府達魯花赤，思齊汝寧府知府。察罕，色目人；思齊，漢人也。察罕後歷定河北、關陝、冀寧、河南、山東，官至平章政事，爲山東降人田豐、劉福通降將王士誠所刺，追贈潁川王，謚忠襄。養子擴廓帖木兒，即王保保也。思齊亦累以功至陝西平章許國公，元末遂據長安，朝廷調遣皆不行，屢與擴廓兵争，順帝詔分潼關以西屬思齊，東屬擴廓，各罷兵還鎮，後爲明兵所破。以二人皆係元代結局，故附識其本末於此。元代官制頗不易詳，史志亦疏舛，因略疏如左。

予嘗謂近世江淮浙閩間，建置節帥，頗失地利。唐以揚州以北爲淮南，自潤州至杭州爲浙西，治潤州，明、越、台、婺、括、温、衢、睦八州爲浙東，治越州，故長江、錢江天塹之險，皆爲地利。元亦以揚州、淮安屬河南行省，而建康、平江、常州、鎮江屬浙江，建江浙行省於杭州。雖統轄太廣，然立御史臺於建康，設浙西宣慰使，轄今蘇、松、常、鎮、杭、嘉、湖七府；設浙東宣慰使，轄今寧、紹、台、温、金、衢、嚴、處八府，頗爲控制得宜。且自漢順帝分吴郡、會稽以來，漢、晉雖皆以屬揚州，然其時郡守兵力甚足，各可爲守。而吴郡統丹陽至錢唐，時未有杭州。會稽統浙江以東諸縣，直包甌閩，凡二十六縣。三國吴時，置臨海、建安、東陽三郡，而會稽仍兼督諸郡事，爲都會，歷東晉不改焉。控帶江海，形勢甚固。劉宋以後，更以會稽爲東揚州，遂成巨鎮。王逸少爲會稽内史，日嘗請析會稽爲越州。要之揚子、錢唐兩大江，明爲王公設險之所，從未有合淮揚於三吴、包杭越爲兩浙者。自明代分隸浙西於浙江、應天，國朝因之，立江蘇省，北割淮、揚，而大江之險失；東分蘇、松，而浙西之界殊。浙江省既失浙西之半，巡撫駐杭州，西則三吴平衍，無山川以爲之限；東則錢江之險無可用，而甌括險阻遼遠，鞭長莫及。國初，浙閩總督駐温州，猶可聯絡首尾之勢。洎移治福州，幾限内外。今日疆事日亟，謂宜設江北巡撫治揚州，統淮、徐、廬、鳳、潁諸郡。設浙西巡撫治鎮江，統杭、嘉、湖、蘇、松、常諸郡。設浙東巡撫治紹興，統寧、台、衢、嚴、温、處諸郡。更設兩浙總督駐杭州，以重江界。而閩、浙、兩江總督俱可罷，并罷安徽巡撫。仍設上江巡撫，統江寧、安慶、池州、太平、寧國、徽州諸郡，治江寧，今或僑治徽州。移江西巡撫治九江。謹其分地之守，責其犄角之功。形勝或失，刑誅立加。是誠在當國者熟籌地利矣。

夜稍凉。

初四日丙午　眉批：僧王六百里、恒福六百里加緊，又六百里一併俱大沽發。王有齡六百里浙江發。文俊四百里天津發。

陰晴不定，天氣添熱。周雪甌來。

邸鈔：劉長佑奏降補道員蔣益澧身先士卒，克復賀縣，請賞還原銜。詔：著賞還布政使銜。上諭：光禄寺少卿焦祐瀛、翰林院侍講學士張之萬，均著馳馹回籍，辦理團練。

夜看叔子日記，多記近日時事，俱簡雅可喜。共叔子作夜談，復看《元史》，至東方大明始睡。是夜小雨。聞津門師捷。

初五日丁酉　眉批：龐鍾璐六百里江蘇發。　終日密陰，熱悶特甚，晚小雨風作，頓凉，黄昏大雷雨。晨睡疾動。糜叟來閑話。

邸鈔：上諭：崇實奏查明曾望顔被所參撤任知府翁祖烈訐告八條，所稱敘嘉軍務失機，武備廢弛，廣招胡匪滋事，並縱子干預公牘，家丁在外招摇，勒索規禮等事，俱有不能辭咎之處。曾望顔身任總督，不能整躬率屬，種種荒謬，又不能防範其子，致招物議，著即行革任，仍留四川，聽候另案查辦。翁祖烈屬員訐告上司，雖訊非無因，乃砌詞烈款，肆行詆毁，此風斷不可長，著即行革職，永不敘用。欽此。

數日前户科給事中陸秉樞疏諫演内戲，有五不可之説。其尤切至者，言方今江南軍士暴烈日苦戰，而深宫惟躭樂之深，四方聞之，其誰不解體。又言聖人以放鄭聲遠佞人爲戒，今之導爲聲伎之樂者，皆逢君長君之佞人也。時直沽告警，上猶日閲伎不止，朝臣無敢言，此疏既出，比之鳴鳳朝陽。蓋上自聞蘇常失守，憤恚嘔血，體素羸，常爲近臣言年來殊不堪憂，諸大臣之直御前、居樞府者，遂共爲寬慰。未幾，爲聖壽節，戚臣遂争以聲伎進奉，盡召外間樂部，如四喜、三慶、雙奎、春臺諸班，又選名優雛伶入南府。南府者，宫中按樂地也。尚書宗室某謹司其出入，排日按試。上命盡效市里爨演法，纖醜必備。上親執曲本，指顧其誤，率宫眷薄而觀，尤喜吴中雜齣名《湖船》者，日一演之。雛伶夏雲林能畫蘭，上出所執素紈扇，命畫以進，大稱賞，傳視妃侍，賞賚甚厚。老伶若程長庚，及旦色喜禄、蘭香，皆得賜金。其不稱旨予杖者亦數人。（此處塗抹）

元袁文清公桷《國學議》有曰：自宋末年，尊朱熹之學，脣腐舌敝，止於《四書》之注。凡形獄簿書，金穀户口，靡密出入，皆以爲俗吏，而争鄙棄，清談危坐，卒致國亡，而莫可救。近者江南學校教法，止於《四書》，髫齡諸生，相師成風，字義精熟，蔑有遺忘。一有詰難，則茫然不能以對。甚者知其學之不能通也，於是大言以蓋之。議禮止於誠敬，言樂止於中和。其不涉史者，謂自漢而下皆霸道；其不能詞章也，謂之玩物喪志。又以昔之大臣見於行事者，皆本於節用愛人一語。功業之成，何所不可？殊不知古者教法，春夏學干戈，秋冬學羽籥，若射御書數，皆得謂之學，非若今所謂《四書》而止云云。嗚呼！袁公當皇慶、延祐時，道學方極盛，南北學者，無不以昌明朱子之教爲己任。仁宗始詔行科舉，儒臣程鉅夫等力言經學當主程朱傳注，於是定制《易》《詩經》《四書》皆用朱氏，《尚書》用蔡氏。而其流弊，已有如此者。豈非空疏之學，害人甚哉！袁公吾浙慶元人，當時故宋世家，多居越、明，皆被朱子之教。越與金華爲鄰郡，金、許、王、何四先生尤推朱子嫡傳，故浙東爲道學之窟。清容生長服膺，而能爲是言，其亦卓然特識者矣。乃明代、國朝，踵循其弊，流及今日，士夫幾無識字者，乃并《四書集注》亦復茫然。乾隆間，惠、戴、孫、王諸君子力昌漢學，思拯其弊，一時誦習鄭、賈之士，彬彬輩出。未數十年，終至澌滅。嗚呼！儒生區區之力，烏足以敵功令耶？全謝山嘗譏袁公絶不知學，其作《史静清墓誌》，竟不言其紹朱子之傳，不知其於新安之學固有所不滿耳。

夜看書，至晨始睡。

初六日戊戌　眉批：僧王五百里又六百里加緊大沽發。寬惠五百里又四百里天津發。薛焕六百里江蘇發。袁甲三六百里安徽發。又陰涼，下午風雨淒密，秋氣侵人，殊傷客抱。

閱《新唐書·隱逸》王績、朱桃椎、孫思邈、賀知章、秦系、張志和、陸羽、陸龜蒙諸傳。宋子京文好爲古澀，昔賢病之，然以傳高隱諸公，則筆墨簡潔，肖其爲人，殊可尚也。《朱桃椎傳》：『嘗織十芒屩置道上，見者曰居士屩也，爲鬻米茗易之，置其處，輒取去。』而《南史·朱百年傳》云：『百年以樵若置道頭，輒爲行人所取，明旦已復如此，積久方知是朱隱士所賣。須者隨其所堪多少，留錢取樵若而去。』二朱事殊相類。又《桃椎傳》上云『被裘曳索』，下云『夏則羸，冬緝木皮葉自蔽』，亦未免矛盾。此傳僅八行寥寥百七十二字，尚不能無誤，是其疏處。自《晉書》以下，往往有此病，《舊唐書》《宋史》尤多，不勝指駁矣。又閱《儒學傳》一卷，不及《舊唐書》之詳贍也。

下午略睡，聞風雨聲，蕭槭特甚，鄉思秋懷，併爲酸楚，不覺淚下。吟得『烟塵異地艱求食，風雨高堂夢授衣』二斷句。又云：『天涯寒色迷歸路，病客鄉心入早秋。』『著書歲月供羈客，閉户窮愁對故人。』『百篇罪草籌平賊，一枕秋聲夢買山。』俱未續成。

邸鈔：上諭：派協辦大學士户部尚書周祖培、兵部尚書陳孚恩、工部左侍郎潘曾瑩、右侍郎宋晉會同五城御史，辦理團防事宜。龐鍾璐奏請飭前任浙江布政使徐宗幹督辦通泰一帶團練。詔從之。御史朱潮奏請禁大員幕友親屬同省筮仕。以各省憲幕，往往官代幕留，久居要地，氣焰熏人。近既奉旨不得指捐遊幕之省，因潛令其子弟姻黨，捐仕同省，逞私之弊，不可勝言。請自令凡督撫藩臬及首道首府之幕友，其親屬有官同省者，幕友即迴避出署，并不許逗留在省。倘有隱匿，發覺治罪。如親屬願改指別省，照例繳納捐項，幕友免其迴避云云。近來此風，頗爲地方之害。吾鄉人爲幕客者尤多，往往營狡兔之穴，憑社狐之威，天下以爲巨蠹。御史字海門，壬子翰林，會稽人。是疏可謂無鄉曲之見矣。

夜涼甚，可絮衾。

今日又見邸鈔，命御史陳鴻翊回籍辦理團練，與焦少卿、張學士皆備海夷也。蓋數日前御史許其光疏陳嘆夷之不足畏，力請毋議和，上決計用兵，故分遣廷臣云。瑞相亦駐防通州。

處暑　初七日己亥　眉批：恒福六百里加緊大沽發。文俊六百里天津發。增慶五百里山海關發。瑞中堂馬遞通州發。

早風，上午陰，下午晴，凉甚。辰初二刻處暑，浙江辰初三刻。先君子生日。終日閲《楞嚴經》。釋教中《金剛》《圓覺》《楞嚴》《華嚴》四經，猶儒家之四子書。而《楞嚴》尤爲禪宗上義，名言雋旨，往往玄悟超然。顧辭每泛衍，義多重複，亦易令人生厭。彼中理藴，固淺於吾儒遠矣。

邸鈔：袁甲三奏劾鹽運使銜候選道淮北監掣同知許惇詩，于本年賊竄清江時，詐稟西壩鹽棧被焚，藉爲肥己地。并聞其聞警之日，尚在私宅演戲。請革職，並勒捐餉銀十萬兩接濟清江。詔從之。許，杭州人，官淮上有年，陰賊婪鄙，遠近聞之。今兹得罪，可爲鹺務去一積蠹。其弟惇書，道光末守廣西平樂，以貪酷著。楊逆之變，實其所激，故起事首戕之，被害最慘。至今粤賊爲天下巨患，踵於惇書云。

許乃釗疏奏金陵大營潰散始末。大略謂：和春、張國樑素相猜忌，臣屢爲調護。自八年夏秋，和春中風復發，喜怒難測，惟臣尚可微言規戒。迨九年八月，臣赴浙省勸捐，十一月回營，而讒間之言遂入。維時皖南賊勢正衰，張國樑以孤軍在江浦與賊相持，臣謂不若撤江浦之兵，先肅清皖南寧太以至徽池，然後沿江列水陸兩軍，互相聯絡，使賊不得渡江南犯，庶浙江、江西、江南先無内顧之憂，然後再斷江北。和春以臣是浙人，特爲浙江計，固不可行。臣請張國樑回營，婉言之和春。而和春聲色俱厲，張國樑不敢復言，遂回江浦，專意扼斷江北。至本年正月初九日，克復九洑州，衆皆稱賀。臣以爲禍且不測，因請益兵寧國以固浙西，益兵高淳、東壩以固蘇、常，衆皆竊笑。迨賊竄浙西，陷杭城，又自東壩、高淳連破溧水、句容，以致大營潰敗，和春始悔不先清皖南而急斷江北矣。至於軍心之渙，由去年十月間，和春赴常州，與何桂清、王有齡等籌商軍餉五十萬。時原議每月遲發五日，不料餉款不時解至，遂緩發十五日。衆軍以爲用兵三月，僅發兩月之餉，焉能枵腹殺賊？迨賊竄浙西，浙省又仰餉于蘇，大營遂以四十五日發餉一次爲定例，軍心益怨。和春又任用翼長王浚，賄賂公行，毫無顧忌。衆軍恨入骨髓，遍張匿名揭帖，有『不殺王浚，軍務不了』之語。張國樑營與和春隔數十里，事皆由王浚傳達，其權益重，營務皆爲把持。臣屢向和春言之，而和春以自官湖南參將時，王浚爲守備，共事最久；又由廣西至金陵，和春爲翼長，王浚爲營務處，是以信任愈篤，謂在營各提鎮皆不能及。和春見事機警，議論便捷，惟恐人測其喜怒，誤用王浚，遂失軍心，殊爲可惜。王浚迎合固結，以肆其貪，實屬罪不容誅。所有應得恤典，請旨撤銷云云。奉硃批：此等語朕聞之已熟。當時汝在軍中，既確見王浚播弄威權，何不單銜密奏？于大局不無小裨。逮軍潰地失，人已死而追論于後，不知者或被汝愚，朕豈能受汝之愚？此無他，身家之念重耳。至王浚惡劣聲名，迭飭和春密查，伊總謂可用，是以未撤。今若仍照提督例賜恤，未免過優，著飭部改爲照參將例議恤，以昭平允。此朕心自有權衡，初不因許乃釗此奏也。王浚以一武弁，從征十載，雖有劣跡，尚能見危授命，視僕僕奔走者，爲何如耶？視自命書生偷生海隅者，又爲何如耶？此摺與硃批，著與本日值日奏事之各堂官公同閲看，由内閣發抄，俾共知悉。欽此。

聞海上師又失利。

初八日庚子　眉批：僧王馬遞楊村發。文俊六百里大沽發。增慶五百里山海關發。文謙四百里保定發。慶端五百里福州發。晴，風日高晶，天氣極爽。

《易》震卦爲長子卦，而首云『震來虩虩』，爲恐致福。至六五位尊，則云『震往來厲』，將無時而不危之象。上六處震極，則云『震索索，視矍矍，征凶』。聖人垂戒至切，故青宮爲毓德之地。元王約曰：『太子潛龍也，當勿用之時，不可爲飛龍之事。』以予觀古來太子有賢稱者，多不祥。若吴孫權太子登早卒，太子和以讒死；晉惠帝愍懷太子爲賈后所害；魏太武景穆太子以憂卒；梁武帝昭明太子以憂卒；唐高宗太子孝敬皇帝以酖死；金世宗宣孝太子不得位卒；元世祖明孝太子以聞内禪議憂卒，皆英明早著，中外歸心，其時諸帝亦多委以大政，而中道天隕，不得其志，豈非《易》之所謂『位不當者』乎？諸太子中，景穆、宣孝、明孝尤賢，使其得位，皆三代下不數見之主，是尤關乎運會矣。他若齊武帝文惠太子、南唐元宗獻武太子，才優於德，皆盛年早薨，又降愍懷、昭明一等矣。漢武帝戾太子、唐中宗節愍太子，不忍一朝之憤，而子盜父兵，自取夷滅，尤不足言。唐順宗在東宫，天下陰受其賜二十年，而當時無赫赫之名。明仁宗早以勳賢爲太子，而卑巽自牧，遭漢庶人之譖，惟以恐懼悟上。二君卒有天下，可謂合於《易》道。然猶皆不獲享年，殆以久在儲貳，得決庶政，已折除九五之福耶？故魏曹丕爲太子，抱辛毗頸而曰：『知我喜未？』雖婦人亦知魏之不昌也。

初九日辛丑　眉批：僧王四百里秦村發。文俊、恒福各六百里大沽發。王有齡、瑞昌各六百里杭州發。徐之銘五百里雲南發。晴。復閲《元史類編》，其疏謬愈出，至敘次之沓冗，文辭之鄙淺，更不必言。《四庫》不收此書，有以也。

邸鈔：上諭：僧格林沁辦理一切未能周妥，實屬咎有應得，著拔去三眼花翎，革去正黄旗領侍衛内大臣、廂藍滿都統，以示薄懲。上諭：桂良、恒福均著授爲欽差大臣，並著馳驛即赴天津，會同辦理事件。上諭：直隸提督樂善久歷戎行，戰功迭著，兹在海口防所陣亡，殊堪憫惻。著照提督陣亡例從優賜恤，賜謚威毅。並著在海口地方建立專祠，以慰忠魂。彭中堂因病奏請開缺。

聞湖州失守，杭城危甚，奈何奈何！夜卧至五鼓，疾再動。

初十日壬寅　眉批：恒福六百里加緊發。焦祐瀛六百里保定發。文煜六百里山東發。李若珠六百里揚州發。毓科五百里江西發。晴，復熱。珊士來。叔子招同珊士夜飲如松。聞僧王入見。有大沽失守之謡。邸鈔：上諭：已革廣西提督張玉良著賞還提督頂戴，幫辦瑞昌軍務。上諭：雲南布政使鄧爾恒補授。雲南按察使花詠春補授。慶廉奏沈丘、迎仙店、正陽、楊家(賽)〔寨〕等處剿捻之捷。

珊士宿齋頭。

十一日癸卯　眉批：張之萬、焦祐瀛六百里通州發。增慶五百里山海關發。文謙四百里保定發。官文五百里湖北發。晴熱。聞夷人突入天津據之，僧王移疾乞假，文俊、寬惠等俱爲噗人質留，朝命嚴兵備通州而已。聞浙之臨安等縣盡失，杭城四面受圍，江蘇之上海垂破，常熟之兵亦敗。南北事壞至此，惟恨多我此生耳。定子來。紱翁來。

十二日甲辰　眉批：張芾五百里安徽發。薛焕六百里加緊上海發。曾望顔六百里四川發。恒福五百里天津發。晴。爲袁篤臣撰其祖母郭太夫人八十有三壽序，别存稿。篤臣來。

漢高帝廟號太祖，而自來多稱高祖。漢末潘勖《魏公九錫文》云『高祖之命將墜于地』，又云『對揚我高祖之休命』。或謂其本於《周書》之『無壞我高祖寡命』，乃創業之君之通稱，非誤以太祖爲高祖也。然予按《史記》《漢書》已皆稱《高祖本紀》，其紀首皆曰：『高祖，沛豐邑中陽里人，姓劉氏。』他紀傳亦多稱高祖，而稱高帝者十不一二，稱太祖者未嘗一見。然則高帝之稱高祖，子長時已然矣。

十三日乙巳　眉批：恒福六百里、文俊四百里各天津發，譚廷襄六百里陝西發，成凱六百里加緊綏遠城發。晴，大風。陳珊士近作《哭張郎》樂府，叔子悔其未盡，爲填《酹梅》一齣。予以近日之夢，忽忽有感，亦填《秋夢》一齣。平生不彈此調，勉强效顰，客中又無曲譜，即《牡丹亭·尋夢》劇依樣填之。玉茗素不知音律，其著《四夢》，皆信手而出，多强譜以就其詞，故輕重雜糅，有一句至十六七字者。欽定《納書楹曲譜》言其次以入律，甚費鉤劃。然其驚才絶艷，壓倒元人，言南曲者奉爲圭臬。蓋文章之工，固不在此也。《驚夢》《尋夢》兩齣，尤天仙化人之筆，即不喜讀曲者，亦不能廢矣。夢漁來。夜同叔子對坐填詞至天明罷。

十四日丙午　眉批：恒福五百里天津發。文謙四百里保定發。文煜六百里山東發。托明阿五百里西安發。晴，風如前。

邸鈔：上諭：工部尚書文彩由部曹洊躋卿貳，擢至正卿，勤慎辦公，克盡厥職。玆因患病，開缺調理。方冀就痊，仍資倚畀。玆聞溘逝，悼惜殊深。加恩著照尚書例賜恤。賜謚安恪。上諭：賽尚阿著賞給五品頂戴，交僧格林沁差遣委用。

夜月甚佳。偕叔子填詞，至五更脱稿，中如『燕後鶯先，葉底花前，是處瞒他見』，又『那邊歌院，那邊舞簾。這一答，軟垂垂的楊葉兒繫情絲，那年。這一答，艷生生的花影兒證情詞，那年。是我兩人呵，結下了没頭的恩怨。又水裹青春，畫裹青山，回頭天上神仙眷』，又舞燈云『月纖纖，屧兒印遍，舞胡旋，賺得嬌嫌，越顯出那小春人笑靨』，叔子謂不讓玉茗。然予所不能忘情者，則在『前生孽債頭陀願，今生罪過閻羅案，更來生因果菩提讚。一會價迷離夢幻，碧落黄泉。守這個情根相見』數語也。

十五日丁未　眉批：焦祐瀛六百里天津發。桂中堂五百里武清發。曾國藩五百里江蘇發。官文六百里武昌發。　先君子忌日。上午晴，下午陰晦，風不止。叔子樂府成，驚才絶艷，上掩玉茗。《折柳》一齣，以視予作，成傖父矣。爲袁午橋星使改撰其母夫人壽序。徹曙始寢。

十六日戊申　眉批：恒福五百里天津發。增慶五百里山海關發。毓科六百里江西發。　晴。作書致子恂，致德夫，致篤臣。得子恂復。夜再擬填樂府，不成。

邸鈔：上諭：張芾著即來京，所有皖南軍務統歸曾國藩督辦。周天受著交曾國藩差遣委用。上諭：成都將軍東純賜謚恭介。于湖北途次溘逝，深堪憫惜。四川總督著崇實署理。四川提督郭相忠調補。甘肅提督成瑞補授。甘肅寧夏鎮總兵鄭魁士補授。

十七日己酉　眉批：托明阿六百里西安發。　晴。陳璧軒來。

邸鈔：曾國藩奏請爲湖南平江縣建忠義祠，祀特贈太僕寺卿何忠駿贈總兵、謚壯節。何藻雲等二千六百餘人照各府昭忠祠及湘鄉縣忠義祠之例，列入祀典。詔：以平江當江鄂之衝，自寇警以來，四鄰皆陷，一邑獨完，忠義可嘉。允宜特予褒榮，用光祀典。著照該大臣所請辦理，地方官春秋致祭，以安忠魂。

十八日庚戌　上午晴，有風，下午陰晦，晡時微雨。作致秦鏡珊閩中書，致季眖書。夜雨數作，凄楚特甚。早睡。

邸鈔：慶廉奏本月初六日官軍攻克皖境黄園賊圩。劉長佑奏二月間廣西百色廳及泗城、思恩等處之捷，陣斬石逆僞國宗石達德、石鎮常、石鎮吉等。

十九日辛亥　眉批：李若珠五百里揚州發。　晴。定子來。得篤臣片，招夜飲。作稟家慈書，由閩轉寄。

偕叔子訪璧軒，以致季貺、鏡珊福建書屬轉交文茂信局發，專足賫去足銀八十兩。定子邀喫糖肉不托薄荷豆糜，甚佳。晚偕叔子、定子赴篤臣之招，并晤李叔彦及蔣某刑部，二鼓始歸。夜舊疾復動。

二十日壬子　眉批：翁同書六百里安徽發。文煜五百里山東發。桂中堂六百里天津發。巴棟阿六百里京口發。　晴，酷熱。填《舟覯》樂府不成。

邸鈔：劉源灝奏六月十四日收復貴州修文縣。慶廉奏本月初九日初十日勦鹿邑竄捻劉狗、雷産等之捷。李若珠奏請以浙江黄岩鎮總兵黄彬加提督銜，管帶鎮揚一帶上下游師船。

昨聞有中書舍人吴某者，係歙縣尚書椿之子，以舉人入貲得官。狎歌郎全珍，全珍，沈姓，字芷秋，近年來名噪樂部，都中昆旦推爲第一，而吴君墓草久宿矣。負纏頭貲數百緡。嗣呼郎，輒不至，而吴惑之愈甚。數日前，吴偶過郎，郎適以事被師所笞。吴輒以好語誘之遁，即挐郎上車去。吴時貧甚，不能居京師，遂謀同出都。未行，郎之師率人入吴室啓櫝搜得郎，遂惡語侵吴。吴慟哭謂郎曰：『事不諧，吾必死矣！』郎歸，吴是夕仰藥死。聞其數月前題壁有『堪羡多情甘太史』之句，甘太史者名守先，道光間爲娶歌郎寶珠，債負鉅萬，自縊者也。蓋早以死自期矣。吴年已四十餘，予於正月間曾兩與飲曲中，貌寢陋，目斜視，其狀甚鄙寒。記其所招者乃桂玲、珣華，未嘗及全珍，不料其鍾情至此也，聞之可爲駭異。

二十一日癸丑　眉批：慶廉六百里汴梁發。桂中堂六百里天津發。　晴，酷熱更不可堪。閲周文之太守所寄家書，具言常熟、長洲、無錫各鄉團之忠義殺賊，而官兵無一人可用者。又痛言何桂清、王浚、張玉良之罪。徐撫之焚蘇城外南北兩濠，薛焕首勸何桂清棄常州，皆可憤悒。賊至常郡、無錫，張玉良皆不戰而走，直入蘇城。徐撫手無一兵，所調集諸將皆不遵約束，玉良所帶潮勇又與賊通。徐撫夜下令兵勇盡白布抹額，以別賊紅巾，至曉而賊亦盡白巾，内外莫辨。蘇民又切齒潮勇，自玉良列兵登埤，調民團于外，民遂疑潮勇爲叛，相率殺勇，連及玉良部兵。兵勇大嘩，遂開門迎賊入。潮勇益肆，殺民爲報復，死者蔽野，婦女盡被劫掠，廬井無存者，言之可爲酸鼻。又閱常州人周霄《江浙紀變》一册，中言張國樑之死甚鑿，而迄今朝無人爲言者，何耶？

定子來。聞僧王初以計不用，朝命又削奪其官，時所調蒙古兵萬餘人已至，遂欲致死於夷人。前日上命惠王、怡王、鄭王慰諭之。僧王延惠王入，而拒二王不得見，又請撤八旗兵，盡用蒙古兵。蓋夷舶初至，僧王即力請出戰，二王持不可。及夷兵大集，僧王日守礮臺，親視然放，晝夜不得息，所殺傷互相當，而樞府猶馳廷寄日十數至戒勿戰。僧王又令提督樂善守北塘，暗設地雷火藥埋海口，而夷人所募粤勇暗與守兵通，盡壞所埋火器，夷遂繞越大沽直犯北塘，樂善死之。朝廷遂亟議和，詔僧王移師避夷人。夷人遂入踞天津府，連營至楊村、蔡村。桂相遽許以和幣銀千萬兩，夷必欲得千六百萬兩，上不得已，遂復議戰云。

邸鈔：曾望顔奏三月間川楚官軍剿賊于富順五里浩街及宜賓等處之捷。

得鍾寶田片。

白露　二十二日甲寅　眉批：僧王馬遞張家灣發。桂中堂六百里加緊天津發。李若珠六百里揚州發。德楞額五百里山東發。龐鍾璐六百里江蘇發。林揚祖五百里甘肅發。　是日戌初二刻白露，浙江戌初三刻。晴，酷熱如昨。連日舊疾舉發，又遘餘暑之虐，委頓殊甚。

邸鈔：翁同書奏本月初四日苗沛霖自程圩移師至板橋集地方，招諭被脅各圩殺捻投誠，展溝、闞疃等處聞風響應，附近方山各圩一律薙髮投誠。詔：苗沛霖旬日之間，兵不血刃，共收復六十餘圩，淝河以南漸就肅清，辦理甚爲妥速，著交部從優議敘。

終日填《舟覯》傳奇樂府，徹夜而成。演唐小説所載支純父、施弄珠事也。支以越人爲浙東觀察使，不知在唐何時，吾郡歷代圖志中亦無其人，或係影託之説。予喜其事，附而成之。其詞雖不及《臨川四夢》，擬之《桃花扇》中『訪翠』『題畫』，差可比肩。聞天津以二十七日決戰，僧王、桂中堂合疏，有『請以死戰，勝負則未可知』之語。得陳德甫書。

二十三日乙卯　眉批：成凱五百里綏遠城發。桂中堂六百里加緊天津發。曾國藩六百里江蘇發。王有齡六百里杭州發。

晴，暑稍減。定子、珊士來。夜叔子、定子餞袁篤臣，邀珊士、李叔彦、杜某工部及予作陪。聞上海危甚，金壇亦破在旦夕，浙西無能爲矣。

邸鈔：德楞額奏官軍剿滅幅匪，江南、山東邊界一律肅清。

二十四日丙辰　眉批：桂中堂六百里加緊天津發。焦祐瀛六百里天津發。慶廉六百里汴梁發。官文五百里武昌發。

晴。午後偕叔雲訪五樓，拉之同返，作終夕談。

邸鈔：曾國藩奏以按察使銜安徽池寧太廣道員缺緊要，請以浙江温處道李元度調補。詔從其請。李，湖南平江人，現以按察使銜統領平江營也。浙江温處道支方廉補授。

聞今日命怡王載垣、尚書穆蔭赴天津辦理夷務。今日是仲弟三十歲生日，南北亂離，不得消息，念之黯然。因用東坡『持此壽卯君』五字爲韵作五古五章，仲弟生辛卯也。詩不成。

二十五日丁巳　眉批：僧王馬遞草地發。桂中堂六百里加緊天津發。王夢齡六百里淮安發。桂中堂又六百里加緊。

陰，午後風，微雨略作。五樓來。聞上有幸木蘭之意，已敕整備六軍，假名親征，實爲行計。果出此舉，國事決於今日矣！自仁廟營熱河行宫爲避暑地，歲以四月往，八月木蘭秋獮後還，殆仿元之上都。成廟始罷行幸。今四十年，沿途行館，久不修治，是匪特大駕一出，京師皇皇，而伏莽竊發于蹕伶家。因寓書規諴，其略云：時事決裂，將不可問，吾輩此中，祇宜飲酒。而杖頭闕如，不得蹔作過從，令人悶死。日來貴同寮吴君事，聞諸道路，皆言閣下實主其議，欲假此釋憾東門之役。以鄙揆之，當非本意。如或所加有因，則以群履勝流，而興戎于緑幘青衣之伍，已爲不倫。且修郄東家，甘心西舍，尤爲顛倒，非足取償。尚望察其謗由，納斯忠告云云。子恂復書，辨無此事，究不知若何也。

邸鈔：彭中堂、潘祖蔭各遞封奏，六部九卿遞會奏，都察院堂官、五城御史遞連銜封奏，皆止駕行也。上硃諭數百言，有『預備巡幸之事，爲親征之計』云云，蓋聖心不可回矣。

雪甌來止宿，談至五更始寢。

二十八日庚申　眉批：恰王六百里直隸發。崇實五百里四川發。　晴。雪甌去。

邸鈔：祁寯藻、翁心存各專摺遞封奏，勝保遞封奏，都察院九卿科道各遞連銜封奏，御史劉成忠、曹登庸復專摺遞封奏。

邸鈔：張芾奏六月三十日逆匪攻圍寧國府城，周天受迎戰，迭破壘卡三十餘處，而浙江賊衆回竄孝豐，突犯廣德，七月初四日江長貴、米興朝登陴督戰不支，遂致州城失陷。詔：革長貴職留任。已革總兵米興朝前因救援廣德不力，令張芾查明嚴參，此次復退至四安，著曾國藩查明先後退縮各情節，嚴參治罪。

夜就叔子卧室閑話，因及承平時家園之樂，先世雖皆以勤儉治生，然食德服疇，宇内殷樂。故暇必聚鄰里親戚，過從飲食，以次治具，歌詠嬉游，兒時猶及見之。今三十年，天下遂已至此。我生不辰，謂之何哉！平世士夫，亦間尚風流，而不以刻意詩歌爲事。亦無裙屐之飾，絲竹之好，信然而作，信然而輟，其吐屬皆得中和之音。故雖不以詞藝名，而太平之象，藉之以見。予本生王父司馬公所作詩僅及百首，多於杖笠間得之。如《遊吼山》云：『四周樹合添雲色，半壁泉飛作雨聲。』《夜飲歌樓》云：『鬢絲老去情無著，明月清風在小樓。』《清明詞》云：『紅橋漓渚春風市，緑樹亭山細雨天。』更有謝公遺墅在，衣香人影滿平田。』《秋泛》云：『鏡水家家皆種稻，稽山處處盡栽楓。年年老景無多戀，霜滿天時樹正紅。』《過西湖追悼亡女》云：『全家昔日醉湖邊，油幰籃輿幾往還。今日不堪回首處，梅花如雪滿孤山。』皆不有意求工，而性真藹然，如春山白雲，與天地爲駘蕩。先君子尤不多作詩，兒時曾侍遊鄉僻一寺，見偶書一絶云：『兩過僧樓分外凉，掩窗敧枕鳥聲長。竹陰裂處清風入，吹動楞嚴葉葉香。』清幽夷曠，字字名雋。迄今二十六年，猶能記之也。頃爲叔子誦及，恐日久或忘，謹記於此。

二十九日辛酉 眉批：僧王馬遞賈格莊發。文俊三百里通州發。李若珠六百里揚州發。林揚祖五百里甘肅發。曾望顔六百里四川發。袁甲三六百里安徽發。晴。定子來。聞昨日上諭停幸木蘭，所具車輛，俱命遺散，内外讙呼，真社稷蒼生之福也。蓋此行本非上意，有進無退，利害較然者矣。作書致德夫。得德夫復。叔子約今晚同作詩，會其小病，予亦苦無意緒，遂輟。

邸鈔：上諭：近因軍務緊要，需用車馬，紛紛征調，不免嘖有煩言。朕聞外間浮議，竟有謂朕將巡幸木蘭舉行秋獮者，以致人心疑惑，互相播揚。朕爲天下人民主，當此時勢艱難，豈暇乘時觀省。且果有此舉，亦必明降諭旨，預行宣示。斷未有鑾輿所涖，不令天下聞知者。爾中外臣民，當可共諒。所有軍營備用車馬，著欽派王大臣等傳諭各處，分别即行發還，毋得盡行扣留守候，以息浮議而定人心。欽此。硃諭：朕廑念兵艱，中心怛惻。若令枵腹荷戈，焉能責其用命疆場。兹由内發銀二十萬兩，普賞防堵巡防各兵丁，以示激勵人心之至意，著派惠親王瑞華御前大臣軍機大臣辦理。特諭。巴棟阿奏七月十六日金壇失守。詔：金壇一城固守數月之久，乃于援兵未到之先，竟致失陷，殊堪憤濍。著巴棟阿迅即查明失守情形並文武下落具奏。　薛煥奏七月初四日，賊悉力圍撲上海縣城，至初八日解圍。詔：此次逆匪圍攻上海，勢甚鴟張，經薛煥督同在城文武嬰城固守七日夜，督隊擊賊，連獲勝仗，力解重圍，辦理甚爲得手。江蘇巡撫薛煥，著賞給頭品頂戴。鹽運使銜兼署江蘇布政使署蘇松太道吴煦，賞給二品頂戴。署江蘇按察使候補道江清驥，著交軍機處記名，遇有江省道員缺出，請旨簡放。四明公所董事候選道楊坊，著留於江蘇，交軍機處記名，遇有江蘇道員缺出，請旨簡放。餘升擢有差。　薛煥又奏七月初一日，參將陳汝霖會同民團收復松江府城，野鷄墩民團攻克南翔鎮，將進攻嘉定青浦。詔團練紳董查明奏獎。

八月壬戌朔　眉批：文謙四百里保定發，德楞額五百里山東發。　晴。得定子書，並元和顧河之孝廉瑞清以其祖澗蘋先生廣圻《思適齋集》見贈，即復書謝。《思適齋集》凡十八卷，爲賦及詩三卷，詞一卷，文十四卷。先生邃于考訂之學，尤精校讎，其序諸書及題跋，皆一時絶學也。定子來。得紱翁書，索日記，即復。叔子今日病暴下，頗委頓。早睡。

初二日癸亥　眉批：恒福四百里新河發。　晴，稍熱。叔雲病更劇。作書致定子得復。定子偕顧河之孝廉見訪，年四十餘，粥粥篤謹，學問人也。聽其談古籍源流甚悉，固有得于家學者。孝廉又嘗從武進李申耆先生游，能守師法云。

邸鈔：伊勒東阿、勝保前往防所請訓。聞勝保自河南回，見上即請殲夷自效。前日上疏復極言夷之不足畏，且痛劾鄭王誤國罪。會怡王請添遣大臣知兵者辦夷務，上乃命勝及伊都統往。而鄭王兄弟遂三日不召矣，中外忻忻，謂將有處分也。國子監遞連銜封奏。曾望顔奏六月二十七日川楚兵勇會剿藍逆重慶州之捷。

初三日甲子　眉批：僧王馬遞賈格莊發。　晴熱。聞和議已成，桂相等諸大臣與夷酋立約畫押，予以銀二百萬兩，許于天津立馬頭通商，夷人四百人以下准入都城，一切皆如桂相初奏條議。自前日内發帑金二十萬頒賞將士，中外議將決戰，僧王、勝保尤力持之。朝令夕更，卒潰于成。上之重用民力，固爲聖仁，然于國體，終譏虧失。惜哉！定子來。（此處塗抹）

邸鈔：袁甲三奏攻圍定遠連獲大捷，斬逆首孫葵恩于陣。詔副都統薩薩布、善慶等升賞有差。傅振邦奏七月二十三日皖捻竄青水溝，總兵銜副將劉蘭馨賜謚莊勤。等陣亡。詔優恤有差。勝保補光禄寺卿。

初四日乙丑　眉批：怡王六百里加緊通州發。李若珠六百里揚州發。王有齡六百里杭州發。　晴。得巳蘭片。出門答拜潘紱翁、顧河之、陳竹珊、家雅齋兄，晤竹珊、雅齋、德甫。作書致紱翁，索還新制樂府，以令嗣廷尉君攜往海淀爲復。

邸鈔：駱秉章奏兩粤股匪竄逼湖南，郴、桂、永、寶靖各屬同時告警。臣與左宗棠各軍赴川，請留廣東鹽運使裕麟在楚辦理籌餉，即兼署臬司篆務。詔從之。

昨夜夢與子九、叔子及戚好數人，泛舟山陰道上。忽至一處，似非曾經。春水滿湖，平廣數里。一岸樓墅綿亘，皆極華好。門前各有大樹，若桃杏海棠紅梨之屬。有一樹，花殘過半，香色尤絶，朵大如辛夷花。予問是何名，旁一客曰：『優曇花也。』予曰：『此出滇南，吾鄉亦有耶？』花下有築毬者、放鴨者、浣衣者，語笑閑静，姿飾修媚。欄楯間亦往往鞦韆隱見，若近若遠。對岸皆丹崖翠嶂，靈秀映發。予詫謂人曰：『里中佳勝，殆遍搜討，何意笻屐，乃遺斯區。』叔子曰：『此僕夙遊，君偶忘耳。』未幾，路忽轉，則已出鐘堰，爲畫橋快閣間矣。醒而思之，其地頗似湖塘，所欠者精廬佳卉。我輩早有歸隱結鄰之約，而予所營購，常在湖塘。或他日亂離過定，買山有資，竟得於此間比檐接宇，各擅園林之勝，爲故鄉山水更添佳觀，先於此夢示兆乎？書之爲卷，以示叔子，亦足令羈魄先喜，塵顔解笑也。吾鄉廬舍之勝，無逾清水閘。樓館廊廡，門多臨水，結構皆取幽邃，夢中所見頗似之。予嘗謂湖塘之山水，清水閘之亭館，合而有之，真足稱寰瀛第一。其營建初不甚糜，亦無刻鏤之尚，因其布置，稍施丹漆，不過數千金之貲，已足經度。他年得同志十餘人，聚家而居，人結屋數十間，臨流各起樓三四間、草堂一二間，便足傲神仙南面矣。

初五日丙寅　眉批：僧王馬遞八里橋發。玉明五百里盛京發。　終日薄陰，不見日。巳蘭來。昨日和議忽變。蓋夷酋噸爾唫將入見，怡王諭以朝儀及冠服之製。酋不從，曰國法惟祭天跽耳，且易服亦不便。怡王固諭之不可，因告僧王曰是和不可成，當亟戰。僧王即掩其營，執副酋巴亞哩及他酋四人。酋見僧王即膝行，涕泣求免。怡王遂以夷務屬僧王、瑞相、勝光禄等，而自與桂相、穆尚書及武備院卿恒祺解酋至京。昨晚赴園候處分，命下諸酋刑部獄。

今日邸鈔詔暴逆夷罪，並命決戰。大略言：暎咭唎、咈囒哂與中華和好有年，久無嫌隙。咸豐七年冬，廣東兵興，闖入我城池，襲擄我官吏。朕猶以總督葉名琛剛愎自用，召釁有由，未即興師問罪。八年，夷酋噸爾唫等赴愬天津，乃乘我不備，攻踞礮臺，直抵津門。朕恐荼毒生靈，不與深較，爰命大學士桂良等往與面議，息事罷兵。詎夷酋哦囉嘶等桀驁不馴，復于八年直抵大沽，毁我防具，經統兵大臣僧格林沁痛加轟剿，始行退去。本年，夷酋噸爾唫、噶囉等復來海口。我中國不爲已甚，准令由北塘登岸，赴京换約。不意該夷等包藏禍心，夾帶炮車並馬步各隊，抄我大沽砲臺後路。我兵撤退後，復至天津。爰又令桂良馳往理諭。嚙爾唫肆意要求，婪索兵費，强增口岸，陳兵擁衆，入我郊畿，凶狡情形，至於諸極。復命怡親王載垣、兵部尚書穆蔭前往，再三開導。逆夷猶敢領兵，逼近通州，稱欲帶兵入見。朕若再事含容，其何以對天下！現以嚴飭諸軍，與之決戰。近畿士民，或率領鄉兵，齊心助戰；或整飭團練，阻截路途。無論員弁兵民人等，有能斬黑夷首一級者，賞銀五十兩；斬白夷首一級者，賞銀一百兩；擒夷酋一人者，賞銀五百兩；焚搶夷船一隻者，賞銀五千兩。所得資財全行充賞云云。

初六日丁卯　眉批：焦祐瀛六百里静海發。周天受、曾國藩俱六百里安徽發。　陰。作書致定子。得紱翁書。今日文俊亦自通州還京，皆命辦夷務者也。

邸鈔：李若珠奏七月二十一日越河、新豐及丹徒、河口等處之捷。

秋社　初七日戊辰　眉批：恒福六百里加緊静海發。巴棟阿六百里京口發。　陰慘，午後微雨，即止。是日勝光禄與夷人戰于通州，大敗，八旗兵多死，光禄負重創。輿入國門，都人大駭。各戲團方演劇，忽讙呼盡散。市肆洶洶，官民倉黄奔避。守者亟閉内外城，惟留宣武門、南西門、彰義門通出入。

邸鈔：瑞昌等奏七月十四日收復廣德州。杜翻奏請飭山東在籍大臣前任閩浙總督劉韵珂、廣東巡撫黄恩彤、江西巡撫陳阡、湖南巡撫馮德馨、江蘇巡撫傅繩勛等分辦團練。詔從之。

同叔子弈。夜卧不安寢。嘆夷入通州。

初八日己巳　陰晦如前。早疾動，起憊甚，終日不快。是日巳刻，車駕東出，宫眷俱倉黄行，人心大震。定子偕其同鄉蔣某編修來，俱皇皇有驚遽色。同叔子弈。宣武門亦閉。（此處塗抹）來。顧河之孝廉來，談經籍首尾甚具，盡兩時許，至日暮去。聞僧王退駐皇木廠，離城十里矣。又聞前日勝光禄之敗，僧王不救。邸鈔不至。夜作書致定子。得復。

秋分　初九日庚午　寅正二刻秋分，浙江寅正三刻。陰，晡見夕陽，連日天色慘晦，今始見晴色。終日小極，又略受寒氣，鼽涕咳嗽，身微發熱。（此處塗抹）聞命恭王留守，居圓明園，惠王、惇王等輔之，派八旗大員八人守内城，以漢官團防大臣周祖培等四人守外城，惇王署步軍統領，西凌阿署左翼總兵，文祥以右翼總兵留鎮都城，匡源、穆蔭、杜翰及怡王、鄭王、肅順等皆從行，以馬一萬三千匹扈蹕。是日薪米諸物皆驟貴數倍。下午南西、彰義兩門皆閉。居人更懼。聞午後硃諭至，以文祥署步軍統領。出門訪潘紱庭、顧河之、吕定子、楊子恂，皆不值。遇巳蘭于塗，晚歸。夜身熱氣塞，早睡，終夕不寧。

初十日辛未　晴。蚤起作書致德夫、子恂、定子，甫畢，手戰，疾作，終日身熱頭痛，不能飲食。聞夷人營八里橋，僧王營在齊化門外。是日蔬菜漸絶。聞大駕初八日駐房山，初九日駐昌平州，乃出居庸赴瀋陽之路。此行或云幸木蘭，或云幸盛京。元遺山詩云：『蛟龍豈是池中物，蟣虱空悲地上臣。』可爲今日詠矣。周雪甌、杜五樓來，顧河之來，談至夜飯後始去。叔子爲定方，喫防風、薄荷、桔梗、建曲、桂枝、炙甘、厚朴、枳殼等藥。是日成《圍城病中感事》七律四章，存《越縵堂詩集》中。

十一日壬申　晴。身熱漸退，午後可喫粥。定子來，言昨有朝官數人謁恭王，請入城居守，王許之。文祥昨詣僧王營，籌戰守及餉項，歸駐城中，條守禦具粗有緒。而行在硃諭至，詔恭邸毋得入城，文祥亦駐海淀輔恭邸。王遂不敢入，文公亦奉命赴園矣。又聞行在詔提户部銀六十萬，户部以餉方乏之，不能應。珊士來言初三日試軍機，取名第八。初八日方待引見，而前夕園中内官忽盡覓車行，次黄帷車宫眷出，盡夜始畢，次早傳旨停引見，巳刻車駕自園後門出矣。得定子書，即復。得鍾寶田書。

河之來告明日行，以淩廷堪次仲《校禮堂集》、俞燮理《癸巳類稿》爲别，又以前後《漢書》、杭世駿大宗《道古堂集》、楊芳燦蓉裳《芙蓉山館文鈔》、江都秦氏所刻《詞學叢書》，及近時吴人戈載順卿《翠薇花館詞》、沈傳桂閏生《清夢盦二白詞》、黄韵珊《拙宜園樂府》諸書贈。叔子及予久談始去。

十二日癸酉　陰有風。昨夜睡稍安枕，頭痛亦止，胃膈頗開，而舊疾復發，蚤起憊甚，欲走送河之，不能登車，因作書致意。比去，河之已行矣，悵恨累日。得鍾寶田書，即復。

閲《校禮堂集》。次仲精于禮學律樂，賦頌誦法蕭《選》，雖少精警，亦未失雅道。詩亦不俗。所論辨經解古義，皆確實有本原。間有偏執，精者爲多。又以同時諸儒，皆略于乙部，獨稱錢辛楣之史學，所載戴東原、汪容甫事跡甚備。其自著有《後魏書音義》，惜未及見。今集中有自序，甚佳。洪稚存《更生齋文集》中亦有是書敘，言有四卷。（此處塗抹）眉批：先生爲翁覃谿弟子，故集中稱覃谿不無過當。又少與阮文達爲布衣交，集中屢見之。考次仲以布衣入都，覃谿首知之，力勸其赴舉。及落解遊揚州，時文達甫冠，尚未遊庠，次仲即極相推許。致覃谿書，言揚州惟容甫、伯元二人。於此亦足見先輩眼力之高。《校禮堂集》中所載書啓，往往具首尾稱謂，殊多不典。蓋其集係後人所刻，全録其稿本，不知削去，故有稱『大弟』『大人』之類。

夜漸安，復能久坐，作字連夕。月殊佳，畏風不得一賞，可惜。

爲《思適齋集》作跋。因此集係上海徐渭仁所刻，校勘未精，又有妄删去者。河之再三爲予言，屬記之于書，遂系以三跋。吴人以戈順卿爲詞宗，奉之甚至。三十年來，大江以南無敢訾之者。其詞辨别上、去二音，謂獨得律吕分刌，持守甚嚴。而語意膚拙，乃白石老仙之末派耳。順卿父名宙襄，字小蓮，亦吴中老宿，乾嘉間有盛名，聞其博奥不在當時諸經師下，有《半樹齋文集》。眉批：宙襄以母喪毁，卒年六十三，吴人稱戈孝子。近來老儒，若江蘇陳奂碩父之經學，直隸苗夔仙鹿之小學，及戈順卿之詞學，海内幾以魯靈光視之。實則戈詞僅足當曲譜讀。苗之著述無所見，偶見其一二題跋，文字俱不甚通。陳爲段懋堂弟子，授受具有淵源，所著有《毛詩傳疏》，乃舍鄭箋而別爲説者，多取康成以前諸儒之説，徵引浩博，自逞雄辨，蓋段氏之教如此也。凌次仲有言，今爲漢學者多喜駁康成，殊不可解。汪容甫言吾最不喜今之爲古義者，偏信私决，惡莠亂苗。昨河之言陳氏《毛詩疏》中，凡宗廟社稷國學之地，衣裳之制，多據古籍單辭；或古本一字之異，盡翻前説，繁徵記傳，以實其言，至於不知所從，此真經學之蔽。然其淵洽貫弗，固近日學者中碩果僅存矣。京師諸稱古學及詩文家，直皆不識一字，不通一語者耳。

聞惠王、惇王皆赴木蘭。

十三日甲戌　晴。聞今日接仗。定子來言昨日硃諭至，命豫王監國。豫邸素以不慧聞者也。今日病愈復吃飯。

閲小説《紅樓夢》。此書出於乾隆初，乃指康熙末一勳貴家事，善言兒女之情，甫出即名噪一時，至今百餘年，風流不絶。裙屐少年，以不知此者爲不韵。凡智慧癡騃，被其陷溺，因之繭葬艷鄉者，不知凡幾，故爲子弟最忌之書。予家素不蓄此。十四歲時，偶于外戚家見之，僅展閲一二本，即甚喜，顧不得借閲全部，亦不敢私買。十七歲後，洊更憂疚，又多病，雖時得見此書，不暇究其首尾，而中之一二事、一二語，鏤心鉥腎，錮惑已深。十年以來，風懷漸忘，人事亦變，遂有禪榻鬢絲之懺，要亦非學道所致也。戊午夏常病，看書輒眩瞀，乃取稗販市書以寓倦目，因及此種。適家慈以寇警憂驚，屢形不懌，令子婦輩排日讀小説演義，若《西游記》《三國志》《唐傳》《岳傳》，以自消遣。予因暇輒講此書，多述其家事，及嬉游笑罵，以博堂上一粲。今復因病閲此，危城一身，高堂萬里，不覺對之嗚咽。此書相傳所稱賈寶玉，即納蘭成德。按之事蹟，皆不相合，要爲滿洲貴介中人。其中矛盾盭戾甚多，此道中未爲高作。自言改定者爲曹雪芹，袁子才《詩話》稱雪芹爲江寧織造之子。或又謂容若自撰。以予觀之，蓋即所謂賈寶玉者創草初稿，故于私情密語，描寫獨真；曹雪芹殆其家包衣，因爲鋪敘他事，加以醜語；嗣又有淺人改之。不知經幾人手，故前後訛舛，筆墨亦非一色也。眉批：涇縣朱蘭坡先生藏有《紅樓夢》原本，乃以三百金得之都門者，六十回以後與刊本迥異。壬戌歲餘姚朱肯夫編修于廠肆購得六十回鈔本，尚名《石頭記》。雪芹爲曹練亭子。練亭名寅，曾官蘇江寧織造、兩淮鹽政，著有《練亭詩鈔》，又嘗校刊字學五種，揚州詩局十二種。

聞今日戰至晚不解，齊化門外甚囂塵上，不知捷否。夜與叔子弈，負兩局。天明始睡。

十四日乙亥　陰晦。聞昨日並未接仗，且聞和議將成。杜五樓移具來同寓，叔子舍之陳竹珊姬人舊室。作書致德甫，得復。夜雨作寒。

十五日丙子　濃陰，傍晚稍開霽。聞大駕于十三日至木蘭，駐熱河行宮。聞和議漸有成言。夷酋巴亞哩已出獄，以八人肩輿送之城外高廟，館伴加禮；夷人許退次張家灣外河。聞陝西、山西各路勤王兵至。自初七日後邸鈔不至，今日報房始送初八日報來，内刻上諭留京王大臣，派豫親王義道、大學士桂良、協辦大學士户部尚書周祖培、吏部尚書全慶。義道、全慶駐紫禁城，周祖培駐外城，桂良駐城外。文祥署理步軍統領，麟魁署理左翼總兵，慶英署理右翼總兵，文祥著暫駐城外。黄昏月出，念客中兩過中秋矣。極望海天，偷息人世。拔心之悔無及，齧指之夢不靈。惄隸無家，轉屍有壑。生理已盡，人倫所誅。棄老母于草間，擲弱孩于虎口。揕胸絶脰，猶懸厥辜；飲灰吞刀，孰追斯咎。但得歸魂海島，畢景山阿，仰供側舍之泉，俯蓄荒穀之椽。庶陟岵之翼，獲附風以南騫；望鄉之臺，不隨樹而東靡爾。（此處塗抹）

十六日丁丑　陰晴相間。王九如孝廉來。珊士來。聞湖廣援兵亦至。彰義、南西門啓。同五樓、叔子、珊士步訪定子，拉之同至山會邑館，珊士新移居館中也。偕定子至晞賢閣下。時日暮雲合，槐陰黝然，對立談時事，萬感交集。復念閣下右室，爲去年孟調客死處。予指示定子，定子歎曰：『嗣祖焉知非福耶！』予益累唏不止，遂不覺流連忘暮，五樓來促始散。同叔子、五樓歸。定子愛才如不及，所交接多蹇介孤僻之士，極口稱道，往往過其分量。與孟調未嘗識面，僅見予所鈔詩一卷，而存殁之感，時發深喟，其性情固有獨至者矣。夜雨。是日成《高陽臺》『闉城日暮，偕毗陵吕鶴緣太史至邑邸晞賢閣吊亡友王孟調』詞一首，存《絳趺閣詞賸》中。詞未成。

十七日戊寅　陰曀積旦，晚風起，蕭颯萬狀，羈思爲碎。終日無事。夜風益甚，有月。寒可加之棉。

邸鈔：山東舉人劉須捐銀五千兩，免其覆試。太常寺卿湯修獻銀五千兩助軍賞。

十八日己卯　晴，大風，午後稍止。定子書來，告其姊罵賊遇害，弟亦被戕，爲之慘然，作書以慰。是日邸鈔復絶。聞和議未成，恭王欲赴行在，閣部大臣馳疏乞留恭邸。連夕月甚佳，同叔子、五樓夜話，往往徹曉。院寐露深，俯仰清曠，不知身在闉城也，但未識三千里烽火外故園風景何似。南天老母，望斷長安，聞此日海夷之警，當爲遊子心碎耳。內閣中書梁某持牛酒往犒夷營。

十九日庚辰　晴。巳藺來。珊士來。廷議遣商人駱姓、眉批：駱當作樂，即樂平泉，慈溪人，都中開同仁堂藥房者。王姓至夷營議和，以夷人重利，且疑中國和約不足恃，故求商客素習夷者與要誓。更集都中賈人千餘俱往。今日朝官紛傳各肆主者，將以明日行。今蚤卧，頃疾動，夜人定假寐復發，狼狽殊甚，天明始睡。外城辦事大臣爲商城及首輔黄縣、兵書陳子鶴、刑書趙蓉舫三人，蓋續派者。又有旨命恭王爲欽差大臣辦理夷務。

二十日辛巳　晴。午始起。聞僧王留梁舍人及諸商人不遣。（此處塗抹）

二十一日壬午　晴，稍和。今日所遣商人及犒禮俱回都城，或云僧王執不可也。社稷大計決于駔儈，即和議幸成，貽笑萬世。東南狂寇，益有肆心。况夷狄犬羊，反覆無極；市魁里猾，勢陵公卿；中外要挾，爲害匪細。乃朝廷之大辱，蕭墻之至憂。僧邸此舉，深得國體，但宜早決戎機，速求一戰耳。叔子邀同五樓、珊士至廣德樓聽四喜部。自三吴之警，日夕痛憤，不聽音樂者幾九十日矣。今日無俚，借此破悶。風景寥落，大異曩觀。然當此鑾輿出狩，强敵在郊，而徵歌逐舞，未即衰止。蓋都人久習太平，又多僑寓，無家室之顧。士大夫家在外者，半陷賊中，轉不復以兵燹爲意。致此上下相安，視爲無事。嗚呼！豈國家之福哉！今日失睡，夜初更後即覺倦，因假寐至四鼓始醒，舊疾復動，遂起同五樓、叔子談至日出始睡。聞各路勤王兵皆安傳。

二十二日癸未　晴。珊士來，以甫就卧，不見而去。聞今日與夷人戰。（此處塗抹）比十日來，（此處塗抹）晨睡午起，夜必痛談爲常。予精神較劣，每至人定後，先假寐一時，起則或論史、論詩文、論時事，以及稗官野説、鬼怪鄙瑣，無弗及，顧勿及淫媟不義者。嘗謂令床下立一小史，執筆記之，多有可觀。其言及平生境遇，則往往歎憤，相亂以他語。叔子又豫蓄食物，至五更，乃出之大嚼。人或以起居失時爲言。嗚呼！當此身世，日則聞警而懼，夜則思家而憂。憂懼交乘，脆質何恃？故變易朝暮，以杜耳目，亦日飲亡何之旨也。

二十三日甲申　晴。定子來。珊士來。昨日戰又敗，僧邸退屯德勝門，兵潰去者三萬。夷人至西直門。聞連日浙江有急報，或言杭州已陷。聞恭邸逃去，夷人踞海淀。夷人燒圓明園，夜火光達旦

燭天。夜蚤睡。是夕城中人見火光大恐，貴官多易服率其家室，四出求竄，達旦不止，號哭之聲，聞於遠近。（此處塗抹）

寒露　二十四日乙酉　巳正二刻寒露，浙江巳正三刻。蚤起天色陰晦，午晴。定子來。（此處塗抹）午後偕五樓走訪珊士、定子，俱不值。訪巳蘭，晤。晚歸。聞夷人僅焚園外官民房。又聞夷酋噸爾唫期以明日進城換約，從德勝門入，即以夷兵守門。連日都人紛紛奔避，朝官多盡室行，常熟、壽陽二舊輔皆去。今日出城者尤衆，車馬絡繹，坊市爲空。其自海淀逃入城者，扶老襁幼，係路不絕。貴官有先避居海淀者，前夜忽聞夷人至，多棄家屬貲裝而逃。都御史沈兆霖宵行迷路，奔竄百餘里，始狼狽入城。軍民被焚之家，焦爛四竄，哭聲震郊。以萬餘島夷，孤懸深入，而致輦轂之下，慘變至此，可爲長慟！（此處塗抹）聞恭邸、瑞相居彰義門外長興店，僧邸、勝光禄屯天寧寺，刑書趙光、庾帥成琦、院卿（原作『廄尹』，二字塗抹可辨）恒祺行成于夷人，眉批：武備院卿宜稱衛尉，初以誤記恒君爲上駟院卿，故稱廄尹。按國朝内務府屬有武備院卿，即右衛尉卿之職也。自秦漢設衛尉寺在宮内，掌門衛屯兵；隋以掌軍器儀仗帳幕之事；唐領武庫武器守宮三署；宋元豐行官制後，以卿掌儀衛兵械甲胄之政令，凡内外作坊輸納兵器，則辨驗以歸於武庫；若進御及頒給，則按籍而出之，每季上計帳于兵部。又掌帷幕之事，元世祖二十年立衛尉院，改軍器監。軍器監始于唐武德初，以廢少府監而設，貞觀時廢，開元時復設，旋廢。宋亦不常置。爲武備監，隸衛尉院。明代以諸務屬錦衣衛，不設此官也。條議四十八事，先送巴亞哩還。聞前月二十七日石門失陷，杭城圍急。（此處塗抹）

憶九歲時讀《詩經》，至『苕之華，其葉菁菁。知我如此，不如無生』，即覺瞿然而驚。問塾師曰：『古人何至作此語？』師曰：『太平時自想不到此耳。』予悵然退。日暮下塾，侍祖母寢，默誦此四語不置。祖母詢之，予對曰：『兒念此語可傷。身世有限，古人乃爾輕生耶？』祖母嘿然。伺予睡熟，呼先君子入，謂曰：『是兒固聰明，然頗不祥！』因言其故，色若甚不怡者。先君子曰：『兒讀書能有所會，或他日可望有成，勿致辜太夫人恩也。』蓋予墮地多病，祖母偏愛之，三歲斷乳，即令乳母張氏者携予居祖母寢室，躬視卧起。予至七歲，猶不能行，祖母每憂不壽，故聞此語輒大戚，先君子故寬解之。時予已醒，聞而不敢出聲息，豈知其讖，乃在今日耶？嗚呼！固不祥莫大于是矣。

夜有盗數十人嘑于街，有以刀抉所居門者，家人驚覺，鄰舍亦號而出，遂噪合團防局人起逐之，盗始緩行去。時都人各分坊市爲團防，而條教弛慢，上亡所督，下亡所儆，沿門索錢，徒爲故事。所居坊中，最顯者爲户侍劉崐，鼠伏不出，他處可知。當此國無奥主，郊有彊虜，而十餘日來，桴枝晏然，伏莽不發，真徼幸萬一者矣。叔子今日又小病，招至卧裏小談，出與五樓閑話達旦。昨夜五樓聞夷人燒園籞，面色如土，欲爲行計。今日又大言無足憂。近來朝野都是此一輩人，可歎也。

二十五日丙戌　陰雨，晡晴。今日内外各門盡閉，都人思竄者，車徒簦擔，擁塞城下，不得出。蓋城外劫盗四起，隻身敝衣，悉被掠奪。又聞有持園中斷爛物進城者，銅龍半爪，金獸一鐶，俱相傳視玩弄，蓋禁籞已不保矣。嗚呼！自聖祖締營海甸，以園賜世宗爲潛邸，至高宗踵而大之，歷三朝之久，殫列聖經營，極國家富盛，苑囿之美，冠絶古今。乃一旦播遷，委此而去，犬羊深入，遽付焚如。憶去年曾以事三至園，轉瞬滄桑，已爲摩挲銅狄人矣，可哀也夫！聞勝光禄家屬居天寧寺，故屯兵其地。瑞相駐兵長興店，故恭王及文侍郎皆依之。德勝門外禁旅尚萬餘人，誠能收燼，背城尚可一戰，乃竟束手郊外，延頸敵人，衮衮諸公，真全無心肝者矣。僧邸自甲寅、乙卯間以奉命大將軍參贊大臣平連鎮、馮官屯積寇，先晉親藩，次叨世襲。洎去年海上之捷，恩寵有加。乃益增壘築城，斬山激水，環千尋之鎖，樹百重之栅。軍中所需，朝請夕報。更發屋材撤冢木以濟公闕。民急安枕，應用不懟。中外喁望，以爲鯨跋即平，鳶飛俱墮矣，一蹶不振，貽患至此。雖云廷議牽掣，致僨有因。顧以勁旅十萬，坐鎮津沽三四年，歲糜内帑無算，而不能爲公家決一死戰，尚復何所委罪哉！近日威名雖損，人望猶歸，凡行事有稍合人心者，如勸上決戰，諫駕勿出，皆云其所主持。巴亞哩之執，或云恒祺嘗監粵海關，與有舊，實誘其來，而中外皆言僧邸出奇兵掩獲之。商人求和及犒師之舉，或云夷人拒不受，而民間又言僧邸以失國體，不使往。蓋猶與其初績，待爲宗臣也。及今不收人心，爲桑榆之補，一旦木蘭回輅，按律定辭，委公北門，豈爲無備。大臣夙憾，報復有端。況追其始進，功微賞重，主恩不固，群情益疑，爾時悔艾，何嗟及矣。

珊士及台州人王月坡州佐來，新自廣東押貢龍衣至都者，言由兩楚入豫而燕，述襄樊間道途之苦甚至。且言暎夷踞廣州，自將軍撫藩以下公署，皆夷酋居之，與華人雜治民事，又盡收民間兵器，故粵人雖恨不敢動。定子來。夜冷月淒風，寒慘特甚。叔子招喫芋魁，五鼓而睡。夷人營安定門外。

二十六日丁亥　晴，大風徹日夜。前日夷人至海甸，即招集畿輔無賴，縱之大掠，遂燒挂甲屯諸處。園門開，夷以巨礮擊壞之而入，盡取其金寶以去。宫眷有自縊者，内大臣吏部侍郎文豐投水死。昨日夷人傅城而營，今日我兵守陴者皆撤，城門盡啓，蓋和議成矣。

二十七日戊子　晴，風益甚，夜稍止。聞夷人尚未入城。珊士來。作書致德甫。作片致鍾寶田，還畫扇。聞圓明園爲夷人劫掠，復奸民乘之，攘斂餘物，至挽車以運之，上方珍秘散無孑遺。前日夷人退，守兵稍敢出禦，擒獲數人，誅之。城中又搜得三人：一懷翡翠碗一枚，上飾以寶石；一挾玉如意一柄，上有字一行，爲『子臣永珣恭進』，乃成哲親王獻純廟者；其一至挾成皇帝御容一軸，尤可駭歎。三鼓後風復作。

二十八日己丑　晴，風不止。珊士來。得德甫書即復。聞夷人明日自安定門入，至東華門法華寺定和議，内城居人四出奔避。聞貴州失守。

二十九日庚寅　晴，風止。定子來。夷人率兵五千入居内城。

九月辛卯朔　晴。珊士來。聞駕幸哈木齊。聞恭邸及桂相居天寧寺，蓋有詔令王駐昌平州，各大臣共留之，請居此云。恭邸，桂相婿也。聞和約僅十六條。聞杭城圍解。天明始睡。（此處塗抹）

初二日壬辰　陰。雅齋來。珊士招飲醇和堂，不赴。謝夢漁處録得暎人和約十六條：英臣住京師；隨住各處内地；天津貿易欽差度事駐扎；暎國臣與各省總憲並行；輸修税則鵶片進口；各使洋錢；港口運貨往來無碍；港納税不准重征；協同海運；中土人遷居他舍控馭；凡暎國購置内地房産立契有案；暎人身體性命財貨妥爲保護；暎人被誑騙財物或被劫立即拏辦；進口加扣茶用二分各案立即停止，今即定納税；前大臣者所定入廣東省垣如約辦理；新定之案有須變通照廿三年酌改。右乃英人條示者。其列名曰：暎國公使嚬爾唫、巴亞哩，俄國公使伊格納拙即福，佛國公使噶囉、嗹明長，米國公使華若翰、魏定國。蓋四國同議定者。所列諸款，未爲大害，較之昔年要求之四十三事，殊爲恭順。顧自五月末，夷舶初至，廷議即主款，旋桂相奉使講和，迄今百餘日，至直薄都城，鑾輿東狩，禁籞被焚，始得要領。何以不早決耶？前詔又有肆意要求婪索兵餉之語。揣其所求，當不止此。况凶焰方張，溪壑無厭，豈肯反從貶損，以結信義。而條約傳播，見者甚衆，又非謡言，殊不可解。其中字句多有窒礙，雖外夷文字不詳，當亦有傳寫致誤者。果能守此不渝，乃列聖之靈，國家之福，有以潛銷萌蘖，馴化犬羊，令其自爲轉移，不敢思逞。天心悔禍，其在斯乎？兩日來居人益狂奔四出，内城幾空，外城亦十徙八九，物價騰涌，市無貿易者，百貨俱絶。蓋北人不習夷，畏若鬼神，滿人尤甚。夷兵又乘城架礮内向，爲自衛計，而居者益懼，逃死不暇矣。數日來傳聞聖躬不豫，蓋上素羸怯，病咯血，前日倉黄出狩，有司闕供張，上一日不得食，恚甚，傳旨工書兼管順天府事張祥河、府尹董醇皆革職留任，駕抵灤陽十日即病洩且嘔血，比稍安云。

間讀淩次仲《校禮堂集》，於其中《論酷吏》《論正統》《論文體》及《論吴任臣十國春秋》《論書顧命》《論宋代黨人》諸篇，皆系以長評，多有可觀者，亦近日讀書之一得也。夜密雨，達旦始息。

初三日癸巳　晴，風。是日梟刼盗三十人首于市，半爲掠禁物者，行歌就戮，全無懼容。此輩皆坊市竊鉤，非桀猾者，比而故爲冥頑，視死如戲。民心思亂，深爲輦轂之憂，要其懵于無知，卒陷大戾，白刃在頸，猶示無畏，所謂今之愚也，詐而已矣，哀哉！京兆古號難治，漢之趙、張、三王，皆以威嚴爲政，況兹多事，尤賴禁奸。今日所戮，聞皆新就獲者。大駕雖出，國有常刑。白棓一呼，即爲砧肉。夷警以來，此舉差强人意。文祥撤去步軍統領署任，以刑尚瑞常代之。

初四日甲午　蚤晴，上午大風起，陰寒頓結。辨色始寢。傍午珊士來，猶未起。王月坡來，談及壬子八月試後曾遇之錢唐江上，與同舟而渡，今八年矣。憶是日同行者爲魯蓉生、王孟調、徐芸臺、徐小池，中表顧春園、陳月笙，族人安甫、雪樵八人，今孟調、芸臺、月笙、安甫、雪樵皆墓草已宿，念之慨然。夜風益怒，對燭閲《漢書》，畢一卷，窗外萬響奔沓，燈光顫青，孤坐震撼。念此病軀一葉，寄泊天涯，家山萬重，流離烽火，便覺此室之外，非復人世。叔子高卧未起，五樓亦假寐，呼之不醒，遂滅燭早睡。時甫交二鼓也。終夕不安。

初五日乙未　晴，風少止。定子來。聞長洲相國、錢唐尚書、潘星齋侍郎、袁笙陔閣學俱移疾求去，袁且不俟報而行矣。聞袁疏非請開缺，和議定後數日，仍回京攝少司寇任，旋兼攝少司馬。袁頗以木强稱，八月間自請赴通州覘敵，不得至而返。袁名希祖，湖北籍，越之上虞人也。僧邸革去王爵，瑞中堂革職。常熟以八月二日失守。福山鎮以初四日失守。聞有詔徵河南兵三千，山東苗沛霖兵五千。聞和議已請旨得准，諸王大臣與夷酋期以明日換約，而夷人翻覆，又欲增加數條，恐明日不得成矣。竊謂夷以數萬里外浮海孤懸之軍，長驅入都，據堅城以自便，中國潰喪，不復能師。使意在土地，則燕薊既在掌中，當早有變易，以新耳目。而往返請期，惟和是議，蓋自審其地勢人心無可覬幸，雖得京師，不足爲恃，深入無繼，師老食乏，利在速歸，固未嘗有他志也。特乘新勝之後，氣驕欲貪，又深悉我之無能，爲藐視而股掌弄之，要求非分，故設難端。而廟堂謀國者，不測其情，畏之益甚。夷之入城已數日，而公卿無敢往見者，僅恃一恒祺以通使命，期會屢更，要言屢易，和局未成，國體益辱。粤東、明州諸不逞之徒，作夷耳目，因緣爲奸，日來遂有言欲增和幣至千餘萬者矣，有言索肅王邸第者矣，有索訊鞫巴酋之官吏者矣，有欲償獄斃諸夷人者矣。諸公相顧皇駭，首鼠莫救，人心愈摇，以爲齊盟必不可恃；且疑夷之以計緩我，陽好陰圖，其害叵測；又恐其誘諸王大臣爲會而執之。是其所見，匪惟視夷太重，抑亦自待過高。夷于中華，强弱固未能操成算，若畿邑虚實已爲熟知，何所觀望？且不因神州新創，急取便利，而持重顧慮，以待勤王。夷雖至愚，亦不出此。至於庸庸粥飯，沐猴而冠，殺之無名，執之無用。金枷渾瑊，固不敢期；匹絹夏竦，尚非所急。斯時倘得稍能言語之士，與之宣達國情，指陳利害，聳以所貪，猲以所忌，則渝平之憂，一旦可釋。所慮者，東南狂寇，日益陸梁，聞此秏弱，必肆北逞。近而捻匪生心于窺伺，遠而粤賊稔惡于報復。袁帥崎仄淮甸，憑孤軍以自完；曾帥徘徊皖南，棄三吴而不救。一倚人以爲功，一養寇以自重。夷退之後，其患方大耳。

陳竹珊來。作片致德甫。定子書來，並寄示常州紳士公責趙曾向編修書一通。蓋四月間毗陵之警，郡紳贊善趙振祚及曾向久主兵事，創議守城。洎城破，而振祚遁去，爲鄉民所殺；曾向逃至常熟。二人素失人心，常人言及輒切齒，以陷城爲二人罪云。

初六日丙申　晴。自昨日西直門外火，迄今不滅。或云里市灾，或云夷人焚大鐘寺，或云燒萬壽山宫室。珊士來，夜飯後去。聞上在木蘭有詔，天下解户部銀不必至京師，直赴行在。因前徵户部銀，侍郎寶鋆持不發故也。又有擬遷都陝西之説。又聞聖躬已安，深可慶幸。僧格林沁革職，勝保以候補侍郎授欽差大臣。天明風起，就睡。

初七日丁酉　晴。定子書來言和幣二百萬外，又加五十萬，定于初十日换約，以肅王府爲夷館。定子來。珊士來。昨日夷人燒萬壽山即甕山。宫，即清漪園也，昆明湖在其側。連及玉泉山諸寺。地有静明園，當亦連及矣。又焚圓明園之正大光明殿、勤政殿略盡。夷人張僞示于城内外，言中國屢失信義，故借此洩憤。珊士、璧軒來。有捻匪陷汝寧之信。後聞圍急而尚守，賊大掠自解去。聞滁州李世忠兵將至，亦有詔徵之也。袁帥所恃者，苗、李兩軍，今俱奉徵調，恐其無及北事，而增憂南顧矣。聞浙師得捷。終日凉風作寒。

初八日戊戌　陰寒，下午薄晴。得珊士書，即復。雪鷗來。杜蓮衢侍講來。夜早睡。

初九日己亥　晴，寒甚。聞彭中堂亦得旨開缺，許乃普以疾罷，陳孚恩爲吏部尚書，沈兆霖爲兵部尚書，萬青藜爲左都御史，黄宗漢爲吏部侍郎。錢唐公於九列最先進。道光乙巳爲大馬時，以微譴降太常少卿，久不遷。咸豐初起爲大寇，又左降，稍復總憲大空，以至太宰，耄而患失益甚，無少建白，士亦無被其容接者。時八座中，黄縣、商城庸而瞢，長洲便給，以柔文其詐，通海衰弱憂貧，眉批：此處本爲新城『好名而佞，工心計』七字，德甫剟去之。予笑謂曰：『他日史乘固不可易也。』嗚呼，予書此甫一期，而新城以奸黨下獄，戍新疆，且籍其家矣。新城於公卿中最稱材任事，喜交接名士，固庸中佼佼者，其得禍乃獨速而烈，則以心計太工，轉蹈禍機，又有才望，爲衆所忌。然其敗也，以附載垣等，而贊避狄之計。當廷議時，獨引孟子『竊負而逃遵海濱而處』語，勸文宗決幸木蘭。及文宗崩，又獨持配天之議。是烏得爲無罪耶？始以好名進，終以佞敗，爲大臣者可不戒哉！辛酉十一月附記。昆明刻谿鄙夫，婁縣以風流自命，輕侻無檢。諸公雖互有短長，而事上以諂，接下以吝，耆利不學，若出一途。稍有事故，盡如盲癡。錢唐頗稱醞藉，而老于情僞，陰譎百出。頃遘夷警，盡室出城，從其子少詹居澄懷園直廬。寇至，錢唐坐轎出，卒遇之。夷人拔刀斫其轎，錢唐悸幾死，遂移病。時長洲本在告，亦求去，俱有詔得請。錢唐平日望作相甚切，今長洲去後，以次當入閣，而趨避之過，震驚致疾，一生恨不得於黄紙僉名，俛而復失，此梅令言所謂是中有鬼也。聞明日夷人於順天府公署换約。内城居者猶恐有變，紛紛出避，日久不止。富人盡徙，京師日益虚弱，小民白徒無所得食，誠爲根本之憂。誰尹京兆，而泄泄不知耶？定子介崑山張問月明經星鑑來訪。其人精于小學，與顧河之交最摯，新自四川學政幕中入都。言蜀中文習之陋，極爲不堪。成都書肆甲於三川，而自近時，試牘之外無它有，士子鮮能讀四子書者，深可駭異。

夜讀《新唐書》韋臯、張建封、嚴震、韓弘傳一卷。子京贊以爲臯、建封、弘本諸生，震興田畝間，未有以異人，使不遭遇，與庸夫汩汩并齒而腐可也云云。夫自來賢傑，孰不興于卑微？而子京獨有感於之數公者，以唐代重進士制科，數公皆書生不由科第，因時自奮，爲中興名臣，身備將相，以福壽終，故特有慨于科目之限人。使當日者，南康無楚琳之難，徐州無希烈之釁，許國無其舅劉玄佐之憑藉，即得一官，亦浮湛僚裨間耳。嚴忠穆臣節最著，德宗奉天興元之變，最爲有功。而其入官，以農家子數出資助邊，得爲州長史，稍用才能，至節鎮開國公。然非遭時險巇，首倡迎蹕，亦安能功施竹帛如此哉！故國家屯蹇之際，誠志士屈抑自信之時也，要不能不階尺寸，自爲風雲。如韋以隴州，張以馬燧之薦，嚴以韋積之治狀，韓以外家，否則山澤終槁，若數公者，正未可僂指矣。嗚呼，可感也夫！

子京贊又以爲皋、弘雖陰慝，卒能以言自解，長没天年。此論大謬。忠武豈得與隱公並稱？其始隴州之節，誠貫神人，至治蜀二十一年，史雖有侈横之譏，然平雲南蠻，通南詔，大破吐蕃，擒其元帥論莽熱，其功烈爲西南劇。豈隱公區區保宣武者可同年語？史所指厚賞以結士，務私其民，列州互除租，凡三歲一復，僚掾雖顯，不使還朝，謂非純臣。顧忠武屢出師，非賞不濟，互復以蘇民，不得云私。且於正供無闕，庫藏無虧，即過爲惠施，奚病於國？署用僚掾爲屬刺史，亦取其習于民俗，周于利害，故用以收指臂，皆不得爲咎。若其遺劉闢謁王叔文，請盡領劍南，此乃闢之妄，非忠武之意。夫當德宗播在奉天，朱泚據京城稱帝，忠武僻守一州，賊又以猛將精兵戍監其地，本道大帥已遭屠害，翻城應賊，逆勢滔天，不於此時覬便游移，而出萬死一生，密謀誅叛，間道自通，既已勢極侯王，任崇將相，反爲私計，以冀非分，不待智者而决矣。史又謂劉闢階其厲，卒以叛，此尤不然。闢之狂易，殆無人理，豈必有所據依，然後出此。觀其起事，僅能襲取梓州，一遇王師，覆敗無地。易平如此，何厲之階？史但見忠武卒後，闢即構逆，以爲貽患朝廷。不知當日杜豳公已言闢妄書生，可鼓而俘。故所命之帥，僅高崇文、李元奕等一二不知名之邊將。所遣之兵，僅神策諸軍。其輕之不以爲意，固可知也。使忠武素所訓練百勝之士，有肯爲闢用者，闢又能稍因忠武之規模，恐兩川不復爲唐有矣！史官無識，輕著貶辭，至以功節鬱茂、三代而下不數覯之臣，加以暧昧之罪，惜哉！彼韓隱公者，其所表表，惟斬吴少誠之使，及誅宣武驕兵三百人耳。都統淮西，逗撓危國，至於聞捷不怡，拜詔驁侮，齊蔡盡滅，勢屈入朝，跋扈彰明，卒得惡謚。幸有肅公爲弟，恭公爲子，或忠勤以繼節，或謙遜以幹蠱，閥閱顯榮，得全身名。而竟媲肩南康，同科陰慝，不幾老韓合傳、胡黄並頌與！

是日爲重陽，而天氣嚴冷，直如冬中。坊市蕭條，無可流連風景矣。

霜降　初十日庚子　未初初刻霜降，浙江未初一刻。晴，無風少和，曉臥疾發。得定子書，即復。

張問月以武進劉申甫先生逢禄《禮部集》見贈。禮部爲莊述祖氏甥，與李申耆先生齊名，稱二申。博綜群經，兼通《説文》、音韵之學，尤精于《公羊春秋》，著《公羊釋例》等書十一種。又著《易》《書》《詩》等經解十餘種。其音學、星學、算學及它撰述復十餘種。《春秋》諸書，阮儀徵及李紳琦已爲梓行，予未及見。《尚書今古文集解》三十卷，《詩聲衍》二十七卷，皆最所經意，而未出于世。又嘗欲仿陸氏《經典釋文》例，集異文古訓爲《五經考異》。嘗病《説文》部首過繁，稽考不易，且多有所從得聲之字，反不見于本書，而一字重文别體，或分收各部，欲仿《爾雅》體，并其重俗，補其古訓，增其闕文，以便初學。二書尤足以津逮後人，爲必不可少之書，惜皆未成。予向欲爲之，而荒陋鮮暇，未敢屬稿。他日得書略富，當窮數年之力，以畢斯志。蓋不過鈔集讎校之功多，而穿穴研貫之事少，徑軌可尋，或猶可勉强卒業也。

先生集十一卷，爲賦一卷，雜文一卷，詩詞一卷，其餘文八卷，皆説經議禮，及所著各書序。先生它學本外家，而《公羊春秋》則所心得，最服膺何氏之學。其集中説禮論學，皆推本《公羊》及何氏，精竅博辨，自爲專家。而過尊劭公，上自《左氏》《穀梁》，下迄許、鄭諸儒，皆致攻駁，是其所蔽。詩賦皆肆力于漢魏，而理致膚拙，所得者鮮。然賦皆灑灑數萬言，鬱勃閎肆，詩亦多古色古調，亦足見汲學之深矣。其第十二卷，附録其子承寵詩文，博麗自喜，有得于家學者。先生爲相國文定公孫，由庶常官儀曹，遇事據經斷律，有古人風。行狀所載道光四年，河南學臣請以湯文正公從祀聖廟，議者以湯公康熙中在上書房獲譴難之，先生奮筆議曰：『后夔典樂，猶有朱均；吕望陳書，難匡管蔡。』議遂定。是年，越南貢使以所頒諭旨稱之以外夷，請改爲外藩。部臣難更易詔書，先生牒示曰：『《周官·大司馬·職方氏》：夷服去王國七千里，藩服去王國九千里，是藩遠而夷近也。』使者忻然而退。即此兩事，傳之史册，可以爲儒臣重矣。是集板藏于家，坊市無傳者，深可寶也。

問月並以鄭康成像索叔子及予題句。聞今日仍未换約，夷人有退銀百萬償修圓明園之説。珊士來。夜作牌九之戲。四鼓寫日記，寒甚，指爲之僵。

十一日辛丑　晴。今日恭邸入城，及諸大臣會暎吉唎酋嚬爾唫、巴亞哩于禮部，换和約，明日會法蘭西酋，後明日會俄羅斯、米利堅兩國酋。勝帥列示通衢言：山東、山西、陝西、湖北、安徽、河南各路援兵，及苗沛霖練勇俱先後至京，大兵雲集，現因欽差大臣和碩恭親王等與英、法二國和議已成，不便輕撓撫局，故按兵未動，且禁京外土匪劫掠募人擒告云。勝帥時以頭品頂戴候補侍郎霍鑾巴圖魯統帶各路援兵，上手詔奬之，有實心爲國等語。德甫來。珊士來。叔子招同王月坡、五樓、珊士飲元春堂，夜歸。作稟家慈書、致仲弟書、致内子書，以同鄉馬傳煦編修、屠石麟學博等以十三日南返，將附之去。

十二日壬寅　晴，大風。珊士來，以家書屬其轉交馬春暘。與謝夢漁談。夢漁少爲江北名士，頗讀書，其祖溶生，乾隆中官少司寇，世掌揚州文匯閣四庫書。藴山先生啓昆亦其從祖行，所著《小學考》《西魏書》諸書板已散失。夢漁自言嘗著《易》學、字學書兩種，並毁于兵，今老病貧冗，不復能卒業。其論經史詩文俱有援據，見其所集杜律數章，自然渾成，亦近來士大夫中不易得者矣。李菡補工部左侍郎。李于戊午冬以倉場總督被議開缺者也。

十三日癸卯　上午薄晴，午陰有風，晡雨。

閱《新唐書》馬植、楊收、路巖、盧携、鄭畋、王鐸、王徽、韋昭度、張濬、周寶、王處存、趙匡凝及王重榮、王珂父子、楊守亮、守信、顧彦朗、彦暉兄弟、楊晟等傳。憶丙辰歲讀鄭畋、王鐸、王重榮父子傳三過。戊午歲讀《舊書》楊收、路巖、王處存及畋等傳至五六過。以諸人皆關係唐季甚重，故特留意，而過輒茫然。今日讀諸傳復數過，明日不知復何處去矣！至楊守亮等人本無取，事尤難記，更不必言。惟愛《顧彦暉傳》云：所佩劍號『疥癆賓』，嘗語諸將曰：『與公等生死同之，違者先齒疥癆賓。』三字頗生新。子京諸傳，敘事皆支離，其王處存、趙〈匡〉凝一贊尤迂冗。《楊收傳》中論琴韵一事，前後踳駮，蓋于音律之學，未曾留心者。鄭畋、王鐸、楊收諸傳，又皆不如《舊書》之詳盡也。

十四日甲辰　陰。張問月來。珊士來。聞行在有詔來議遷都秦中事。自昨日宴四國以次畢，和議成，嘆人減幣銀百萬助修園籞。夜偕叔子看陳秋舫殿撰《簡學齋試律》，頗有佳句。此雖小道，然肇自有唐，盛于當代，其流傳當遠于制義。制義數十年來衰弱已極，不復成文字，而試律猶有工者。故制義竊謂不久當廢，試律法度尚存，其行未艾；即或爲功令所去，人必有嗜而爲之者。同人中，叔子、珊士、孟調、蓮士皆工此體，叔子爲尤勝也。聞馬春暘不果行，家書擬託屠君帶去。

十五日乙巳　晴，稍和。雪鷗來。珊士來。偕珊士走訪定子，談一時許而回。連夜月甚好。讀《新唐書》楊行密、諸葛爽、李罕之、劉巨容、鄧處訥等傳。

十六日丙午　風雨凄緊，寒復故。兩得紱翁書，索近來日記，即復。近日避亂者多反，紱翁亦新自西山歸者。夜風雨更稠，窗外落葉相攪，檐溜緊續，客懷愈傷。

秉燭讀鄭餘慶及子澣、澣子處晦、從讜傳，又鄭絪傳，又鄭珣瑜及子覃、朗，覃子裔綽傳，又賈耽傳，又杜佑及子式方、從郁、式方子悰、從郁子牧傳，又高郢及子定傳，又令狐楚及子綯、綯子滈傳。唐之世家，自以鄭氏及河東裴氏、京兆韋氏、趙郡李氏、蘭陵蕭氏、博陵崔氏六族爲最，而鄭、李人物尤著。如絪、餘慶、從讜、畋、珣瑜、覃、朗七宰相，文忠、文昭司空覃以此官致仕，卒於武宗時。李德裕方柄政，與覃素厚，而史不言贈謚，蓋記載之闕。唐代名臣以禄位終，有贈官而無謚者甚多，雖或失書，然鄭畋以宰相建大功，卒贈太尉，僖宗思其忠力，又贈太傅，而無謚。李茂貞爲請，始謚文昭，又似不盡爲史闕。然覃以名德元老，卒于盛時，而史并不言贈者，必有闕文也。固爲名臣，若貞公之叱主書滑涣，爭醫工崔環授五品官，宣公之奏止中尉除制用白麻，文獻之詰李實進奉，司空朗卒亦贈此官，而無謚，覃、朗兄弟皆稱司空也。之不肯令文宗觀起居注，劾中人李敬寔不避道，皆有風力。貞公重厚有文，文獻志節終始，宣公相業稍次，而史稱其篤實，可謂不愧世家矣。絪傳但載其孫顥尚萬壽公主，而《通鑑》載顥父祗德官江西觀察使，江西二字記未真。聞顥營作相，寄書曰：『聞汝已爲户部，是吾必死之年；今又營作相，是吾必死之日也。』顥懼而止。祗德固辭疾，以太子賓客分司，後復爲浙東觀察使，值裘甫亂，不能抗，以王式代之。是亦謹厚長者，而《唐書》不及，乃採掇之疏。高貞公初節，忠孝備著，及晚爲相，以不敢迕王叔文，獲譏于世。夫當安禄山陷京師，毅然解衣，請代父死，時方童騃耳。至第進士，則極諫代宗營章敬寺；爲郭子儀掌書記，則力救判官張曇；佐李懷光府，則力抗凶焰，圖反正，謀泄引詰，正辭不撓。而後乃依違于一書史幸臣，既不能執正其罪，復不能潔身去位，其所謂爵禄盛而忠孝衰耶！賈元靖之待樊澤，可謂大臣之度。不納張獻甫言，恐其爲變，挈以從行，弭亂效節，公忠達權，可謂大臣之心。推誠李納，館其兵不疑，獵其境不懼，使自畏服，不敢有謀，可謂大臣之才。及正揆席，乃亦箝于叔文，雖病諸心，不能有異，乞退不得，汩汩以終。嗚呼，若二公者，皆一代之傑，而晚節少刓，名德遂滅，史册蒙議，千載闇然，可不戒哉！　史稱叔文非有梟桀之惡，磐石之勢，徒藉久侍東宫之故，乘順宗風瘖，乃倚王伾，結李忠言，以通牛昭容，輾轉爲奸，遂據勢要。後日宦官一怒，太子監國，叔文就死，如磔孤雛。而其始以賈、高二公之宿德，鄭文獻、杜安簡之重望，同時在位，皆俯顔承順。得非叔文之才固有以異人，而其任八司馬，所行多善政，諸公亦心服之耶！　然則史之目以奸回者，殆以其起小吏，不爲流品所容，又多得罪正人，敗不旋跬。唐世重門户，遂群附以惡名。而《順宗實録》又出韓退之手，退之深嫉伾、文者，史遂因而用之，殆非信辭矣。

又閲王師範、平盧節度。孟方立、昭義節度。時溥、武寧節度。朱宣、朱瑾、宣，天平節度；瑾，横海節度。孫儒、淮南節度。高仁厚、東川節度。趙犨及弟昶、子珝、犨以彰義節度治陳州，加領泰寧、浙西兩節度，又領忠武節度，仍治陳州。昶、珝繼爲忠武節度，皆留陳州。珝後徙同州節度留後。田頵、寧國節度。朱延壽、奉國節度。陳儒荆南節度。等傳。唐末之亂，甚于漢之建安、晉之永嘉，往往一鎮裂爲數鎮，鎮復數盗分據，作傳者每一人下附數十人，頭緒紛雜，難于疏記，彼此矛盾，前後枘鑿，固所不免，但子京于大事不能無差錯處，是其病也。如《孟方立傳》，謂昭義節度使高潯擊黄巢，保華州，爲裨將成鄰所殺，還據潞州，方立攻鄰斬之。而《王徽傳》云，昭義高潯與賊戰石橋，敗績，其將劉廣擅還據潞州，别將孟方立殺廣。是一云成鄰，一云劉廣，名氏不同也。又方立傳云，時王鐸領諸道行營都統，方立請于鐸，願得儒臣守潞。鐸使參謀中書舍人鄭昌圖知昭義留事，欲遂爲帥。僖宗自用舊宰相王徽領節度，徽固讓昌圖。而徽傳云：『帝以兵部侍郎鄭昌圖權守潞，士心多附方立，昌圖不能制，朝議以大臣鎮撫，即授徽檢校尚書左僕射同中書門下平章事，領昭義節度使。』是鄭昌圖之用，一云帝命，一云鐸命也。楊行密、孫儒、錢鏐傳所載争常、潤、蘇三州事，皆彼此差謬，不及盡指出矣。以當日之梟獍縱横，豺虺充斥，而尚有如趙犨兄弟父子之治陳州，張言後改全義。之治河南，及王師範之忠孝有禮，皆季代之祥麟瑞鳳也。師範之事親也，以舅得罪故，爲母所怒，則立堂下，日三四至，不得見，三年拜省户外不敢懈。其事君也，昭宗以師範附朱全忠，命楊行密部將朱瑾攻青州，且欲代爲平盧節度。而師範聞昭宗在鳳翔，哭曰：『吾爲國守藩，君危不持，可乎！』乃與行密連盟，潛兵赴難。及聞弟之被執，則以數十萬衆遽降于全忠，可謂賢者矣。乃卒見齕餓人，湛族于洛，臨死執義，謂不可令昭穆失序，慚於先人，宴飲從容，以次就坎，又何其天道之冥昧耶？抑天將舉世禽獸之，而人道不絶者，違天不祥，故必盡滅乃止，無俾遺種于世耶？哀哉！

唐亡於黄巢，其自粤至都，兵鋒無敵。而抵荆門關時，爲襄陽節度使劉巨容所扼，大敗，幾獲巢。諸將請追斬之，巨容曰：『朝家多負人，不如留賊爲富貴。』故巢復熾，遂陷兩京，故所謂民無信不立也。趙犫三世治陳，二十餘年，力抗鉅寇，吏治甚著，陳人安如平時，勝於當時錢氏之保浙矣。朱宣、朱瑾兄弟，雄長山東，而卒滅于朱温。宋人陳龍川譏其不能約縱諸鎮，掎角進取，而僅首尾相救，自取滅亡。然宣、瑾嘗結時溥、李克用而皆不濟，且所據爲鄆、濮、曹、兖、齊、沂、海七州，地皆濱海。温以全豫之力，南至淮，西界晉，北包趙，東面而制兩鎮，尚十餘興師而始克宣。瑾以出掠食，其子乃降，卒假吴兵，大破温于清口，斬其大將龐師古，報克兩鎮之仇，亦可謂英雄矣。

國朝全謝山謂李晉王之蹙于太原，國幾亡，由不救河中王珂，致蒲、絳入于賊，失國屏蔽。但晉王豈輕爲人弱者，其時良將已盡，又有狄難，故以王氏甥舅之愛，而答其女書，謂道且斷，往救必俱亡，不如歸朝廷。蓋度之於勢，實不能救也。天方長亂，厚賊之毒以亡唐室，夫豈人謀哉！

《朱宣傳》云：『宣令賀瓌守濮州，爲朱友裕所攻，委城走。友裕進擊徐州，時溥求援於宣，戰不勝而還，溥遂亡。』而《時溥傳》云：『朱友裕率軍攻溥，溥求救於朱瑾。瑾兵二萬，與溥合攻殺全忠將霍存，瑾食盡，還兖州。全忠使龐師古代友裕，遂滅溥。』是救溥者，一云朱宣，一云朱瑾也。

以上數條，不知吴稹《糾繆》中已及之否。眉批：吴氏皆未及。客中無此書，姑記于此，以備健忘。是夜雨不絶，孤坐看書，至四鼓寢。岑旅無聊，作此生活。叔子今日不出，聞方讀《後漢書》。亂世一廛，病懷千古。窮途燈火，寒夜神明。相對蒼茫，寄斯歌哭。所謂『風雨如晦，鷄鳴不已』也。長安今夜，當更無第三人耳。

十七日丁未　晴。偕叔子答拜張問月，不值。訪雪鷗，並遇周竹軒、馬春暘。晚歸。得紱翁片，以日記來還。聞手詔責諸王大臣啓城門延夷人，有『開門揖盗，誰主其議』之語。今日馬春暘言鄉人有得八月廿四日家書者，言越中安堵，年歲大豐，嵊縣早穀一斤錢十二三文，爲之狂喜。夜月皎甚，同叔子坐階石賞詠久之。天明始睡。

十八日戊申　晴。早卧疾發。定子來，久談去。作片致德甫。王月坡來。雪甌來，同宿齋頭。

十九日己酉　晴。雪甌早去。得德甫書，並以《漢書》來還，即復。爲陳竹珊書册葉一本。竹珊以受虐悍婦，至截髮誓絶，明日將返江右，同叔子作書送之。下午偕五樓、叔子訪珊士、巳蘭，皆不值。訪王月坡，晤談至晚歸。

夜讀歸崇敬及子登、登子融、奚陟、崔衍、盧景亮、薛苹、衛次公、薛戎及弟放、胡證、丁公著、崔弘禮、崔玄亮、王質、殷侑及孫盈孫、王彦威傳共一卷，又白志貞、裴延齡、崔損、韋渠牟、李齊運、李實、皇甫鎛、王播及弟起、起子龜、龜弟式傳一卷。歸宣公崇敬、王靖公彦威他無可稱，皆當入《儒學傳》。崔懿公衍、薛常侍戎皆以節行著，又皆爲循吏，崔宜入《孝友傳》，或《循吏傳》；薛救馬總事，宜入《卓行傳》。殷司空宜與李絳、温造等傳同卷。王敬公播、文懿公起兄弟宜别與他宰輔傳爲一卷。文懿子式亦名臣，其始雖交鄭注，不得遽加以巧宦之目。此皆體裁之可議者也。

二十日庚戌　蚤晴，午後陰。夜同叔子作《水仙花賦》，四鼓成。五鼓微雨。

水仙花賦 以凌波仙子生塵韈爲韻

有美人兮，遠韵風寫，清標雪凌。流采金映，贈馥蘭勝。羌徘徊于洲渚，緘芳情而莫稱。卸襟削玉，墜璫屑冰。天寒獨倚，江空欲膺。緑蘋怨歇，紅蘼夢多。星辰欲曙，沅湘不波。皓月千里，冷雲一窩。揚翠旄兮彷彿，紛縞袂兮婆娑。傾城一笑，我勞如何。其爲花也，厥名儷蘭，亦曰配玄。馮蠵捧趾，宓妃承肩。結冷引潔，翕清煦鮮。心通芳露，體合輕烟。葉纖鏤黛，粉薄塗鉛。含睇矜笑，扶頭整妍。翳擢泥而不涴，亶遺世而獨仙。便嬛星娥，群戲于沚。連娟帝姬，降水之涘。停芝蓋以容與，蔭桂旗以靡徙。既要紹以莊姝，復眇忽以豐侈。感寂爲幽，勝清以綺。鏤碧當衣，編星作蕊。柒石華于長裾，門水葱於纖指。悵靈修其不常，沐芳儀于之子。若夫鴳鶬初散，翡翠交鳴。碧潭見底，寒沙獨明。金英半吐，玉蕤叢生。望珠浦而脉脉，隔銀河而盈盈。重臺斂恨，碎珮無聲。搴裳人去，空舟自横。迺申瑶怨，達琬誠，通蹇脩于芳素，鑒余衷于淑貞。玉顔歲暮，微波兩情。爾乃靈芝初迓，采蘋乍賓。五光屏護，七寶益陳。養以綺石，襲以錦純。翡几可鑑，湘簾隔塵。九釵照夜，百琲妝晨。格輕粉細，暈淡黄皴。骨珊珊而礙瘦，眉星星而宜顰。借花爲命，翦水在神。碧雲天末，無言可人。乃爲之歌曰：水晶宫兮玉爲闕，招芳魂兮不可越。横塘日暮空斷腸，夜夜冰心種明月。又歌曰：相思有時已，春風無時歇。緑水弄珠人，玲瓏映羅襪。

淫思古意，以幽艷之筆寫之，如雪夜圍爐，削太谷梨，擘洞庭橘，甘吟沁齒，益見其佳。以示殿前奏賦，人正恐索解不得也。漚公讀。

二十一日辛亥　昧爽小雨即止，終日薄陰，釃寒，蕭寥萬狀，甚苦岑寂。擬作《窮愁賦》以述生平，不就而罷。夜半風起。

二十二日壬子　晴，寒甚，終日風，始冰。是日見華夷和約，前列五十六條，續增九條，首結恭親王及嘆酉額爾唫銜名，以大清皇帝與大嘆君主並書，各條文字繁碎，不可句讀，蓋夷人意指爲多。聞有詔令六部各以堂官一人、司官四人，赴行在承值。上未有返蹕意。又聞車駕時出打圍。定子來。前日夷人入圓明園，盡搜宫中所儲封事以去，有得六月間陸眉生給諫諫觀劇疏者，上硃批責其不論事之重輕，動輒要譽，且旁及軍務、夷務，以爲聳動之具，居心殊不可問，其人亦與優伶等類，至譬之犬之争骨群吠云。夜風益横。閲《唐書》徐浩、吕渭、楊憑、崔玄略弟玄武、子鉉、孫沆。等傳一卷，又張薦、王仲舒等一卷，諸傳皆甚率略。

二十三日癸丑　晴。

讀《後漢書·南匈奴傳》《烏桓傳》《鮮卑傳》。范史于外國傳殊不甚經意，蓋蔚宗生江左，不知西北事，故諸傳多失考核。然敘致嚴謹，接續分明，自是良史。章懷注甚荒略，視以前之注優劣懸絶，固以草草終卷故也。又讀《西羌傳》序論、《西域傳》序論，辭義並精。其論西羌，追咎趙充國之遷先零于内地，馬文淵之徙當煎于三輔；論匈奴，致罪竇憲燕然之捷，不復南單于于陰山，而更立北單于于故庭，遂令南虜久居河西，終亂華夏。皆識見絶高，不僅爲當時中原未復，創深索虜言耳。

巳藺來。珊士來。兩日來寒慄特甚，水凍徹底不解。昨日洗足，始著棉韈。今日始裘。定子書來，以近作《玉樓春》生日詞屬叔子及予和作。

二十四日甲寅　晴。叔子招同珊士、五樓至廣德樓聽三慶班，晚歸。夜同五樓、仲彦弈。

閲《南史》齊豫章文獻王嶷等諸王傳。自來宗藩之禍，無過於蕭齊，而賢王之多，亦無過于蕭齊。天道瞢昧，誠不可解。顧文獻尤朱邸之表率，而身極富貴，殁備哀榮，子孫多才俊，皆見免危世，顯用異代，雖以子恪之疑，猶被原赦，是亦爲善之報矣。竟陵文宣王於武帝諸子，最稱賢哲，以王融事見疑鬱林，憂憤早卒，讀史者咸以爲惜。顧竟陵文弱，使稍假以年，必不能止宣城之篡，其優柔寡決，必將與鄱陽同敗，得以先時令終，可謂天幸。明帝之肆虐，皆竟陵成之，太阿授人，自湛其族。史譏其當斷不斷，信哉。眉批：《齊書》成于蕭子顯，子顯即豫章王之子，故爲其父傳，備極美辭，而諸王亦多致褒飾。《南史》則皆本《齊書》耳。

連日疾發頗憊。

立冬　二十五日乙卯　午正二刻立冬，浙江午正三刻。晴。

閲《南史・陳郡袁氏傳》一卷。袁氏雖以忠節名，然淑之死，殊不足重。顗之起事雖正，原心可誅，直以妄庸，自取夷滅，與孔覬不可同年語矣。昂初爲齊守，而盡誠梁世；憲身勸後主，而受官隋朝，皆不得云歲寒之節。泌至先降侯景，而終委身陳氏，乃文帝亦深義之，蓋六朝人固不識有綱常者矣。當日王、謝至望易姓以遷階級，故袁氏遂爲世所希。以人物論，粲與昂庶其傑也。

珊士來。與珊士、五樓射覆。叔子招食魚飧，香美可嘉，不覺過飽。都中今年五月以來魚絶少，得此爲難也。近日夷人遍于城内外，遨遊宫禁，竄擾坊市，横刀躍馬，動輒傷毁。遇婦人則群擁之，污辱備至，甚或齧破其面，雖乘車者，亦不能免。和好既成，國有常禁，虜固犬彘，不知戢下，然諭以禮義，自能服從。此時恭邸、勝帥承命填撫，使明示約束，謂即爲兄弟之國，宜得共治其人，晝淫于市，刑所不赦，後有干者，急捕竿首。移文彼酋，責以失御，彼必無辭；即或責言，則諭以我犯彼禁，亦聽執戮，庶使凜然知中華之法。京尹稍有幹局，即可仗此立威；乃任其亂跡國中，不敢過問，朝廷之體，不知何在矣。可歎也哉！

是日報房復送邸鈔來。上諭：張芾奏參已革副將羅承勳、浙江補用道廖士彥護解寧餉，逗留不前，致寧國餉需不繼，因而失守。廖士彥著革職，羅承勳著交部議處。上諭：恭親王奕訢奏互換和約一摺，本月十一十二等日業將八年所定和約及本年續約與英、法兩國互換，所定各條均著逐款允准，行諸久遠，從此永息干戈，共敦和好，彼此相安以信，各無猜疑。其和約內應行各事宜，即著通行各省督撫大吏一體按照辦理。欽此。上諭：户部侍郎寶鋆著暫緩處決，革職留任。以前不肯發户部銀也。聞京東西路土匪漸盛，已有賊目。詔令瑞麟往剿。

二十六日丙辰　晴。

二十七日丁巳　陰。同叔子和吕鶴緣《玉樓春》詞寄去。詞云：『南雲回首愁何極。蒲桃寄後無消息。生當飲血月氏頭，死當穿冢要離側。　顧郎自是難衣食。買鄰千萬曾相識。他年烟水五湖寬，魚麥從君貧亦得。』定子係用迦陵韵者。得定子復。鍾寶田來。珊士來。晡前偕叔子、五樓訪珊士，復同訪定子。今日鍾寶田言吾越人有自八月初旬泛海至都者，言王撫軍駐越中，城邑安謐，米價一石錢三四千文。聞徽州失守。

邸鈔：袁甲三奏定遠捻匪勾連大股圍撲鳳陽府及縣城，扎營龍興寺、九華山等處三十餘座，副將吴秀、知府秦榮、知縣高啓林固守，九月初一日候補道張學醇等赴援，連破賊衆，立解城圍。詔：張學醇加按察使銜，並給予堅勇巴圖魯名號；吴秀以總兵記名簡放，並加提督銜；秦榮以道員記名簡放；高啓林以同知直隸州補用；餘升擢有差。上諭：江蘇布政使著毛鴻賓補授，安徽按察使著李續宜補授。上諭：瑞昌奏浙江副都統來存積勞病故，深堪憫惜。來存著照副都統軍營病故例從優議恤。浙江副都統著奇凌阿補授。

夜向晨始睡。

二十八日戊午　晴。作片致巳蘭，索其戚歸安姚文僖翁所著書。作書致德甫。

閲績溪胡竹村先生培翬《研六室文鈔》十卷。先生爲凌次仲氏弟子，成嘉慶己卯進士，出高郵王文簡之門，由内閣中書舍人官户部郎。先生之學精于《禮》。嘗病《儀禮》賈公彦之疏，漏略牵附，多違失注意，重爲《儀禮義疏》一書，尤其生平心力所萃，惜未及見。其它著有《燕寢考》二卷，阮文達已刻入《皇清經解》中。是集皆説經之文，其無關經義者概弗羼入。所考訂禮制名物，皆深求經注之間文，不逞私見，故謹嚴精確者爲多。其考燕寢，謂諸侯大夫皆東房西室，無左右房。又室中惟東向開户，南向無户。力申其説，與同時諸經生反覆論辨，至數十萬言。又謂廟寢之室，止有一牖在室之南，其北無牖；燕寢則有北出小牖，《詩》所云『塞向』之向者是也。皆獨創之論。他如考宗廟、路寢、明堂之同制。大夫之無二朝。以《國語》所云外朝内朝，據韋昭注，謂外朝君之公朝，内朝家朝也。又據《考工記》，外有九室，九卿朝焉。鄭注：『九室如今朝堂，諸曹治事處。』及《詩·緇衣》鄭箋：『卿士所之之館，在天子之宫，如今之諸廬。』謂韋氏所云君之公朝者，非路門外每日朝君之所，乃治朝兩旁之室，諸臣治事之處，其地在公朝而實爲私朝。若大夫家内，惟寢門外有一朝。《玉藻》云『將適公所，居外寢』，下云『乃出，揖私朝』是也。東夾西夾之與東箱西箱，左个右个，左達右達，名異實同。屏爲天子諸侯之塞門，而廟惟天子有屏。朝則天子外屏，在應門（天子正門）外。諸侯内屏，在雉門（諸侯正門）内。《禮記·明堂位》疏：『屏，天子之廟飾也。』明非諸侯所得有。鄭注疏屏云：『今桴思也。（桴思亦作罘罳，或作罘思，或作浮思，或作覆思，亦作復思。）刻之爲雲氣蟲獸，如今闕上爲之矣』。據此則桴思是覆屏之屋。近儒金氏鶚謂屏上有屋以覆墻，刻畫疏通，故曰疏屏也。《釋名》曰『罘罳在門外』，此言天子之外屏。又云『蕭墻在門内』，此謂諸侯之内屏。諸侯不得有桴思，故以屏墻言之。蕭者肅也，屏皆築土爲之。

孔子生月，《穀梁》於『襄公二十一年十月』之下書『庚子孔子生』。《公羊》於是年書『十有一月庚子孔子生』，又謂生年當從《史記》作襄公二十二年。以今所傳乃《公羊》之誤本。據陸氏《經典釋文》，於《公羊傳》止載『庚子孔子生』五字。云傳文上有十月庚辰，此亦十月也。一本作十一月庚子，則知《公羊》本與《穀梁》同。其一本作十一月者，即今所傳之誤本。而宋濂《孔子生卒辨》載馮去疾之説，謂是歲八月置閏，十月庚子，已在十一月之節。《穀梁》云十月，據月書；《公羊》云十一月，據節書者。非也。

《儀禮·聘禮》『賓及郊』，鄭注：『郊，遠郊也。周制，天子畿内千里，遠郊百里。以此差之，遠郊上公五十里，侯伯三十里，子男十里，近郊各半之。』侯下脱『四十里』三字，子下脱『二十里』三字。據《毛詩·魯頌》孔疏引鄭此注，正作遠郊上公五十里，侯四十里，伯三十里，子二十里，男十里。故《儀禮》賈疏謂畿方千里，王城面五百里，以百里爲遠郊。若公五百里，中置國城，面二百五十里，故遠郊五十里。是皆以五之一爲遠郊也。又云自此以下至子男差之，可見孔、賈所見本同，而今所傳本爲脱誤無疑。又按《爾雅》，邑外謂之郊，郊外謂之牧，牧外謂之野，野外謂之林，林外謂之坰。郭注：『邑，國都也，假令百里之國，五十里之界，界各十里也。』邢疏引《聘禮注》，亦作侯四十里，子二十里。近邵氏作《爾雅正義》，反據《儀禮》譌脱之注，削去邢疏之文，是其一失。周制五等之封，見於司徒。侯與伯，子與男，封疆廣狹既殊，則郊制不得合爲一明甚。

《禮記·喪大記》『寢東首於北墉墉，今本譌作牖。下』，鄭注謂君來視之時者，未的。此經係總記君、大夫、士之禮，不得以此句專爲大夫言。據經文，上云『君、大夫徹懸，士去琴瑟』，下云『君夫人卒于路寢，大夫世婦卒于適寢』，可證。且果係君來視疾，則經當直云君視。且如下文大斂君至節，必更詳其儀矣，亦不得僅云寢東首於北墉下。蓋此是君、大夫、士疾時所同，故記者不復別之。

《曲禮》『夫人自稱于諸侯曰寡小君』，乃記者之誤。寡小君是臣下對他邦人之稱，《聘禮》《雜記》《論語》可證甚明。諸侯不得自稱寡君，夫人安得自稱寡小君？孔疏謂古者諸侯相饗，夫人亦出，故得自稱。考之《禮》，饗食賓主皆有擯贊傳辭，亦無夫人對他國君自稱之禮。

《論語》言齋之居必遷坐，謂常居在燕寢，齋則遷正寢。而江氏《鄉黨圖考》謂平時坐于奥，齋則將祭，有不敢居尊位之意，乃臆説之誤。皇侃《義疏》謂祭前先散齋于路寢門外七日，又致齋于路寢中三日。路寢門外，無堂無屋，非可居之地，於經無據，當從孔、賈《禮疏》散齋、致齋皆在正寢爲是。正寢，天子諸侯謂之路寢，大夫、士謂之適寢。而《祭義》所云致齋于内，散齋于外，内外以身心言。故鄭注致齋思其居處笑語志意所樂所嗜五者，散齋不御不樂不吊耳。陳氏祥道《禮書》曰：『散齋夜處適寢，亦豫外事；致齋晝夜處適寢，不豫外事。』《檀弓》篇云：『君子非有大故不宿於外，非致齋也，非疾也，不晝夜居于内。』鄭注：『内，正寢之中。』皆有明證。

『肉雖多，不使勝食氣』，爲食禮言之。『唯酒無量，不及亂』，爲燕禮言之。此本其師凌氏説。引《儀禮・公食大夫禮》，初設正饌，有牛俎、羊俎、豕俎、魚俎、臘俎、腸胃俎、膚俎、醓醢、麋臡、鹿臡。加饌有牛臐、牛炙、牛胾、牛鮨、羊臐、羊炙、羊胾、豕膮、豕炙、豕胾、魚膾。而黍稷六簋，宰夫設之；稻粱二簠，公親設之。賓初食稻粱，卒食黍稷，不以醬湆，是所謂不使肉勝食氣也。燕禮，尊于堂上東楹之西者兩方壺，尊于堂下門西者兩圜壺，自獻酢酬迭行，以及爵行無算，而君有命徹冪，則必降階下拜，明雖醉正臣禮也。賓醉而出，鐘人爲之奏陔，則以所執脯賜鐘人。明雖醉不忘禮也，是所謂不及亂也。

《儀禮・喪服・小功》章『爲人後者爲其姊妹適人者，不言姑』，鄭注：『不言姑者，舉其親者，而恩輕者降可知。』鄭義殆謂舉姊妹可以概姑也。然經何以亦不言世父叔父乎？《喪服》言爲人後者爲本宗之服三：一曰爲其父母，二曰爲其昆弟，三曰爲其姊妹。是三者，一爲人後即有之，是凡爲人後者之所同也。若本生姑，惟出後在稍疏者有之。苟後於同祖之世父叔父，則姑即其姑，無本宗與所後之别，是以經祇言姊妹不言姑也。《左傳》疏云：古人謂姑爲姑姊妹，父之姊爲姑姊，父之妹爲姑妹，此後世有此稱，周公制禮則無之。《爾雅·釋親》止云父之姊妹爲姑。《白虎通義》云：『父之昆弟不俱謂之世父，父之女昆弟俱謂之姑，何也？ 姑當外適人，疏，故總言之也。』惟《左傳》『襄公十二年』，靈王求后于齊，晏桓子曰：『無女而有姊妹及姑姊妹。』既云姊妹，復云姑姊妹，或當如疏所云。

《周禮·媒氏》『仲春之月，令會男女，奔者不禁』。《内則》云聘則爲妻，奔則爲妾。《聘禮》謂以禮娶也，奔則不備禮之謂，此經奔字當如是解。賈疏解爲淫奔，違失經注之意。

舍采當從康成説。舍爲釋，采爲菜，始入學必釋菜禮先師。菜，蘋蘩之屬，以《月令》《文王世子》皆有釋菜字。《學記》云『皮弁祭菜』，不云釋而云祭，則其爲祭先師之禮益明。而鄭司農解爲舞者皆持芬香之采。及或謂見師以菜爲摯。或謂學者皆人君卿大夫之子，衣服采飾，舍采者，減損解釋盛服，以下其師。或謂舍猶置也，初入學必禮先師，置采帛于前以摯神。諸説皆非。釋菜之禮，古人不獨入學用之。《周禮·占夢》『舍萌于四方』，鄭注：『舍即釋字，萌，菜始生也。』《士喪禮》『君釋采入門』，鄭注：『禮門神也。』《喪大記》作君釋菜。《士昏禮》：『若舅姑既殁，則婦入三月，乃奠菜。』是祭祀之禮多用菜。

《儀禮》鄭注『豐形似豆』，賈疏謂此豐若在宗廟，或兩君燕好，亦謂之坫，致爵在于上。不知《儀禮》有承觶之豐，有承尊之豐，皆與反坫無涉。皇侃《論語義疏》云：『坫築土爲之，形如土堆。』《禮記》孔疏亦云築土爲之。則與豐似豆之形及用木者豐斲木爲之。迥别。《明堂位》云『反坫出尊』，則坫之設在尊南，非以承尊；又所承者爲飲畢虚爵，與豐承實觶者異。《公食大夫禮》『飲酒實于觶，加于豐』，《射禮》『飲不勝者，未飲，洗觶酌奠于豐上；既飲，奠于豐下』，是豐所承者爲有酒之觶，非虚爵。賈疏又云年和穀豆多有，故從豆爲形，尤誤釋豆字義。穀豆之豆，古多謂之菽，其以豆言者，始見于《禮記·投壺》『壺中實小豆焉』。《説文》豐字下云：『豆之豐滿者也，从豆，象形。一曰《鄉飲酒》有豐侯者。』按《儀禮・鄉飲酒禮》無豐。聶氏《三禮圖》云：『豐爵，象人形。豐國名也，坐酒亡國，戴盂戒酒。』崔駰《酒箴》：『豐侯沈酒，荷罌負缶，自戮于世，圖形戒後。』《説文》豐侯之義當如此，其句必有訛脱。

《毛詩・碩人》傳云：『君聽朝于路寢，夫人聽内事于正寢。』以古者后夫人皆别有正寢、燕寢，下至大夫妻亦然。其制前爲君路寢，次君燕寢，次夫人正寢，次夫人燕寢。天子路寢一，燕寢五，后亦然。諸侯路寢一，燕寢三，孔、賈疏謂燕寢二，非。夫人亦然。夫人常居在燕寢，每日聽事在正寢，正寢即夫人朝處，《左傳》所謂内宫之朝。《考工記》云：『内有九室，九嬪居之。』注疏謂内九室，九嬪治事之處。此王后禮。其諸侯夫人正寢之前，亦當有世婦群妾治事處。《齊鷄鳴》傳云『夫人纚笄而朝』，即謂每日朝群妾之正寢也。孔疏昧于古義，乃謂纚笄而朝君，不知君聽朝，群臣咸在，夫人安得至前？即云夫人有朝君之禮，亦當在内寢，非君聽朝之時。諸説俱精而博，有功于經學甚鉅。

至其論《儀禮》『爲人後者爲其本宗服』一條，謂自父母、昆弟、姊妹及昆弟之長殤、姊妹之適人者外，其他期功之親，經所不言其服者，皆當以所後之親疏爲斷。《儀禮》之所謂人後者後大宗，古者惟大宗得立後，大宗尊之統。重大宗所以尊祖，尊祖所以明一本，故不得不抑小宗。爲人後者，其本生之父母、昆弟、姊妹，先聖以一體之親與他親異，特制爲降一等之服，不以所後之親疏爲斷。其本宗餘親，固不得援生我及我所同生者爲例。自賈疏有『本宗餘親皆降一等』之語，是則爲所後之正親、旁親、外親，既悉如親子爲之服，而於本宗之正親、旁親、外親，又悉以親子之服推之而一一爲降等之服，斯一人而二本矣。

慈銘按：汪容甫氏《述學》論爲人後者爲其本宗曾祖父母、祖父母之服，禮經無文，以記于兄弟降一等推之，而知其不可行。蓋本宗之曾祖父母、祖父母，雖不爲之後，猶是正尊。小功兄弟之服，不可以服其祖，齊衰三月，降則無服。準之經意，其服本服無疑也。持重於大宗，服不二斬，故降其父母，期親無數，並服何嫌？曾祖上殺，益無嫌矣。女子子適人者，爲其父母期，爲曾祖父母、祖父母並不降，傳曰不敢降其祖也，斯可爲例。而胡氏答湯茗孫論本生祖服書謂爲人後者以女子適人者爲例，《通典》已載崔凱駮議云：『女子出適人，有歸宗之義，故上不降祖，下不降昆弟之爲父後者。』與孔倫謂婦人歸宗故不敢降其祖義同。但凱謂爲人後者爲本生祖當服大功，尚未合《儀禮》後大宗之義。且女子出嫁，祖父母止一而已，不聞又有祖父母也。夫之祖父母，從服大功九月，不服期。若爲人後者，爲所後之祖父母及本生祖父母皆服期，非二祖乎？云云。竊謂汪氏之議通乎情，胡氏之議執乎禮。胡氏謂如果本宗期功之親皆降一等，經何以獨無一言？傳注亦無一言及之，則安知非如汪氏説皆服本服，故經傳不必更言。且餘親皆以所後之親疏爲斷，經傳注亦何以不見明文？要之，胡氏謂古重大宗，及人無二本二祖之義，自是正論，所謂天經地義。而汪氏謂期親無數，並服何嫌，二語尤精當不易。權而無失乎禮，足以輔翼經注。且胡氏固爲古之立後惟大宗而言。古惟諸侯、大夫、士得立宗，有宗法即有世爵禄，故特重大宗，所以承宗廟，明祖統也。天子、諸侯絶旁期，則士、大夫之爲後者自不得顧其所生之餘親矣。若晚世則小宗支子，無不立後。有以小宗繼小宗者，有以大宗支子繼小宗者，固不得概援尊祖重統之義。古人同爨尚相爲緦，如皆以所後之親疏爲斷，今往往有授室後出繼五服之外者，其幼爲祖父母鞠養，以至娶妻，而一旦自居疏屬，視其祖父母之歿，恬然若路人，豈先王制禮之意乎？禮非天降地出，人情而已矣，所當通經權以爲之制，不害乎禮，不傷乎情，酌恩義之際，救厚薄之偏，則爲人後者爲本宗曾祖父母、祖父母，從汪氏説可也。餘親期功皆降一等，從賈氏説可也。若出後大宗與凡爲世爵世職之家及有承蔭者，則猶古諸侯大夫之義，當從胡氏説。餘親悉以所後之親疏爲斷矣。

聞夷人盡退出都城，蓋法人及俄、米兩國人已早去，今日暎人亦退，都人始得安枕矣。聞山東濟寧被圍，有旨命勝保往救。又聞河南大擾，捻匪將渡河而北，命毛昶熙督辦軍務。

二十九日己未　陰。終日閲《研六室文鈔》，叔子又小病不出，五樓行散小游，静室愔然，寒陰匼几，借此治經，時喜創得，不復知窮旅爲愁。至日旰人倦，默記夙所誦諸經，往往十遺八九。忽念幼時自七歲至十一歲，讀書先中翰公水香書屋，小窗臨水，對面高柳一樹。每晚課畢，尚未下塾，時或俯檻看水，水光灩然，微見樹影。或癡坐看柳身，晚色斑斑，作可駭狀。十二歲十三歲，讀書先本生大父天香樓，書案當樓窗，窗外屋瓦比接，界竹園而止。每夕陽西匿，竹色變現，時有烟靄，覺鱗鱗然皆從屋瓦中起。又園中有大樹一，甚高，上有鵲巢，望之若蒼然在萬里之外。十四歲後，讀書今壯改齋之側楹，窄僅容一案，一杌一人，日暮輒私看史傳，或自作詩，餘映入簾，倍覺明了。凡此景光，皆依依可戀，不能去懷。今日一身天際，歲寒枯坐，朔吹凄其，惟聞景山歸鴉，嘹唳木杪，庭院間寂，晚靄蒼然。追憶昔經，皆如隔世。而學殖益荒，文章不進，心神虚憊，易復爲勞，雖亦强事研求，所得者少，真堪浩歎。

邸鈔：巴棟阿奏八月二十六日首逆李世賢由蘇率黨四萬餘人圍撲鎮江府城，我軍嚴守，屢獲勝仗。九月初二日，金陵賊匪復添死黨來攻，我軍奮戰，賊始稍却，副將滕嗣林等乘勢追殺，大破賊衆。初三日始解圍，退竄丹陽，總兵馮子材率隊追過丹徒鎮包家岡一帶，斬獲甚衆，奪賊船二百餘，各鄉一律肅清。詔：巴棟阿等同時戮力，得保危城，殊堪嘉尚。提督銜西寧總兵馮子材前經薛焕以赴援金壇不力奏參革職查辦，此次調度有方，尤爲出力，著開復原官。其餘出力將弁，著該署將軍查明保奏。

上諭：本年閏三月逆匪數萬圍金壇縣城，該署知縣李淮同參將艾得勝、周天孚嬰城固守一百餘日，以外援不至，於七月十六日城陷，同時陣亡，殊堪憫惻。李淮著追贈道員，艾得勝、賜謚威果。周天孚賜謚威毅。著追贈總兵，照道員總兵陣亡例議恤。

夜雨，四更星見。

三十日庚申　晴，風。雪甌來。珊士來。雪甌邀同叔子、五樓、珊士至廣和居晚飲，夜歸。同諸子作牌九之戲，天明始睡。

悲丹楊

黑雲壓縈如壞墻，健兒十萬走且僵。大帥鼓唷江水沸，總統一騎來丹楊。總統雕青好身手，百戰崎嶇虎狼口。朝收九洑洲，夕克江浦城，捷書日報烽火清。廟賞未行賊圍急，釁血裹裙催援兵。可憐築屯一百里，釜底游魂竟飈起。偏師擣背忘扼衝，八載長城一朝圮。溧陽戍，句容屯，尤來大槍萬騎奔。人號鬼哭江天昏，總統集衆衆不軍。扶創奮呼挺矛出，帳下親兵不盈百。賊血漬槊槊不開，礮火一聲地天裂。一卒還報將軍亡，大帥仰天刎道旁。嗚呼！君不見，麦亭岡埭古戰場，它年廟食睢陽張。

悲吴門

金閶門外千萬家，樓臺金碧驕紅霞。忽然嚴檄下坊市，烟花一炬成泥沙。可憐深源八州督，唾棄三吴不容宿。銀刀牙隊縱横驅，鞭梢所指萬人哭。姑蘇臺高無一兵，中丞傳箭急閉城。花門四出斫城闉，兵耶賊耶誰主名。怪鳥譆譆夜來集，四海菁華火中畢。廂團迸散商民逃，早見紅巾滿墻立。嗚呼！何郎之肉食豈勝，吴人莫怨徐中丞。

八月初八日感事四首

海國蟲沙忽刺天，妖氛直射五雲邊。萬金緹庫方懸賞，五夜皮冠竟執鞭。下殿已符南斗讖，行圍空憶北征年。累朝神武聲靈在，誰繼車攻六月篇。

名王鐵騎鎮沽中，誰遣藩籬指顧空。孤注何曾謀寇準，籲留幾見約陳東。絶憐滄海横流盡，尚想神京控衛雄。東望翠華應下淚，昭陵松柏起西風。明日爲太宗文皇帝忌辰。

五朝神籞拱皇州，縱火連宵燭九幽。法物盡隨群盜出，仙山真見萬靈愁。不須華髮摩銅狄，空使孤魂作水囚。内大臣文豐投水死。羯焰滔天古無此，憑誰海上搏長虯。

卧病危城日百驚，劇憐身死太無名。焦頭詎解中朝禍，泣血徒傷下士情。國運中興終有屬，諸君功罪豈難明。上方有劍無人請，慚愧平陵折角生。

戲擬六朝人與婦書是年正月二日　此文不必刻。

春驪載秣，歲鼓俄闌。旅人思家，觸物增感。長安風雪，燕市塵沙。有淚知鄉，無錢買醉。故園爆竹，老屋燈花。客路三千，一夕數夢。輾轉愁歎，不知所云。吾以命不偶時，才非適俗，青衫逐隊，黄榜看人。冀以諧價鴻都，竊臭郎署。雖未得宫花博笑，綾錦歸遺，而節省月入例錢，食粟之外，當上佐菽水，下營荆布。更俺年勞，得一小郡，東山掩口，粗足相酬。何意跬步，遂至蹉跌。爰以友朋敦勸，改計外僚。擬于明春，負弩閩嶠。時會多艱，風波翻覆。此中窒礙，正難豫計，亦復筆不能述也。家書頻煩，言之已悉。所願和洽娣姒，善事高堂。勤懇小心，以蘄無過。我家雖不能臧獲頤指，衣食稱心，然無過煩搰滫瀡，便稱厥職，以視入澣腧厠，出采薪枱，固亦婦道之常，處貧之正也。吾年逾三十，侵尋早衰。乏獛婢之恭心，盼胡奴之遥集。蓄環卜篷，雅志非誣。然謂阿杜既來，金釵别餉；茂陵有娉，白頭永吟。無良之嗟，抑何相薄。汝作賓我家，並無過釁。雖有阿承之謔，未聞武達之書。况桃葉之迎，杳然天際，故德非許允，[事異]事異高柔，而經卷香爐，同龕清絶，未嘗鳳臺别眷，鸞鏡笑人。固猶愈于千日倡家，十年蕩子矣。即今春西鄰一議，雖云假以副笄，迎之貳室，而洛浦生波，巫雲散雨，終成揮忽，徒貽笑嘲。可知無著天親，同修净果，落花襟上，證佛眉邊。此亦鴛牒之三生，閨房之净劫也。驛梅不來，諼草焉樹，碧雲修怨，黄塵短緘。想越水千帆，秦樓百尺，常勞望遠，佇憶鮮歡。報語平安，書不盡意。

越縵堂日記庚集末

咸豐十年十月初一日至十二月三十日(1860年11月13日—1861年2月9日)

十年庚申十月辛酉朔　晴。雪甌去。閱《研六室文鈔》。閱《唐書・裴垍傳》《高崇文傳》。閱《南史・王筠傳》《王誕傳》及《王藻傳》中江斅辭尚公主表。

邸鈔：兵部侍郎載崇隨扈木蘭，因母病請假赴密雲省親，更請續假，不俟旨先回京。詔：載崇著即開缺，並撤去一切差使，仍留乾清門侍衛散秩大臣，俟母病稍愈，即赴行在。

得定子書，即復。

初二日壬戌　晴。兩日來稍和。得季覎六月廿四日閩中書，知已於五月中抵福州，眷口尚在越。其寄叔子書極道予從妹之才德，善于持家，並以家政託芸舫料理。夜作致季覎書、致秦鏡珊書。是日爲祖母倪太君忌日。天明始睡。

初三日癸亥　陰。連夜舊疾大發。雪甌來。作致德甫書，得復。王九如孝廉來，不晤。日晡同叔子、雪甌、五樓、王月坡飲廣和居，喫煎糟鯉魚，甚肥美。夜歸。雪甌止宿齋頭。畿輔盜賊四起，河間聚衆至數萬，前已命故相瑞麟率禁旅督賊，今日都城兵弁紛紛運礮石上城，爲守禦計矣。

邸鈔：曾國藩奏八月二十四日賊匪大股攻撲徽州府城，皖南道李元度帶勇三千，親督各營出城拒戰，殺賊數百，嶺後伏賊齊出，衆寡不敵，乃入城固守。賊乘夜力攻北門，李元度身卧城頭，竭力堵禦。

二十五日，賊以火攻陷城，李元度及合城文武不知下落。詔：曾國藩交部議處，仍著鮑超、張運蘭等迅速進兵，力圖克復。欽此。劉長佑奏賊匪石達開擁衆數萬，自慶遠潛至武緣，餘匪撲陷興安縣城，經副將鄢世堂等督軍追擊，擒斬數千，桂林全境肅清。左江道吴孟徵等擊死武緣賊萬餘，賊勢益促，現飭由柳州進剿。詔：辦理均尚得手，著劉長佑督飭各軍迅圖撲滅。欽此。上諭：僧格林沁著賞還科爾沁郡王，並賞還三眼花翎。瑞麟著賞給侍郎銜，並賞還花翎。上諭：武備院卿恒祺著辦理海口通商事宜，長蘆鹽運使著崇厚著以候補三四品京堂幫同辦理，長蘆鹽運使貢璜補授。湖北荆宜施道著倉景恬補授。上諭：江蘇常州府知府著于醇儒補授。

初四日甲子　上午薄晴，午後陰。雪甌去。珊士來。有鄉人販酒者吴某來言，以七月初一日自越至明州，泛海由山東入都，昨日始到。越中安樂無事，米價一石錢四千有贏，王吉雲副憲司練餉辦而不擾。

初五日乙丑　晴，薄午風起，塵沙頓晦，夜風稍止，嚴寒栗膚。閲桑苧翁《茶經》。

毛西河《武宗外紀》。武宗昏暴，有明諸帝之僅見者，所謂彼狡童兮，幾足與蒼梧、鬱林爲匹。其屢游宣府，至卒與西虜遇；及南京之行，皆足以亡國殺身。而竟免者，以孝宗之德在人，又幸其在位僅十六年而殁。明之熹宗雖號失德，然遠勝武宗之狂倪，而熹宗承神宗廢弛，遂成亂階。唐憲宗之後有穆宗，宣宗之後有懿宗，皆與武宗相似，皆以承賢父之業，獲盡天年。而穆宗之子敬宗，遂以召禍；懿宗之子僖宗，馴至喪敗。此左氏論欒黶、欒盈之旨也。使武宗南巡以後，不遽夭殁，亦將有百倍宸濠之變矣。

張唐英《蜀檮杌》。五季之亂，而有孟昶時之錦城，真西方極樂國土矣。吴越號完實，而錢氏苛税斂民，武肅、文穆父子，佳兵構怨，以視蜀中斗米三錢，城居者至不識稻麥苗，相去奚啻霄壤也。 眉批：孟蜀王處回爲太子太傅，其家財敵内府三之一，號曰寶精。 李昊爲宰相，貲貨巨萬，妓妾數百，笑王愷、石崇爲窮儉乞兒。 而考之諸書，二人皆以謹厚致位，無赫赫名，絶不見植賄剥下之迹，而皆致富如是，其時之繁盛可想。

韓昌黎《論語筆解》。 此書疑出依託，然解義簡嚴，具有古訓。

《孟子外書》四篇。 此書具多微言精理，與七篇毫無差謬，不解邠卿何以不取？ 劉攽注甚略，殆亦僞託。 其書以馬廷鸞抄傳，廷鸞宋末宰相，貴與之父也。

邸鈔：暫革左副都御史張芾奏請回籍補行守制。 詔：著即行開缺。 四川京官主事葉毓桐等請以侍郎黄宗漢督辦川省團練。 詔：前已簡派有人，黄宗漢既非四川紳士，亦非該省現任之員，所請著不准。 成琦、廉兆綸奏通州西倉監督内閣侍讀銜中書貴倫、世襲一等輕車都尉户部主事玉潤于八月十九日因通州被擾，恐倉儲有失，同時在署自縊。 詔：交部議恤。

初六日丙寅　晴。 得潘紱翁書。

閲《嚴介谿文集》。 其中碑誌諸作雖平弱，然頗簡潔，無蕪冗之病。 吾鄉若陶莊敏公諧、孫忠烈公夫人楊氏墓碑，皆其所作。 當時固以元老大手筆爲榮，今日幾同佛頭著糞，可爲慨歎！ 觀其自撰先塋諸碑，歷敘孤寒之跡，時已爲少師，世蕃亦爲太常少卿，請假修墓，而詞氣抑然，自稱不肖無以副先德，亦似非喪心昧良者。 使不及敗而早死，復無奸子，亦足安其丘壟。 所謂名德不昌，乃復有期頤之壽也。 其前列湛文莊諸人序文凡十餘篇。 朱竹垞嘗言甘泉一序，尤令人張目；不謂道學者寅諛乃如是。 然則如升庵、荆川，固不足責矣。

是日嚴寒，夜尤瑟縮，三鼓後覺稍不快。

初七日丁卯　薄晴，午後釄陰。雪甌來。

閲姚姬傳先生所選《古文詞類纂》。其書凡分論辨等十三類，自唐宋八家文外，惟前及《國策》、《史》、《漢》、騷賦，後及明之歸有光，國朝之方苞、劉大櫆，餘不入一字，蓋一家學也。

邸鈔：上諭：本年天氣漸屆嚴寒，朕擬暫緩回鑾，俟明春再降諭旨。欽此。　皖撫翁同書奏粵逆陳玉成率悍賊二十餘萬圍攻壽州，並犯正陽關。九月初六日親督總兵廣瑞、副將黄鳴鐸等堵禦北關，並出奇掩襲，大獲勝仗。是夜復潛令水勇渡河縱火賊營，焚死無算。賊遂奔潰，追斬黄衣賊目一人，生擒僞檢點總制等數十人，城圍立解。詔：此次逆匪二十餘萬，圍攻壽州十日，勢甚凶悍。該文武員弁等協力齊心，嬰城固守，得保無虞，其在事出力諸人，著查明保奏。　瑞常奏九月間安定門外被擾，城墻多有折毁，自請議處，並請將疏防各員治罪。詔：瑞常、文祥、慶英均交部議處，北營參將馬溎等革職留任。　李維翰告病開缺，畢道遠補授兵部右侍郎。張亮基告病開缺，劉源灝補授雲貴總督。鄧爾恒補授貴州巡撫。陳景亮補授雲南布政使。貢璜補授山東按察使。鄧慶恩補授長蘆鹽運使。田興恕補授貴州提督。

夜雪。五鼓睡，浹辰不快矣，鼻壅喉棘，常作酸楚，蓋驟寒氣虚，火不得盡斂，轉外現也。

初八日戊辰　雪。睡殊不安。連夕又覯舊疾。予夙畏寒，冬日至終夜熨衾不温，十餘年來如此。乃比夕轉復燠熱，此亦浮火不能閉藏之故。生命本弱，日元爲丑月卯時之丁火，幸有月干之丁比之，弱而得輔，矜不可犯。幼交丙運，而奪丁，故多病；比交戌運，戌，火之庫也。故自去春離家，備歷艱瘁，而强飯不病。今歲爲庚申，運佳而年劣，故時有小疾也。得紱翁書。

閲徐位山先生文靖《竹書紀年統箋》。此書乃先生八十二歲時所作，援據精博，薈萃經史，真必傳作也。然其中不能無疑者。如夏太康即位居斟鄩，畋于洛表，羿入居斟鄩。四年陟。仲康元年即位，居斟鄩。徐氏謂羿居斟鄩，不自立而立仲康也。七年仲康陟，世子相出居商丘，依邳侯。徐氏謂相爲羿所逐，失國居商丘也。帝相元年即位，居商。徐氏謂宋、商、商丘三名一地。又據《括地志》謂古商丘亦羿所封之地，是羿居斟鄩而立仲康，又就封于商而立相也。八年寒浞殺羿。九年相居于斟灌。徐氏謂相與羿居商丘，羿既見殺，故相出居斟灌也。十五年商侯相土作乘馬，遂遷于商丘。徐氏謂此商丘當爲帝丘。蓋相土作乘馬，以兵車衛相，遂遷帝丘。《左傳》：『衛遷于帝丘，衛成公夢康叔曰：相奪予享。』杜注：『相居帝丘，今濮陽是也。』二十六年寒浞使其子澆滅斟灌。二十七年澆伐斟鄩，大戰于濰，覆其舟，滅之。二十八年寒浞使其子澆弑帝。徐氏謂相居斟灌，澆滅斟灌而不弑帝者，以尚有斟鄩在；既滅斟鄩，遂敢于弑帝。歷綜諸事，前後觸迕，皆不可通。太康既爲羿所距，仲康何又與羿同居？羿既挾天子據斟鄩矣，何又就封於商與相同居？ 眉批：羿之距太康，必以廢昏立明爲名。太康在外，仲康當已爲羿所立，作史者必須太康四年崩後始書仲康元年耳。 相既爲羿所逐，其時禹故都有安邑，稱冀都，《郡縣志》：『今陝州夏縣。』啓故都有夏邑，《郡縣志》：『今潁川陽翟縣，禹始封于此。』《竹書紀年》：『帝啓元年即位于夏邑，歸於冀都。』何乃轉徙羿之封地，自陷虎狼之域？相既自斟灌徙帝丘，斟灌，今山東青州壽光縣；帝丘，今直隸大名府開州，相距數百里。斟鄩又在今河南府鞏縣，何得滅二斟之後，即能弑相？其時商侯相土既爲司馬，《商頌》所稱相土烈者，何又毫無表見？相土既能作乘馬以衛帝，乃二斟滅而不能救，坐視帝之弑而不敢出聲息，是時帝丘及商丘皆入于浞，相土復居何所？且自契爲舜司徒，始封于商，故《詩》曰：『天命玄鳥，降而生商。』《毛詩譜》曰：『商者，契始封之地。』《國語》：『元王勤商，十四世而興。』是商既爲契世守之地，何得又以封羿？羿既以有窮國君入據太康之都，雖未篡大位，已代夏政，何時復封于商？

要之殷周以前，書闕有間，古事茫昧，不可得知。《竹書紀年》雖云可據，然自魏安釐王時入冢，至晉太康中始出，其中朽壞斷佚，已自必多。更歷至今，數遭兵燹，傳寫脱誤，試觀晉郭璞注《穆天子傳》、唐司馬貞《史記索隱》、宋董逌《廣川書跋》諸書中所引，今已不全，可知非復原本。讀者惟藉以考證古事，則自多得處。若欲即其事一一疏通之，則求合反離，未有不窒礙者。以此爲僞書而廢之者固非，以爲無一字不符合者，亦好古之過也。

又按《紀年》所云帝相十五年，商侯相土作乘馬，遂遷於商丘者，當是專記相土之事，與夏后無涉。《世本》：『契居番，昭明居砥石，相土居商丘。』《左傳》：『陶唐氏之火正閼伯居商丘，相土因之。』則此自爲紀商侯之遷。故後至帝芒三十三年，又書『商侯遷于殷』，徐氏箋謂當是玄冥之子子亥，是也。若夏后相之居帝丘，或當是仲康初崩之時，羿有自立意，相爲所逐，乃奔帝丘依邳侯。《竹書》仲康七年陟，世子相出居商丘。王氏應麟《地理通釋》以商丘爲帝丘之誤者，是也。次年相即位于商者，殆以是時相土能自强，故往依之，遂任相土爲司馬。相土以商侯輔政，故《紀年》於帝即位居商後，遂書征淮夷，三年征風及黄夷，七年于夷來賓，《詩》所稱『相土烈烈，海外有截』，鄭箋謂：『截，整齊也。』相土入爲王官之伯，出長諸侯，其威武之盛烈烈者可爲明證。至八年寒浞殺羿，九年相居于斟灌者，計浞初殺羿，必務爲恭順，有請帝相還都之舉，故相居斟灌以近之。時相土柄政，浞亦不敢爲惡。至十五年，相土作乘馬遷于商丘，商是國名，商丘是其國中之地名，皆在今歸德府境。蓋契始封商，而其子昭明居砥石，地雖遷而國固仍爲商也，則砥石即可稱商；帝相之居商，必即是砥石。至此相土遷于商丘，或是返契之故國，契封商未知居何地，古無所考。或是相土更遷之地，皆不可知。其後更五年，至帝相二十年，寒浞始滅戈，蓋相土已卒，浞無所畏，始漸萌逆節，馴至滅二斟，弑天子，竟革夏命矣。自相土遷商丘後，《紀年》不復見其名。至少康十一年，始見使商侯冥治河。冥爲相土之曾孫。夫自帝相十五年壬子，至少康十一年丙辰，閲六十五年，而相土已傳曾孫。爲司空治河，則當羿浞時，相土已老，其卒于遷商丘後之五年中可知。冥之祖昌若，父報圉，兩世皆一無表見，則相土卒後，商之微弱又可知也。予説雖似鑿空，然求之《竹書》本文，其事甚明，于《詩經》《左傳》亦俱吻合，按以情理，無不曲當，考古者必有取焉。即以解《詩》『相土烈烈，海外有截』二語，亦是絶好一篇相土論，可資尚論之識。

夜閲毛西河《昏禮辨正》。中以納采問名據《儀禮・士昏禮》謂二禮一日並行，祇以一使將事。問名乃問女所命之名，及其生之年月日，但曰問名者，舉一以該二也。鄭注謂問母姓者非。又謂納徵即納聘。昏禮自納采至親迎皆奠雁，惟納徵用幣者，以雁乃贄物，非禮物。又據《穀梁》謂納采、問名、納徵、請期祇四事，無納吉之禮，問名後不當又納吉。以命卜當在納采之前，卜亦不必告女家。皆援據甚確。又謂《曾子問》婦三月而後廟見姑成婦之説，乃指舅姑已亡者。若舅姑在，則婦至之夕，舅姑迎之，登堂交拜，行賓主之禮，然後帥以謁廟。次日質明，上堂行婦見禮，謂之成婦，不必至三月始廟見也。尤足發千古之蔽。西河説經，雖有無道秦之譏，然其明快直截處，往往如是。至其謂爾時越俗，婦至不謁廟，不拜舅姑，牽婦入房，合巹就寢，直同野合。至請召賓客簡帖，不曰三日廟見，則曰兒媳某日行廟見禮，以凶喪之禮行之於常，則吾山、會兩邑皆嚮無此風，聞蕭山亦不如此。或當日彼邑人有行之者耶？吾鄉昏禮，大端多合于古，先之以行媒，多請士友戚好爲之，皆備禮盛治具相迎送，繼以過帖，或副以銀幣，曰傳紅，即納采也。將娶則請庚，即問名也。繼以過禮，亦曰行聘。俗謂曰發盤。即納徵並請期也。惟親迎之禮鮮行者，婦至則婿先出迎交拜；古以舅姑爲主人，今以婿爲主人也。質明，古昏禮以昏，今天下亦多成禮于夕，獨吾越以子時至辰時爲昏期，此最失禮。婿導以見廟，乃見舅姑于堂，又以次見夫族内外少長，是夕始合疊同枕席焉。

夜大雪，平地積半尺許。

初九日己巳　雪稍止，雜以微雨，晚晴。

偶于友人寄存破篋中料檢文書，得吴其泰廉訪所刻《三節詩》一册，吴縣吴鍾駿侍郎、滕縣王東槐觀察行狀各一本，相國《杜文正公列傳》稿一卷，隨閲之。

《三節詩》爲武進湯貽汾、商丘陳景雍、濟源李仁元。湯字雨生，以祖父死事廕，積官至副將，盛事詩酒爲名聲，老被廢居金陵，癸丑死粤寇者，著有《琴隱樓集》，蕪率無可取。其《無題》云：『輕烟緑蠟三更榻，香汗紅羅五月衣。』稍有風致。陳字熙堂，由進士爲縣令，殉節湖北之通山縣。所著《春影樓詩》僅廿五首，頗有通侻孤直之概。如《塞下曲》云：『健兒枕人頭，老馬嚙人骨。』《呈月坡師》云：『我佛全其體，吾儒重於用。』《翥山署中雜詩》云：『寒風偶一吹，沙泥落書几。獨立楝花風，徘徊踏苔翠。』《窺園》云：『窺園記前度，芳草隨屐香。重來徑已没，草生如我長。芟除力偶廢，滋蔓遂相連。見惡不見美，誰謂順其天。』《旅病》云：『旅人少歡樂，慣受風霜侵。小病不自覺，覺病病已深。藥方固無用，殘卷聊搜尋。含怒强言笑，恐失僮僕心。』皆真率自喜。

李字資齋，陳甥也。道光乙巳成進士，年僅二十。由舍人宰江西鄱陽，與賊力戰死，一家皆殁。所著《静觀齋詩》，出入于韓、杜、温、李，格高采警，直到老成，乃百年來僅見者也。惜其殉難時，著作盡失，此卷乃其寫似廉訪者，吉光片羽，殊可寶貴。如《風穴洞》云：『人馬踏嵐光，暝嶂蒼然合。岩陰氣漠漠，石古春颯颯。』《凌雲閣》云：『排空峰下突，涌峻檻孤上。』《王屋》云：『一峰正崔嵬，萬壑低破碎。岩虚日晦明，谷沓泉向背。』《轘轅關》云：『入險漸覺高，下望懸如髮。呼吸屹當關，危途感倉卒。』

《奉先寺》云：『剥蝕肅壯嚴，陰森溢飛動。冥冥妙香渺，黯黯山寒涌。』《等慈寺》云：『地偏樓閣寂，天闊鐘鼓警。』《西華道中》云：『凉意颯深波，精輝帶遠客。』《柿林》云：『遥陰山獨青，夕氣日更赤。』《開母石闕》云：『殿迥納晚翠，閣荒栖殘葉。』《喜雨》五律云：『三年但聞哭，一雨暫留春。未惜殊方濕，遥愁上賦貧。諸侯誠送喜，群盗尚窺人。野門頻消息，安危望重臣。』《過先外祖故宅》云：『釣遊前日事，池閣幾回新。忽忽廿年夢，蕭蕭重到人。著書懷孝緒，扶醉慟王筠。千里山丘感，梁園宿草春。』《春雨枕上作》云：『一雨滴蕭瑟，愁人聽到明。孤燈疏帳影，高枕遠鷄聲。黯黯沉殘夢，迢迢入別情。模糊千里思，眠食感浮生。』《秋夜》云：『百蟲咽露息，一月轉天高。』《夏夜直閣》云：『獨夜仍爲客，微材已負官。』《旅懷》云：『衆中憐獨影，夢外渺鄉音。』《懷李春舫師南陽》云：『月明唐子寺，花發宋公園。』《出都感懷》云：『青雲三殿夢，白髮兩間心。』《莘縣夜感》云：『河山新歲感，笳鼓異鄉愁。』《秋夜》七律云：『縹渺長空數雁鳴，千門急杵動高城。沉沉鼓角凉無際，颯颯關河夜有聲。遠道秋風驚戰伐，故園新鬼愴縱横。客窗寂寞催寒雨，短燭單衣感別情。』《過無錫懷薛曉帆湘》云：『同趨北闕三千里，獨往南溪五六年。他日酒樽悲更遠，近時詩卷向誰傳？龍峰日没山光重，鶴瀆烟生樹影圓。思汝吟春復樗散，圖書鷄犬載行船。』《重謁商丘外家感賦》云：『樓臺舊隱仍泉石，婢僕新來訪姓名。』《懷耿石村雲南》云：『三月鶯花仍輦下，九華烟雨夢梁州。』其餘七古如《嵩嶽觀日出圖》云：『老魚低目陰魅走，赤波剥剥鳴銅精。』又云：『黑風夜撼壁間松，一卷生紅照秋雨。』七絶如《雜事詩》云：『玉篦金合證蘭因，燕語鶯飛感夢春。剛是貴宫扶病起，下簾香細更無人。』《詠張無頗》。『一曲飛鴻急玉箏，螺杯璖碗酒還傾。王郎小妹工容態，魂斷豐肌帳底聲。』《詠汝陰許生》。『洛陽曉月憐紅淚，鄂渚清波怨緑裾。旎鬟涵眉十年事，湘烟無限暮春初。』《詠泛人》。『惆悵詞人沈下賢，秦宫草長夢如烟。金鈿香繡高樓冷，搖落

梨花似去年。』《詠沈亞之》。皆佳作也。此君稍假以年，直可追古作者。（此處塗抹）

《吴侍郎行狀》：侍郎字旿聲，一字崧甫，號晴舫。父頤，嘉慶辛酉進士，户部主事、軍機處行走，嘗主癸酉科廣西鄉試，號得士。侍郎道光壬辰進士第一，以修撰主甲午福建試，得黄宗漢少宰。乙未主湖南試，得胡林翼宫保、孫鼎臣侍讀、何紹基編修，皆以經濟文章名。嘗兩任浙江學政，識拔多允衆望，爲山陽汪文端後所僅見。嘗舉爲學之方，分經學、小學、史學、文學、詩學、字學六條，爲告教，頒所部郡縣學以詔諸生。其經學、小學二條，尤詳慎，得讀書之法。予之稍知向學，實源于此。先生詒人皆漢學，嘗以不得見先生著述爲憾。今《行狀》言，先生嘗謂經文多古音古義，非明于小學，不能審音定義，故于許氏《説文》參究最精。取近儒金壇段氏之説，删繁録要，成《説文段注輯覽》四卷。它著有《群經音辨録》七卷、《禹貢舉要》一卷、《駢雅輯證》七卷、《師漢齋經義雜識》十卷。生平無它嗜，藏書萬卷，經手校者過半，有《漢書地理志校勘記》一卷、《唐文粹校勘記》四卷、《西漢文選》十二卷、《唐文薈鈔》十八卷、《唐詩選》八卷、《宋人律詩選》二卷、《劍南詩選》二卷、《元詩選》十卷，自著《悟雲書屋詩文集》六卷、《師漢齋試藝》二卷，俱未刻，藏于家。先生嘗爲陳碩父刻《詩毛傳疏》，而自著者概未刻，蓋先生于癸丑六月歿於福建學政署，其撰述之志固未竟。今吴中遭亂，先生遺書當已不保，可慨惜也。近來士夫稍知學者，無不言先生爲公卿中第一人，而皆以未見其書，遂疑其未嘗著作。予所交先生鄉人，如顧河之、張問月，皆好古力學，而亦不知先生著書如此之多。先生官吾浙最久，遺愛滿士林，而浙人無知其學者。先生亦未嘗有所率厲提倡，其不肯以根柢示人耶？抑薄待後生而以爲不足與學耶？是不可解也。先生嘗直上書房，授瑞敏郡王讀，以文字受宣宗知最深，嘗呼爲老教讀師。乙未歲，以在假未與翰詹大考，宣宗語之曰：『汝寫作俱佳，如與試未有不前列者。』己酉歲，上書房考試試差，以方攝倉場總督，未與試，特詔視學浙江，謂曰：『汝學問素好，朕早知之。』丁未歲，禮部遵旨議文廟禮節，删去自行一叩禮；更有議欲酌改移拜至階上者。先生曰：『文廟拜下，歷代相承。今欲從簡，而議拜乎上，此正聖人所謂泰也。』具疏力言其不可，遂止。今上御極，詔開言路，先生請慎擇州縣官；又請宫殿、廟宇及地名、官名宜避大行皇帝諱，皆報可。其自浙江學政移福建，時黄少宰方撫浙，餞于江干，先生贈以『佩韋』二字。及先生歿，少宰挽之云：『韋佩敢忘兩字，心喪何止三年。』此皆可記者也。

王觀察字蔭之，由檢討官御史、給事中。道光二十八年，詔議開礦章程，觀察即日上疏，謂督撫奏請開採，決非廉吏；紳士呈請開採，斷非良民。既乖政體，且開亂源。事遂得寢。三十年正月，今上初即位，詔以大行遺命，無庸建立聖德神功碑，謹當遵行。至諭令無庸郊配廟祔，事關崇鉅，下群臣集議。觀察上疏曰：蓋謂德有無窮，而禮有所止。后稷配天不及文王，文王配帝不及武王，我朝七聖配天，亘古未有，聖聖相承，傳世永久，郊壇之上，必無餘地。大行皇帝洞鑒唐宋之失，遺命不行郊配之禮，裁義至精。夫讓善祖宗，至孝也；立法垂世，至仁也。拘相衍之成例，昧繼述之遠圖，使至德顯謨，掩而不彰，臣子之所不敢出也。臣愚以爲郊配之禮，宜謹遵硃諭，無庸舉行，爲得禮之宜。奏入，忤旨，還其疏。未幾，又疏陳初政缺失，所指斥事關親王樞相，留中不報。時以國用支絀，言利之徒乘新政得間獻計，觀察上疏謂：正供之外，别無生財之法。剴切二千餘言。未幾，擢内閣侍讀學士，出爲湖南衡州府知府。故事，學士外擢，次當得按察使或布政使，無爲知府者。上召見，問以官階。次日，上語左右曰：『湖南當李源發滋事，特令王某拊循之耳。』旋擢福建興泉永道，移湖北鹽法武昌道。壬子八月，備粤寇于岳州，旋丁母憂，返武昌。十二月初四日，賊陷武昌，觀察溺幼女于井，與妻蕭氏皆自縊，幼子去病被掠去。事聞，廕其子宜勖世職騎都尉，又賞其三子皆舉人。若觀察者，可謂真諫官矣。

予自入都，所見鉅公誌狀以百數，往往位望極崇，而無一事足録。或强支飾之，皆游移不根。若吴公之文學，王公之風節，近之碩果也。吴公必入儒林傳，王公當入列傳，不宜以忠義一節録之矣。兩公事皆彰灼在人口，故特記之。又其行狀皆蕪穢不成文字，用亟取其事，使有聞于世。

《杜文正列傳》乃國史館稿本，文正以今上授讀恩，備歷榮貴，殁贈太師，賜上謚。手詔有『日承清誨，銘切五中。卿之不幸，實朕之不幸』及『十七年情懷，付與逝水』等語，恩禮之隆，冠于昭代。其殁也，以咸豐二年五月，命偕福州將軍怡良赴山東、江南查辦灾賑事務，行次清江浦暴卒。時豐北决口未合，兩省水淹者甚廣，州縣紛紜。杜公操之急，至山東，盡以事屬藩司劉源灝，甫抵江南界而殁，外間頗有異論。杜公嘉謨碩畫，無所表見，聞其造膝密勿，挽回爲多，天下至今惜之。傳文皆謄吏牘，蕪穢不治，全無可采。惟載咸豐元年詔罷增生附生報捐，復設訓導。先是道光二十二年，給事中李蒓奏開是例，下部議行。文正疏言，教授、學正、教諭、訓導，品級雖殊，師儒則一，向例祇准廪生報捐，若贈生附生，歲科兩試，未居前列，必是文理中平，甚或荒疏譾陋。苟力能援例，皆得抗顔爲師，將優等者凡屬寒畯，終爲生徒。下等者苟有資財，便爲師長，學問文章，皆可不論。考課懲勸，將何所施。隳士子讀書向上之心，妨國家造就人才之道。至是給事中汪元方亦以爲言，遂得停止。又道光二十七年，奉旨删去文廟丁祭自行一叩禮之後，太常寺復奏准删贊跪承祭官跪一節。至是祭酒勝保以爲言，詔下禮官議。文正議請上香獻帛獻爵時，贊引官仍贊跪，承祭官仍跪，拱舉畢而興。詔從其議。二事得儒臣之體焉。

邸鈔：曾國藩奏已革湖南提督周天受力守寧國危城七十餘日，城陷遇害。江寧鹽巡道署皖南道福咸巷戰而死。寧國府知府顔培文、宣城縣知縣王乃晉皆同時殉難。詔：周天受著開復原官，照提督例從優賜恤，賜謚忠壯。並于寧國府城建立專祠。其胞弟周天培上年在江北殉節，周天孚本年在金壇殉節，亦係堅守孤城，力竭不屈。一門忠烈，大節凛然，著於四川省城及本縣建立周天受、周天培、周天孚三人祠，以褒忠義。福咸、顔培文、王乃晉及竹塘營殉節之袁州營遊擊副將朱景山，均各照本職從優議恤，祔祀周天受寧國專祠。至徽州之皖南道李元度不能堅守待援，以致貽誤大局，責無可辭。徽州府知府劉兆璜等身任地方，均有應得之咎。李元度著革職拏問。劉兆璜及歙縣知縣羅德隆、徽州營參將文芳，打仗不力之遊擊楊鎮魁、蕭以德等，均著革職。都司孔旭日、千總余大勝敗不歸隊，輕棄主將，均著即行正法，以肅軍律。其叢山關力戰陣亡之同知章梅華等，交部從優議恤。欽此。

曾帥自官侍郎，矯矯立名節，及出外視師，轉戰湘楚九江間，屢蹶屢振，卒之平湖南，平湖北，平江西，功皆第一，而賞不行，中外以爲恨。洎今夏督兩江之命下，東南人士額手相慶，旋授欽差大臣。而曾公徘徊不前，上累詔促之，以未能輕去皖南爲辭。常德龐寶生閣學致中朝書，謂賊雖鴟張江左，實不足平，但得曾公三千節制之師，可一舉而滅。常州人有陷賊脱歸者，言賊在城中聞曾帥將至，爭束裝爲遁走計。予謂觀松江、太倉之屢失屢復，賊之志不在大可知。曾帥能鼓鋭而進，乘賊之欲滿氣餒，震以大軍。賊布置未定，又怵先聲，固可不血刃而復三吴。乃顧視牽掣，藉口持重，勢成謀潰，坐爲賊困。論者或咎其暮氣不振，或誅其養賊自重。今宣歙盡喪，皖南亦將無容足之地，此時長驅直進，既匪所能，逍遥翱翔，又鮮安土，坐喪威名，自詒伊戚，其無復望也夫。眉批：曾公自有成見。觀後日立功，皎然可知。予時憂浙事甚急，且習聞吴人之言，故有此論，其實非也。

上諭：按察使銜徽寧池太廣道著程鈺補授，寧國府知府著劉傳祺補授，徽州府知府著董維翰補授。

叔雲持宗滌甫給諫《躬耻齋文鈔》視予，謂此公以道學文章自命者幾五十年，其行事不必論，文亦支離，無自得之樂，務以宋學膚末，盛自襮著，尤可嘔噦。予謂近時名公宗匠之言文者，能若此繩削刻劃者亦鮮矣。其《亡妹蝶衣壙志》《次子永樾埋磚詺》兩文，最簡潔可取。《王觀察志銘》亦佳篇也。叔雲論不合而去。時夜已四更，復讀《楞嚴經》，往往神悟相會，言詮轉玄。窗外積雪，融光入簾，一燈滋清，樂不可説。天明始睡。

小雪巳初二刻小雪，浙江巳初三刻。　初十日庚午　晴，未刻始起。閲寶應王予中先生懋竑《白田雜著》。

十一日辛未　陰，積雪曾冰，終日寒冱。作書致紱翁。

閲《白田雜著》。予中先生爲樓村先生之從子。樓村年五十八，中康熙壬午舉人，次年癸未會試、殿試皆第一。先生亦年五十一始成康熙戊戌進士。世宗朝，以安慶教授與漳浦蔡文勤公同被召，爲翰林院編修。蔡公傅高宗，而先生傅和親王。年餘，丁母憂歸，遂以病廢。生平最用力朱子之學，而辨别其真僞，謂《綱目》係初年未定之書，《家禮》并非所作，條疏而指駁之。即《四書集注》，如盤銘、鴻雁、麋鹿之類，皆多所訂正。其他如論公子之宗道，謂一君之後爲一大宗，百世不遷，周公、康叔、蔡叔各分封，而周公爲長，故以魯爲宗國。至孟子時滕之臣猶稱吾宗國，而别子各爲祖不相宗之説非。考孟子入梁及齊伐燕之歲月，謂入梁當從《通鑑》惠王之後十四五年。（《通鑑》從《竹書紀年》，惠王三十六年始稱王，更爲後元年，至六年卒，子襄王立。）齊伐燕當從《史記》爲湣王十年。《史記》誤以惠王後元年爲襄王元年，于是謂襄王元年稱王，五年予秦西河地，七年盡入上郡于秦，十二年楚柱國昭陽敗其兵于襄陵，與《孟子》不合。又于襄王之後，昭王之前，多哀王一代，與《世本》亦不合。此當從《通鑑》者也。《通鑑》不知《孟子》中齊宣王皆湣王之誤，遂以爲齊宣王十九年伐燕，殺王噲，是年宣王卒，子湣王立；又二年，燕人立太子平。不知宣王卒于周顯王之四十五年，又三年爲慎靚王元年，燕王噲始立，又七年，齊人伐燕。温公欲附會《孟子》，乃上增齊威王十年，（齊威王卒于周顯王之二十六年，在位三十六年，《通鑑》謂卒於顯王三十六年，在位四十六年。）下減湣王十年（齊湣王即位于周顯王之四十六年，在位四十年。《通鑑》謂立於赧王之二年，在位三十年。）而移宣王之十年以就伐燕之歲，其增減皆未有據。而謂燕人畔在湣王時，與《孟子》亦未合，此當從《史記》者也。至《戰國策》以伐燕爲齊宣王，亦後來以《孟子》而改。按蘇秦死于齊湣王之初年，蘇秦死，蘇代乃出遊，説燕王噲讓國，其非宣王時明矣。辨漢火德之説起于王莽、劉歆，東漢因之。謂《封禪書》，黄帝得土德，夏得木德，殷得金德，周得火德，秦得水德，蓋本鄒衍説，秦始皇用之，以周火德，秦滅周，從所不勝爲水德。漢初用赤帝子之祥，旗幟尚赤，而自有天下後，仍襲秦舊，故張蒼謂漢爲水德。文帝時，公孫臣言當改用土德，色尚黄。至武帝改正朔，色尚黄。至劉歆《三統曆》，乃謂夏得金德，殷得水德，周得木德，秦在木火之間，漢得火德。王莽篡位，自以黄帝之後，當爲土德，而用劉歆説，盡改從前相承之序，以漢爲火德。東漢重圖讖，以赤伏符之文，改用火德，班志遂以屬之高帝，誤矣！賈誼諸人説皆以漢爲土德也。眉批：《元后傳》，莽更漢家黑貂，著黄貂。此則漢因秦舊用水德之未改者。皆確鑿可據。故精博雖不及後來諸家，亦説部之善于辯證者。

論史事兩卷，兼訂《通鑑》及《綱目》之失，亦多謹嚴。所論僅自秦迄晉，於三國事尤詳。雖間不免頭巾氣，然如謂蔣濟乃爲司馬懿所劫，非懿之黨；李豐、桓範，魏之忠臣，莫有過者，陳壽不立李豐傳，其所敘皆不足據。高柔、盧毓、傅嘏皆黨附司馬，爲魏逆臣，《通鑑》敘李豐事，載其父恢語，及傅嘏、杜畿論豐語，皆出傅玄所撰《傅子》，玄乃嘏從父兄弟，其言皆出愛憎之口。王祥以至孝稱，而濡跡魏晉之際，與吴之孟宗同，皆爲可惜。張昭爲吴之社稷臣，其議迎曹操，亦過爲權計，不欲以孤注一擲。《江表傳》謂權即尊位，會百官曰：『如張公之計，今已乞食矣！』昭大慚，伏地流汗。昭之剛直，權夙見憚，必無此事。魯肅意欲協和吴、蜀，故臨殁不薦吕蒙自代。潘濬以治中典留荆州事，乃與傅士仁共守公安而聽其迎降，及孫權慰勞，遽下地拜謝，更爲權用；樊伷謀以武陵郡附劉氏，而濬自請兵往討平之，此全無人心者。楊戲《季漢諸臣贊》，列濬于糜芳、傅士仁，誠不爲過。孫策禮任張昭、張紘、虞翻，權皆不復用，昭幾不免，翻且竄死，陸遜亦以憤恚卒。周瑜、魯肅幸早死，不與其禍，而亦恩不及嗣。惟顧雍、潘濬從容諷議，得安其位，所愛重者惟吕蒙、凌統、甘寧、周泰輩，遠不逮策。皆有特識者也。

邸鈔：翁同書奏九月初七日粤逆、捻逆圍攻六安州，總兵吉順、詔賞還提督銜。惠成賞加提督銜。等内外堅守。賊來愈衆，至十七日，與遊擊聶桂榮詔擢參將並加副將銜。等水陸夾擊，城圍立解。

夜風。

十二日壬申　晴。寒甚，始擁爐。雪甌來，以近作五律五首見示，皆穩秀老成，如『盆花招瘦蝶，硯水潤飢蠅』『一水繞修竹，數峰明夕陽』『溪魚朝曉日，山鳥落初花』，上足希大曆十子，下不失永嘉四靈。雪甌在言社同人中，亦錚錚佼者，自去年入都相見，從不言詩。予甚疑其此事已荒，頗時規以宦情太濃，文章竟廢，殊非向來學行相友之心，乃不料其所作殊能自進。雪甌氣豪質篤，昔年律詩無此境界，蓋近日頗有讀書所致也。閲孫之翰《唐史論斷》。

十三日癸酉　晴，稍和。雪甌去。午起負暄，向爐剃頭，一快。王九如孝廉來。

閲《唐史論斷》。此書爲孫公一生精力所注，極自珍秘，司馬、歐陽諸公皆甚推重之。其議論按切情事，平正可依，無宋人迂疏刻覈之習，雖筆舌冗滯，固不害爲有用之書。東坡舉其所論褚遂良不譖劉洎、太子瑛之廢由張説、張巡之敗緣房琯、李光弼不當圖史思明、宣宗有小善而無人君大節五事，謂皆舊史所不及。然正不止此也。

閲秀水諸氏錦《饗禮補亡》，寥寥數葉。聞後來有補之者，尚未及見。然其辨疏皆謹慎不苟。

邸鈔：上諭：巴棟阿奏金壇帶勇各員請分别免罪一摺。已革廣東高州鎮總兵蕭知音于營員馬得勝等暗與賊通，未能先事覺察，以致城陷，實有應得之咎。姑念其嬰城固守，已歷四月有餘，身受重傷，尚非有心貽誤，著免其治罪，留于鎮江大營效力。其餘都司葛春陽等均免其治罪，撤歸原營。通賊在逃之守備馬得勝、外委王文榮，著嚴拏正法。上諭：李惺奏請另行簡派督辦大員一摺。前任右春坊右贊善李惺年近八旬，精力已衰，不能勝任，著即撤去督辦四川團練大臣，並毋庸賞給五品卿銜。所有團練事宜，據崇實奏稱川省並無堪勝督辦之巨紳，著責成該省總督藩臬督飭各州縣及各屬紳士認真辦理。上諭：清盛山東藩司。奏逆捻竄入東境，圍攻濟寧州城，九月十二十三等日，大股竄至，馬步約七八萬人，署知州盧朝安嬰城固守，會同河標參將孫延璐等兩路夾擊，城圍立解。清盛署理撫篆，未能先事預防，著交部議處。在事出力之文武員弁團紳，著黄贊湯會同文煜擇優保奏。打仗陣亡各員弁，均交部從優議恤。現在竄賊分股肆擾，著文煜會同德楞額督飭將弁，迅掃逆氛，無任延蔓。上諭：八月間淀園被擾，内務府員外郎泰清全家十六口自焚，殊堪憫惻。著内務查明殉難情形，分别奏請旌恤。其近畿一帶殉難紳民，著八旗都統、順天府、直隸總督迅速查明具奏。

夜閲楊士聰《玉堂薈記》。士聰明末以諭德降闖賊，竄名逆案者。此書乃崇禎癸未所作，所記皆當時朝事，亦間及詼諧戲瑣。其敘述國故，多有可觀。其書頗不經見，此乃寫本。上書乾隆五十二年門下宗再姪臨泗録，不知何人。所寫訛脱甚多。士聰自序謂彙爲一帙，此乃分爲兩卷。又有細注删去緬鈴一條。予嘗見楊山松《孤兒籲天録》，言士聰此書力詆其父嗣昌，至有槃瓠遺種之詈，今此本亦無有。又見《禁書目録》，載此書在抽毁類，然則此本固非全書矣。其中議論頗平允，惟不滿于張天如，其餘好惡，俱無所偏也。

十四日甲戌　晴。珊士來。定子來。夜同閲《高青丘集》。珊士留宿。

十五日乙亥　晴。珊士蚤去。

閲《羅昭諫集》，詩文共八卷，康熙中新城令張瓚所刻，《四庫》所收即此本。惟此本第八卷即《兩同書》，而《四庫書目》既於集部别集類收此八卷，復于子部雜家類列《兩同書》二卷。卷數重出，殊不可解。昭諫所著《讒書》，自《文粹》所選外，不可得見，《四庫》亦無有。顧澗薲《思適齋集》中有《讒書跋》，謂係拜經堂本，蓋武進臧氏刻者。眉批：《讒書》乃吴兔床校刊，所謂拜經樓本是也。嘗問河之，云其家有之。今毗陵之板，當已不保矣。昭諫詩格，雖未醇雅，然峭直可喜，晚唐中之錚錚者，文亦嶄然有氣骨，如其詩與人也。

邸鈔：瑞昌、王有齡奏九月初六、初七等日徽州逆匪大股由淳安竄嚴州，副將周萬遠、丁憂知府松海等帶隊出戰，衆寡不敵，署嚴州協副將衢州城守營都司封九貴被賊圍住，力竭陣亡，府城遂陷。詔：瑞昌等現經飭令張玉良等各軍水陸並進，著即迅速進攻。松海及署建德縣知縣李長齡均著即行革職，松海仍留該地方辦理團練，李長齡暫留署任隨同進剿。睦州既失，杭城東面受敵，嘉、湖又逼其西，帥守皆庸才，恐不足恃。且賊由宣而歙，由歙而睦，殆以全力覬浙，皖南既無後顧，豕突之勢，益將盡鋭于我，此時吾越不知得安枕否，尤令人痛恨南豐矣。上諭：浙江鹽運使田潤積勞病故，殊堪憫惜，著照軍營病故例議恤。上諭：浙江鹽運使著莊焕文補授，浙江杭嘉湖道著麟趾補授。上諭：留京辦事大臣著添派瑞常。瑞常現署步軍統領，著毋庸入直。

十六日丙子　晴。王九如來，不值。王月坡招飲蘭仙家，不赴。天大明始睡。

十七日丁丑　晴，午後陰。買火爐一具，堅緻可愛。

邸鈔：德楞額奏捻匪敗竄南邳州境，仍督隊追剿。詔：會同傅振邦前後夾擊，毋任遠颺。梁瀚奏甘肅辦理團練事宜。詔：著陝甘總督樂斌督辦，并著甘凉道蕭浚蘭、丁憂刑部員外郎吴可讀、江西候補道楊昇幫辦。　薛焕奏九月初四日清江縣知縣齊在鎔等克復江陰縣城。

夜録改舊詩，並補戊午年詩數首，徹曉始睡。

十八日戊寅　晴。早起。晡後會拜鍾寶田，送馬春暘、王九如南返，夜歸。作稟家慈書，致仲弟書，沈瘦生書，詩舫、楚材兩弟書。

十九日己卯　晴，昧爽。遣僕以家書交春暘，以致楚材書交章芝生。曉卧，舊疾復發。鍾寶田來，不值。王月坡招觀劇，不赴。

邸鈔：上諭：前任總管内務府大臣文豐賜謚忠毅。之子造辦處郎中兼驍騎參領廣毓、茶庫員外郎廣麟、慎刑司郎中兼驍騎參領廣順，均著俟百日孝滿後，由旗帶領引見。伊孫候補員外郎福恩等均服滿後帶領引見。其年未及歲者，俟及歲後再行帶領，以示朕篤念藎臣至意。欽此。　劉源灝奏本年五月粤匪竄陷貴州廣順州，丁憂在籍侍讀銜翰林院檢討但鍾良與妻劉，妾劉、楊、吴、潘，子熙齡，女寶環、寶瑛、寶珣，弟知縣但蔭良與妻司、女寶琪及它眷屬婢僕等，俱同時殉難。詔：均交部從優分别旌恤。鍾良，道光戊戌進士。其父明倫，由翰林兩任兩淮鹽運使，積訾巨億，以罪免。鍾良入官後即歸，十餘年不出，名高于父云。

二十日庚辰　晴，雪甌來。

廿一日辛巳　晴，稍和。珊士早來，不晤，留書而去，以所作律賦試帖詩一册屬與叔子商榷。張問月來，道其尊甫名序均，字柳人，精數學，著書十餘種。訪德甫，晤。子恂，不值。訪雅齋，不值。見□□□，浮薄無行，予素惡之，幾一年不相見，今日惡態依然，言無倫類，叩其所學，自庸爛墨卷十數篇外，一字不識。吾族近來文獻衰落，老成典型蔑棄殆盡，至有此等子弟，深可憂也。子恂來，不值。

邸鈔：上諭：翁同書所奏副將銜候補遊擊孫之友之母孫劉氏，先命其子率衆投誠。嗣逆犯亳州，復令登陴固守，克保危城。該氏年逾七十，深明大義，實屬可嘉。著加恩准照其子副將升銜，給予二品封典，以爲母訓克端者勸。上諭：翟誥奏請在籍大員幫辦團練一摺。湖南在籍前任陝甘總督易棠、内閣學士周玉祺、翰林院侍講學士丁善慶，均著幫同該省署撫辦理團練事宜。至胡興仁前在浙江署撫任内，辦理一切未能得力，毋庸令其幫辦。欽此。駱秉章奏請行營刊刻木質關防一顆，其文曰：欽命督辦四川軍務湖南巡撫行營關防。奉硃批拜發軍報，即用木質關防。欽此。

廿二日壬午　晴和。雪甌來，即去。補作去年《慧山紀遊》詩：『孤塔銜惠山，清暉別塵境。春晚湖氣新，晴浴九峰影。』『平橋控山口，夾岸樹如束。樹外片帆來，點破橋陰緑。』『山下多清風，昔賢不可起。芳草叢祠陰，鼯鼪落松子。』『靈泉導松根，密蔭一泓養。潭色浮春空，山静游魚響。』『岩屋開玲瓏，時有携家住。山光林下人，風鬟理茶具。』又《漪瀾堂遇雨步歸舟中作》：『竹外斜陽匿，曾陰墮檻前。泉聲鄰夕磬，雨色上茶烟。客賞蹔難足，故山思獨偏。孤舟回望處，白羽下平田。』又《夜同季貺登慧山頂看月作》：『晚晴山月佳，林暉忽已滿。宛宛九龍峰，明鬟出新盥。結侶凌幽瓊，絶頂得兹坦。曲磴躡蘿澀，磐石憩苔暖。振策諸嵐光，步屧栖禽散。遠映楞伽山，一白不可斷。坐久悟暝色，萬籟息相伴。旅遊易爲奇，言歸迫宵短。月隱深林幽，寺門照燈纘。』

廿三日癸未　陰，稍寒。子恂來。

邸鈔：毛昶熙奏擒斬捻首周合子。上諭：前因慶廉奏參藩司賈臻膜視軍務，當經諭令慶廉嚴飭該司，迅籌報解。兹據賈臻奏參慶廉貪婪欺罔舉止乖謬各情。以撫藩大員，互相參奏，必應嚴切根究。慶廉、賈臻均著即行撤任，交新任河南巡撫嚴樹森秉公查辦。 嚴樹森授河南巡撫，邊浴禮授河南布政使，鄭元善授河南按察使，唐訓方授湖北布政使，裕麟授湖北按察使，王增謙授廣東鹽運使，趙書升授河南南汝光道。 上諭：毛昶熙著督辦河南剿匪事宜。

夜小雨。

廿四日甲申 晴。曉臥病動。珊士來，夜同宿齋中。

大雪寅正二刻，浙江寅正三刻。 廿五日乙酉 終日濃陰。

邸鈔：上諭：荊州將軍都興阿著督辦江北軍務，福建陸路提督李若珠幫辦。

廿六日丙戌 濃陰不解。徐孝廉作梅來，不值。子恂來。雪甌來。夜半雪。雪甌止宿。

廿七日丁亥 午後晴。雪甌早去。珊士來。定子書來，索日記及《水仙花賦》，作書復之。 王月坡招同叔子、珊士、五樓飲時豐齋，夜歸。

廿八日戊子 層陰釀雪。曉臥疾動。定子以扇索贈詩數月矣，懶不能報，今日走筆成之：『毗陵吕侯夙好事，異書怪友日招致。十年柱下老不遷，退直皇皇治文字。去年持節秦中回，夾袋環瑋無凡材。召對頗聞至尊許，狂言屢得公卿猜。一朝車轍到窮巷，談麈乍交覺神王。齊年授分惟彥倫，謂叔子。峰距孤横足相抗。漆室坐憂時事非，可憐立仗難呈奇。著書相示輒憤絶，往往酒案翻淋漓。東南三月賊大聚，浙西七郡半焦土。君家晉陵當賊衝，枕戈夜夜泣如雨。中原豕駭無英雄，島夷忽瞰明光宫。翠華倉黄下殿走，驪山十日烟塵紅。圍城昨得君家信，弟死行間姊飲刃。罵賊争傳女嫛烈，同仇竟見趙禮殉。試看節義在一門，故家能使朝廷尊。生平力學本忠孝，文章豈足酬深恩。輦下風塵暫清晏，老父南中幸無患。亂離間道營板輿，所覬晨昏慰羈宧。慈也有母東海隅，干戈半載無音書。願得明年花發日，同作長安反哺烏。』

廿九日己丑　晴。蚤起負暄，剃頭。聞僧王等大軍俱往山東辦賊，河間土匪已平。勝帥于數日前上疏請上旋蹕，痛劾鄭王兄弟，謂鑾輿未還，皆其熒惑，京師久空，根本一失，將無可救。臣亦明知言出禍隨，然不敢緘默負國。幸而其言獲用，甘受百口之誅。疏入，報聞而已。避暑山莊先有離宮二百餘所，今完好者尚有七十餘所，又多藏睿皇服玩及梨園行頭，尤華好倍南府物，上遂改山莊爲圓明園，驛召諸優承直者，日演戲，或出打圍爲樂。留京諸王大臣請還蹕。上傳旨曰：『爾等能保夷人不再至者，朕不吝還。』冢宰陳孚恩上疏，謂駕久在外，當有甚于八月八日之事者，言頗悚切。上怒，有旨詰責云。

十一月庚寅朔　終日濃陰。珊士來，夜止宿齋頭。

初二日辛卯　陰慘極寒。閲《南史》廬江何氏、吴郡張氏諸人傳。得季貺八月二十四日閩中書。邸鈔：瑞昌奏邵燦奉命督辦團練，未能博采衆議，輒欲于各縣僱募勇丁，並欲將厘捐作爲團練經費。其幫辦紳士章嗣衡等假公濟私，貪劣最著，邵燦倚爲腹心。且於鄉里之間，用督撫體制，辦理乖謬，物議沸騰，請旨撤退，以順輿情。詔：邵燦著即撤去督辦大臣，其承辦團練之在籍道員章嗣衡、同知陶慶章均著撤去。該督及章嗣衡等有無别項劣跡，仍著瑞昌、王有齡查明，據實參奏。並著王有齡將該省公正紳士，秉公奏保數員，候旨派辦團練。欽此。邵未達時，（此處剜去數字）及歷職清顯，入爲少宰，掌樞密，出握漕節，總軍政，皆録録無足稱。去歲以淮楚四警，詭疾引去，是則責以統禦之任，必不爲功。予以鄉里之權，（此處剜去數字）章、陶皆吾邑人。上諭：太常寺卿著鄭敦謹補授。上諭：

太常寺少卿著焦祐瀛補授，在軍機大臣上學習行走。焦君以五品京堂，初躋四品，即長樞垣，近來自尚書穆蔭，曾以内閣侍讀擢任樞密，兹復再見也。傅振邦奏請病假。詔：賞假一月，在徐州軍營調理。山西太原鎮總兵田在田著暫行接辦徐宿剿匪事宜，江南淮徐道吴棠著暫行幫辦。福建按察使林福祥捐貲助餉，前任河南按察使周士鏜剿匪出力，均賞加布政使銜。

初三日壬辰　薄晴。杜五樓就一部令史顧姓家教讀去，月得十金。都中雖王公家，延師及書記，幣最腆者，月不過四五金，而部寺諸令史家乃往往至數十金。蓋國朝胥吏偷竊權勢，舞弄文法，高下在心，實以黑衣下賤之流，而攬天下之大柄。部寺長官多不知曹務，惟任諸司，諸司官又一聽之吏，故京師有『堂官牛，司官鰍，胥吏剔[骨朋]不得休』之譬。時謡曰：『堂官車，司官驢，書吏僕夫爲之驅。』故引用《晉書》語以爲況。吏皆四方流民無籍者充之，吾越人爲尤多。既無身家之重，又久習案牘，於是招摇賄賂，恐猲州郡，公然飛書走牘，要索諸路。京朝官多貧乏不能自存，而吏人每積貲巨億，服食享用，擬于王者，此最國家一大弊也。其延師不務教讀，惟屬以竿牘之任，鄉黨自好者皆不屑爲，而士之無行荒于文字者，亦喜就之，以無授經之苦，又不計文理之通否，字畫之工拙也。近更趨之若鶩，凡計偕流落者偶篡得之，如登天矣。今日市又决斬十四人，以近日都城内外劫盗四起，持炬圍攻者往往一夕數家焉。雪甌來。徐領香孝廉來。

閲山陽阮吾山侍郎葵生《茶餘客話》十二卷，頗多紀國朝掌故。海鹽董曉滄庶常潮《東皋雜鈔》三卷，雜論古今以及詩詞瑣事，與《客話》略同。雖嫌簡陋，然其論《隋書》不立文中子傳，蓋魏鄭公等欲尊其師，不屑與文學諸人伍，勢必别立世家，如《史記》之於孔子，而又無此體，故并此不書；又論吴虎臣《漫録》引晉孫綽《表哀詩序》，有『敢冒諒闇之譏以申罔極之痛』語，謂人臣亦可以言諒闇，按《晉書》

山濤遭母憂，武帝詔有曰『山太常雖居諒闇，情在難奪』，是晉時固通稱。二條獨可取。他若載錢蒙叟獻豫王禮帖子，及見弘光于南京司禮監韓贊周第，伏地痛哭；又順治丁亥被逮繫金陵獄而寄河東夫人詩，謬以東坡御史臺寄弟爲寄妻，且其時原配陳夫人尚在，而竟以河東君爲妻，足見其不惜行檢。載陳相國之遴之娶徐夫人事，及相國獲罪始末。又謂相國于甲申四月作《燕京雜詩》十二首，雖蒼凉悲壯，頗多局外快心之語，蓋相國在明季以奸臣子永不敘用，故于其亡有幸心焉。載李穆堂主康熙辛卯會試得罪事，皆他書所不詳。《客話》嫻于文獻之學，間及考古，則多疏舛。阮由乾隆壬申舉人官至刑部侍郎。

初四日癸巳　晴。珊士携具來同居。珊士今年試軍機，已列名，及進單行在，不見用，殊有貧悴冗散之嗟，叔子故館之也。作片致定子還詩扇，得定子復。定子來。

邸鈔：薛煥奏十月初五日賊撲江蘇金山縣楓涇鎮，總兵曾秉忠等擊退之。賊復糾蘇常大股徑撲廣富林，圖犯松江。官軍水陸並退，曾秉忠復自松涇回泊龍王廟，初六、初七等日，分三路進攻。賊戰大敗，復糾衆集寶山縣之羅店鎮，都司姜德復擊敗之，賊遂竄遁。得旨：曾秉忠以提督擢用，其餘出力將弁，查明保奏。廣富林官軍防剿不力，副將向奎等摘去頂戴。王發桂補授通政司使。

初五日甲午　晴。謝夢漁來。鍾寶田來。閱孔毅父《談苑》。

閱杜登春《社事始末》。登春字九高，號讓水，華亭人。其祖□□□萬曆丙辰進士，始與同郡爲曇花五子文會。父麟徵，字仁趾，崇禎辛未進士，官職方主事，于天啓中魏閹誅東林時，首倡燕臺十子之盟，旋與夏彝仲等六人立幾社，而張天如、周介生等立復社，兩社同時盛興，遂以黨禍綿結四五十年，自天啓至國朝康熙，歷兩姓四朝，屢釀事變，而始歇絶。登春于崇禎癸未，已與夏存古等舉西南酒朋會，爲幾社後起。入國朝，始補諸生，由拔貢官翰林孔目，外授知縣，終處州同知。此書詳載復社、幾社以及求社、景風社、贈言社、雅似堂、昭能社、同聲社、慎交社、原社、恒社、春藻堂、大雅堂之源流分合，水火消長，人才盛衰，世局遷變。登春承籍家世，鼎革後又久執牛耳，故所紀較吴梅村《復社紀事》諸書特詳。當日所尚，無非八股文字，而侈然號召，高自標持，所刻文或曰國表，或曰名山業，或曰秉文，直同喪心病狂，而張天如至謀起周宜興以固社局。順治中，疊經丁酉科場之創，己亥江上之獄，奉明旨禁社事，劉安丘相國至列之不赦之條，繼又有辛丑奏銷之案，而士氣囂張，侈口壇坫，結習日深，殊可厭惡，然其時文章氣節之士，無不出其中者。且朝廷既以時文取士，講究舉業，亦是分內事。比數十年來，國家開科愈數，貢額日增，而巍科上第之文，幾于不通一字，取士者無所謂程式，應試者無所謂揣摩，上下瞢然，相遇以詭，亦無有言及選政者。功名之事尚然，况古學耶？予嘗謂時文不出二十年，必爲功令所廢，即此可知也。登春此書，可以考見易代之際六十年間東南風會，而朝政大局亦因以見。其記社中死節諸公，如吾邑祁忠惠彪佳死所居寓園池中，而以爲守邗溝死；東陽張忠穆公國維死金華，而以爲守京口死；周仲馭以弘光時與雷演祚同死獄中，而以爲死于金沙破日；慈谿馮留仙、鄴仙兄弟，俱以甲申中國變後，間道南歸，相繼病卒，未及見南都之敗，而以爲起兵死。又何其舛也。

初六日乙未　薄晴。王月坡來。作書致德甫、致子恂。

邸鈔：勝保奏請派大員防河。詔：直隸大順廣道聯捷著專辦防河事務，轄直隸之大名、順德、廣平，河南之彰德、衛輝、懷慶各府，准其單銜奏事。其濱河地方官，有怠惰疏失及不遵調遣者，指名參奏。如有捻匪偷渡河岸，惟該道是問。勝保奏直隸大沽協都司阿呢揚阿離營潛逃。詔：阿呢揚阿帶兵至京，輒敢棄印潛逃，實屬目無法紀，著各省督撫將軍府尹及各旗都統衙門一體嚴拏務獲，即行就地正法。

閲《新唐書》張貞武孝忠、張獻武茂昭父子、田忠愍弘正、田孝公布父子、李恭公揆、由宰相貶袁州長史。常河内袞、由宰相貶河南少尹。趙貞憲憬、崔玄宰造、以給事中拜相，罷爲右庶子。齊忠公映、以中書舍人拜相，貶虁州刺史。盧子玄邁、趙昭公宗儒、以給事中拜相，罷爲右庶子。姜愛州公輔、以諫議大夫拜相，罷爲左庶子。武忠愍元衡、李貞公絳、宋貞公申錫、顔文忠真卿、馬莊武燧、渾忠武瑊、李莊威元諒、即駱元光。韓襄公游瓌諸傳。

詔：免巡幸熱河所過州縣錢糧十之四。

初七日丙申　晴。子恂來，久談，携日記一册去。

閲《唐書》杜宣獻黄裳、裴弘中垍、李貞簡藩、韋文公貫之、貫之子貞公澳、貫之兄綬、綬子孝公温傳一卷，高威武崇文、子敬公承簡、伊壯繆慎、朱靈公忠亮、劉威公昌裔、范宣武希朝、王魏公鍔、孟趙公元陽、王成公栖耀、子威公茂元、劉公明昌、南川郡王。趙成公昌、李豐州景略、任襄公迪簡、張萬福、高固、郝玼傳一卷，李光進終振武節度使。及弟忠公光顔、烏懿穆重胤、王沛、終忠武帥。楊元卿、終宣武帥。曹華、終義成帥。高瑀、終忠武帥。劉沔、終忠武帥。石雄終鳳翔帥。傳一卷，于厲公改謚思，頔。傳一篇，康承訓終河東帥。傳一篇，李逢吉、謚曰成。元稹、牛僧孺、謚文簡，字思黯。竇群字丹列。及弟常、字中行。牟、字貽周。庠、字胄卿。鞏、字友封。劉栖楚、張又新、楊虞卿、字師皋。楊漢公、字用乂。楊汝士、字慕巢。張宿、柏耆傳一卷，姚貞公南仲、獨孤憲公及、字至之。顧敬公少連、字夷仲。韋獻公夏卿、字雲客。段平仲、呂元膺、字景夫，終吏部侍郎。許憲公孟容、字公範。薛存誠及子廷老、字商叟。李貞公遜及弟建傳一卷。宋景文贊以杜黄裳善謀，裴垍能持法，李藩骾挺，韋貫之忠實，皆足穆天綍，經國體，撥衰奮王，菑攘四方，憲宗中興，寧不謂得人而致然耶！　眉批：李貞簡清執持相體，終始節概可觀，然當吴少陽請繼旌節時，不能決計討蔡，勸帝以節授之。韋文公能決鎮蔡之不可兼討，又料討蔡置韓弘爲都統，及令烏重胤、李光顔連營，謂諸將必持重觀望，久而始克，皆爲善于謀國。然當盜殺武忠愍時，白文公請急捕盜，而韋不悦，是先亦怵于藩鎮之焰矣。要之憲宗時宰相，杜宣獻、裴文忠、李貞公絳、裴弘中爲最；李貞簡、韋文公、李忠懿次之。予謂元和人才可稱極盛，足以上追漢之元朔，下軼宋之慶曆，而史臣未極鋪張，故迹較晦，所贊四人，未極其致也。康承訓平龐勛之亂，功烈第一，乃僅酬以河東一鎮，而即爲韋保衡、路巖所貶，唐之不競宜哉！楊漢公拜同州刺史，鄭裔綽爭之，既詳敘于裔綽傳，復見于漢公傳，一字不異，此亦子京失檢處。

邸鈔：上諭：浙江布政使莊受祺告病，著准其開缺調理。林福祥擢浙江布政使。黄安綬擢福建按察使。徐曉峰擢福建汀漳龍道。御史蔣志章擢廣東督糧道。蔣，江西鉛山人，苕生先生後人也。

初八日丁酉　晴，嚴寒。子恂來。鍾寶田來。夜偕珊士、叔雲、鍾寶田、王月坡飲維新堂，芷儂、蘭仙、喜齡、鳳齡、寶齡侑觴。四更始散。天明就枕。

初九日戊戌　薄晴，極寒。子恂來。雪甌來。王月坡來。得德夫書。夜鍾寶田招飲東福雲堂，不赴。二鼓風起。

冬至亥正初刻七分，浙江遲一刻。　初十日己亥　淡日奇冷。是日冬至。上在木蘭，命克郡王攝祭南郊。曉卧疾動。

錢辛楣《養新録》論郡望，言朱有沛國、義陽、吴郡、河南四望，而今人但稱沛國。沛之顯者，在漢爲朱浮，今朱氏不皆祖浮也。三吴之朱，當稱吴郡，若徽國之後，則依文公自稱新安可也。張有清河、南陽、吴郡、安定、燉煌、武威、范陽、犍爲、沛國、梁國、中山、汲郡、河内、高平十四望，而今人但稱清河。張之顯者多矣，如季鷹、思曼之裔，則當云吴郡；茂先、道濟之裔，當云范陽；西平公軌之後，當云安定；平子之裔，當云南陽；不應概稱清河也。《廣韵》顧姓出吴郡，不聞有他望。今顧氏所祖，不曰雍曰榮，則曰野王曰況，皆吴人也，而改稱武陵，謬矣。陸有吴郡、河南二望，河南之陸，出自鮮卑，本步陸孤，魏孝文時改爲陸氏。今陸氏皆宗績、續、遜、抗，則爲吴郡審矣，而轉有取于代北之陸。間有不稱河南而稱平原者，或以士衡爲平原内史而稱之，則吾未聞以所歷之官爲郡望者也。又今人姓金者多稱其望曰彭城，此承吴越避諱，改劉爲金，姓改而族望未改，如仁山之後稱彭城，是爲當矣。若日磾之裔，出于匈奴渾邪王，封侯累世，久居三輔，不應冒彭城之望。又謂自五季之亂，譜牒散失，至宋而私譜盛行，士既貴顯，多寄居他鄉，不知有郡望者蓋五六百年矣。故言王必琅邪，言李必隴西，言周必汝南，其所祖何人，遷徙何自，概置弗問云云。

予按王氏太原之望，先于琅邪，漢司徒允時，祥、覽猶未興也。允傳已言仕州郡爲冠蓋。又魏太尉王淩，允之姪也，先祥、覽而顯。晉時琅邪大興，而太原自魏司空昶王渾、王濟、王蒙、王恭皆此一支。至晉平北將軍坦之，亦世爲名臣。坦之子忱與國寶等始以貴驕敗，自是琅邪愈盛，而太原遂不振。然太原王瓊之族，大顯于北朝。至陳、隋以後，琅邪應『淮水絶王氏滅』之言。唐時琅邪已遠不及太原，李肇《國史補》言滎陽鄭，岡頭盧，澤底李，土門崔，四姓皆爲鼎甲，太原王亦四姓之匹。至宋益微。又按《新唐書》王貞公徽傳，徽京兆人，僖宗時爲宰相，號名臣，譜言其先本魏諸公子，至漢徙關中霸陵，以其故王家，遂爲王氏。徽十世祖羆，仕宇文周爲同州刺史，葬咸陽，子孫因家杜陵。曾祖擇從昆弟四人，至鳳閣舍人者三人，故號鳳閣王氏。訖大中時，登進士者十八人，位臺省牧守者三十餘人，是又于太原、琅邪外爲京兆一大宗也。又按漢王陵沛人，王尊涿郡人，王章泰山人，王訢濟南人，王褒蜀人，王嘉平陵人，王商字子威，非成帝舅。亦涿郡人，而元后之父王禁，東平陵人，徙魏郡。其時惟王吉爲琅邪人，與諸家皆自爲族。東海王常、王霸潁川人，王梁漁陽人，王丹京兆人，王堂廣漢人，王充會稽人，而惟王良爲東海蘭陵人，蓋即琅邪支也。

魏晉時王朗東海郯人，殆亦與琅邪同族。而王修字叔海，與晉人太原王修小名苟子者是二人。北海人，即王裒祖父，《魏志·王修傳》作北海營陵人，而《晉書》裒傳作城陽營陵人，郡名改易也。王觀東郡人，王基東萊人，王經清河人，王隱陳郡人，是皆别于太原琅邪者。今王氏惟稱琅邪，其稱太原者已鮮，餘無論矣。

吾李氏自漢將軍廣以來，稱隴西爲大望。至後魏，而趙郡之李大盛，幾過于隴西，雖太和中定四海望族七姓，以隴西李寶爲首，趙郡李楷爲末，然《魏書》言孝文重門族，范陽盧，清河崔，滎陽鄭，太原王，并趙郡李爲五姓，衣冠所推，趙郡諸李人物尤多。世言高華者，以五姓爲首，蓋隴西惟西凉武昭王後一支，趙郡則有東祖、西祖、南祖三支，又有申公房等。至唐代隴西爲皇族，而趙郡名閥猶盛，名相如李靖、李敬玄、李元忠、李絳、李吉甫、李德裕等，指不勝屈，然漸有冒隴西以自附皇族者。其賜國姓又不下百餘家，譜牒遂亂，不可識别。又考漢有李尋平陵人，李通南陽人，李忠東萊人，李郃、李固漢中人，李修、李膺潁川人，魏有李豐(□□)〔馮翊〕人，晉有李熹上黨人，李密犍爲人，李重江夏人，李矩南陽人，又蜀李氏宕渠人，皆别于隴西趙郡者。至趙宋時有交趾李氏、西夏李氏。元代以後又有高麗李氏，明季遼東寧遠伯李成梁一族，即高麗之後，爲世將家。嗣更混淆淩雜，莫窮其原。惟吾族自唐汝陽王璡以後，世系分明，代有傳述，乃千百中一二者焉。同邑山前村李氏，亦越中膏粱，而其家譜前列唐宗室，後云宋太尉忠襄公顯忠始遷于越。按顯忠本名世輔，係夏人降宋者。夏自拓拔思恭唐末以功賜姓李氏，何前後矛盾如是！近世不學，作志乘者往往不知檢史，遂有此等笑柄。周氏汝南固爲巨望，而吴江夏太守周魴，爲吴郡陽羡人，傳子晉左將軍周處，孫(□□)〔安豐〕太守周玘等，世爲名將，是周氏有吴郡一大望也。孔氏皆望曲阜，然春秋時，如衛孔氏爲國大族，陳有孔寧，鄭有子孔，鄭公族，以祖之字爲氏。皆當有後人，不止宣聖一支。晉時吾越自孔愉後，名人輩出，爲會稽甲姓，則孔氏當有會稽望矣。

謝氏皆祖陳郡，而越之謝氏，自漢謝夷吾後，謝承、謝敷代有傳者。陳郡之謝，至東晉後始寓居于越，故晉初以孔、虞、魏、謝爲會稽四族，見《世説》。則謝氏當有會稽望矣。此類不可枚舉，因閲錢氏説，推論其大略如此。

十一日庚子　晴，嚴寒如前。糜叟來談。子恂來。聞有旨令所司具講武儀仗器械送行在，將以明春大蒐盛京也。又聞哄人入陝西西安府，留京王大臣以聞。上答詔謂遷都秦中之舉，早已罷議，該夷志在商販，可無他慮。

閲海寧吴槎客騫《拜經樓詩話》四卷。槎客號兔床，乾隆末貢生，以經學名，此書論詩，俱無所解，所采入諸詩，亦都不足取。而考證數條，多新確可據。如據《獨醒雜志》，辨柳永墓在棗陽縣之花山，而真州仙人掌地之有柳墓，爲傳聞之訛。杜工部詩云『一戎纔汗馬』，劉須溪以一戎爲不成語，海鹽胡宣子謂唐高宗有《一戎大定樂》，槎客更據梁元帝《答群下勸進令》有『一戎既定，罪人斯得』語，謂杜公有本。《容齋三筆》誤據張茂先詩有『周任有遺規，其言明且清』之句，遂謂《禮·緇衣》篇引《詩》『昔我有先正，其言明且清』，乃周任所作，槎客更據茂先詩上下文『責重因才輕』『負乘爲我戒』二語，及《文選》此詩李善注引《論語》周任有言曰『陳力就列，不能者止』語，謂《詩》意乃恐違周任陳力就列之戒，而容齋云云，乃不觀上下文之過。元錢惟善以《七發》之曲江爲即浙江，朱竹垞復以錢唐江干有廣陵侯廟，賦詩證之，槎客更據《西湖游覽志》，廣陵侯乃宋陸圭，宣和中引兵攻方臘，敗之，没而與其三女效靈江岸，淳祐中封爲廣陵侯，賜廟號協順，謂宋之神號，不得以證漢之疆域。汪容甫《述學》中廣陵曲江證，言竹垞所據，以《七發》本篇有『弭節伍子之山，通厲胥母之場』語，不知浙江乃越地，非吴地，春秋吴越交兵，皆在今蘇州、嘉興二府之境，内外傳所謂江，並吴江也。又力辨竹垞謂江都更名廣陵在元狩三年之誤，皆甚確。白樂天母看花墮井事，按陳直齋《香山年譜》，引高彦休《唐闕史》所載甚詳，謂今鮑氏知不足齋所刻《唐闕史》無此事，蓋非全本。凡此類十餘條，皆可傳也。

十二日辛丑　晴。

閱《新唐書》張憲公薦、字孝舉。趙涓、李紓、鄭雲逵、徐岱、字處仁。王成公仲舒、馮伉、庾敬休傳一卷，又孔忠公巢父、字弱翁。巢父從子貞公戣、弟戡、戢，戢子温業。貞公孫緯、字化文，僖宗、昭宗時宰相司徒魯國公，贈太尉。穆寧，寧四子贊、質、員、賞，崔文簡邠、德公郾、弟鄯、鄲。柳元公公綽、字寬，從父子華。公綽子仲郢、字諭蒙。仲郢子玭、玭兄璞、珪、璧。楊貞孝於陵、字達夫。馬懿公總，字會元。傳一卷。《張薦傳》載其祖鷟事之舛誤，《馬總傳》敘與劉總易鎮事姓名相混，吴縝《糾謬》、顧炎武《日知録》言之詳矣。孔巢父至馬總傳爲一卷，子京蓋以孔戣、柳公綽、崔邠、楊於陵、馬總等之不相爲可惜；而又以穆、崔、柳代爲孝友聞家，謂君子之澤遠。顧寧之才節最著，其初以一尉能拒安禄山，斬僞令，檄州縣，并力捍賊，從顔真卿于平原，抗李光弼於徐州，抑李忠臣於淮西。及被誣貶，處散位，移疾者屢，而奉天之難，間道奔赴行在，至帝還京，即以秘監致仕，皆人所難。其尤異者，賊攻平原，勸真卿固守，真卿不從，而夜亡過河。故見肅宗言不用穆寧言以至此，此尤見其才識真有過人者。嘗謂當天寶之亂，真卿起兵平原時，河北二十四郡皆一時響應，使從李崿之計，賊可早滅，而真卿輕以河北招討使讓賀蘭進明，事權遂奪，進明一敗，乃致狼狽。然諸郡雖陷于尹子奇，而博平、清河猶固守，且已收景城鹽爲軍用，餉輸不乏。又其時□□以□□歸，劉正臣以漁陽歸，真卿能守平原，即可絶燕趙，使賊有後顧憂，而輕棄以赴行在，遂致河北隔絶。蓋魯公忠義有餘而材武不足，寧此言繫于唐之存亡甚大，惜無有表而出之者。史稱寧居家嚴，事寡姊恭甚，其所撰家令不傳，而戒諸子語，以事親養志爲大，吾志直道而已，殊足見嚴氣正性之學。《資暇録》載寧命諸子直饌，稍不如意則杖之。諸子將至直日，必探求珍異，羅于尊俎，然未嘗免笞叱。給事謂寧中子質。直饌，鼎前有熊白及鹿脩，曰：『白肥而脩瘠，相滋其宜乎？』即以白裹脩和之而進，寧果再飽。飯訖，曰：『誰直？可與杖俱來！』將拜杖，曰：『如此珍味，奚進之晚耶？』云云，似太不近情。匡乂所言，當傳聞之過也。寧官既不顯，贊與質立身皆有本末，而官皆偃蹇，員、賞亦未達蚤卒，穆氏後遂無聞，積善之報何如耶！

柳公綽、仲郢父子俱爲名臣，公綽政績尤顯，内行又俱醇備。《舊唐書》載公綽家法，中門東有小齋，每平旦，輒出至小齋，諸子等皆束帶晨省于中門之外。公綽與弟公權及群從弟再會食，自旦至暮不離小齋。燭至，則命子弟一人執經史，躬讀一過，乃講議居官治家之法，或論文，或聽琴，至人定鐘聲起，然後歸寢，諸子皆昏定于中門之内，其肅雍愉懌之風，千載下令人羨艷。仲郢子玭作家訓，推本于孝義節儉，言皆可儆而易從。其曰門第高者，實藝懿行，人未必信，纖瑕微累，十手争指，尤足爲膏粱子弟痛下針砭。昔人謂馬援《誡兄子書》，深惡論議人長短，而乃斥杜保爲天下輕薄子，遂致結梁松、竇固之恨，卒以受禍，可謂自反所言。魏司徒王昶《誡子書》，亦以不言人過爲要，故名其子姪曰默、曰沉、曰渾、曰深，欲其顧名思義，而書中亦歷言同時諸人之失，皆違本旨。柳氏《家訓》盛稱崔瑄、裴寬、高鉽諸家之德，而所戒者爲王涯、賈餗、舒元輿，蓋以三人皆已湛族，無所顧忌，乃得引以爲懲，而詞氣和婉，亦無過辭，其慮固較文淵、文舒爲深矣。顧玭終貶死，兄弟亦俱不顯，珪至被劾爲不孝，父仲郢爲訴其誣。士人以公綽治家埒韓滉，而珪被廢，爲之愧悵。而公綽從父子華，亦能吏，乃其曾孫璨爲負國賊，至傾其宗，諸柳嗣遂不振，是皆天道之不可知者也。公綽《太醫箴》曰：『天布寒暑，不私於人。人謹好愛，能保其身。端潔爲堤，奔射猶敗。氣行無間，隙不在大。』又曰：『氣與心流，疾乃伺之。』又曰：『馳騁勞形，叱咤傷氣。』公度子華之子，附子華傳。云：『未嘗以氣海暖冷物，熟生物；不以元氣佐喜怒。』皆可謂養生實訣。

十三日壬寅　晴。王月坡來。

閲李洧、劉景公滌、王承元、牛元翼、傅良弼、李寰、史孝章、史憲忠等傳。唐時藩帥偏裨多得王公爵，獨史憲忠爲魏博田弘正牙將，討齊蔡常爲先鋒，稱名將，閲三十戰。其兄憲誠盜魏節，表爲貝州刺史。後歸國，歷涇原、朔方、振武三鎮節度使，又屢著勳績，至檢校尚書左僕射，而封僅北海縣子，此唐中葉後所僅見者。劉晏、字士安，附元琇、包佶、盧徵、李若初及晏孫濛、晏兄暹、暹孫潼等傳。第五琦、字禹珪。班敬公宏、王敬公紹、李巽傳一卷，關播、董恭惠晉、陸長源、劉全諒、袁滋、趙宗儒、竇恭惠易直傳一卷，張鎰、字季權。姜公輔、武忠愍元衡、從弟儒衡。李貞公、宋貞公傳一卷，于頔、王智興子宰、杜兼、兼從弟敬公羔、子中立。杜肅公亞、范傳正傳一卷，裴文忠度、子昭公識，弟諗。傳一卷，牛文簡僧孺、字思黯，子蔚、叢，蔚子徽。李宗閔、字損之。楊孝穆嗣復、子授、損。傳，錢徽字蔚章，起子。崔咸、韋表微、高釴及弟銖、鍇、子湜、馮懿公宿、節公定、李虞仲、字見之，父端。李文公翺、盧簡辭字子策。及弟弘止、字子彊。簡求、字子臧。三人皆綸子，官皆節度使。又簡辭子知猷，官至太尉。弘止子虔灌，官祕書監。簡求子汝弼，官太原節度副使，而知猷子文度，簡求孫文紀，皆貴顯于五代時。高元裕、字景圭，子刺公璩。封敖、字碩夫。鄭熏、字子溥。敬肅公晦、韋博、李孝公景讓傳一卷。李固言、字仲樞。李貞穆珏、字待價。崔珙及兄琯、鄭文簡肅，附孫仁表。等傳。李巽爲人忌刻，然史言其爲鹽鐵轉運副使時，自劉晏後職廢不振，賦入朘耗，巽涖職一年，較所入如晏最多之年，明年過之，又明年增百八十萬緡，其才誠有大過人者。憲宗時，如巽與程異、皇甫鎛、王播、王鍔等繼掌財賦，雖云藝貨倖進，爲賢哲所譏，然皆有智力，非專聚斂，邇時軍興，實賴其力。故其先德宗好貨，所用白志貞、趙贊、裴延齡等，皆誕妄小人，病民而無益于國。陳京、杜佑號稱儒者，亦全不知先王食貨之經，剥下奉上，卒以召禍。嗚呼，同一聚斂也，德宗用之而亂，憲宗用之而治，使貪使詐，知人爲難，元和中興之功，豈偶然哉！

劉晏、韓滉，皆唐功臣之最也，天寶、貞元之不亡，二人力也。晏同時有第五琦，滉同時有包佶，亦其次也，鹽鐵使始于琦，輕貨賤物使創於佶。劉晏自言如見錢流地上，真圜法名言。劉晏每朝謁，馬上以鞭算，質明視事，至夜分止，雖休澣不廢。李巽至治家亦句檢案牘，簿書如公府，吏股栗脅息，常如與巽對。疾革，郎官省候，巽言不及病，但與商校程課功利。皆可謂公忠能舉職者矣。

夜月坡復來，邀叔子、珊士及予出遊，堅却之。

十四日癸卯　晴。王月坡來。晚後鍾寶田來邀赴東福雲堂小飲，却之。

邸鈔：瑞昌、王有齡奏逆匪竄陷富陽縣城，我兵由省城乘夜往攻，立時收復。賊復與臨安股匪合陷餘杭縣城，徑撲省垣。瑞昌等親自督戰，副都統傑純、副將吴再升等力戰于觀音橋，賊勢退却。十月十四日復分三股來撲，副將文瑞及西湖水勇迎剿翻山之賊，殺斃甚衆，賊遂敗走。得旨：剿辦尚屬認真。著瑞昌等即督飭將士，迅速殲除。記名提督署通永鎮總兵劉季三、副將劉芳貴迭著戰功，此次在富陽力戰陣亡，深堪憫惻。劉季三賜謚忠毅。著照提督例賜恤，劉芳貴賜謚忠壯。著照總兵例議恤。隨同打仗陣亡之都司張順，守備王應選、蕭玉森，千總許凱勛，均交部議恤，以慰忠魂。耆齡奏逆匪翟明開等由廣東南雄州敗竄江西，圍攻安遠縣城。九月十四日至十月初三日，連戰大捷，初四日賊遂大潰，棄古田老巢而遁，當將附城賊壘三十餘座，一概焚毁，城圍始解。共計斃賊二千餘人。詔：在事出力員弁升賞有差。王夢齡奏十月十四、十六、十八等日擊退三河衡陽等處大股粤逆，河岸一帶肅清。詔：各員弁升賞有差。邵燦奏請已革浙江按察使段光清暫緩拏問，責令統帶廣艇剿匪，並籌濟糧餉以觀後效。詔從之。御史高延祐奏請將浙江團練歸併巡撫辦理以專責成。詔：即著王有齡督同該省紳士，認真經理，以收實效。其在籍大員，即毋庸保奏。上諭：官文奏請對調道員一摺，湖北荆宜施道著厲雲官調補，湖南岳常澧道即以倉景恬對調。

十五日甲辰　晴。雪甌來。子恂來。王月坡招同叔子、珊士觀劇，不赴。晚後月坡、寶田來邀同叔子、珊士出外小飲，三更後歸。

十六日乙巳　晴。五樓來。晚後月坡來，邀同叔子、珊士飲韋娘家。予嘗謂都中有三絶：街道塵土、娼妓姿色、士大夫經濟文章也。

邸鈔：曾國藩奏總兵鮑超等進攻休寧縣城，斬僞將軍汪懷忠，殺賊三千餘人。副將宋國永等克復黟縣縣城，殺賊千餘。逆衆退踞蘆村，鮑超、張運蘭痛剿于柏莊嶺，賊衆大敗，狂奔出嶺。擊斃四千餘人，積屍遍山谷。把總羅紫亭刺殺僞丞相一人，都司楊雲貴射中僞檢點一人。僞忠王李〔壽〕〔秀〕成亦受傷遁去。得旨：剿辦甚屬得手。提督湖南綏靖鎮總兵鮑超賞給蘇博通額巴圖魯名號，布政使銜河南開歸陳許道張運蘭交部從優議敘。參將婁雲慶、副將張玉田、余大勝等升擢有差。上諭：李若珠奏傷病屢發，並親母年近八旬，懇請開缺。李若珠著准其開缺養親，福建陸路提督著曾秉忠補授。上諭：前因布政使銜記名按察使蕭啓江在四川軍營病故，當經降旨追贈巡撫銜從優議恤，兹據曾國藩、毓科奏稱蕭啓江身經百戰，盡瘁以歿，懇請賜謚建祠一摺，蕭啓江自咸豐三年，帶勇打仗，克復江西袁州、臨江、撫州、南安四府，並援剿湖南、廣西、四川等省，戰功懋著，忠勇可嘉。著加恩賜謚，並于湖南江西省城及湘鄉縣原籍建立專祠，以示朕篤念忠藎至意。欽此。

十七日丙午　終日濃陰。晚後王月坡、鍾寶田來，邀同叔子、珊士小游曲中，遇河南謝姓、通州張姓、上虞錢姓者三人，嬲飲聯芳堂。有角妓名蘭香，以予所見，北地胭脂第一人也。酒畢，復飲韋娘家，歸已四鼓矣。睡時疾動。

十八日丁未　晴。潘伯寅廷尉來，不晤。雪甌來。叔子、珊士、雪甌醵錢，王月坡、鍾寶田招新寶、喜玲侑觴，日晡始散。晚後寶田招飲東福雲堂，復偕飲韋娘家，五鼓歸寓。大風終夕，天明始睡。

邸鈔：瑞昌、王有齡奏十月十五日署藩司麟趾等分路剿賊，力戰保叔塔等處，斬獲甚衆，省城解圍。十六日午刻副將吴再升等收復餘杭縣城。詔：此次逆賊大股擾撲杭州，凶焰甚熾，瑞昌等調兵剿辦，以少勝衆，實屬調度有方。瑞昌著賞給一等輕車都尉世職，王有齡著賞給頭品頂戴，署杭州副都統寧夏副都統傑純著賞給額騰伊巴圖魯名號，杭嘉湖道麟趾著賞給績勇巴圖魯名號，餘升擢有差。上諭：瑞昌奏逆匪兩次竄擾壽昌縣城，經署金華府知府候補知府程兆綸合兵進攻，立將縣城克復，壽昌全境肅清。剿辦尚屬出力。程兆綸著俟補缺後以道員用，並賞换花翎。

聞僧王兵大敗於山東羊山。

十九日戊申　晴，大風奇寒。定子來，不晤。連日不得好睡，稍覺疲困，今日酣卧至申刻始起。夜風不止，就叔雲卧裏閑話。王月坡招飲，不赴。

二十日己酉　晴，風稍弱，寒如昨。曉卧疾復動。作書致定子，得復，并假我四金。得潘紱翁書，索撰潘孝婦蔣氏詩。子恂來。鍾寶田來。晚後叔子招同珊士、王月坡、鍾寶田、謝姓、張姓飲曲中。復同月坡、寶田、珊士飲韋娘家。韋娘名愫芸，年甫及笄，姿首不能中人，而名冠北里，輦下貴游，投贄恐後，往往豪侈自媒者斥萬金以製環，風流自通者琲千珠以爲字。蜀中某生，以故相孫，少宰子，爲吏部郎，日造門納纏頭，而韋娘自書卧裏壁罵絶之。黔中某生，翰林，負才名，又修飾自喜，嘗爲詩歌萬餘言，精楷寫呈，而韋娘斥棄，懸諸麄婢之室。頃有友人天水生者，諸毛繞涿，語音不正，顧一見惑之，必欲定情，因日邀月坡等三四人夜從之飲，且屬爲蹇脩。韋娘移床掃坐，避之若浼，偶摻其裾，輒有鬼手捉人之詈。今夕珊士再爲通辭，忽慨然首肯，蓋冷眼英雄，固在捉刀人也。書之於此，以發一笑。

邸鈔：瑞昌、王有齡奏十月初八日，張玉良等收復嚴州府城，連戰三晝夜，殺賊千餘人，斬首百餘級。得旨：已革廣西提督張玉良著賞還頂戴，已革衢州鎮總兵李定泰、已革副將張威邦，均著賞給三品頂戴。參將韓廷貴等升擢有差。上諭：毛昶熙奏浙江候補道趙連標在鹿邑軍營，管理營務，因領餉銀，率衆滋擾糧臺，並唆令主將關保屢欲將委員候補知府黄汝楫正法，實屬任性妄爲。趙連標著即行革職，不准留營當差。幫辦河南剿匪事宜副都統關保不知約束，且久病未痊，難期得力。關保著撤去幫辦，俟病痊假滿，即回本任。

二十一日庚戌　晴，寒略減。謝夢漁來言，近有人於廠肆買得宋撫州本《禮記》，直僅京蚨十緡，可惜可惜。鍾寶田來。得子恂書，即復。晚後王月坡、寶田來邀同叔子、珊士飲韋娘家，夜分歸。（此處塗抹）

二十二日辛亥　晴。子恂來。潘紱翁來。晚後月坡來邀同叔子飲韋娘家。予招聯芳堂程蘭香、叔雲招遇春堂金小卿爲酒糾，五更始散。今日言上在木蘭，政一出怡鄭二邸及肅順，行宫有所修築，皆命肅順監之，三人皆便冠服，出入無禁，寢宫亦著籍，嬪御弗避。上有宣索，三人輒先意進奉，而抑制宫眷，供應極薄，中宫上食，不過一羹、一胾，飯一器而已，貴妃以下月給膳錢五千，雖或傳聞過實，然必非無因之言也。

二十三日壬子　陰。王月坡、鍾寶田來，子恂來。夜邀珊士、叔子、寶田、月坡置酒聯芳堂，蘭香及其妹茗香主觥局，叔子招金小卿、月坡招韋愫芸爲酒糾。席散，復偕過韋娘家飲，叔子招小卿，予招蘭香爲觥録事。五鼓歸。

二十四日癸丑　晴。爲鍾寶田題墨禪小影詩詞各一首，不存稿。寶田來。夜蚤睡。

小寒申初初刻五分小寒，浙江遲一刻。　二十五日甲寅　濃陰冱寒，午後雪，入夜止。曉卧疾動。是日小寒節。夢漁來。夢漁見予舊作古文三篇，極致推挹，謂韓、柳復生，殊可慚汗。子恂及鍾寶田來。爲愫芸題叔子畫牡丹、菊花詞各一首，不存稿。得定子片，即復。作書致德甫。定子來。

詔：倉場侍郎成琦赴吉林，會同將軍景淳查勘俄國分界事。

二十六日乙卯　晴，風晡時止。得德甫書，作書致五樓，得復。子恂來。夢漁來。夜同叔子、珊士赴韋娘家小燕，初更歸。

邸鈔：上諭：現在京城人心安靖，著即撤巡防處。上諭：已革副都統伊興額著賞給三品頂戴，辦理徐宿民團事宜。以僧邸疏薦其深得徐宿民心也。上諭：山東布政使清盛著辦理僧格林沁糧臺事務。上諭：僧格林沁奏頭品頂戴墨爾根城副都統格綳額賜謚壯愍。及其子即補防禦忠倫僧邸後奏忠倫受傷，未死。有詔撤銷恤議。于山東羊山地方截剿捻匪，賊衆兵單，父子同時陣亡，實堪憫惻，著交部從優議恤。乾清門侍衛德成著一併從優議恤，以慰忠魂。上諭：在京大小官員應行辛酉年京察，著展緩一年。先是，吏部疏請舉行京察，上稔知英夷之警，百司十九潛遁，乃詔本年京察，有劾無舉。吏臣疏事之，復詔此次列薦章者不得逾額之半，並將京師戒嚴期内在署辦事及遷避各員分别開單具奏，部院諸長吏復以無從稽查爲辭，上始降此諭也。

二十七日丙辰　晴。五樓來。雪甌來。子恂來。夢漁來。得定子書即復。鍾□□來辭行。

□□父爲江西觀察，積重貲。今年春以知縣入都引見，日事冶游，尤惑歌郎梅莞，夜輒襆被就之宿。遂欲改捐京官，不三四月，所携二千餘金已隨手盡。其父貽書督之，遷延至今，始戒行。每言及梅莞，嗒然若喪。略識字，喜爲詩詞，頗以風流自目。極推挹予輩，謬欲結文學契。嘗見予《秋夢》樂府，每誦齣中二語云『去路漫漫，又獨自凄凉消遣』，輒唏噓淚下。治行有日，益諷此不去口云。其人頗狡黠，少隨其父入閩中大吏幕，招致賄賂，累萬餘金，皆以供聲色費也。夜偕叔子、珊士至東福雲堂赴寶田之招，饌具豐美，爲之盡醉。飯後復偕月坡過韋娘家作牌九之戲，五鼓小飲而歸。作稟家慈書。託浙撫指差寄去。

二十八日丁巳　晴。夢漁來。常州吴沛霖經歷來。吴君向客河南，與王平子爲友，今來爲謀平子歸櫬事也。晚至興聖寺送鍾寶田之行。夜作致研香族伯南昌書，屬寶田帶去。

閲朱竹垞《静志居詩話》。此乃錢唐姚某即先生《明詩綜》内録出者，刊校不精，然殊便於省覽，不特有明一代朝野人物巨細畢見，而審定格律，别白體裁，無不精慎，巍然爲詩教指南。又間附考據之學，自來談藝家無此大觀。予自辛亥夏，手鈔幾十之七，生平得詩法之正，實源於此，瓣香所在，不敢忘也。先生殊不滿于後七子，滄溟、子相、明卿諸家，俱未免詆諆太過。選于鱗詩只七首。予嘗見李、吴二家全集，固嫌蕪累，然佳處自不乏。即陳忠裕《皇明詩選》一編觀之，滄溟七言律絶，本領卓然；宗吴亦儘存名什。竹垞至譏明卿爲不知詩，抑何言之過歟。又言永嘉張蘿峰深嫉文人，忮刻過於夏、嚴。然文忠立朝，自有本末，其以議禮進，亦援據經典，具有識力，不得謂詭道進身。生平又服膺姚江之學，表章甚至，其同時八子之罹謫貶，多由桂文襄主之，竹垞乃擠之分宜之下，亦乖好惡之實矣。

邸鈔：上諭：江南提督李世忠業以捐餉加廣河南光州固始及安徽滁州來安、霍邱等州縣文武學額，所餘捐項三十八萬六千兩，仍請加廣河南鄉試中額光州等處學額，實屬好義急公。下科河南鄉試中額，著准其加廣三名，光州固始縣文武學額，著各加廣定額四名。李於捻賊中自拔來歸，所積殆皆南塘一出貲也。

二十九日戊午　晴。夜王月坡來。邀叔子、月坡、珊士飲蘭香家，月坡呼韋娘作酒糾。後偕飲韋娘家，招蘭香作酒糾。四鼓歸。

三十日己未　微陰。作致仲弟書，屬珊士轉交仁和夏同善庶子帶去。作書致子恂。午後晴，偕叔子步訪韋娘，珊士、月坡繼至，瀹茗清話，日入而歸。夜同叔子、珊士至蘭香家，二子先返，予獨飲室中，蘭香留作竟夕談，却之，三鼓歸。

邸鈔：官文、胡林翼奏十一月初五日霍山之捷，守備王占先等陣亡。詔：照都司例優恤有差。上諭：邵燦奏逆匪自攻破富陽後，分股下竄，圖犯寧、紹，均經防勇民團併力擊退，復於富陽一帶江面，偷搭浮橋，窺伺諸暨，兵勇出其不意，立將浮橋燒燬，擊沉賊船無數，上江一帶現已肅清，寧紹兩府如常安堵。浙省團練防勦尚屬認真，所有在事出力紳民著王有齡會同王履謙查明保奏。署陝甘總督工部侍郎福濟奏率屬捐輸京餉。陝甘督樂斌奉詔勤王，暫命福濟署理。瑞常奏八月間海淀之變，中營千總燕桂全家十六口同時被難。詔：交部分別旌恤。

十二月庚申朔　密雪終朝。曉卧疾動。夜晴。王月坡來，招同珊士飲韋娘家，予呼蘭香作酒糾。三鼓後席散，復招月坡、珊士飲蘭香家，韋娘作酒糾。五鼓歸。

初二日辛酉　晴，奇寒。徐領香來。王月坡來。

邸鈔：詔免江蘇、浙江、安徽被賊占踞各州縣新舊錢糧。桑春榮補授内閣學士兼禮部侍郎。晏端書補授都察院左副都御史。

初三日壬戌　晴，寒如昨，大風。出門答拜潘紱翁、伯寅廷尉喬梓，張問月、徐頌香、謝夢漁、吴澤甫，並訪王月坡、楊子恂、陳德甫。子恂來，不值。夜月坡來招同珊士飲歌郎蘭仙家，予招芷儂佐觴，三鼓歸。

初四日癸亥　晴。聞昨日袁希祖閣學暴疾卒，啓其篋，僅白金八兩，無以爲斂，公卿爲率貲具棺。袁以閣學攝禮、兵二侍郎，素無清名，去年方自閩典試歸，而其貧至此，京官之況可想。

初五日甲子　晴。作書致定子，得定子復。雪甌來。偕珊士步訪王月坡，遂偕游曲中，夜飯于韋娘家，招程娘爲觥録事。二鼓返寓。

初六日乙丑　晴。下午同珊士、叔子小游廠肆，以京錢十一緡買王禮堂先生《十七史商榷》一部，錢五緡買《史通》一部，明人李本寧、郭延年評釋。《史通》自經紀河間删訂爲《史通削繁》，世争行之，元本遂不多見，此最可恨。古書即極有疵病，必須存其真面目。文之佳惡，作者自有之，讀者亦可自知之。况子玄學識，冠絶史家，其議論間有偏戾，乃恐以譏毁國史獲罪，故託于讏言，遍詆經籍，誠不得已而言。昔賢論之甚詳。河間博洽，北方之學無出其右，而亦爲此鹵莽，踵明人之惡習，殊不可解。予得李、郭此本，深可喜也。本寧爲嘉靖七才子後勁，所著《大泌山人集》，繁富過甚，朱竹垞譏其並不知詩，觀此書所評，往往精當，史學殊爲有得。延年名孔延，姓名罕見，而所附諸評，亦多佳者。眉批：河間批點《史通》，原本所取者記以朱筆，其紕謬者則以緑筆點之，冗漫者則以紫筆點之，然皆有糾正語。涿州盧敏肅坤僅以朱筆所取者付梓，致成節删之本。

今日聞鄉人有得九月十八日家書者，言吾郡安堵，惟遭秋漲，街陌皆水，晚禾本大豐，以此減十之三四。石米四千八百文。

邸鈔：上諭：侍郎銜瑞麟督帶馬隊，于羊山接仗落馬後節節退守，實屬怯懦無能，著革去侍郎銜，飭令回旗。瑞相于上登極初，爲太常寺贊禮郎，以聲音洪亮，爲上所異，遂賞載花翎，超擢卿寺，不五六年，馴至宰輔，時稱爲鳴贊中堂，爲人粥粥恭謹自守而已。七月間統兵禦夷人于通州，失律鐫職，復副僧郡王征山東，又喪師，今以僧邸劾罷去云。上諭：廂藍旗蒙古都統西凌阿、工部右侍郎國瑞，均著幫辦僧格林沁軍務。署湖南巡撫按察使翟誥奏率屬布政使文格、學政胡瑞瀾等，及紳士前陝甘總督易棠、內閣學士周玉麒等捐輸京餉。田興恕奏把總李如樟臂受鎗傷，不便騎射，請改就文職，以縣丞用。詔不准行。上諭：圓明園被擾，該管王大臣未能先事預防，實屬咎無可辭。載垣、奕劻、景壽、穆蔭、托雲、增慶、綿勳、楚克林沁、布彦訥木呼均交部議處。恩齡前已革職留任，拔去花翎，著再革去散秩大臣，加恩仍留侯爵，免其治罪。吴存義補授太僕寺卿，仍兼署順天府府丞。

夜王月坡來。舊疾復動。

初七日丙寅　晴。閲《十七史商榷》。夜王月坡來。

初八日丁卯　晴。雪甌來。五樓來。夢漁來。招同珊士、叔子至廣和樓聽四喜部演《四杰村》。夜王月坡來，招同叔子、珊士飲韋娘家，予招程娘、叔子招金小卿典觥政，三鼓歸。

邸鈔：田興恕奏十月十四日至十八日副將楊嚴賓、吕得科、沈宏富等攻破黄隆坉、黄金坉、仙橋坉等二十三坉，十九日至二十五日副將劉義方、郭啓元等攻破貓貓山賊巢，川黔邊境肅清。得旨：郭啓元、劉義方均擢總兵，郭啓元並賞給圖爾格齊巴圖魯名號，餘升擢有差。吕得科賜謚忠勤。著照總兵陣亡例從優議恤。　翟誥奏粤逆石達開分股竄入湖南，迭陷東安、綏寧等縣，圍攻武岡、新寧等城，江忠義調派將士，力戰破賊，解武岡之圍。江忠濬解新寧之圍。江忠義復率所部克復東安縣城。十月初八日，綏寧縣城及城步縣城亦同日收復。得旨：候選道江忠義著交軍機處記名，俟服闋後以道員簡放，並加按察使銜。餘升擢有差。其守城殉難之綏寧縣知縣吴熊及子鑣、城步縣知縣安和、東安縣知縣趙榮及子炳勳等，均交部從優議恤。

初九日戊辰　晴。日來寒威略減。晨睡中舊疾速發。夢漁來。作書致子恂、致德甫。夜王月坡來，招飲春香堂，素雲、蘭香佐觥，三鼓歸。

大寒辰正一刻五分大寒，浙江遲一刻。　初十日己巳　微雪，午晴。是日大寒節。定子來。閲《十七史商榷》。

邸鈔：僧格林沁奏參翰林院編修孫毓汶辦理山東練務，令其帶勇防守黄河堤岸，意存推諉，不遵調遣。詔：孫毓汶著革職發往新疆效力贖罪，免其枷號。毓汶，太子太保户部尚書孫文定公瑞珍子，丙辰進士第二人，以瑞珍殁加侍讀銜，家富于貲，僧王勸其捐餉十萬金，不應，故加之罪云。　給事中何桂芬奏請飭令已革兩江總督何桂清、已革南河總督庚長趕緊解京。詔：著直隸、山東各督撫查明該革員逗留何處，趕緊解京，聽候審辦。

王月坡招聽四喜部，不往。子恂來。晚後月坡來。三鼓早睡。

十一日庚午　晴。蚤醒不能復睡，辰刻起。

跋《十七史商榷》一通。乾嘉間經儒蔚興，跨唐躋漢，而兼精史學者，惟錢氏大昕及王氏鳴盛，皆嘉定人也。王氏經學最著者有《尚書後案》，其雜家考據之學有《蛾術編》。而此書爲史事之薈萃，所論兼及《舊唐書》《舊五代史》，仍曰十七史者，併新、舊合言之也。援引之博，覈訂之精，議論之名通，皆卓絶今古。尤詳于新、舊《唐書》。所考唐事，頗多與予日記諸條相合，竊自喜所見之不謬，而又恨昔賢之多先得我心，愈歎後來著書之難也。王氏自序謂讀史猶之讀經，俱尚考其典制之實，不必横生意見，馳騁議論。顧其書雖校訛訂逸居十之七八，而亦時有創論。如論漢高帝失信廢義，惟利是視；論項氏失計在立懷王。

十二日辛未　晴。辰刻起偕珊士走訪子恂，不值。復訪張問月，晤談頃許而歸。家雅齋三兄來。

爲潘伯寅題朝鮮人鄭謙齋畫山水：『三韓文物稱靈奇，錦江白岳相縈迤。文章之美數金朴，鄭君畫筆尤淋漓。米顛倪迂走腕底，能于蒼渾生妍姿。鷄林黄葉鵠嶺樹，烟雲不屑收凡資。當年薄海正清宴，屬見奉使來京師。公卿招致盛文讌，姓名頗受天王知。丸都山下老歸卧，畫圖供養登期頤。天風海鶴倏已渺，神物在在猶護持。滎陽學士夙好事，風流翰墨照四夷。尺縑鄭重遠人物，玉堂召直恒相隨。承平故事洵堪羡，唱酬再繼蘇齋詩。翁覃谿《蘇齋集》有《題鄭謙齋畫孤山亭子》詩，卷中若楊簡侯方伯、吴鞠生廉使、何願船刑部及伯寅尊人、紱庭京卿多次其韻。遥知海外迎賓館，處處題君黑水碑。』

又爲吴碩卿(户)〔工〕部題潘星齋侍郎仿范寬釣雪圖：『點墨單縑思渺然，難憑去雁問吴天。銷魂更寫江南景，烟水零星見釣船。』『寥寥松火旅窗青，夢裏荒蘆帶遠汀。知否山陰今夜雪，燈前補網有人聽。』『鑄錯年前典鏡湖，漁莊十户已全輸。烟波長物都何在，更欲從君乞畫圖。』

晚後月坡來。

十三日壬申　晴。作書致子恂，子恂來。王月坡介河南謝杰生學博來訪。晚後月坡招飲蘭仙家，三鼓歸。

十四日癸酉　晴。張問月來。王月坡來。出門訪紱翁、五樓、蘭娘，均晤，還蘭娘纏頭資。晚歸。

邸鈔：詔議張國樑恤典略云：江南提督張國樑由廣西自率所部，隨同向榮轉戰數省，所向無敵，謀勇兼優，由偏裨擢至今職，并令幫辦江南軍務，賞給世職，該提督感激圖報，誓志滅賊。數載以來，東南半壁，倚爲長城。詎意本年夏間，金陵大營潰敗，和春退守丹陽，張國樑自鎮江往援，出城擊賊，身受重傷，策騎渡河，人馬俱没于水，先後據薛焕等奏報，猶以爲傳聞之訛，未即開缺。諭令詳細確查，並命其弟尋覔骸骨，尚冀其不死，爲國家宣勞。乃今數月，終無確耗，其爲業經捐軀，已無疑義。若使張國樑尚在，蘇常一帶何至糜爛若此。追念藎臣，益深愴惻。張國樑著追贈太子太保銜，並提督陣亡例從優賜恤，任内一切處分，悉予開復，入祀昭忠祠，並于死事地方及該提督原籍建立專祠。該員子弟幾人，著廣東督撫查明，俟服闋後送部引見，候朕施恩，用示朕眷念勳勞優加褒恤之至意，該部知道。欽此。

詔：京師設立總理各國通商事務衙門，派恭親王奕訢、大學士桂良、户部左侍郎文祥管理，並著禮部頒給欽命總理各國通商事務關防，應設司員，即于内閣部院軍機處各司員章京内滿漢挑取八員，作爲定額，侍郎銜候補京堂崇厚作爲辦理三口通商大臣，駐扎天津，管理牛莊、天津、登州三口通商事務，會同各將軍督撫府尹辦理，並頒給辦理三口通商大臣關防，毋庸加欽差字樣，其廣州、福州、廈門、寧波、上海及内江三口潮州、瓊州、臺灣淡水各口通商事務，著署理欽差大臣江蘇巡撫薛焕辦理，新立口岸除牛莊一口仍歸山海關監督經營外，其餘登州各口，著各督撫會同崇厚、薛焕派員管理，所有各國照會及一切通商事宜，隨時奏報，一面咨行禮部，轉咨總理衙門。

夜得紱翁書，即復。王月坡來，出飲聯芳堂，三鼓歸。

十五日甲戌　晴，連日稍和，今日尤温霽，卸裘一、棉襖一。作片致張問月，還所作古文八篇。其《贈何願船刑部序》《贈吕定子編修後序》論國朝學術盛衰之故，皆實有所見。何序言漢學、宋學之優劣，尤能切至，而深歎桐城姚鼐倡宋學以攻漢學，至以戴東原絶嗣爲攻擊朱子之報，自是人習空疏，真學遂絶云云，尤見讀書有得。姬傳本文士，而妄思講學，其説又便于寡陋庸妄之人，狂吠一作，群猘轉甚，未及四十年，而户鄭家賈之天下，遂變爲不識一字，横流無極，鼐爲作俑。嗚呼，是豈國家之福哉！　因評問月此文，極論之。　作書致夢漁。

史至宋、元，可謂極壞，而《元史》尤不成體裁。　蓋史莫簡于遼，莫蕪于宋，簡而蕪者則惟元，鄙陋不文，疏冗無法，又盡去論贊，馬、班以來史體，爲之大變。　景濂、子充皆不學之人，雖以文章濫得重名，其全集具在，迂蔓平弱，全無足采，宜其所就止此。　顧《宋史》自揭陽王昂撰《宋史補》，莆田柯維騏撰《宋史新編》，祥符王維儉撰《宋史記》，朱竹垞《静志居詩話》謂臨川湯顯祖、吉水劉同升咸有事改修，稿尚未定。　梁諫庵《瞥記》謂聞前輩言湯若士有《宋史》改本，朱墨塗乙，某傳當削，某傳當補，某人宜合某傳，某人宜附某傳，皆注目録之下，科段分明。　王阮亭《分甘餘話》謂臨川舊本在吴興潘昭度家，恨無從購之。　許周生云潘中丞昭度曾欲重修《宋史》，先爲《宋史抄》，摭拾最富，友人楊鳳苞曾見其殘稿十餘册。　全謝山云顧亭林亦曾改修《宋史》，身後歸徐尚書健庵。　吴門陳黄中有《宋史編》，惟闕天文、律曆諸志。　錢辛楣《養新録》謂餘姚邵二雲嘗有志改修《宋史》，擬作《南宋事略》以續王偁《東都事略》，篇目悉依王氏之例，予爲酌定儒學、文藝、隱逸三傳目録寄之，今二雲没矣，索其家遺稿，無有存者云云。　予謂亭林、二雲二先生皆博極群書，又勤于著述，而其書不成，蓋有關定數，非可以人力强者。　以崑山之有力而好事，竟不能終顧氏之志，真宋人之不幸也。　柯希齋《新編》，竭一生心力而成之，亦不爲世所重，竹垞笑其目未見徐夢莘《三朝北盟會編》、李燾《續通鑑長編》諸書。王損仲《宋史記》，明季時經潘曾紘招曾異撰、徐世溥更定其書，未成而罷，何其難至是耶！今所傳自柯、王二書外，有仁和邵經邦《弘簡録》、嘉善錢相國士升《南宋書》，皆疏略卑陋，反遜本書。然則如湯義仍、劉孝則、陳和叔諸人者，其書幸不成，成必無可觀也。歸震川亦有意宋史，觀其集中附《宋史傳贊》一卷可見。然震川長於文而疏于學，亭林、二雲則又長于學而拙于文。嗚呼，晚近以來，兼三長者，蓋鮮其人，欲求史事之精也，得哉？使震川得與顧、邵並時，震川秉筆，而顧、邵裁定之，當可追跡范、陳，俯視歐、宋，乃史册之極選，藝林之玉章矣。竹垞謂宋、遼、元三史取材諸書具在，其他宋、金、元人文集約存六百家，郡縣山水志以及野史説部又不下五百家，及今改修，文獻尚猶可徵，嘗欲據諸書，考其是非同異，復定一書，惜乎老矣未能云云。使朱氏已有成書，後之能文者從而撰述之，則可爲全美。而雅志不遂，無所禀承，豈天必欲使良史之絶于世而留此遺憾歟？抑固有待于後之人歟？

予幼喜觀史，訖今三十外人矣，學殖愈荒，文章不進，顧著書之念，嘗形寤寐，但得稻田五十雙，當築室湖塘柯山間，養親讀書十年以後，更竭十年之力，從事南宋九朝，以成一書，不敢望過前人，而朱氏所列群書，按籍可徵，又資國朝閻、顧以下諸君子考證議論以爲指南，遵而勿失，殫文辭以佐之，當不在王氏《事略》下耳。浮泊京師，心力困瘁，身叢憂患，家遭亂離，未知何日得償斯願，思之慨然。若《元史》，則邵遠平《類編》一書，亦無足重，每欲即其書爲之改竄，更補其志表論贊，竊恐未暇兼及矣。

十六日乙亥　早雪，午微晴。得紱翁書，即復。得雅齋書，即復。得張問月書，並以所著《國朝經學名儒記》一卷見示。作書致紱翁。晚後子恂來，招同叔子、珊士飲蘭仙家，梔卿、小卿及程娘佐觴，三鼓後歸。

邸鈔：瑞麟奏遊擊張振魁、二等衛伊勒通阿等均在羊山集打仗陣亡。詔：交部照例議恤。上諭：貴州提督田興恕自抵黔省，所向克捷，著授爲欽差大臣，督辦黔省軍務，自鎮道以下悉歸節制。上諭：已革貴州提督蔣玉龍著賞給三品頂戴，統帶四川全省兵勇。上諭：提督銜浙江黃岩鎮總兵黃彬著幫辦都興阿軍務。

十七日丙子　早雪，午晴，下午陰微雪。紱翁來。定子來。張問月來。得陳德甫書，即復。得吴碩卿書。碩卿名景萱，吴縣人，棣華廉使之孫，崧甫先生從子也。晚後月坡來，招同珊士飲韋娘家，四鼓歸。

十八日丁丑　終日微雪小風。出門拜客數處而歸。傍晚雪漸密，入夜積地尺許。月坡來。兩夕舊疾連動。

十九日戊寅　晴，風。德甫來。晚後月坡來，招同叔雲、珊士飲韋娘家，三鼓後冒風而歸。

二十日己卯　晴，風。夢漁來。夜風轉盛，極寒。

二十一日庚辰　晴，風少息，極寒。子恂來。得定子書。復定子書。

二十二日辛巳　晴，又風。連日疾動。夢漁來。定子來。

邸鈔：詔裁長蘆鹽政缺，歸直隸總督管理，其原設鹽政衙署，歸新設辦理三口通商大臣，天津關税著該大臣兼管。從恭親王等奏請也。

晚後月坡來，邀同定子、珊士飲韋娘家，予招程娘爲觥録事，三鼓歸。是日程娘已返母家，小門油壁，皂樹青驪，固不輕爲人出矣。酒闌訂予閑寫不敢往也。

二十三日壬午　薄晴，風不止。作片致子恂。雪甌來。夢漁來。子恂來。晚聽送竈爆竹聲，鄉愁羈感，殆不自勝。與珊士、叔子各賦俳體詞數闋，以遣無俚。

終日閲《史通》。内篇自《六家》篇至《自敘》篇，畢十卷三十六篇。又閲外篇《惑經》《申左》兩篇，《疑古》一篇。子玄《惑經》《疑古》之製，尤爲世所訴病。其《惑經》論《春秋》之書所未諭者十二條，虚美者五條，尤多近理之言。若《疑古》十二條，至痛斥堯、舜，以及周公，猖狂甚矣。三鼓後大風又起。

二十四日癸未　晴。定子來。

邸鈔：薛焕奏十一月二十四日至二十七日蘇州賊犯寶山縣城，都司姜德、參將李延舉、劉錫温等連日力戰，共計斃賊一二千人，賊始敗退，縣城得全。詔：姜德等升賞有差。上諭：雲南提督傅振邦奏病難速痊，懇請開缺。傅振邦著准其開缺回籍調理，雲南提督著福陞補授。山西太原鎮總兵田在田著督辦徐宿剿匪事宜。江南徐州鎮總兵滕家勝，淮徐道吴棠，均著幫辦徐宿剿匪事宜。

月坡來。作書致定子，得復。晚後月坡招同珊士、子恂飲歌郎蘭仙家，三鼓後子恂復招飲女郎蘭仙家，予招蘭娘，月坡招愫娘，皆以夜深不至。月坡親往邀素娘，則已錦屏熟睡矣。梔卿一人爲酒糾。是夕丑刻立春，予戲謂月坡可謂『錦袍公子尊前覺，錦帳佳人夢裏知』者矣。五鼓回寓。

立春丑正二刻九分，浙江遲一刻。　二十五日甲申　雪，午後稍止。夢漁來。

二十六日乙酉　終日濃陰，傍晚雪。曉卧疾復動。作書致杜五樓索匯銀，未得。紱翁來。子恂來。五樓來。晚後月坡來。

邸鈔：僧格林沁奏羊山陣亡三等侍衛宗室遐昌、哲里木盟二品頂戴花翎梅林幹合巴雅爾、三品頂戴花翎梅林邦順德格勒，及台吉兵一百六十一員，内火器營護軍校十一員，前鋒營藍翎長六百六十員，外火器營護軍校三員。詔：均交部議恤。　僧格林沁奏東省士民倚恃鄉團，聚衆抗糧，前任户部侍郎杜翻督辦團練，供給浩繁，未著成效，請歸併地方官辦理團務。詔：杜翻著即撤去山東團練大臣，令文煜督辦該省團練事宜。

是日爲亡弟忌日，泣賦一律：『慟絶三年訣别時，天涯涕淚更誰知。几前宛宛孤兒拜，地下嬛嬛病婦隨。兵火并難通夢寐，死生同是負恩私。傷心一碗藜羹祭，卒歲艱辛仰母慈。』屬珊士書寓室春聯云：『上士閉心下士閉門；剛日讀經柔日讀史。』門額云：『福爲我母。』夜雪積尺許。三鼓後叔子家祀歲神，樺炬粆盆，歲華小現，益深家國之思。

二十七日丙戌　雪，午後稍止。是日予生日，晨起望南叩頭，感賦一律：『卅載依依膝下身，無端窮海作羈民。草間著述中年事，歲末飢寒覽揆辰。天地何心生棄物，國家誰信待斯人。遥知今夜高堂夢，白髮思兒一倍新。』德甫來。子恂來。有族弟爲兵部供事者來假金，不能應。作片致五樓索匯銀。

二十八日丁亥　晴，稍和。雪甌來。出門訪德甫、五樓、月坡，俱不值。訪謝杰生、張松麓，并晤溧陽史姓者，其人號珊園，某科舉人，自言文靖公曾孫，以知縣謁選，頗致傾挹之言。傍晚歸。月坡來。夜作書致紱翁、致子恂，得紱翁復。

二十九日戊子　陰，午微雪，即止。紱翁來。午後再訪謝、張二人，爲紱翁及子恂事也。張以所藏文壽承彭楷書沈石田《落花》詩及石田畫《滄海漁家圖》長卷、陳白陽道復花卉長卷出示。三物惟白陽畫最佳，前有自書『觀物之生』四字，後有文衡山跋。張姓極自誇詡，謂家藏此數世矣，不啻千金之寶。自携至京師，從不以示人，人亦無能識此者，今先生乃當代盛名，故敢邀巨眼一賞。予極稱許之，大喜過望。蓋昨日張處有持宋蘇文忠公、元巙文忠公巙巙二家書求售者，索價頗巨，乃贋物之最下者。時予適至，張求予審定，予爲言眉山筆法，巙不能解，予乃指巙之本即猺字，其署名間亦作猺，自史籍傳刻轉誤，遂作巙字，世遂以夔音讀之，其實本無此字。今此卷署名正作巙，其僞無疑矣。賈客大驚失色去，張及座者數人始大傾倒，今日故有此不虞之譽耳。張爲天津人，其父歷爲河南牧令，積貲巨億。張以知縣謁選，面目丑怪，語言蠢拙，而日爲三瓦之游，自秋間入都，携金四五千，緣手輒盡。部選四川某縣，以遠不肯就。其居處行止，皆令人嘔噦，而兩日來强與酬應，誠非得已。所謀終不能成，日旰辭出，殊悔作此周旋也。訪五樓，又不值而歸。子恂來，不值。得定子書，即復。晚後月坡來。兩得紱翁書，皆復。

邸鈔：官文補授大學士，仍留兩湖總督之任。周祖培補授大學士，管理户部事務。肅順以户部尚書協辦大學士，沈兆霖調補户部尚書，朱鳳標補授兵部尚書。朱爲吾郡蕭山人，嘗再爲户部，一爲兵部，戊午主順天鄉試，以病不克任事。及科場事發，主司房官皆罹誅謫，朱雖得辨，猶以牽連落職。未一期，起爲翰林侍讀學士，仍命上書房行走，旋擢通政，改副憲，今又躐躋舊職，蓋上深明其無罪，故不次用之。其人齪齪爲廉謹，久居八座，未嘗有所建白。□□□同時與賈黄縣、周商城、許錢塘齊名。

三十日己丑　晴。兩得紱翁書，即復。得子恂書，即復。作書致德甫、五樓索光款及匯銀。定子來。雪鷗來。付僕人王福節賞十四千，周僕任裕十二千，王升六千，俞昉六千，陳僕韓升四千，廚子十千，更夫二千，車夫二千，王媪六千，付芷郎開發五十千。傍晚偕叔雲、珊士同車遊廠肆購書，叔子買《舊唐書》，予買《舊五代史》，皆不成。訪雪甌，晤談至晚而歸。偕珊士張燭禮天地祖先，叔子具酒食相慶。月坡來，同叔子、珊士、仲彦作牌九之戲，通宵而罷，珊士大負。天涯兄弟，飲博極歡，未知南中老母，此時能安亨屠蘇一勺否？兩年伏臘，少慈一人，當爲之悵然不舉耳。但願履端開瑞，江南凱歌，國運重新，家慶駢集，慈得謀版輿之迎，遂采衣之舞，明年此日，與弟妹稱觴上壽，更以白華餘饌，奉我諸賓，天地之仁，祖宗之澤，當不吝賜予也。謹記於此，以爲左券。是日用東坡集中『岐下歲暮，思歸不可得，爲饋歲、别歲、守歲三詩寄子由』韻各一首，當並索叔子、珊士和之，詩録于左。

庚申歲除日用東坡詩韻三首并序

咸豐十年庚申卒歲之日，窮旅都門，兵火阻絶，不得家信十閱月矣，因次東坡『岐下歲暮，思歸不可得，爲饋歲、别歲、守歲三詩寄子由』韻各一首。嗚呼，先生官鳳翔，去眉不過千里，時際承平，兄弟俱以巍科禄仕，其云不得歸者，殆出遁辭。與僕相況，豈直霄淵之别耶？故先生述蜀中風俗，有暇豫之致；僕道越中風俗，多愁苦之音。後之觀者，當凄然以悲焉。

家居少還往，禦冬乏相佐。姻戚洵有情，饋歲辧微貨。裏山紫笋脆，老蕩青魚大。越中呼山深者爲裏山，笋以裏山爲佳。又湖養魚者曰蕩，有一二年不打魚者爲老蕩。我母拮据籌，朝起夜忘臥。鄉風尚餈糉，越俗卒歲以角粽米糕相問遺。羅列滿四座。奴僕俱忻忻，米麥勤蒸磨。施報詎云煩，歲事忙裏過。胡然客天涯，孤懷孰予和。饋歲

童時屢逃塾，卒歲常恨遲。可憐一瞬忽，此樂那能追。成丁洊憂患，漸知生有涯。孤兒依寡母，風雪天寒時。姊妹讓飢飽，兄弟揣瘦肥。聊計讀書功，上釋高堂悲。奈何兩載來，輕與膝下辭。願促游子算，續我親年衰。别歲

四海久苦戰，百六爭龍蛇。東南積劇賊，列障無周遮。我家雖僅保，憂危知如何。柴門爆竹聲，烽礮相驚嘩。嬌兒伏母膝，畏聞戍鼓撾。一身阻京國，仰望南斗斜。事畜兩慚悚，出處千蹉跎。明年得歸養，功名安足誇。守歲